高等院校经济管理类规划教材

INTERNATIONAL SETTLEMENT

国际结算

潘天芹　杨加琤　潘冬青　姜丽花　主编

ZHEJIANG UNIVERSITY PRESS
浙江大学出版社

前　言

　　国际结算是商业银行的一项重要业务，也是国内银行和外资银行业务竞争的焦点。近几年来，随着全球经济一体化进程的加快，世界各国在政治、经济和文化等方面融合的深化，因贸易往来、资本流动、利润转移、提供服务等而发生的债权债务关系越来越频繁，所以国际结算的需求和应用更加广泛。同时，由于国际结算具有理论性、实务性、操作性和涉外性的特点，而且业务发展变化快，国际结算教材必须与时俱进，以反映国际结算领域的最新发展和变化。为此，我们适时合作编写了本教材，并在编写过程中力图体现以下特点。

　　结构合理，富有新意。本书共十六章，包含导论、国际结算中的票据、国际结算方式、进出口贸易融资、国际结算中的单据和国际非贸易结算等六大块内容，章节安排合理，条理清晰。其中，国际结算方式部分在介绍传统国际结算方式的同时，突出了新型国际结算方式；国际结算中的单据部分不但介绍各种基本单据和附属单据，而且将跟单信用证方式下单据的审核作为单独一章来写，以提高学生运用所学理论进行实务操作的能力。

　　内容新颖，反映国际结算业务的最新变化。由于国际贸易竞争激烈，市场出现了买卖双方地位的变化，传统的国际结算方式逐渐在国际贸易中失去竞争力，传统国际结算方式逐渐转变为新型国际结算方式，为此，本教材比较详细地介绍了银行保函、备用信用证、国际保理和福费廷四种新型国际结算方式；根据国际结算与贸易融资的结合越来越紧密的特点，本教材突出了国际结算方式下进出口贸易融资的介绍，将国际结算方式下的融资作为单独一章来写；教材的编写紧密结合托收、信用证、银行保函、备用信用证、国际保理、福费廷等相关国际惯例的最新变化。

　　理论联系实务，符合应用型人才的培养目标。国际结算本身是一项实务操作性很强的业务。本教材突出了实务操作方面的内容，并在尽可能的情况下，各种票据、单据和信用证以实物原样出现，审单操作实例更使学生能够理论联系实际，增强感性认识。书中还引用了大量与最新国际贸易惯例相结合的真实案例，并对每一个案例进行了分析，以加强学生综合运用理论知识分析问题的能力。同时,每章后附有课后练习题,以便学生能够进行独立思考,加强对相关业务的认识和理解。

本教材是由浙江大学城市学院、浙江财经大学东方学院、浙江大学宁波理工学院从事国际结算教学与科研工作并有丰富实践经验的教师共同编写而成。本书共计16章,编写分工如下:

第一、二、三、四章及附录,潘天芹(浙江大学城市学院);

第五、十、十一、十二、十三、十四章,杨加玎(浙江财经大学东方学院);

第六、七、八、十六章,潘冬青(浙江大学宁波理工学院);

第九、十五章,姜丽花(浙江大学宁波理工学院);

全书由潘天芹统稿。

本书主要作为高等院校教材,也可以作为银行、外贸、国际运输等实际部门专业人员国际结算业务培训或自学参考。在编写过程中,我们参考了大量国内外的有关书籍,在此,对有关作者表示感谢。由于编者水平有限,书中缺点和不妥之处在所难免,敬请读者批评指正。

编　者

2018 年 10 月于杭州

目　　录

第一章

导 论 ≫≫≫ ≫

【学习目标】

第一章

导 论 ≫ ≫ ≫ ≫

【学习目标】
1. 掌握国际结算的基本概念和基本内容。
2. 弄清国际结算的历史演变。
3. 了解办理国际结算的先决条件。
4. 了解与国际结算有关的主要法律与国际惯例。

第一节 国际结算的含义与基本内容

一、国际结算的含义

国际结算是指为清偿国际的债权债务关系而发生在不同国家之间的货币收付活动。或者说,两个不同国家的当事人,不论是个人间的、单位间的、企业间的还是政府间的当事人因为商品买卖、服务供应、资金调拨、国际借贷,需要通过银行办理的两国间货币收付业务就是国际结算。

根据引起跨国界货币收付的起因不同,国际结算分为国际贸易结算与国际非贸易结算两类。凡是由国际商品交换而产生的货币收付或债权债务的结算称为国际贸易结算;凡是由国际的其他经济政治往来以及文化交流等活动(包括国际资本流动、国际资金借贷、技术转让、劳务输出、侨民汇款、捐赠、利润与利息收支、国际旅游、运输、保险、银行业等活动)引起的货币收付或债权债务的结算称为国际非贸易结算。

国际贸易结算是建立在商品交易基础上的,又称为有形贸易结算。它和国际贸易的发生发展、世界市场变化、国际运输、电信传递有着密不可分的联系。国际非贸易结算是建立在非商品交易基础上的,又称为无形贸易结算。非贸易结算近年来发展速度很快,项目繁多,充分反映一国经济对外开放的广度和深度,但是国际非贸易结算方式简单,只涉及一部分的结算方式内容,而国际贸易结算具有结算方式的多样性以及在国际收支中的特殊地位。因此,国际结算的重点是国际贸易结算。

二、国际结算的基本内容

国际结算作为一门学科,主要包括以下四方面内容。

(1)国际结算的信用工具。即支付手段,指证明债权人权利和债务人义务的书面契约凭证,主要是汇票、本票、支票。

(2)国际结算方式。又称支付方式,指货币收付的手段和渠道,是国际结算的核心内容。传统的国际结算方式主要有汇款、托收和信用证,新型的国际结算方式主要有银行保函、备用信用证、保理和福费廷。

(3)国际结算单据。国际结算的必备条件之一就是单据的传递和使用,在国际贸易结算中,凭单交货、凭单付款决定了货物单据化,所以单据在国际贸易结算中具有举足轻重的作用。国际结算中涉及的单据既包括运输单据、商业发票、保险单据等基本单据,也包括装箱单、海关发票、领事发票、产地证、检验证等附属单据。

(4)国际结算融资。指进出口商利用票据及(或)单据,结合国际结算方式进行特定方式的融资(或融物)。例如票据贴现、信托收据、进出口押汇、打包放款等。

第二节　国际结算的历史演变

国际结算产生于国际贸易,并随着国际贸易和其他经济文化交流的发展而发展。同时,国际结算的发展反过来对国际贸易的发展起着促进作用。由于各个时期的历史条件变化,国际结算形成具有各个时期特点的结算方式。

一、从现金结算发展到非现金结算

早在奴隶社会,由于国家和奴隶制生产关系的形成,部分产品作为商品在国与国之间相互交换,即产生了国际贸易的萌芽。最初的国际贸易是以物物交换的方式进行的。例如,我国古代曾以本国的工艺品、丝绸制品和瓷器换取外国的药材、香料和宝石。后来,这种商品交换又有所发展,逐渐开始采用金银铸币作为结算手段,买方将金、银或可兑换的铸币运送给卖方,交付货款,清偿债务,这时的国际结算方式是买卖双方一手交货,一手交钱,钱货当面两讫,即现金结算。在古代及中世纪初期,地中海沿岸各国对外贸易中使用的结算方式大体上如此。

买卖双方采用现金结算,由于远途运送金银风险大、费用高、占压资金时间长,所以给贸易商带来诸多的不便,此外,结算使用的贵金属辨别真伪困难,当交易量大、交易频繁时清点货币更加不易,因此现金结算不能适应国际贸易进一步发展的要求。

到了14—15世纪,资本主义萌芽。意大利北部诸城如威尼斯、热那亚、佛罗伦萨等,已经成为欧洲的贸易中心。到15世纪末16世纪初,随着资本主义的发展,地理大发现以及海外殖民地的开拓,欧洲贸易中心从地中海区域移至大西洋沿岸,里斯本、塞维儿、安特卫普、伦敦等,先后成为繁盛的国际贸易港,它们的贸易范围远及亚洲、非洲和美洲。对外贸易的发展,国际交换的扩大,逐渐形成了区域性的国际商品市场。随着贸易的扩大,上述这种以黄金、白银在两国之间运送作为清偿债权债务的方式,已不适应当时贸易发展的需要,于是出现了不直接使用现金,而是使用代替现金起流通手段和支付作用的票据来结算国家间的债权债务的结算方式,即非现金结算。例如,伦敦进口商甲向纽约出口商丙购买 10 万英镑的小麦;纽约进口商丁向伦敦出口商乙购买 10 万英镑的棉布。过去做法,由伦敦进口商甲从伦敦输送现金给纽约出口商丙,还须由纽约进口商丁从纽约输送现金付给伦敦出口商乙。现在,如果伦敦出口商乙在发出货物或对方收到货物后开立一张命令纽约进口商丁付款 10 万英镑的汇票。他在开出以后将汇票转让给伦敦进口商甲,收回他应得的 10 万英镑,伦敦进口商甲则把汇票寄给纽约出口商丙,叫他持票向纽约进口商丁要求付款。这样,英国和美国两国之间的两笔债权债务通过一张票据的传递和流转得到了清算,如图 1-1 所示,从而避免了在现金结算方式下运送货币的风险,节约了时间和费用,有利于国际商品交易的发展,对促进国际经济交往起了一定的推动作用。

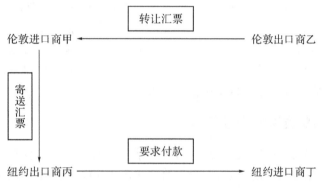

图 1-1　商人之间非现金结算

　　但是,使用商业票据在商人之间自行结算债权债务有其一定的局限性。从上面的例子可以看到,使用商业票据在商人之间直接进行结算要具备三个条件:第一,两笔交易的债务金额和付款期限必须完全一致,而这在大量复杂的交易中是非常有限的;第二,即使存在这样两笔完全一致的交易,他们之间还要有密切的业务联系和相互了解的信用基础,否则一对要寻找另一对是很困难的,且相互之间缺乏资信了解也无法进行合作;第三,进出口商的任何一方要有垫付资金的能力。任何两笔交易要同时具备这三个条件,实际上是很困难的。这些局限性促使商人之间的直接结算发生了变化。

二、从买卖直接结算发展到通过银行结算

　　到了 18 世纪 60 年代,一些主要资本主义国家相继发生并完成了工业革命。这场工业革命直接推动着国际关系的深刻变革,社会分工迅速向国际领域扩展,越来越多的国家或多或少地纳入国际分工之中,卷入世界市场。与此同时,主要资本主义国家的银行业也发生了深刻的变化,原来高利贷性质的银行转变为担任信用中介和支付中介的资本主义银行,它们不仅从事国内的存、放、汇业务,而且通过国外分支机构和代理行的建立从事国际借贷和国际结算业务。

　　银行办理国际结算业务有其自身的有利条件。第一,银行拥有效率高、安全性强的资金转移网络。银行在全球建立了分支机构以及代理行关系、账户行关系,以拓展其在海外的业

务,加快货币的收付。第二,银行资金雄厚,信用卓著,加上银行自己保证付款的凭证(如银行汇票)广为使用,使得买卖双方愿意通过银行办理结算。第三,银行可为贸易商提供贸易融资。第四,银行通过转账结算最大限度地抵消进出口贸易形成的债权债务关系,大大节省了费用和利息支出。在这样的条件下,进出口商就不必自找结算对象来进行清算,而把所有信用工具或支付工具委托银行代为处理。这样,商人之间的直接结算发展到以银行为中介的转账结算。

三、从凭货付款发展到凭单付款

到18世纪,单据化的概念被逐步接受。随着贸易量的增加,商人们不再自己驾船出海,而是委托船东运输货物,船东们为了减少风险向保险商投保,这样商业、航行业、保险业就分化为三个独立的行业。因而,海运提单、保险单相继问世。渐渐地,海运提单由一般性的货物收据转变为可以背书转让的物权凭证;保险单也成为可以转让的单据。

到了19世纪末20世纪初,国际结算方式逐步由凭货付款转变为凭单付款。买方凭单付款是因为单据代表着货物;而银行凭抵押的单据向出口商融资也是基于上述理由。随着跟单托收和跟单信用证等结算方式的产生与发展,特别是买方凭单付款的规则得到进一步的明确与运用,凭单付款已经成为非现金结算的主要付款方式。

四、从人工结算发展到电子结算

随着科技的发展,国际结算已从传统的人工结算开始向电子结算迈进。电子商务技术的应用标志着电子结算阶段的开始,互联网的迅速发展使电子数据交换的覆盖面不断扩大,国际结算无论是在结算工具、结算方式还是在结算单据方面都发生了变化。EDI电子数据交换技术的运用、SWIFT信用证的使用,使国际结算具有了安全、可靠、快捷、标准化、自动化的特点,从而大大提高了国际结算的效率,为国际结算的发展提供了巨大的空间。

第三节 国际结算的业务基础

银行海外分支机构或者代理机构的设置及建立,是银行经办国际结算业务的基础。在现代社会中,一国银行所从事的国际货币收付活动离不开他国银行的业务协作。如果银行之间没有建立相应的代理关系、上下级关系或者联行关系,则该国与他国之间所发生的债权债务就很难被清算。

一、商业银行的国外分支机构

商业银行在海外设立的分支机构主要有以下几种形式:

(一)分行(Branch)与支行(Sub-branch)

分行是商业银行总行在海外设立的营业性机构,是总行的有机组成部分。它不是独立法律实体,其所有的资产负债、收益、费用以及利润等都纳入总行的财务报表。总行对其业务活动负完全责任。分行的业务范围以及经营活动不仅受总行所在国金融法律、法规的约束,还受东道国关于外资银行的法律、法规的限制。

支行是分行设立的营业机构,受分行管辖,规模比分行小。总行与分、支行之间,分行与支行之间以及其相互之间均称作联行关系。

（二）代表处（Representative Office）

代表处是商业银行在海外设立的非营业性机构。它不具体经营业务,仅为总行或者其国内分行提供当地各方面的信息,为在当地设立分行建立基础。代表处一般经过一段时间运作后上升为分行。

（三）经理处（Agency Office）

经理处是商业银行在海外设立的能办理汇款以及贷款业务的机构,但是不能经营当地存款业务。经理处是总行的一个组成部分,不具有法人资格,是介于代表处和分行之间的机构。

（四）子银行（Subsidiary Bank）

子银行是国内银行在国外按东道国法律注册成立的独立银行,是具有公司性质的独立法人机构。其股份全部或大部分被国内银行控制,但其业务通常需按东道国法律规定办理。

（五）联营银行（Affiliate Bank）

联营银行类似于子银行,主要区别在于国内银行对联营银行的投资不能达到控股比例,从而无法控制该银行的业务。

（六）银团银行（Consortium Bank）

银团银行是由两个以上跨国银行共同投资注册建立的具有公司性质的合营银行。任何投资者所持股权不超过50%。投资银团银行的母银行通常是信用卓著的跨国大银行,其注册地点多为离岸金融中心,所经营的业务往往涉及巨额资金的交易,超过单个银行交易能力,而且成本高,风险和难度大,业务对象以跨国公司或各国政府为主。银团银行经营范围一般包括辛迪加贷款、公司债券的承销、项目融资、跨国公司购并以及公司财务咨询等业务。

从上述六种形式看,总行对分支行、代表处以及经理处拥有绝对的控制权,而子银行、联营银行以及银团银行,由于它们都是在东道国注册的法人实体,母银行对其控制权只能是通过其拥有的股权来决定。就具体经营范围而言,由于代表处和经理处的业务有限,因此,总行在海外的分支行对总行更具有重要意义。

二、代理行

代理行（Correspondent Bank 或 Correspondent）指因签订代理行协议而与国内银行相互提供代理服务的国外银行。代理行是现今办理国际结算、进行资金收付和银行之间进行资金调拨清算的重要机构,在银行结算网络中居于十分重要的地位。

（一）建立代理行的意义

从业务控制、活动领域等角度看,设立海外分行比建立代理行带来的好处更大一些,但开设分行要受到一系列的限制。第一,资金方面的限制。在国外开设分行必须由总行拿出一笔可观的资本金,对资本金数目的规定,各国各不相同,但办公用品和设施,如电脑、场地租赁等肯定需要大笔资金的投入,这样就使得设立分行的愿望受到扼制。第二,外汇管制方面的限制。在对外汇实行严格管制的国家,对外国银行在本国开设分行有非常严格的规定,甚至根本不允许。即使外汇管制较宽松的国家,对外资银行总行的资本额、盈利情况和经营作风、业务及客户的范围等也都有具体要求,并且还要求开设代表处达到一定的年限后才能设立分行。许多国家还对外资银行的业务范围加以限制,如不准兼并、购买东道国的非银行公司、企业,禁止持有当地公司、企业的股票,不得经营东道国的本币业务等。东道国当局只有在充分考虑外国分行对本国金融资源和经济、贸易发展的影响、对本国国内银行业竞争的影响、当地公众对外国银行金融服务的需求程度、本国与申请设立分行的外国银行所属国家之间的贸易、金融合作关系等因素的基础上,才会批准外国银行在本国设立分行。第三,人员方面的限制。海外分行的主要管理人员是由总行派出的,东道国对其素质、管理方法等也有严格的要求,达不到标准则不被获准开设分行。如分行的负责人须熟悉外汇业务,精通国际结算,了解当地银行法和对外资银行的种种规定,懂得东道国的语言,有五年以上的银行工作经验等。由于上述种种限制,总的说来开设海外分行成本相对较高。因此,银行不可能在国外的所有地区都设立分支机构,而通常只在主要结算货币的清算中心设有分支机构。

建立代理行则没有上述限制。在资金方面,几乎不需要任何投资,利用原行的设备、技术和场所就可提供许多服务;在外汇管制方面,代理行是当地的银行,对外资银行的种种规定或限制与它无关,且熟悉当地的法规及习俗;在人员方面,不仅无须配备任何管理人员,而且国内可派遣人员接受代理行提供的培训。因此,建立海外代理行已成为海外银行网络最实用、最重要的一种方式,成为一家银行开展各项国际业务的基础。目前代理行之间相互代理的业务范围越来越大,已从单纯地办理国际贸易和非贸易结算,发展到资金拆放、外汇买卖等货币市场业务和发行、投资各种证券等资本市场业务;相互参与银团贷款、签订有关互惠协议;彼此为对方设立分支机构提供协助;相互提供信息、咨询;共同举办业务研讨会、培训人员等。所以,建立海外代理行网络非常重要。

(二)建立代理行的原则及方式

1.建立海外代理行的原则

建立海外代理行的原则首先是平等互利,只有在这个基础上才能建立相互直接委托的业务关系。对任何国家和地区,所有涉及相互代理业务的一切权利、义务和责任以及技术性的规定都必须符合此原则。其次要符合国家的政策,同时又要区别对待。按国家的对外国别政策,凡属不准往来国家,与这些国家的银行就不能建立代理行关系;对已同我们建立代理行关系的外国银行,又要视其政治态度和业务表现而加以区别,政治态度不好或业务不熟练、服务质量不高者应及时报告总行以研究对策。

2.建立代理行的方式

我国各商业银行建立国外代理行,一般是由总行统一部署。总行根据对外经济和金融业务的发展需要,有选择地和国外银行进行联系、洽谈,签订协议或换确认函,然后通知国内有关分行,相互交换控制文件后,代理行关系即宣告成立,以后两家银行指定的分支机构就可以直接进行外汇业务往来。也可以由分行向总行提出建议,然后由总行出面与国外的银行具体协商、签订协议,再通知国内各分行。也可能有这样的情况,国外银行主动向我分行或总行提出建立代理行的要求,总行在做必要的了解和考察后,按以上方式操作和处理。

3.建立代理行的步骤

代理行关系的建立,大致经过以下三个步骤。

(1)考察对方银行的资信

多方渠道了解对方银行所在国的有关政策、法规、市场信息,如关于对外资银行的管理条例、外汇管制和金融市场状况等;掌握对方银行的基本情况,如行名、地址、成立时间、发展过程、组织形式、资本构成、主要经营业务等;考察对方银行的资本总额、资信状况、管理的稳健性、经营作风、服务质量以及该行在其国内同业中的地位。其中应特别重视根据对方银行的资产负债表、损益表以及现金流量表,对其流动比率、速动比率、财务结构比率等进行分析与评估。银行可以利用总行的综合调查资料或分行的调查资料,或者间接委托国外分行、代理行以及驻外商务机构代为调查,还可以参考银行年鉴以及该行的年报等资料。

(2)签订代理行协议

代理行协议在订立时可由一方起草,由对方银行审核同意后缮制正式文本,由双方负责人签署后正式生效。代理行协议包括双方机构的名称(是否包括分支行、几家分支行必须在协议中明确)、控制文件、代理业务范围、业务往来头寸的调拨、融资便利的安排等内容。

(3)代理行之间交换并确认控制文件(Control Documents)

控制文件包括:密押(Test Key)、签字样本(Book of Authorized Signature)和费率表(Schedule of Terms and Conditions)。

密押是加在电文前面以证实电信真实性的密电码。收电行接到电函时,核验密押相符后才能进一步处理。密押一般是由一系列数字组成,每家银行都以自己的方法编押,所以不会发生相同的问题。但各个银行编押的原理基本是一样的,一般是将电函拍发的月份、日期、金额、货币、序号等按某种方式折算成一项数字而成。密押可由代理行中的一方寄送给另一方,双方共同使用,也可各自使用自己的密押。密押属绝密性的文件,由可以信任的专人负责使用和保管。为确保安全,密押在使用一两年以后就要更换。使用 SWIFT 时,要使用 SWIFT 密押。SWIFT 密押是对全部电文包括所有的字母、数字和符号加押的,准确程度高,且由电脑自动加注和破译,极其可靠。按使用规则,代理行之间的 SWIFT 密押每半年须更换一次。

签字样本是列示各级有权代表银行签署文件的授权人员的签字式样的文件。代理行之间的书面文件,如信函、凭证、票据等须签字后才能生效。收件行收到上述文件后,应将文件上的签字与签字样本上的签字相核对,在完全相符的情况下,才能确认其真实性,并按照文件上载明的要求加以处理。若对国外发来的文件或凭证上的签字有怀疑,应立刻向对方查询以判定真伪。签字样本上的被授权签字的人是有级别的,不同级别其相应的签字额度、有权签字的范围是不同的。若有人事变动则应及时更换签字并通知对方。签字大都是将自己的名字以不易模仿的方式进行书写,不能使用正楷或印刷本,以防假冒。

费率表是代理行代办各项业务的收费标准。双方要相互交换费率表,使对方知道其收费标准。对方银行委托业务,按照我方银行的标准收费;我方银行委托业务,按照对方银行的标准收费。费率表的制定应当公平合理,收费不能过高以免削弱作为代理行的竞争力。

(三)账户行

代理行之间的收付清算是通过往来账户的借和贷来进行的,所以涉及在代理行开设账户行的问题。要说明的是,并不是在所有的代理行都要开设账户,只在那些处于东道国的金融中心或货币清算中心的代理行才考虑设置账户。这是因为处于上述中心的代理行相对业务量较大,且大都是资金实力雄厚、信誉卓著、设备先进、服务效率高的知名银行。开有账户的代理行叫账户代理行(Depository Correspondents),简称账户行(Depository Bank)。因此,代理行中有账户行和非账户行的区别。与非账户行之间的货币收付需要通过账户代理行划转,这样,既可避免外汇资金的分散或闲置,又可充分发挥账户代理行的中心作用。

账户代理行有往账和来账代理行之分。往账是指我方在海外代理行开立账户;来账是指海外代理行在我总行开设账户。若双方商定开立账户,可由一方在对方开立对方货币账户,或者双方相互在对方开立对方货币账户。同时,在代理行协议中要说明设置账户的条件,如有无铺底资金,数额多少;有无存款利息,利率多少;是否允许透支,利率及额度多少;账户费用标准及收取方式;对账单如何交递及频次,等等。

第四节　国际清算系统

国际结算的最后实现在于资金从买方转移到卖方,而资金的调拨与结算必须通过一定的清算系统来完成。因此,国际结算与国际清算是紧密联系和不可分割的,结算是清算的前提,清算是结算的持续和完成。结算主要是债权人和债务人通过银行清偿债权债务关系,清算是银行之间通过清算网络来结算债权债务关系,而银行之间的债权债务关系主要是由结算引起的。

清算系统,也称金融体系支付系统或支付清算系统,是一个国家或地区对伴随着经济活动而产生的交易者之间、金融机构之间的债权债务关系进行清偿的一系列组织和安排。具体来说,它是由提供支付服务的中介机构、管理货币转移的规则、实现支付指令传送及资金清算的专业技术手段共同组成的。目前,被广泛使用的货币清算系统有四个,它们是CHIPS、CHAPS、TARGET、SWIFT。随着跨境人民币业务的快速增长,为顺应市场的需求并进一步推动人民币在全球的使用,中国央行推出了人民币跨境支付系统(CIPS)。

一、纽约银行同业电子清算系统(Clearing House Interbank Payment System,简称 CHIPS)

纽约银行同业电子清算系统是由100多个设立在纽约的美国和外国银行于1970年自愿组织的协会,是跨国美元交易的主要结算渠道。通过CHIPS处理的美元交易额约占全球美元总交易额的95%,因此该系统对维护美元的国际地位和国际资本流动的效率及安全显得十分重要。CHIPS在纽约联邦储备银行建立一个特别清算账户,通过该账户,利用联邦储备系统的FEDWIRE(Federal Reserves Wire Transfer System)完成当日货币收付结算。该系统现有140家成员银行,其中绝大部分为外国成员银行,分布在43个国家。

二、伦敦银行同业自动清算系统(Clearing House Automated Payment System,简称 CHAPS)

伦敦银行同业自动清算系统是英国于1984年建立的计算机收付系统。它不仅是英国伦敦同城的清算交换中心,也是世界所有英镑的清算中心。CHAPS继续维护英国银行的双重清算体制,即所有商业银行均须在清算银行建立账户,通过其往来的清算银行进行清算,每日营业结束之际,各清算银行间进行双边对账和结算,其差额通过它们在英格兰银行的账户划拨来结清。1999年1月起在运行原有英镑清算系统的同时开始运行欧元清算系统。

三、欧洲间实时全额自动清算系统（Trans-European Automated Real Time Gross Settlement Express Transfer System，简称 TARGET）

1995 年 5 月欧洲货币当局为保证欧元的启动及欧洲中央银行单一货币政策的贯彻实施，保证大额资金的收付，在德国法兰克福建立了一个跨国界的欧元支付清算系统，该系统于 1999 年 1 月 1 日正式启动。它保证了欧元清算的及时有效，对欧洲中央银行实施货币政策具有重要的作用。2007 年 11 月 19 日由欧盟和欧洲央行共同推行的欧元区支付系统 TARGET2 正式启用。TARGET2 克服了原有系统 TARGET 在结构上的一系列缺陷。

四、环球银行间金融电信协会（The Society for Worldwide Interbank Financial Telecommunication，简称 SWIFT）

SWIFT 是一个国际性银行资金清算机构。其总部设在比利时首都布鲁塞尔，于 1973 年成立，1977 年正式启用。其创建之目的在于创造一个全球共享的使用统一语言的数据处理和通信网络体系，以便于所有的国际金融交易。机构现有设在荷兰、中国香港、英国和美国的四个基地。SWIFT 每周 7 天，每天连续 24 小时运行，具有自动储存信息、自动加押、自动核对密押的功能；业务覆盖面广，可以用于国际汇兑、外汇买卖以及存放、托收、跟单信用证和银行保函等业务。为了给成员银行提供安全、可靠、快捷、有效的服务，SWIFT 特别组织指定各种电文通用格式，对电文中的项目、货币、日期、数字、当事人等表示方法做出规定，保证电文的标准化和格式化，防止会员银行文字上或翻译上的误解或差错。各种不同的业务使用不同的发报格式，如 MT100 是客户付款格式，MT200 是银行头寸调拨格式。SWIFT 保存电文长达 4 个月，并随时可以查询，而且费用较低。目前，SWIFT 为全球 200 多个国家的 10800 多个会员机构提供信息和交易处理服务。

中国银行于 1983 年加入 SWIFT，是 SWIFT 组织的第 1034 家成员行，并于 1985 年 5 月正式开通使用。之后，其他国有商业银行及上海和深圳的证券交易所也先后加入 SWIFT。进入 20 世纪 90 年代后，中国所有可以办理国际银行业务的外资和侨资银行以及地方性银行纷纷加入 SWIFT，SWIFT 的使用也从总行逐步扩展到分行。

五、人民币跨境支付系统（Cross-Border Interbank Paymnent System，简称 CIPS）

近年来，随着跨境人民币业务各项政策相继出台，跨境人民币业务规模不断扩大。2012 年年初，人民银行决定组建 CIPS，满足全球各主要时区人民币业务发展的需要。CIPS 是重要的金融基础设施，主要为境内外金融机构人民币跨境和离岸业务提供资金清算、结算服务。该系统按计划分两期建设，第一期主要采用实时全额结算方式，为跨境贸易、跨境投融资和其他跨境人民币业务提供清算、结算服务；第二期将采用更为节约流动性的混合结算方式，提高人民币跨境和离岸资金的清算、结算效率。2015 年 10 月 8 日 CIPS（第一期）成功上线运行。CIPS 首批直接参与机构包括中国工商银行、中国农业银行、中国银行、中国建设银行、中国交通银行等 19 家境内中外资银行。同步上线的间接参与者包括位于亚洲、欧洲、大洋洲、非洲等地区的 38 家境内银行和 138 家境外银行。

第五节　国际结算中的主要法律与国际惯例

在国际结算业务中,各有关当事人除了适用国际法律和法规外,还经常遵循有关的国际惯例。国际结算中适用的法律和国际惯例,主要包括以下几种。

一、与票据相关的法律与国际惯例

1.《英国票据法》
2.《日内瓦统一票据法》

二、与国际结算方式相关的法律与国际惯例

1.《托收统一规则》
2.《跟单信用证统一惯例》
3.《跟单信用证项下银行间偿付统一规则》
4.《关于审核跟单信用证项下单据的国际标准银行实务》
5.《跟单票据争议解决专家意见规则》
6.《国际备用信用证惯例》
7.《合约保函统一规则》
8.《见索即付保函统一规则》
9.《国际保理业务惯例规则》
10.《国际保理服务公约》
11.《福费廷统一规则》

三、与单据相关的法律与国际惯例

1.《海牙规则》
2.《汉堡规则》
3.《国际铁路货物运送公约》
4.《国际铁路货物联运协定》
5.《多式运输单据规则》
6.《伦敦保险协会货物保险条款》
7.《国际贸易术语解释通则》
8.《联合国国际贸易法委员会仲裁规则》

➡【本章小结】

本章主要介绍国际结算的概念、发展历程、办理国际结算的先决条件、国际清算系统以及国际结算涉及的主要法律和国际惯例。国际结算是为清偿国际债权债务关系而发生在不

同国家之间的货币收付活动。国际结算的发展经历了从现金结算到非现金结算、从商品买卖到单据买卖、从买卖直接结算到买卖通过银行结算的过程,并且国际货币收付趋向于快速、安全、高效。在现代社会中,银行是借助全球银行网络处理国际结算业务的。银行网络包括商业银行的分支机构和代理行。其中,建立海外代理行已成为海外银行网络最实用、最重要的一种方式,成为一家银行开展各项国际业务的基础。因此,银行拓展其海外业务,必须建立广泛的代理行关系,并有选择地与代理行建立账户关系。学习国际结算,必须了解和熟悉国际结算涉及的主要法律和国际惯例。

【课后练习】

一、名词解释

国际结算　国际贸易结算　国际非贸易结算　国际结算方式　代理行　账户行
控制文件　密押　签字样本　费率表　国际惯例

二、选择题

1. 当前业务覆盖面最大的银行间电信网络是(　　　)。

A. CHIPS　　　　　B. CHAPS　　　　　C. SWIFT　　　　　D. TARGET

2. 甲国向乙国提供援助款 100 万美元,由此引起的国际结算是(　　　)。

A. 国际贸易结算　　B. 非贸易结算　　C. 有形贸易结算　　D. 无形贸易结算

3. 以下由(　　　)带来的结算被归入国际非贸易结算中。

A. 国际运输、成套设备输出、国际旅游

B. 国际金融服务、侨民汇款、国际旅游

C. 侨民汇款、国际商品贸易、国际技术贸易

D. 有形贸易、无形贸易、国际文化交流

4. 国际结算的发展具体表现为(　　　)。

A. 从现金结算发展到票据结算

B. 从凭实物结算发展到凭单据结算

C. 从买卖双方直接结算发展到通过银行进行结算

D. 从大额实时结算发展到差额结算

5. 下列陈述中正确的有(　　　)。

A. 代理行一定是账户行　　　　　　　B. 账户行一定是代理行

C. 代理行不一定是账户行　　　　　　D. 账户行不一定是代理行

6. 代理行之间要相互发送控制文件,此类控制文件包括(　　　)。

A. 印鉴　　　　　B. 密押　　　　　C. 费率表　　　　　D. 代理行协议

7. 以往的国际贸易是以黄金白银为主作为支付货币的,但黄金白银作为现金用于国际结算,存在的明显缺陷是(　　　)。

A. 清点上的困难　　　　　　　　　　B. 运送现金中的高风险

C. 运送货币费用较高　　　　　　　　D. 以上三项

8. 下列银行机构中属于独立法人实体的有(　　　)。

A. 代表处　　　　　B. 代理处　　　　　C. 子银行　　　　　D. 联营银行

9.下列属于贸易结算项目的是(　　)。

A.贸易收支　　　　　B.转移收支　　　　　C.筹资　　　　　D.服务收支

10.国际结算方式主要包括(　　)。

A.汇款　　　　　B.托收　　　　　C.信用证　　　　　D.信用卡

11.国际结算的历史演变过程大致经历了(　　)几个发展阶段。

A.从货物买卖到单据买卖　　　　　B.从现金结算到非现金结算

C.从买卖直接结算到通过银行结算　　　　　D.从人工结算到电信结算

12.最初的贸易方式是(　　)。

A.售定　　　　　B.跟单托收　　　　　C.信用证　　　　　D.易货贸易

13.属于国际贸易结算范围的有(　　)。

A.商品进出口货款结算　　　　　B.金融交易类结算

C.侨汇业务　　　　　D.记账贸易结算

14.引起跨国货币收付的原因中,属于国际贸易结算范畴的是(　　)。

A.劳务输出　　　　　B.商品贸易

C.服务贸易　　　　　D.对外投资和外汇买卖

15.现代国际结算的中心是(　　)。

A.买卖双方　　　　　B.买方　　　　　C.银行　　　　　D.票据

16.美元电子支付渠道是(　　)。

A.CHAPS　　　　　B.CHIPS　　　　　C.TARGET　　　　　D.SWIFT

三、判断题

1.我国内地与香港、澳门、台湾之间的货币收付结算不应属于国际结算的范畴,而只能按国内结算办理。　　　　　　　　　　　　　　　　　　　　　　　　　(　　)

2.代理行之间,核对往来函件的真伪用印鉴。　　　　　　　　　　　　　　　(　　)

3.建立在商品交易、钱货两清基础上的结算方式称为国际非贸易结算。　　　(　　)

4.美元是世界通用货币,所有国际结算方式使用的货币只能是美元。　　　　(　　)

5.以服务供应、资金调拨、国际借贷等引起的货币收付等属于非贸易结算。　(　　)

6.国际结算方式使用的货币应是可兑换货币。　　　　　　　　　　　　　　　(　　)

7.在国际结算中选择往来银行机构的优先次序是代理行—联行—分行。　　　(　　)

8.账户行关系并不一定是代理行关系,代理行就是账户行。　　　　　　　　　(　　)

9.印鉴是银行有权签字人的签字式样,用于核对信函、凭证、票据的真实性。　(　　)

10.国际惯例对国际结算具有重要指导意义,因此具有法律效力。　　　　　　(　　)

11.国际结算按照产生债权债务的原因,可划分为国际贸易结算和国际非贸易结算。

　　　　　　　　　　　　　　　　　　　　　　　　　　　　　　　　　　(　　)

12.SWIFT是一个传递银行间金融交易的电信系统。　　　　　　　　　　　　(　　)

四、简述题

1.什么叫国际结算?

2.国际结算的基本内容是什么?

3.为什么银行能成为当代国际结算的中心?

4.商业银行分支机构的形式有哪些?

5. 开展国际结算业务,为什么要广泛建立代理行关系?

6. 代理行协议中的控制文件有哪几种? 作用如何?

7. 国际结算涉及的法律和国际惯例主要有哪些?

8. 为什么说国际贸易结算是国际结算的重点和难点?

五、案例分析

某年5月,上海A公司与美国旧金山B公司签订了两台精密机床的进口合同,价格为每台10万美元CIF上海。当美国B公司将货物发运后,把汇票、商业发票、提单、保险单交给美国当地银行,委托其通过中国银行上海分行向进口商上海A公司收款。上海A公司审核后,按照汇票金额向中国银行上海分行付款。试问:这是现金结算还是非现金结算?是国际贸易结算还是非贸易结算?银行在该结算中起什么重要作用?

第二章

国际结算中的票据　　≫ ≫ ≫　≫

【学习目标】
1.掌握票据的概念、转让方式、特性和功能。
2.大致了解国际和国内重要的票据法。
3.学会使用汇票。
4.掌握汇票、本票和支票的异同。

第一节　票据基础

一、票据的概念

票据有广义和狭义之分。广义的票据是指商业上的权利单据,是作为某人的、不在他实际占有下的金钱或商品的所有权的证据,包括股票、债券、汇票、本票、提单、仓单等等。狭义的票据则是以支付金钱为目的的证券,由出票人签名于票据上,无条件的约定由自己或另一人支付一定金额,可以流通转让的证券。若约定由出票人本人付款,则是本票;若由另一人付款,则是汇票或支票。本章研究的票据是狭义的票据,即汇票、本票和支票。在国际结算中,票据是重要的支付工具。

《中华人民共和国票据法》规定:票据就是指具有一定格式,由持票人签发的无条件约定自己或要求他人在特定某一日期支付一定金额,并可以经过交付和背书交付而转让的书面支付凭证。

二、票据的转让方式

作为一种物权证书,票据的转让可以带来物权的转让,但是不同的转让方式在转让手续与权利让渡的完整性方面是不同的。广义票据的转让有以下三种不同的方式。

（一）过户转让（Assignment）

过户转让在手续上的要求是必须由票据转让人以书面形式告知票据债务人,使其了解票据转让事实,不因债权人更换而解除对票据受让人的债务。在权利让渡的完整性方面,按照财产转让的一个普遍原则,受让人权利不得优于转让人权利。因此,如果转让人权利有缺陷,受让人将受这种缺陷的影响而不获得票据的完整权利。过户转让是在三个当事人之间,即债权转让人、债权受让人以及原债务人之间完成转让行为。通常采用过户方式转让的票据主要有股票、人寿保险单、债券等。

（二）交付转让（Delivery）

交付转让与过户转让的区别在于,交付转让无须告知原债务人,只需要将票据交与受让人,或者在票据背面背书签字后交与受让人就可以完成转让,债务人对新的债权人仍有清偿的义务。但就权利让渡的完整性而言,交付转让与过户转让相同,即受让人的权利不优于转让人,而是继承前手权利,要受到前手权利缺陷的影响。交付转让是在两个当事人即转让人与受让人之间的双边转让。采用交付方式转让的票据有提单、仓单等。

（三）流通转让（Negotiation）

在转让手续方面,流通转让与交付转让一样,不需要通知原债务人,仅凭交付或背书后交付即可。但在权利让渡方面,流通转让与过户转让、交付转让有实质性区别。流通转让的受让人善意地支付了对价,就可以获得充分完整的票据权利,即使转让人权利有缺陷,受让人也不受其影响,因此流通转让的受让人的权利可能优于转让人。在这里,善意与支付对价是两个重要的先决条件。所谓善意（good faith）,是指诚实的行为,其判定要依据具体情况而定,一般而言,是指获得票据时没有偷盗、欺诈、胁迫等恶意行为,也没有有意或无意地忽视那些明显的应予注意或应引起怀疑的情况等重大过失。所谓对价（value）,是指足以支持一份简单合约的有价约因,它可以是货物、劳务、资金,也可以是未清偿的债务。要求受让人支付对价,意味着无偿受让（如馈赠、继承等）的行为不构成支付对价。所以,只有受让人善意地支付了对价,才可以获得可能优于转让人的、充分完整的票据权利。流通转让是在两个当事人即转让人与受让人之间的双边转让。采用流通转让的票据有汇票、本票、支票、国库券、大额定期存单等。

三、票据的特性

票据是国际结算中普遍使用的信用工具。从根本上说,这与票据的特性相关。票据具有以下几个特性:

（一）流通转让性

流通转让性是票据的基本特性。票据的流通性转让具有两方面的特点。第一,票据转让不以通知债务人为必要。这与一般的债权转让不同。按民法原则,一般的债权转让必须通知债务人才能生效,否则,债务人在不知情的情况下并不对受让人承担履行债务的责任。第二,票据流通中强调保护善意并支付对价而获得票据的持票人,即受让人不受其前手权利缺陷的影响。这也不同于一般的权利转让。按民法原则,让与人只能把自己合法拥有的权利转让给他人。如果让与人所转让的权利不是他合法拥有的,或者其权利是有缺陷的,则受让人的权利同样是不合法的或者是有缺陷的,受让人的权利不能优于让与人。然而,在票据流通转让中,受让人的权利有可能优于让与人,即倘若让与人的权利是有缺陷的,受让人出于善意并支付了对价,那么他将得到票据文义规定的全部权利。比如一张以 A 为收款人的票据,不慎为 B 所偷,C 在不知情的情况下支付对价受让该张票据,C 同样受到票据法的保护,享有票据完全的权利,到期可以提示要求债务人付款,若债务人拒不付款,则 C 可以以自己的名义起诉债务人,而 A 不可以以偷窃为由强迫 C 归还票据,A 的行为是没有法律依据的。但是,如 A 所拥有的自行车被 B 偷走,C 在不知情的情况下受让并给付对价,A 就有权要求 C 归还自行车,其行为是受到法律支持的。

(二)无因性

票据是一种不要过问原因的证券。这里所说的原因是指产生票据上的权利与义务关系的原因。票据的原因是票据的基本关系,它包括两方面内容:一是指出票人与付款人之间的资金关系;二是指出票人与收款人、背书人与被背书人之间的对价关系。从事实上看,任何票据关系的产生总是有一定的原因。例如,A 为出票人发出以 B 为付款人的票据,B 决不会无缘无故地成为付款人并同意付款,其中必有原因,其原因可能是 A 在 B 处有存款,或者 B 同意给 A 贷款等,这种关系就是所谓的资金关系。又如当 A 开出以 B 为收款人的票据,而 B 又以背书方式把该票据转让给 C 时,其中也必有原因,其原因可能是因为 A 购买了 B 的货物,需要开立以 B 为收款人的票据来支付货款,而 B 之所以要把该票据转让给 C,可能是因为他欠了 C 的债,这种关系就是所谓的对价关系。票据当事人的权利与义务就是以这些基本关系为原因,这种关系称为票据原因。但是票据是否成立,不受票据原因的影响。票据当事人的权利与义务,也不受票据原因的影响。对于票据受让人来说,他无须调查这些原因,只要票据记载合格,他就取得票据文义载明的权利,票据的这种特性就称为无因性。票据的无因性使票据得以流通。

(三)要式性

票据的要式性是指票据的形式和内容必须符合规定,必要的项目必须齐全,对票据的处理,包括出票、提示、承兑、背书、保证、追索等行为都必须符合一定要求。各国票据法皆规定票据必须具备的必要项目,有绝对必要项目和相对必要项目。对于绝对必要项目而言,当事人必须在票据上记载,否则票据无效;对于相对必要项目而言,当事人是否记载,不影响票据的法律效力。票据是一种要式不要因的有价证券。

⬚➡【案例 2.1】

案情介绍

J 省 A 公司与香港 B 公司经过业务洽谈后,于某年 8 月 18 日签订了关于购买钢材的购销合同。同年 9 月 1 日,A 公司申请开出 N 银行汇票一张,金额为 40 万元,收款人为 A 公司会计李某。由李某持该汇票来香港与 B 公司办理购买钢材的相关事宜。李某携汇票到香港后,B 公司经理张某等人以欺诈手段骗取该汇票,伪造了李某的签名,将汇票背书转让给 B 公司,并迅速到 B 公司开户行某工行办理提示付款手续,提交了伪造的已背书转让的汇票及李某的身份证复印件。此后,某工行将此汇票及身份证复印件通过同城交换转至香港某 N 银行请求付款,而 N 银行未加认真审核即予以付款,致使张某等人在 3 天内从工行其账户上提取 40 万元后潜逃。A 公司认为,N 银行未尽法律规定的注意、审查义务,在汇票背书有明显瑕疵的情况下予以付款的行为,违反了我国《票据法》及《支付结算办法》的相关规定,损害了公司的利益,应由 N 银行赔偿全部损失。但 N 银行却称,根据《支付结算办法》的有关规定,银行已履行法定审查义务,但汇票背书及身份证复印件不属于该行的审查范围,故 N 银行不应负赔偿责任。经与 N 银行协商未果,A 公司向法院起诉。

案情分析

本案例属于票据伪造的案例。本骗案发生的主要原因是B公司经理张某等人以欺诈手段骗取该汇票，伪造了李某的签名，将汇票背书转让给B公司，并迅速到B公司开户行某工行办理提示付款手续，提交了伪造的已背书转让的汇票及李某身份证的复印件。而A公司之所以起诉N银行，所持的理由是N银行未尽法律规定的注意、审查义务，在汇票背书有明显瑕疵的情况下予以付款的行为，违反了我国《票据法》及《支付结算办法》的相关规定。

作为一种无因证券、要式证券，票据只要具备法定的要式即为有效的票据。而且，作为流通证券，汇票可以经交付或背书交付转让，谁持有这种票据，法律就推定其为票据权利人，不需要证明其取得票据的原因，即可行使票据权利。票据所具有的这些特性，决定了付款人或代理付款人对汇票的审查，应仅限于汇票形式上的审查，而不是实质的审查。这种形式上的审查包括两个方面：一、要审查汇票的形式是否符合法律规定，如汇票的格式是否合法、法律所规定的绝对应记载的事项是否记载齐全等；二、要审查汇票上背书是否连续。

从本案情况看，付款人已尽到了法律规定的审查义务。首先，汇票本身是真实的，其记载符合法律规定，这是没有争议的。再从汇票背书的连续性看，由背书人李某签字并注明"同意转让"，同时填写了身份证号码、发证机关及被背书人B公司名称，可以看出背书是连续的，尽管李某的签名是伪造的。所以，N银行已履行了法定审查义务，通过审查后付款是符合规定的，不应承担赔偿责任。A公司向法院起诉N银行是不会得到法院支持的。由于A公司疏忽大意使汇票被骗，A公司是有过错的，40万元资金由B公司取得，应由B公司负还款责任。所以，A公司应立即向公安机关报案，以诈骗罪追究B公司张某等人的刑事责任并依法追回被骗资金。

（选自蒋先玲主编的《国际贸易结算实务与案例》，对外经济贸易大学出版社，2005）

（四）设权性

票据的设权性是指票据权利的发生必须以票据的设立为前提。票据是一种表示具有财产价值权利的文本。票据权利的产生必须做成票据；票据权利的转让必须交付票据；票据权利的行使必须提示票据。票据的权利在票据做成之前并不存在，而是在票据做成的时候才产生。

（五）文义性

票据的文义性是指票据上的一切权利义务均以票据上的文字为依据，不受票据上文字以外的事由影响。票据的签章人只对票据上文字负责，即使票据权利与实际不一致，仍以票据记载为依据。票据债权人不得以文字以外的事由来主张权利，票据的债务人同样也不得以文字以外的事由来对抗债权人。

（六）提示性

票据上的债权人（持票人）请求债务人（付款人）履行票据义务时，必须向付款人提示票据，始得请求付给票款。如果持票人不提示票据，付款人就没有履行付款的义务。因此，票据法规定票据的提示期限，超过期限，付款人的付款责任即被解除。

（七）返还性

票据的持票人支取票款后，应将签收的票据交还给付款人，该票据即完成其支付工具的使命而退出流通领域。由于票据的返还性，所以它不能无期限地流通，而是在到期日被付款后结束其流通。

四、票据的作用

票据之所以能够被广泛使用,是由于它在经济活动中发挥了独特的作用。票据的作用主要表现在以下三个方面。

（一）结算作用

国际结算的基本方法是非现金结算。在非现金结算条件下,结清国际债权债务就必须使用一定的支付工具。票据就是起到货币的支付功能和结算作用的支付工具。当事人可以借助票据的出具和转让,把他的债权人和债务人联系起来,间接形成彼此的债权债务关系,并以他对债务人拥有的债权来抵消对其他债务人欠付的债务。

（二）资金融通作用

由于票据是支付工具,是代表着一定金额的权利凭据,因此在流通转让过程中,有的当事人通过转让票据而获得相应数量的资金;有的当事人则通过让渡资金的使用权而获得相应的票据。这样,票据就可发挥融通资金的功效。

（三）流通作用

票据是可以转让流通的信用工具。票据经过背书可以转让,受让人背书后还可以再转让。背书人对票据的付款负有担保责任,因此,背书次数越多,该票据的付款担保性就越强。背书转让使得票据在市场上广泛地流通,既节约了现金使用,又扩大了流通手段。

五、票据法规

票据法是指对票据的形式、内容以及当事人之间权利义务关系等方面做出规定的法律规范的总称。

（一）英国《1882 年票据法》

英国于 1882 年颁布施行的《1882 年票据法》（*Bills of Exchange Act*,1882,以下简称《英国票据法》）是起草人查尔姆（Chalmers）总结历来的习惯法、特别法以及许多判例而编成的。该法共计 97 条,1—72 条订立汇票全面法规,73—82 条订立支票法规,83—89 条订立本票法规,1957 年另订立支票法 8 条,对于以前的支票法规做了修正和补充。

《英国票据法》的适用性较强,它的主要特点:一是从法律上保护票据的流通,它制定了一套完整的流通票据制度,使票据能够充分发挥流通工具的重要作用;二是从法律上保护和发挥票据的信用工具和支付工具作用;三是在银行处理大量的票据业务中,适当地保护银行权益,提高银行效率。

（二）美国《统一流通票据法》

美国于 1896 年制定了《统一流通票据法》（*Uniform Negotiable Instruments Law*）。它是起草人克诺福德（Crawford）在习惯法和判例的基础上编写成的。在 1952 年制定、1962 年修订的《统一商业法典》（*Uniform Commercial Code*）的第三章商业票据（"Commercial Paper"）中,对汇票、本票、支票和存单做了详细的规定。美国的票据法律是在英国票据法的基础上加以发展而成的。英国、美国及一些英联邦成员如加拿大、澳大利亚、印度、巴基斯坦的票据法均属英美法系。

（三）《日内瓦统一法》

1930 年法国、德国、瑞士、意大利、日本、拉美国家等 20 多个国家在日内瓦召开国际票据法统一会议,签订了《日内瓦统一汇票本票法公约》(*Uniform Law for Bills of Exchange and Promissory Notes signed at Geneva*,1930),次年又签订了《日内瓦统一支票法公约》(*Uniform Law for Cheques signed at Geneva*,1931)。这两项法律一般合并称为《日内瓦统一法》。由于英美未派代表参加签字,因此参加签字并遵守统一法的成员国家形成了大陆法系。

(四)《国际汇票和国际本票公约》《国际支票公约》

以《英国票据法》为代表的英美法系和以《日内瓦统一法》为代表的欧洲大陆法系之间在汇票必要项目的各方面大体相同,但也有些差异。联合国国际贸易法委员会(United Nations Commission on International Trade Law)想要消除两个法系的差异,于 1971 年成立国际流通票据工作组,并于 1973 年拟订了《国际汇票与国际本票公约草案》和《国际支票公约草案》。经过 10 余年的讨论与修订,于 1986 年 6 月 16 日至 7 月 11 日交联合国国际贸易法委员会第 19 届会议审议,至 1988 年 12 月 9 日举行的联合国第 43 届全体大会一致通过,定名为《国际汇票和国际本票公约》《国际支票公约》,并向所有国家开放签字。直到 1990 年 6 月 30 日,《国际汇票和国际本票公约》由 10 个国家完成了本国政府批准手续,该《公约》宣告生效。近些年来,随着电子数据交换技术的发展和电子票据的应用,联合国贸易和发展会议的各国代表认为没有必要对支票在全球范围内统一,因此,《国际支票公约》已被联合国贸易法律委员会放弃。

(五)《中华人民共和国票据法》

我国于 1995 年 5 月 10 日正式公布了《中华人民共和国票据法》,1996 年 1 月 1 日起生效。我国票据法是在借鉴国外经验,并结合我国实际情况的基础上制定出来的。从形式上看,这采取了汇票、本票和支票统一立法的方式;从内容上看,既明确规定了票据各当事人和权利与义务,又进一步规范了票据行为,特别是规定了我国票据法的国际地位,完成了与国际票据法律的对接。《中华人民共和国票据法》共七章,分别为总则、汇票、本票、支票、涉外票据的法律适用、法律责任和附则,总计 111 条。2004 年 8 月 28 日全国人大常委会第十届十一次会议通过了修改后的《中华人民共和国票据法》。新版票据法的颁布与实施,既标志着中国的票据法已经与国际票据法接轨,也表明了我国票据法体系得以基本形成与完善。

(六)票据法冲突的处理

票据法冲突处理应遵守以下原则:

1. 票据的有效性应以出票地国家的法律为准;

2. 票据的开立、背书、承兑是否合法,以行为地的法律为依据;

3. 关于持票人提示承兑和提示付款的责任,对退票通知或拒绝证书的要求均按行为地法律解释;

4. 国外开立在另一国付款的远期票据,其到期日的计算按付款地的法律规定。

第二节 汇 票

一、汇票的定义

汇票(Bill of Exchange)是国际结算中使用最为广泛的票据。由于它最能反映票据的性质、特征和规律,最能集中体现票据所具有的结算、融资等各种经济功能,因而它是票据的典型代表,而本票和支票可以被看作汇票的特例。

《中华人民共和国票据法》第19条对汇票下了如下的定义:"汇票是出票人签发的,委托付款人在见票时或在指定日期无条件支付确定的金额给收款人或者持票人的票据。"

《日内瓦统一法》未给汇票下定义。按照各国广泛引用或参照的英国票据法所下的定义,"汇票是由一人签发给另一人的无条件的书面命令,发出命令的人签名,要求接受命令的人见票时或于未来某一规定的或可以确定的时间,将一定金额的款项支付给某一特定的人或其指定的人,或持票人。"(A bill of exchange is an unconditional order in writing, addressed by one person to another, signed by the person giving it, requiring the person to whom it is addressed to pay on demand or at a fixed or determinable future time a sum certain in money to or to the order of a specified person, or to bearer.)

二、汇票的记载项目

(一)汇票的必要项目

汇票是一种要式证券,所以形式上必须具备必要项目。但各国法律对此要求并非完全一致。汇票样本如图 2-1、图 2-2 所示。

Exchange for GBP5,000.00　　　　　　　　　Beijing, 8th April, 2017

At 90 days after sight pay to C Co. or order the sum of five thousand pounds.

　To Bank of Europe
　　London

　　　　　　　　　　　　　　　　　　　　　　　For A Company
　　　　　　　　　　　　　　　　　　　　　　　　Beijing
　　　　　　　　　　　　　　　　　　　　　　　(signature)

图 2-1 汇票样本(一)

BILL OF EXCHANGE

No. 423371   20170806 HANGZHOU

For USD16,000.00

At ××××××× Sight of this FIRST of Exchange (ECOND being Unpaid)

Pay to the order of THE INDUSTRIAL AND COMMERCIAL BANK OF CHINA

The sum of SAY UNITED STATES DOLLARS SIXTEEN THOUSAND ONLY

Valued Received

Drawn under/through UFJ BANK LTD. NAGOYA

L/C No. 874—3000598   Dated 20170605

To UFJ BANK LTD.

　　NAGOYA

杭州机械进出口公司

HANGZHOU MACHINERY IMPORT AND EXPORT CORP.

张三

Authorized Signature(s)

图 2-2　汇票样本(二)

我国票据法第 22 条明确规定汇票必须记载下列事项:1.表明"汇票"字样;2.无条件支付的委托;3.确定的金额;4.付款人名称;5.收款人名称;6.出票日期;7.出票人签章。汇票上未记载规定事项之一的,汇票无效。

《日内瓦统一法》还把付款日期、付款地点和出票地点也作为汇票应当记载的必要内容。我国票据法虽未把这些内容作为汇票的必要项目,但在第 23 条中也对在未做这些项目的具体规定时应做如何理解做了原则规定。

现将必要项目分别说明如下。

1."汇票"字样

我国票据法和《日内瓦统一法》都要求在汇票的正面标明"汇票"字样,《英国票据法》未加以规定,但在实务中,一般都注有"汇票"字样,其目的是与本票、支票等相区别。汇票字样实务中不是非用 Bill of Exchange 不可,同义词 Exchange 或 Draft 均可。

2.无条件书面支付命令

这包含三层含义。

(1)支付命令。汇票所代表的是一种支付命令,而不是请求,因此在汇票上不能出现请求的词语,但不排斥用词的礼貌,"Please pay to"及"Pay to"字样都是一种命令,但不能用"Would you please pay to",这不是命令,而只是请求。

(2)无条件。支付不能附加条件,不能把某一事情的发生或某一情况的出现作为付款的先决条件。如 On arrival of ××× 或 After clearance 等,表明货物已抵达或所装运的船只已到或货物已通关,这类有条件的文句都是不可以的。此类汇票无效。但是,在国际贸易中,往往在汇票中加注出票条款(drawn clause),表明汇票的起源,这是允许的。例如:

"Pay to A Bank or order the sum of ten thousand US dollars. Drawn under L/C No.

12345 by X Bank ,New York dated on 15 August,2017."

（3）书面。汇票及其他票据都必须是书面形式,否则无法签字和流通转让。实务中使用的汇票通常是在预先印刷好固定格式的空白汇票上手写或打字填齐的。

3.确定的金额

汇票表面所记载的金额必须确定,即任何人根据票据文义的记载都能得到同样的结果。如果金额是"about USD2,000.00"或"USD2,000.00 or USD1,000.00",由于不是"一定金额",因此汇票无效。汇票金额同时以文字和数字表示的,两者应当相符,若有差异,按照《英国票据法》和《日内瓦统一法》的规定,应以文字表示的数额作为应付金额。但我国票据法在第八条中规定,金额要大小写同时记载,二者必须一致,否则票据无效。

4.付款人名称及详细地址

汇票式样中的左下角"To ＿＿＿＿＿＿"表示汇票的付款人(payer),即汇票的受票人(drawee)。付款人名称地址必须书写清楚,以便持票人提示承兑或提示付款。在国际贸易中,如果是信用证交易,则付款人大都是开证行。《英国票据法》允许开给两个付款人,但是不允许开给两个付款人任择其一,因为这样的付款人是不确定的。

我国票据法虽未将付款地点列为必要项目,但在第23条明确规定,汇票上未记载付款地的,付款人的营业场所、住所或者经常居住地为付款地。

5.出票日期和地点

出票日期可起到三个作用。

（1）决定出票人的行为能力。如果出票时已宣告破产或清理,丧失行为能力,则汇票不能成立。

（2）决定到期日。付款时间是出票后定期的汇票,就从出票日后算起,决定付款到期日。

（3）决定提示期限是否超过。《日内瓦统一法》规定见票后定期汇票,即期汇票必须在出票后一年内提示要求承兑或提示要求付款。我国票据法规定,见票即付汇票的持票人应当自出票日起1个月内向付款人提示付款;见票后定期付款的汇票,持票人应当自出票日起1个月内向付款人提示承兑。

《英国票据法》认为出票日期不是绝对必要项目,如未列明出票日期,持票人可以将自己认为正确的日期加以填补。

出票地点一般应写在汇票的右上方,常与出票日期连在一起。如果汇票上没有载明出票地点,则以出票人姓名旁的地点为出票地点。出票地点关系到汇票的法律适用问题。因为票据成立是以出票地法律来衡量的。如汇票在一国出票,在另一国付款时,便以出票国的法律为依据,来判断汇票所具备的必要项目是否齐全,从而确定该汇票是否有效。

我国票据法虽未将出票地点列为必要项目,但在第23条明确规定,汇票上未记载出票地的,出票人的营业场所、住所或经常居住地为出票地。

6.付款期限

付款期限指付款人支付汇票金额的日期。按照英美法系各国的法律,付款期限不是汇票的必要项目,未载明付款期限的汇票按见票即付处理。日内瓦统一法虽然规定汇票应载明付款期限,但也允许有例外。与英美票据法同样,对未记载付款期限的汇票视为见票即付。我国票据法规定:汇票上记载付款日期应当清楚、明确;未记载付款日期的视为见票即付。

在实际业务中,付款期限的表示方法主要有以下几种。

(1)见票即付(payable at sight 或 payable on demand)。持票人向付款人提示汇票的当天,即为付款到期日。若汇票没有明确表示付款期限,则为见票即付的汇票。例如:"见票时付款指定人……"(at sight pay to the order of …)。这种汇票无须承兑。

(2)定日付款(payable on a fixed future date)。例如:"于 2017 年 11 月 15 日付交……"(on Nov. 15,2017 Pay to…)。

(3)出票日后定期付款(payable at a fixed time after date)。例如:"出票日期后 30 天付交……"(at 30 days after date Pay to…)。这种汇票须由持票人向付款人提示要求承兑,以明确承兑人的付款责任。

(4)见票日后定期付款(payable at a fixed time after sight)。持票人向付款人提示,经承兑后确定付款到期日,并明确承兑人的付款责任。例如:"见票后 45 天付交……"(at 45 days after sight Pay to…)。

此外,在实践中还有使用"运输单据出单日期后定期付款""交单后定期付款"的做法。例如:"提单日后 60 天付交……"(at 60 days after bill of lading date Pay to…)或"交单后 30 天付交……"(at 30 days after date of presentation of the documents Pay to…)。

定期付款的期限,较多使用 30 天、45 天、60 天或 90 天,超过 90 天的虽有使用,但比较少见。计算到期日的方法各国票据法的规定大致相同。

(1)算尾不算头。例如:见票日为 3 月 15 日,付款期限为见票日后 30 天,则应从 3 月 16 日起算 30 天,到期日为 4 月 14 日。

(2)假日顺延。上例如果 4 月 14 日为银行节假日,则付款期限应顺延至下一个银行营业日。

(3)月为日历月。以月为单位计算付款期限的,指日历上的月份。如汇票规定见票后 3 个月付款,见票日为 3 月 15 日,到期日应为 6 月 15 日。

(4)到期月无相同日期即为该月的最后一天。如见票日为 1 月 31 日,见票后 1 个月、2 个月、3 个月付款,到期日应分别为 2 月 28 日(如遇闰年,则为 29 日)、3 月 31 日、4 月 30 日。

7. 收款人

汇票收款人通常称为汇票的抬头。汇票抬头有三种写法。

(1)限制性抬头

如:①Pay to ABC Co.,在汇票的其他地方有"not transferable"字样。

②Pay to ABC Co. only

③Pay to ABC Co. not transferable

限制性抬头的汇票不得转让他人。出票人开立这类汇票的目的是不愿使汇票流入第三者手中。

(2)指示性抬头

如:①Pay to the order of ABC Co.

②Pay to ABC Co. or order,英国人喜欢这样用,以防作弊。

③Pay to ABC Co.,在别处无"not transferable"字样。

指示性抬头的汇票经抬头人背书后,可以自由转让。当然,指示性抬头的汇票并不是非转让不可的,抬头人也可以自己去行使票据权利。

(3)来人抬头

如：①Pay to Bearer

②Pay to ABC Co. or Bearer

来人抬头的汇票仅凭交付即可转让，无须背书。

8.出票人名称和签字

汇票必须经出票人亲笔签名或盖章方为有效。因票据法是根据某人在票据上的签字来确定他的责任的，不签字就不负责，签字等于承认了自己的债务，收款人因此有了债权，从而票据成为债权凭证。

出票人是个人，如果代理他的委托人签字，而委托人是公司、单位、银行、团体时，应在公司名称前面写上"For"或"On behalf of"或"For and on behalf of"或"Per pro."字样，并在个人签字后面写上职务名称。如：

For ABC Co., London

John Smith Manager

这样 ABC 公司受到个人 John Smith 签字的约束，而 John Smith 不是他个人开立汇票，而是代理 ABC 公司开出汇票。

在我国，银行汇票的出票人在票据上签章，应为经中国人民银行批准使用的该银行汇票专用章，加法人代表或其授权经办人的签名和盖章。其他人的签章为：单位在票据上的签章应为该单位的财务专用章或公章，加其法人代表或其授权的代理人的签名或盖章；个人在票据上的签章应为该个人的签名或盖章。

(二)汇票的其他记载项目

汇票上除了以上必要项目外，还可以有票据法允许的其他记载项目。现在列举如下。

1.担当付款人

在汇票载明付款人后，再说明由第三者执行付款，该第三者称为担当付款人。担当付款人是付款人为了支付方便，与出票人约定的，可由出票人在出票时记载，也可由付款人在承兑时记载。若汇票上有此记载，持票人就应向担当付款人做付款提示。由于担当付款人并非票据债务人，因此，持票人在请求承兑时，应向付款人提示票据。

2.预备付款人

出票人可记载一付款地的第三人为预备付款人。万一付款人拒付，持票人可向预备付款人提示(包括提示承兑和提示付款)。出票人做这种记载的目的是保障出票人自己的信用，免受持票人的追索。

3.免做拒绝证书

汇票上记明免做拒绝证书的持票人在遭到拒付时无须做拒绝证书，从而追索时也无须出示拒绝证书。

4.成套汇票

商业汇票经常是两张为一套，但债务只有一笔，因此在第一张汇票上说明"付一不付二"First(Second being unpaid)，在第二张汇票上说明"付二不付一"Second(First being unpaid)。

5.无追索权

出票人在票面上写上"无追索权"字样，或在他自己签名上记载"无追索权"或"对我们没有追索权"字样，就是免除对出票人的追索权。背书人也可在他签名之上做同样记载，就是免除对背书人的追索权。无追索权实际上是免除出票人或背书人对于汇票应负的责任,持票人可以把加注"无追索权"的签名视为划掉这个签名。《日内瓦统一法》有着不同的规定:出票人可以解除他的保证承兑责任,但是任何解除出票人的保证付款责任的规定,视为无记载。

6.出票条款

信用证项下的汇票,常规定汇票上须写明汇票的起源,即根据某银行某年、月、日开出的某号信用证所出汇票。例如:Drawn under L/C No. 12345 issued by X bank dated 15 August,2017。

7.汇票号码

为方便查询起见,出票人可于汇票上加列序号。

8.对价条款

汇票上常有"Value Received"(钱货两讫)的条款,这是沿袭习惯的做法,不记载并不影响汇票的效力。

9.利息与利率

汇票上可以记载收取利息的期限从某天到某天,以及适用的利率。

10.用其他货币支付

汇票可以记载用其他货币支付,并注明汇率,但是这种记载不得与付款地法律相抵触。

三、汇票的当事人

汇票尚未进入流通领域之前,有三个基本当事人,即出票人、付款人、收款人。进入流通领域后,会出现背书人、被背书人、参加承兑人、保证人、持票人、付过对价持票人和正当持票人等当事人。

（一）出票人（Drawer）

出票人是开立汇票的人。他在汇票被承兑前是主债务人,被承兑后是从债务人。他对汇票承担的责任是保证汇票按其文义被承兑和付款,并保证如果汇票遭到退票,他将偿付票款给持票人或者被迫付款的任何背书人。

（二）付款人（Drawee）

付款人是接受付款命令的人,又称为受票人。因他未在汇票上签名,所以他不是汇票的债务人,持票人不能强迫其付款。但远期汇票一经付款人承兑,付款人变成了承兑人（Acceptor）。承兑人是同意接受出票人的命令并在票据正面签字的人。付款人一经承兑,承兑人成为汇票的主债务人,出票人退居从债务人地位,汇票的持票人、被迫付款的背书人或出票人均可要求承兑人在到期时付款。

（三）收款人（Payee）

收款人是收取票款的人,是第一持票人。出票人开出汇票,立即交给收款人。收款人第一个持有汇票,从而产生对于汇票的权利,收款人是主债权人。收款人有权向付款人要求付款,如遭到拒绝,有权向出票人追索票款;收款人也可将汇票背书转让给他人,从而成为第一背书人,向后手承担付款或承兑的保证责任。

（四）背书人（Indorser/Endorser）

背书人是指在汇票背面做签章,将汇票权利通过背书转让给他人的人。收款人将汇票背书转让给他人后成为第一背书人,受让人依次将票据背书转让,相应地成为第二背书人、第三背书人等。背书人对被背书人或其后手,负有担保付款人承兑或付款的责任,并保证如果汇票遭到退票,他将偿付票款给持票人或者被迫付款的后手背书人。

(五)被背书人(Indorsee/Endorsee)

被背书人是指接受汇票背书转让的受让人。被背书人通过受让汇票的权利,成为汇票的债权人,有权持票对付款人或者其他汇票债务人主张付款请求权和追索权。被背书人若不拟凭票取款,也可以转让汇票给他人,而自己成为另一个背书人。

(六)参加承兑人(Acceptor of Honour)

当汇票提示被拒绝承兑或无法获得承兑时,由一个第三者参加承兑汇票,签名于上,此第三者就是参加承兑人,是汇票的债务人。当汇票到期,付款人拒付时,参加承兑人负责支付票款。

(七)保证人(Guarantor)

保证人是对汇票的出票人、背书人、承兑人或参加承兑人的票据行为作保证的人。保证人需要指明被保证人,可以是出票人、承兑人、参加承兑人或任一背书人。若未注明被保证人名称,则要视票据种类而定。如果是支票或本票,则以出票人为被保证人。如果是已获承兑的汇票,则以承兑人为被保证人;若汇票未获承兑,则仍以出票人为被保证人。保证人与被保证人承担相同的责任。

(八)持票人(Holder)

持票人是指现在正持有汇票的人。持票人可能是汇票的收款人,也可能是被背书人或者来人。

(九)付过对价持票人(Holder for Value)

对价是指可以支持一项简单交易(或合约)之物,如货物、劳务、金钱等。付过对价持票人指在取得汇票时付出一定代价的人。不论持票人自己是否付了对价,只要其前手付过对价转让到现在持有汇票的人,就是付过对价持票人。如,背书人在转让前或转让后已付过对价,则对被背书人而言,就是付过对价持票人。它通常是指前手付过对价,自己没有付过对价而持票的人。

《英国票据法》根据是否付过对价,对持票人规定不同的权利。

(十)正当持票人(Holder in Due Course)

正当持票人,也称善意持票人(Bonafide Holder)。根据《英国票据法》规定,正当持票人应具备的条件是:他的前手背书是真实的;汇票票面完整正常;取得汇票时,没有过期;不知道汇票曾被退票;不知道转让人的权利有何缺陷;他自己付过对价,善意地取得汇票。正当持票人的权利优于前手,他的权利不受前手对票据权利存在缺陷的影响。

四、汇票的票据行为

票据行为是指以票据上规定的权利和义务所确立的法律行为。汇票的票据行为可分为主票据行为和从票据行为。前者为出票,后者为提示、承兑、背书、参加承兑、保证、付款、参加付款等。

(一)出票(Issue)

出票是指汇票的出票人写成汇票经签字后交付给收款人的票据行为。可见,出票由两个动作组成,一是由出票人写成汇票并在汇票上签字;二是由出票人将汇票交付给收款人。对出票人来说,出票人出票后,即承担保证汇票被承兑和/或付款的责任,若付款人拒绝,则持票人就有权向出票人行使追索权。对收款人来说,收款人取得汇票成为持票人,取得汇票上的权利。对付款人来说,付款人并不因此负有必须付款的义务。

(二)背书(Indorsement/Endorsement)

1.背书的定义

背书是指持票人以转让其权利为目的而在汇票背面签字的一种行为。持票人要把票据权利转让给他人,主要通过持票人在汇票背面签字并经交付来完成。但并不是所有的汇票都需要持票人通过背书这种行为来转让权利,只有指示性抬头的汇票才需要通过背书转让权利。

2.背书的种类

背书主要采取以下五种方式。

(1)限制性背书(Restrictive Endorsement)

限制性背书是指持票人在汇票背面签字而将其权利转让给其在汇票背面所指定的某一人的一种行为。通常加注"Only"。经过限制性背书,汇票背面所指定的人即受让人只能自己去实现汇票所代表的权利,而不得将此汇票再转让他人。

例如,汇票正面的收款人为:Pay to the order of ABC Co.

限制性背书如下:

Pay to DEF Co. only

For ABC Co.

Signature

这就表示 ABC Co. 将汇票转让给 DEF Co. ,而 DEF Co. 则不能再将汇票转让出去了。

(2)特别背书(Special Endorsement)

特别背书,有称指示性背书或记名背书,是指持票人在汇票背面签字而将权利转让给其指定的某人或某人的指定人的一种行为。例如,

汇票正面:Pay to the order of ABC Co.

指示性背书如下:

Pay to the order of DEF Co.

For ABC Co.

Signature

或:

Pay to DEF Co. or Order

For ABC Co.

Signature

此时,背书人 ABC Co. 将汇票权利转让给被背书人 DEF Co. 或 DEF Co. 的指定人。被背书人 DEF Co. 可以继续将汇票转让下去。

(3)空白背书(Blank Endorsement)

空白背书,又称不记名背书,是指持票人在汇票的背面签字而不记载被背书人名称的一种背书行为。例如,

汇票正面：Pay to the order of ABC Co.

空白背书如下：

For ABC Co.

Signature

汇票经持票人 ABC Co. 做成空白背书后，交付给一个不记名的受让人，此时，汇票的受让人可以不做背书仅凭交付再转让汇票，他对汇票不需承担责任，因为他没有在汇票背面签字。也可以将空白背书变成记名背书。

（4）带有条件背书（Conditional Endorsement）

带有条件背书是指支付给被背书人的指示是带有条件的。

汇票正面：Pay to the order of ABC Co.

带有条件背书如下：

Pay to the order of DEF Co.

On delivery of B/L No. 123

For ABC Co.

Signature

开出汇票必须是无条件的支付命令，做成背书是可以带有条件的。附带条件仅对背书人和被背书人有着约束作用，它与付款人、出票人无关。当汇票向付款人提示要求付款时，付款人不管条件是否履行，可以照常付款给持票人，汇票即被解除责任。带有条件背书实际是指背书行为中的交付，只有在条件完成时方可把汇票交给被背书人。

（5）托收背书（Endorsement for Collection）

托收背书是要求被背书人按照委托代收票款的指示，处理汇票的背书。通常是在"Pay to the order of ××× bank"的前面或后面写上"for collection"字样。

委托收款的被背书人，得到的是代理权而不是债权，因此不能以背书方式转让本不属于他的汇票权利了。但是，该被背书人为了行使被委托的汇票权利，有权再委托他人，所以仍可做委托收款背书。

同样理由，由于委托收款背书并非转让票据权利，所有即便是限制性抬头的汇票，收款人也可做委托收款背书。

（三）提示（Presentment）

提示是指持票人向付款人提交汇票要求其承兑或付款的一种行为。即期汇票只需一次提示，即付款提示。而远期汇票需要两次提示，即承兑提示和付款提示。各国票据法规定，持票人应在规定的时间内向付款人提示汇票要求承兑或付款，否则，持票人就丧失对其前手及出票人的追索权。至于提示的具体时间，各国票据法有不同的规定。

（四）承兑（Acceptance）

1. 承兑的定义

承兑是指远期汇票的付款人签章于汇票的正面，明确表示于到期日支付票据金额的一种票据行为。

2. 承兑的动作

承兑包括两个动作，一是写上"Accepted"字样并签字，加注具体承兑日期，二是把已承兑的远期汇票交给持票人。交付可以是实际的交付，即在承兑后将汇票交给持票人，也可以是推定的交付,只要付款人通知持票人在某日做了承兑,就算交付。远期成套汇票只能承兑其中一张,到期凭该张汇票付款。

3. 承兑日的规定

(1)定日付款或出票后定期付款的汇票,持票人应在到期日前提示承兑;

(2)见票后定期付款的汇票,在出票后 1 个月内提示承兑;

(3)付款人在收到提示的汇票后 3 日内承兑或拒绝承兑。

4. 承兑的效力

承兑对付款人来说就是承诺了付款责任,他就要对票据文义负责,并且承兑人一旦签字就不能以出票人的签字是伪造的,或背书人无行为能力等理由来否认汇票效力。汇票承兑后,承兑人就成了主债务人,而出票人则成为从债务人。如果到期日承兑人拒付,持票人可以直接对承兑人起诉。

4. 承兑的种类

(1)普通承兑(General Acceptance)

普通承兑是指付款人在汇票正面所做的不对汇票内容进行修改或限制的承兑。如:

Accepted

15th June,2017

For ABC Co.

Signature

(2)限制性承兑(Qualified Acceptance)

限制性承兑是指付款人对持票人提示的汇票内容加以修改或限制的承兑。具体有以下几种。

①有条件承兑,指付款人在承兑时是有条件的。如进口商一般会考虑出口商能否按照合同要求的品质发货,因此,进口商在承兑汇票时可能加上相应的条件。如:

Accepted

Payable providing the goods in order

15th June,2017

For ABC Co.

Signature

②部分承兑,指付款人只对汇票的部分金额承兑。例如,汇票金额为 1 万美元,承兑时仅承兑 8000 美元。

Accepted

Payable for USD8,000.00 only

15th June,2017

For ABC Co.

Signature

③地方性承兑,指只限在特定的地点支付票款的承兑。如:

Accepted

Payable at the Citi Bank, NY Branch and there only

15th June,2017

For ABC Co.

Signature

④修改付款期限的承兑。如汇票原规定见票后 30 天付款,承兑时注明见票后 60 天付款。

Accepted

Payable at 60 days after sight

15th June,2017

For ABC Co.

Signature

按票据法的一般规则,限制性承兑应视作拒绝承兑,持票人即可凭以行使追索权。如持票人不行使追索权而按所附条件提示要求付款,则承兑人仍应按所附条件承担责任。我国票据法第 43 条也明确规定:"承兑附有条件的,视为拒绝承兑。"

(五)参加承兑(Acceptance for Honor)

参加承兑是指汇票遭到拒绝承兑而退票时,非汇票债务人在征得持票人同意的情况下,要求承兑已遭拒绝承兑的汇票的行为。参加承兑者称作参加承兑人,被担保到期付款的汇票债务人称作被参加承兑人。

参加承兑应记载的事项:"参加承兑"字样、被参加承兑人姓名、参加承兑日期及参加承兑人签字。例如:

ACCEPTED FOR HONOR

Of DEF Co.

18th July,2017

For ABC Co.

Signature

参加承兑的目的是保全汇票上有关债务人的信用,因而有的国家称之为"荣誉承兑"。参加承兑与一般承兑一样都在汇票的正面签名,但参加承兑通常应注明"参加承兑"字样,以示与一般承兑的区别。按票据法的一般规则,承兑人为主债务人,而参加承兑人只有在付款人到期拒绝付款的情况下才予以付款,因而是从债务人。而且参加承兑人只对被参加承兑人及其后手承担义务。为此,参加承兑时应注明被参加承兑人的名称,如未注明,出票人被视为被参加承兑人。我国票据法未对参加承兑做出规定。

(六)付款(Payment)

持票人在到期日提示汇票,经付款人或承兑人正当付款以后,汇票即被解除责任。所谓正当付款是指以下几点。

(1)被付款人或承兑人支付,而不是被出票人或背书人支付。

(2)在到期日那天或以后付款,而不能在到期日以前付款。

(3)付给持票人。汇票如被转让,前手背书必须连续真实。《日内瓦统一法》只要求付款人鉴定背书连续。《英国票据法》还要求付款人认定背书必须真实。

(4)善意付款。付款人按照专业惯例,尽了专业职责,利用专业信息都不知道持票人权利有何缺陷而付款者,即为善意付款。

付款人向持票人正当付款之后,汇票就被解除责任,不仅解除了付款人的付款义务,而且解除了所有的票据债务人的债务。如果付款人或承兑人拒付,持票人可以强制任一前手当事人(背书人或出票人)付款。但是背书人或出票人的付款并不能解除汇票,因为某一背书人被迫付了款以后,他可以向其前手背书人或出票人索偿,并可对承兑人起诉。如果出票人被迫付了款,他同样可以对承兑人起诉,汇票仍有责任当事人,不能解除。所以只有付款人或承兑人正当付款,一张汇票才能完成它的使命。

(七)参加付款(Payment for Honor)

参加付款指当票据被付款人拒绝付款时,参加付款人对票据进行付款的行为。参加付款人包括预备付款人和其他人。预备付款人是出票人和背书人在票据上注明的另一付款人,以便在原指定付款人万一拒绝付款时,持票人可向他提示取款。其他人也可以在票据遭到付款人拒绝付款时,代出票人、背书人等对持票人付款。

参加付款与参加承兑的作用同为防止持票人行使追索权,维护出票人、背书人的信誉,而且两者都可指定任意债务人作为被参加人。所不同的是参加付款不需征得持票人的同意,任何人都可以作为参加付款人,而参加承兑须经持票人的同意;同时参加付款是在汇票遭拒绝付款时为之,而参加承兑则是在汇票遭拒绝承兑时为之。

我国票据法对参加付款未做规定。

(八)退票、退票通知和拒绝证书

1.退票(Dishonor)

汇票的退票,又称拒付,是指持票人依票据法规定做有效提示时,遭付款人或承兑人拒绝付款或拒绝承兑的行为。退票行为可以是实际的,也可以是推定的。前者指持票人正式提示时,付款人或承兑人明确地拒绝付款或拒绝承兑,从而构成实际退票;后者指付款人纯属虚构,或虽经努力仍无法找到,或者付款人或承兑人已死亡,或宣告破产,或被依法停止营业,则构成推定退票。

2.退票通知(Notice of Dishonor)

汇票退票后,持票人应当做退票通知,使汇票的债务人及早知道拒付,并做好及时付款的准备。《英国票据法》认为,持票人未做通知或未及时发出通知,则其丧失追索权。《日内瓦统一法》认为,持票人并不丧失追索权,但如因未及时通知造成前手损失的,应负赔偿之责,其赔偿金额不超过汇票金额。

发出退票通知有两种方法:一是持票人在退票后一个营业日内,将退票事实通知前手背书人,前手于接到通知后一个营业日内再通知他的前手背书人,一直通知到出票人;二是持票人将退票事实通知全体前手,这样每个前手无须继续向前手通知了。

3.拒绝证书(Protest)

汇票退票后,持票人应当提供有关拒绝证书,以证明自己在法定期限内,不获承兑或不获付款,或者无从提示。

拒绝证书是指由退票地公证机关或其他有权公证的机构或当事人出具的证明退票事实的法律文件。持票人请求公证人做成拒绝证书时,应将汇票交出,由公证人向付款人再做提示,仍遭拒付时,即由公证人按规定格式做成拒绝证书,连同汇票交还持票人,持票人凭拒绝证书及退回的汇票向前手背书人行使追索权。如拒付地点没有法定公证人,拒绝证书可由当地知名人士在两个见证人面前做成。在我国可请公证处做成拒绝证书。

（九）追索（Recourse）

1. 追索的定义

追索是指汇票不获承兑或者不获付款，或者其他法定原因出现时，持票人在履行保全手续后，向其前手背书人、出票人要求清偿汇票金额以及费用的票据行为。相应地，追索权是指汇票遭到退票，持票人对其前手背书人或出票人有请求其偿还汇票金额及费用的权利。

2. 行使追索权的对象

行使追索权的对象是背书人、出票人、承兑人以及其他债务人，因为他们要对持票人负连带的偿付责任。持票人是票据上的唯一债权人，他可向对汇票负责之任何当事人取得偿付。出票人被迫付款之后可以向承兑人取得偿付；背书人被迫付款之后可以向承兑人或出票人或其前手背书人取得偿付。

3. 行使追索权的条件

行使追索权的三个条件：(1)必须在法定期限内提示汇票；(2)必须在法定期限内发出退票通知；(3)外国汇票遭到退票，必须在法定期限内做成拒绝证书。

4. 追索金额

持票人选择追索对象后，应当确定追索金额。追索金额包括被拒付汇票金额、汇票到期日或者提示付款日与清偿日之间的利息、相关拒绝证书和退票通知的费用。

持票人向其前手背书人追索，被追索权人清偿了追索金额以后，取得与持票人相同的权利，有权对其前手进行再追索。再追索金额包括已清偿的全部金额、前项金额自清偿日起至再追索清偿日止的利息及发出通知的费用。

（十）保证（Guarantee）

保证是指非汇票债务人对于出票、背书、承兑、付款等所发生的债务予以偿付担保的票据行为。保证人与被保证人所负的责任完全相同。为承兑人保证时，保证人负付款之责；为出票人、背书人保证时，保证人负担保承兑及担保付款之责。保证使汇票的付款信誉增加，便于其流通。

保证记载事项一般包括："保证"字样、保证人名称地址、被保证人的名称、保证日期及保证人签名。根据我国《票据法》，必须记载表明保证的字样、保证人的名称及其签章。未记载被保证人名称的，已承兑的汇票，承兑人为被保证人；未获承兑的汇票，出票人为被保证人。例如：

PAYMENT GUARANTEED

For account of …

Signed by

Dated on

五、汇票的贴现

（一）贴现的含义

贴现（Discount）是指在远期汇票已承兑而尚未到期时，由银行或贴现公司按照汇票金额在扣除转让日到汇票付款日的利息后，将余款提前垫付给持票人的票据行为。

汇票贴现是一种票据买卖业务，也是资金融通业务。贴现的汇票必须是经承兑的未到期的远期汇票。对于银行或贴现公司来说，贴现实际上是做了一笔贷款，只是预先扣除利息。由于一般的商业汇票通常有贸易背景，以跟单汇票居多，而且汇票经过付款人的承兑，风险相对来说比较小。银行或贴现公司对汇票贴现后,如需要资金周转,还可以把未到期的汇票向其他银行转贴现,也可以向中国人民银行申请再贴现。对于企业来说,汇票贴现相当方便,手续也较为简单。

（二）贴现的计算

贴现息通常按日计算。一年以多少天计,各国习惯不一。大多数国家在计算贴现息时按一年 360 天计算,只有少数国家(如英国)按一年 365 天计算。

贴现的计算公式为:

贴现息＝票面金额×贴现率×贴现天数/360(或 365)

净款＝票面金额－贴现息

例:一张面值为 1 万美元的汇票,见票后 60 天付款。付款人于 2017 年 5 月 5 日对该汇票承兑,则该汇票应于 8 月 3 日到期。持票人于 6 月 4 日持票去某银行要求贴现。如贴现率为 9％,则银行实际应支付给持票人多少钱?

贴现息＝10000.00×9％×60/360＝150.00(美元)

贴现净款＝10000.00－150.00＝9850.00(美元)

六、汇票的种类

汇票可以从不同的角度进行分类。

（一）按付款时间不同,汇票可分为即期汇票与远期汇票

即期汇票是指见票即付的汇票,或者是没有规定付款期限的汇票。

远期汇票是指约定在将来确定的或可确定的时间进行支付的汇票。远期汇票通常由持票人要求付款人在汇票上做承兑行为,以明确到期付款的责任。

（二）按出票人不同,汇票可分为商业汇票与银行汇票

商业汇票的出票人是工商企业或个人,付款人可以是工商企业或个人,也可以是银行。在国际贸易结算中,商业汇票通常是由出口商开立,委托当地银行向国外进口商或银行收取货款时使用的汇票。商业汇票大都附有货运单据。

银行汇票的出票人和付款人都是银行。在国际结算中,银行签发汇票后,一般交汇款人,由汇款人寄交国外收款人向汇票指定的付款银行取款。银行汇票一般为光票,不随附货运单据。

（三）按是否随附货运单据,汇票可分为光票与跟单汇票

光票是指不附带货运单据的汇票。光票的流通全靠出票人、付款人或背书人的信用。在国际贸易结算中,一般仅用于贸易从属费用、货款尾数、佣金等的收取或支付时使用。

跟单汇票是指附有货运单据的汇票。跟单汇票的付款以附交货运单据如提单、发票、保险单等单据为条件。跟单汇票体现了钱款与单据对流的原则,对进出口双方提供了一定的安全保障。因此,在国际货款的结算中,较多以跟单汇票作为结算工具。

（四）按承兑人的不同,汇票可分为商业承兑汇票与银行承兑汇票

商业承兑汇票是由工商企业或个人承兑的远期汇票。它是建立在商业银行的基础之上,其出票人也是工商企业或个人。

银行承兑汇票是由银行承兑的远期汇票。在国际贸易结算中,银行承兑汇票通常由出口商按照进口国银行的授权签发以该银行或其指定银行为付款人的远期汇票,经付款银行

承兑后,该付款银行即成为该汇票的主债务人。所以,银行承兑汇票是建立在银行信用的基础之上,便于在金融市场上贴现转让,进行流通。

(五)按流通领域的不同,汇票可分为国内汇票和国际汇票

国内汇票指汇票的出票人、付款人和收款人三个基本当事人的居住地同在一个国家或地区,汇票流通局限在同一个国家境内。

国际汇票指汇票出票人、付款人和收款人的居住地至少涉及两个不同的国家或地区,尤其是前两者不在同一国,汇票流通涉及两个国家或地区。国际结算中使用的汇票多为国际汇票。

一份汇票通常同时具备几种属性。例如,一份汇票可以同时是即期的又是跟单汇票,或远期的又是银行承兑汇票,或商业承兑汇票又是跟单汇票。

第三节　本　　票

一、本票的定义及其必要项目

(一)本票的定义

《英国票据法》关于本票的定义是:本票是一项书面的无条件的支付承诺,由一人做成,并交给另一人,经制票人签名承诺即期或定期或在可以确定的将来时间,支付一定数目的金钱给一个特定的人或其指定人或来人。(A promissory note is an unconditional promise in writing made by one person to another signed by the maker engaging to pay on demand or at a fixed or determinable future time a sum certain in money to or to the order of a specified person or to bearer.)

我国票据法对本票的定义是:本票是出票人签发的承诺自己在见票时无条件支付确定的金额给收款人或者持票人的票据。本法所称本票,是指银行本票。

(二)本票的必要项目

根据《日内瓦统一法》的规定,本票必须具备以下项目:①写明"本票"字样;②无条件支付承诺;③收款人或其指定人;④制票人签字;⑤出票日期和地点(未载明出票地点者,制票人名字旁的地点视为出票地);⑥付款期限(未载明付款期限者,视为见票即付);⑦一定金额;⑧付款地点(未载明付款地点者,出票地视为付款地)。本票样本如图 2-3 所示。

Promissory Note for GBP800. 00　　　　　　　　　　　London,8th Sep. ,2017

　　At 60 days after date we promise to pay Beijing Arts and Crafts Corp. or order the sum of Eight hundred pounds.

　　　　　　　　　　　　　　　　　　　　　　　　　　For Bank of Europe,

　　　　　　　　　　　　　　　　　　　　　　　　　　　　London

　　　　　　　　　　　　　　　　　　　　　　　　　　　　(signature)

图 2-3　本票样本

我国票据法规定本票必须记载下列事项：①表明"本票"字样；②无条件支付的承诺；③确定的金额；④收款人的名称；⑤出票日期；⑥出票人签章。

与《日内瓦统一法》相比，我国票据法规定的本票必要项目欠缺付款期限，因为我国规定的本票是见票即付的银行本票。另外，我国票据法虽未把付款地点和出票地点作为有效本票必须记载的内容，但也要求本票上记载付款地、出票地事项等应当清楚、明确。如未记载付款地、出票地的，出票人的营业场所为付款地与出票地。

二、本票的种类

(一)根据付款期限的不同，本票可分为即期本票和远期本票。

即期本票是见票即付的本票。远期本票是承诺于未来某一规定的或可以确定的日期支付票款的本票。银行本票大多是即期的。

(二)根据出票人的不同，本票可分为商业本票和银行本票。

商业本票是指公司、企业或个人签发的本票。商业本票是建立在商业信用基础上的，是为了清偿国际贸易中产生的债务关系而开立的。在国际贸易中，商业本票均融入银行信誉。如某企业利用出口信贷融资进口大型设备时，可开具远期付款本票，经进口方银行背书保证，到期由出票人偿还本息。

银行本票是指由银行签发的本票。它是银行应存款客户的某种需要开立的，常用于代替现金支付或进行现金转移，是建立在银行信用基础上的，出票人是银行。它的主要作用是代替现金流通，简化结算手续，从而有利于实现资金清算票据化，充分发挥票据支付手段的作用。我国票据法所规定的本票专指银行本票。

此外，国库券、可转让存单、信用卡、旅行支票等都是带有本票性质的票据。

三、本票与汇票的异同

(一)本票与汇票的相同点

1.本票的收款人与汇票的收款人都可以是记名的或不记名的。

2.本票的制票人相似于汇票的承兑人。

3.本票的第一背书人相似于已承兑汇票的收款人。

4.票据法有关对汇票的出票、背书、到期日、追索等行为的规定，基本上适用于本票。

5.本票与汇票都以无条件支付一定金额为目的。

(二)本票与汇票的不同点

1.基本当事人不同

本票有两个基本当事人，即制票人和收款人；汇票有三个基本当事人，即出票人、付款人、收款人。一般常说"制成"本票(To make a promissory note)，因此制成人(maker)就是制票人。我们还说"开出汇票"(To draw a bill of exchange)，因此出票人就是 drawer。

2.付款方式不同

本票的制票人自己出票自己付款，所以制票人向收款人承诺自己付款，它是承诺式票据；汇票是出票人要求付款人无条件地支付给收款人的书面支付命令。付款人没有义务必须支付票款，除非他承兑了汇票，所以汇票是命令式或委托式票据。

3.名称的含义不同

本票(Promissory Note)英文直译为"承诺券",它包含着一笔交易的结算;汇票(Bill of Exchange)英语直译为"汇兑票",它包含着两笔交易的结算。

4.承兑等项不同

本票不需:①提示要求承兑;②承兑;③参加承兑;④发出一套。而汇票有①~④项。

因为本票没有承兑,所以《英国票据法》主张远期本票只有 after date 没有 after sight。但《日内瓦统一法》认为,可以有 after sight 本票,须持票人向制票人提示请他"签见"(Visa),从签见日期起算,确定到期日,如制票人拒绝签见,从提示日起算。

5.是否做成拒绝证书不同

国际本票遭到退票,无须做成拒绝证书;国际汇票遭到退票,必须做成拒绝证书。

6.主债务人不同

本票的主债务人是制票人;汇票的主债务人,承兑前是出票人,承兑后是承兑人。

7.出票人与收款人是否可以同一当事人不同

本票不允许制票人与收款人做成相同的一个当事人,汇票允许出票人与收款人做成相同的一个当事人。

【案例 2.2】

案情介绍

某年 3 月 10 日,一个香港客商持一张 M 银行香港分行某支行签发的金额为 1000 万港元的正本本票给 J 省 C 市的客户,而且声称日后还有 5000 万港元的本票可签发给 C 市的客户作为投资。本票为一年期的远期本票,票面上出票日期、出票人、签字等一应俱全,但细心的银行业务人员发现疑点:本票签发日为 3 月 9 日,签发地香港,但在 3 月 10 日上午 9 点已到 C 市;有效期直接打印在签发日期上面,不规范。为此,银行工作人员一方面打电话向 M 银行香港分行查询,另一方面向 C 市客户介绍建办合资企业、引进外资的一些常规的、安全的做法,并要求 C 市客户在未查复前不要向香港客商及中间人作任何承诺和支付任何费用。第二天,该银行收到 M 银行香港分行的答复,该本票是伪造的,从而使客户免于被不法分子欺骗。

案情分析

银行本票是银行签发的,承诺自己在见票时无条件支付确定的金额给收款人或持票人的票据。本案是不法分子利用伪造本票进行的诈骗。本案例是银行通过对日期的核对发现了存在的问题。因此,银行工作人员细心核验票据,同时加强各个银行间的合作,对防止票据诈骗相当重要。

(选自蒋先玲主编的《国际贸易结算实务与案例》,对外经济贸易大学出版社,2005)

第四节　支　　票

一、支票的定义及其必要项目

(一)支票的定义

《英国票据法》对支票的定义是:"Briefly speaking, a cheque is a bill of exchange drawn on a bank payable on demand. Detailedly speaking，a cheque is an unconditional order in writing addressed by the customer to a bank signed by that customer authorizing the bank to pay on demand a sum certain in money to or to the order of a specified person or to bearer."中文意思是:简单地说,支票是以银行为付款人的即期汇票。详细而言,支票是银行客户向银行开出,由银行客户签字,授权银行对某一特定的人或其指定人或持票来人即期支付一定货币金额的书面的无条件支付命令。

我国票据法第81条规定:"支票是出票人签发的,委托办理支票存款业务的银行或其他金融机构在见票时无条件支付确定金额给收款人或者持票人的票据。"

从以上定义可以看出,作为支票有两个最重要的特点,一是见票即付,二是银行作为付款人。

(二)支票的必要项目

根据《日内瓦统一法》的规定,支票必须具备以下几项:①写明"支票"字样;②无条件支付命令;③付款银行的名称和地点;④出票人的名称和签字;⑤出票日期和地点(未载明出票地点者,出票人名称旁的地点视为出票地);⑥写明"即期"字样,如未写明即期者,仍视为见票即付;⑦一定金额;⑧收款人或其指定人。支票样本如图2-4所示。

Cheque for GBP5,000.00	London,8th Sept.,2017

Pay to the order of ABC Co. the sum of five thousand pounds only

To：National Westminster Bank Ltd.，London

For DEF Co.，London

....

(Signed)

图 2-4　支票样本

我国票据法第85条规定,支票必须记载以下事项:①表明"支票"字样;②无条件支付的委托;③确定的金额;④付款人的名称;⑤出票日期;⑥出票人签章。

按我国票据法,支票上的金额可以由出票人授权补记,未补记前的支票,不得使用;支票上未记载收款人名称的,经出票人授权也可以补记;支票上未记载付款地点的,付款人的营业场所为付款地;未记载出票地的,出票人的营业场所、住所或经常居住地为出票地。出票人的签章应当与其在付款人处所预留的签名式样或印鉴相符。

二、支票的种类

在我国,支票可按不同用途分为普通支票、现金支票和转账支票。我国票据法第84条明确规定:"支票可以支取现金,也可以转账。在用于转账时,应当在支票正面注明。支票中专门用于支取现金的,可以另行制作现金支票,现金支票只能用于支取现金。支票中专门用于转账的,可以另行制作转账支票,转账支票只能用于转账,不得支取现金。"不是专供转账或专供支取现金的支票为普通支票。普通支票可以支取现金,也可以转账,用于转账时,应当在支票正面注明。

在国际上,支票可按收款人的写法、是否划线和如何划线以及是否有他人保证分为若干种。

(一) 记名支票和不记名支票

记名支票是指在支票收款人一栏中记载收款人的具体名称,有的还加上"或其指定人"。如:"付 ABC 公司"(pay to ABC Co.)或者"付 ABC 公司或其指定人"(pay to the order of ABC Co.)。持记名支票取款时,须由载明的收款人在背面签章。这种支票可以背书转让。

不记名支票又称来人支票或空白抬头支票,即支票上不写明收款人的具体名称,只写明"付来人"(pay to bearer)。支款时无须收款人签章。持票人可仅凭交付即可将支票权利转让。

(二) 非划线支票和划线支票

非划线支票即支票上没有划线的支票,持票人既可以从银行提取现金,也可以委托银行收款入账的支票。

划线支票是指在支票上划两条平行线以表明持票人只能委托银行收款入账,而不能提取现金的支票。使用划线支票主要目的是防止在遗失时被人冒领。即使被冒领,也有可能通过银行收款线索追回款项。

根据线内是否注明收款银行名称,划线支票分为一般划线支票和特别划线支票。

1. 一般划线支票

一般划线支票是指不注明被委托收款的银行的划线支票。一般划线支票的收款人可以通过任何一家银行收款。其形式有以下四种:

(1)只有两道平行线,平行线内无文字,这是最普通的划线支票;

(2)两道平行线内注明"和公司"(and Co.)字样,这是早期银行业遗留下来的做法;

(3)两道平行线内加列"不可流通"(not negotiable)字样,出票人只对收款人负责,但并不禁止一般转让,收款人仍可转让,不过受让人的权利不优于他的前手,不能取得正当持票人的权利;

(4)两道平行线内加列"请入收款人账户"(Account payee)或"不可流通,入收款人账户"(Not negotiable, account payee),那么收款人只能委托其往来银行收款入账。

2. 特别划线支票

特别划线支票是指在平行线内写明具体收款银行的划线支票。如:两道平行线内加列"纽约 ABC 银行"(ABC Bank , New York)。特别划线支票的付款银行只能将票款付给划线中指定的银行。若该支票的付款银行将票款付给非划线内注明的收款指定银行,那么就应对真正所有人承担由此造成损失的赔偿责任。

（三）保付支票

保付支票是指由付款银行批注"保付"字样并签字的支票。支票一经保付，付款银行成为主债务人，而出票人和背书人都可免责。经银行保付过的支票信誉好，便于流通。

（四）银行支票

银行支票是由银行签发，并由银行付款的支票。银行支票表明银行作为客户在另一家银行开立账户而开出的支票。这种支票主要用于支付本行对外债务，或代客户办理票汇。

（五）空头支票

空头支票是指支票金额超过支票账户存款余额，或超过付款行允许的透支额度的支票。各国对签发空头支票者的制裁一般规定在票据法中。

三、支票的止付与拒付

（一）支票的止付

支票的止付指出票人要求付款银行停止付款的行为。银行存款户要求银行停止付款时，要有书面通知才有效。此后该支票被提示时，付款人在支票上注明"Orders not to pay"（奉命支付）字样并退票。

（二）支票的拒付

支票的拒付，也称支票的退票，指付款行对不符合要求的支票拒绝付款并退票的行为。付款银行对持票人做出表示"请与出票人联系"。退票理由如下。

1. 出票人签名不符（Signature differs）；

2. 大小写金额不符（Words and figures differ）；

3. 存款不足（Insufficient fund）；

4. 奉命止付（Orders not to pay）；

5. 支票逾期提示或过期提示（Out of date or stale cheque）；

6. 记名支票须收款人背书（Payee's endorsement required）；

7. 涂改须确认（Material alterations to be confirmed by drawer）。

四、支票与汇票的区别

支票是汇票的一种特例，但两者存在区别。

1. 支票的出票人和付款人之间必须先有资金关系；汇票的出票人和付款人之间可以先有资金关系，也可以没有。

2. 支票的付款人为银行；汇票的付款人可以是银行，也可以是商人。

3. 支票为即期的；汇票可以是即期，也可以是远期。

4. 支票无承兑行为；远期汇票有承兑行为。

5. 支票可以保付；汇票没有保付的做法，但有请求第三者保证的做法。

6. 支票上可以划线表示转账；汇票则无须划线。

7. 支票只能开出一张；汇票可以开出一套。

8. 支票的主债务人是出票人；远期汇票的主债务人在承兑前是出票人，承兑后则为承兑人。

9. 支票可以止付（止付即出票人撤销其开出的支票）；汇票承兑后，付款是不可撤销的。

【本章小结】

本章主要介绍票据基础、汇票、本票和支票。票据是以支付金钱为目的的证券,由出票人签名于票据上,无条件的约定由自己或另一人支付一定金额,可以流通转让的证券,具有流通性、无因性、要式性、设权性、文义性、提示性、返还性,其中,流通性是基本特性。票据的经济性功能体现为结算、融资、流通等作用。目前国际上影响较大的两大票据法系是以《英国票据法》为代表的英美法系和以《日内瓦统一法》为代表的大陆法系。汇票是国际结算中使用最为广泛的票据,是出票人签发的无条件的书面支付命令。其所记载的事项包括绝对必要项目和相对必要项目。汇票当事人有基本当事人和其他当事人之分,包括出票人、付款人、收款人、背书人、被背书人、持票人等。汇票当事人实施的票据行为能引起票据法律关系的发生、变更或者消灭,具体包括出票、背书、提示、承兑、付款、追索、保证、参加承兑和贴现等行为。本票是出票人无条件的书面支付承诺,有银行本票和商业本票之分。支票是一种特殊的汇票,是以银行为付款人的即期汇票。支票的出票人对支票承担担保付款的责任,不能签发空头支票,不能签发支票印鉴与其在付款人处预留的印鉴不符的支票。支票可以划线,划线支票的持票人不可以直接提取现金,只能委托银行收款入账。非划线支票的持票人既可以从银行提取现金,也可以委托银行收款入账。

【课后练习】

一、名词解释

票据　汇票　本票　支票　正当持票人　出票　记名背书　空白背书　限制性背书　承兑　提示　付款　拒付　追索　保证　贴现　跟单汇票　划线支票

二、选择题

1. 以下汇票上合格的支付语句是(　　　)。

A. WOULD YOU PLEASE PAY TO ABC COMPANY USD1,000?

B. PLEASE PAY ABC COMPANY USD1,000 PROVIDED ABC COMPANY SHIPPED GOODS AS SCHEDULED

C. PLEASE PAY ABC COMPANY USD1,000 WHEN WE RECEIVE COMMISSION

D. PLEASE PAY ABC COMPANY USD1,000

2. 持票人将汇票提交付款人要求其付款或承兑的行为是(　　　)。

A. 提示　　　　　　　　　　　　　　B. 承兑

C. 背书　　　　　　　　　　　　　　D. 退票

3. 在汇票背书转让过程中,只有(　　　)。

A. 背书人具有向付款人要求付款的权利　B. 持票人具有向付款人要求付款的权利

C. 出票人具有向付款人要求付款的权利　D. 承兑人具有向付款人要求付款的权利

4. 某汇票见票日为5月31日,见票后90天、见票后1个月的付款到期日分别是(　　　)。

A. 8月28日、6月30日　　　　　　　B. 8月28日、6月29日

C. 8月29日、6月30日　　　　　　　D. 8月29日、6月29日

5.国际货物买卖中,将票据权利转让给他人的行为是(　　)。

A.背书　　　　　B.提示　　　　　C.承兑　　　　　D.退票

6.票据的必要项目必须齐全,且符合法定要求,这叫作票据的(　　)。

A.无因性　　　　B.流通性　　　　C.提示性　　　　D.要式性

7.背书人在汇票背面只有签字,不写被背书人名称,这是(　　)。

A.限制性背书　　B.特别背书　　　C.记名背书　　　D.空白背书

8.出票人与付款人之间的资金关系,出票人与收款人之间的债权债务关系,这些都属于票据的基础关系。票据在流通过程中,受让人(　　)。

A.应当了解票据的基础关系

B.无须了解票据的基础关系

C.应当了解出票人与付款人之间的资金关系

D.应当了解出票人与收款人之间的债权债务关系

9.根据下列汇票的抬头,指出需要背书转让的汇票是(　　)。

A. Pay ABC Company not transferable　　B. Pay bearer

C. Pay ABC Company only　　　　　　　D. Pay to the order of ABC Company

10.出票包括(　　)。

A.填写票据内容及背书

B.开立票据并承担提示票据时付款人付款的责任

C.填写票据、签字并在被追索时承担责任

D.开立票据并交付给他人

11.由出口商签发的、要求银行在一定时间内付款并经受票人承兑的汇票(　　)。

A.既是银行汇票,又是商业汇票　　B.是银行远期汇票

C.既是商业汇票,又是银行承兑汇票　　D.是商业即期汇票

12.汇票的付款期限的下述记载方式中,(　　)必须由付款人承兑后才能确定具体的付款日期。

A. at sight　　　　　　　　　B. at ×× days after sight

C. at ×× days after date　　　D. at ×× days after shipment

13.在支票业务中,不可能发生(　　)。

A.出票　　　　　B.背书　　　　　C.付款　　　　　D.承兑

14.本票与汇票的主要区别是(　　)。

A.本票是无条件支付的书面承诺,而汇票是无条件支付的书面命令

B.本票的付款人只能是银行,而汇票的付款人可以是银行,也可以是工商企业

C.本票有两个基本当事人,而汇票有三个基本当事人

D.本票只能是即期的,而汇票有即期付款与远期付款

15.支票(　　)。

A.是一种无条件的书面支付承诺。

B.付款人可以是银行、工商企业或个人

C.可以是即期付款或远期付款

D.是以银行为付款人的即期汇票

16.在汇票的使用过程中,使汇票一切债务终止的票据行为是(　　)。

A.提示　　　　　　　　　　　　B.背书

C.付款　　　　　　　　　　　　D.承兑

三、判断题

1.汇票经背书后,使汇票的收款权利转让给被背书人,被背书人若日后遭到拒付可向前手行使追索权。（　　）

2.远期汇票和远期本票均需承兑。（　　）

3.商业汇票用于国际贸易结算时,通常开出正、副本。两者具有同等效力,但在付款人对其中一份付款之后,另一份即自动失效。（　　）

4.存款人在银行存款余额少于所开立的支票金额,或者出票人在银行本来就没有存款,这两种情况下所开立的支票都叫空头支票,出票人要为此承担法律责任。（　　）

5.远期汇票的受票人做出承兑之前,出票人是其主债务人;在受票人承兑之后,出票人成为该汇票的从债务人。（　　）

6.票据经限制性背书后,不得再转让。（　　）

7.虽然都是票据,但汇票可以有承兑行为,本票和支票则没有。（　　）

8.汇票与支票的重要区别之一是,前者的付款人不局限于银行,而后者的付款人只能是银行。（　　）

9.使用划线支票,只能委托银行代收票款,而不能凭以提取现金。（　　）

10.票据的善意持票人是指善意地支付了票据的全部对价,取得了一张表面完整、合格而有效的票据的人。（　　）

11.对于未说明开立依据的票据,受票人可以表示拒付。（　　）

12.汇票是无条件支付命令,若受票人拒付票款,持票人仍应坚持受票人付款。（　　）

13.汇票上金额须用文字大写和数字小写分别表明。如果大小写金额不符,则以小写为准。（　　）

14.票据贴现,其他条件相等时,贴现率越高,收款人所得的净值就越大。（　　）

15.支票的主债务人始终是出票人。（　　）

四、简述题

1.什么是广义的票据?什么是狭义的票据?

2.广义票据的转让方式有哪几种?

3.票据流通性有什么特点?

4.如何理解票据的无因性和要式性?

5.什么是汇票?汇票包括哪些当事人?

6.汇票的抬头有哪几种?各种抬头之间有什么区别?

7.什么是背书?背书人有何责任?

8.什么是承兑?汇票承兑后,对付款人、持票人的影响如何?

9.追索的含义是什么?持票人行使追索权应具备什么条件?

10.本票与支票的必要项目各有哪些?

11.支票的划线有何作用?

12.汇票、本票、支票有哪些相同点和不同点?

五、案例分析题

1. 某年 11 月，某医药器具公司持一张从香港某商人处得到的出口项下的汇票到银行要求鉴别真伪。该汇票的出票人为美国新泽西州 FIRST FIDELITY BANK，付款人是哥斯达黎加的 AMERICAN CREDIT AND INVEST CORP，金额为 32761 美元，付款期限为出票后 180 天。汇票显示"PAY TO C CO., HONG KONG AGAINST THIS DEMAND DRAFT UPON MATURITY"文句。从票面上看，该汇票被疑为伪造汇票。第一，该汇票的出票人是银行，但付款人的名称记载是"AMERICAN CREDIT AND INVEST CORP"，该名称分不清是公司或银行，因而汇票种类难以判定。第二，汇票付款期限记载上自相矛盾。汇票显示"PAY TO C CO., HONG KONG AGAINST THIS DEMAND DRAFT UPON MATURITY"，表明该汇票是即期汇票，但该汇票同时标明到期日与出票日相差 180 天。第三，该汇票的出票人在美国，用美元付款，而付款人却在哥斯达黎加。美元的清算中心在纽约，世界各国发生的美元收付最终都要到纽约清算。既然美元汇票是由美国开出的，付款人通常的、合理的地点也应在美国。该汇票在这一点上极不正常。另外，我方出口商通过香港中间商和国外进口商产生贸易，在资信情况不十分了解的情况下，通常不会采用汇票方式办理结算。鉴于以上情况，出口商所在地银行一边告诫公司不要急于向国外进口商发货，一边致电出票行查询。不久，美国新泽西州 FIRST FIDELITY BANK 回电证实自己从未签发过上述汇票。从这个案例中有关单位和银行可以得到哪些启示？

2. 某外贸公司与加纳商人成交出口一批货物，货款计 1.2 万美元。成交条件是预付货款，运输条件是空运。当时该商人开给该公司以加纳某银行为付款人的美元支票 1 张。2 月 16 日，该外贸公司将支票委托我国内地某银行（托收行）向外收款，采用立即托收方式，委托香港麦加利银行（代收行）托收。根据这种托收方式，支票托收款可先收款，如果款遭付款人退票拒付，代收行可主动将垫付的票款从委托人的账户划回。3 月 2 日，内地某银行按香港麦加利银行收账报单，即给该外贸公司结汇，但此系麦加利银行（代收行）垫款，并非真正收妥了票款。该公司却认为货款已经收妥，便将货用空运方式发出。

4 月 27 日，香港麦加利银行将托收的支票退回，并主动从我托收行账户划回其垫付的票款。原因是支票的付款行拒付票款，拒付理由是该张支票不仅不合法，而且是伪造的。内地某银行（托收行）只能将支票退还该外贸公司，并从该公司内将票款冲回。由于货是空运，国外不法商人已提货潜逃。公司白白损失了 1.2 万美元的货款和航空运费。

从此案例中，出口商可以吸取哪些教训？

3. 甲开立 1 万美元的支票给乙，授权乙向丙银行取款，乙拿到支票后拖延很久不去取款，恰在此时，丙银行倒闭，甲在丙银行账户里的存款分文无着。乙在未获支票款项的情况下，找到了甲，要甲负责。甲以支票已过期为由拒绝对乙负责。你认为甲可以拒绝对乙负责吗？为什么？

六、实务操作题

1. 出票人 ABC CO. 在 2017 年 4 月 8 日于浙江杭州签发一张远期汇票，命令 MIDLAND 银行在见票后 30 天付款给 DEF CO. 或其指定人，金额为 USD50,000.00，DEF CO. 于 4 月 10 日获得 MIDLAND 银行的承兑。

要求：

(1)用英文开出汇票并做承兑；

(2)计算出汇票的到期日；

(3)代收款人做空白背书。

2.根据给出的条件填制汇票：

开证行：NANYANG COMMERXIAL BANK LTD.，HONGKONG

开证申请人：SHARP，TRADING CO.，HONGKONG

受益人：GUANGDONG LIGHT INC，I/E CORP.

议付行：BANK OF CHINA

开证日期：2017.4.10

信用证号码：AN0106451MF56

信用证金额：USD54,780.00

付款时间：即期

出票地点：中国广州

出票日期：2017.5.12

汇票号码：SJ0210A2

BILL OF EXCHANGE

No. _____   _____

For _____

At _____ Sight of this FIRST of Exchange (SECOND being Unpaid)

Pay to the order of _____

The sum of _____

Drawn under/through _____

L/C No. _____   Dated _____

To _____

_____

                                                        _____

                                                        _____

                                        Authorized Signature(s)

第三章

汇款结算方式

≫ ≫ ≫   ≫

【学习目标】

1. 了解顺汇和逆汇的概念。

2. 掌握汇款的种类及其业务程序。

3. 掌握两地银行间汇款头寸的划拨。

4. 学会在国际贸易中使用汇款结算方式。

第一节　国际结算方式概述

一、国际结算方式的含义

国际由于各种相互往来所形成的债权债务,必须按照一定的贸易条件,使用一定的货币,通过一定的形式来进行结算,这样就产生了国际结算方式。国际结算方式,也称国际支付方式,是一国债务人向另一国债权人偿还债务或一国债权人向另一国债务人收回债务的方式。

二、国际结算方式的分类

(一)按资金流向和结算工具传送方向是否相同分类

1. 顺汇(Remittance)

顺汇又称汇付法,是由债务人或付款人主动将款项交给本国银行,委托该银行使用某种结算工具,交付一定金额给国外债权人或者收款人的结算方式。其特点是结算工具的流向与资金的流向相同,故称之为顺汇。结算工具一般采用票据、电报、电传、支付凭证。汇款结算方式属于顺汇。

2. 逆汇(Reverse Remittance)

逆汇又称出票法,是由债权人以开出汇票的方式,委托本国银行向国外债务人索取一定金额的结算方式。其特点是结算工具的流向和资金的流向相反,故称之为逆汇。托收结算方式和信用证结算方式属于逆汇。

（二）按结算工具和使用方式的不同分类

国际结算方式可分为汇款、托收、信用证、银行保函、国际保理、福费廷等。

（三）按结算方式所依据的信用基础的不同分类

国际结算方式可分为以商业信用为基础的结算方式和以银行信用为基础的结算方式。以商业信用为基础的结算方式是指银行对结算中的收付双方均不提供信用，只是接受委托，办理款项的收付，如汇款和托收。以银行信用为基础的结算方式是指银行为交易提供信用保证的结算方式，如信用证和银行保函等。

（四）按结算方式产生的时间先后分类

国际结算方式可分为传统的结算方式和新型的结算方式。汇款、托收、信用证是国际结算中最为常用的三种传统的国际结算方式。随着国际贸易竞争的加剧，贸易商迫切需要新的结算手段来满足其在贸易融资和风险控制方面的需求。因此，保函、备用信用证、国际保理、福费廷等新型的国际结算方式应运而生，并越来越多地应用于经济活动。

第二节　汇款的概念及其当事人

一、汇款的概念

汇款（Remittance）是一种顺汇方式，是债务人或付款人主动通过银行将款项汇交收款人的结算方式。在国际贸易中，当买卖双方采用汇款方式结算债权债务时，这说明双方或由卖方先将货物发运至买方，再由买方付款；或由买方向卖方预先支付款项，然后卖方发货。因而，汇款方式是建立在买卖双方相互提供信用基础上的支付方式，属于商业信用的范畴。在汇款业务中，银行对贸易中的货物及与货物有关的单据不承担责任，而是出口商在发货后，自行将有关单据寄送给进口商。因此，汇款业务又称"单纯付款"业务。

二、汇款的当事人

1. 汇款人（Remitter）

汇款人是委托汇出行将款项汇交收款人的当事人。在国际贸易中，汇款人通常是进口商或债务人。其责任是填具汇款申请书，向银行提供将要汇出的款项并承担有关费用。

2. 收款人（Payee or Beneficiary）

收款人是接受汇款人所汇款项的当事人。在国际贸易中，收款人通常为出口商或债权人。

3. 汇出行（Remitting Bank）

汇出行是接受汇款人的委托汇出款项的银行。汇出行通常是汇款人所在地的银行，其职责是按汇款人的要求将款项汇交收款人。

4. 汇入行（Paying Bank）

汇入行也称解付行，是接受汇出行委托，向收款人解付汇入款项的银行。汇入行通常是收款人所在地银行，它必须是汇出行的联行或代理行。其职责是证实汇出行委托付款指示的真实性,通知收款人取款并付款。

第三节　汇款的种类及其业务程序

汇款结算方式根据所使用的结算工具的不同可分为电汇、信汇和票汇三种。

一、电汇(Telegraphic Transfer,简称 T/T)

1.电汇的定义

电汇是汇款人委托汇出行以电报(Cable)、电传(Telex)、环球银行间金融电信协会(SWIFT)方式,指示出口地某一银行(其分行或代理行)作为汇入行,解付一定金额给收款人的汇款方式。

电汇经历了从电报到电传再到 SWIFT 通信方式的演变过程。随着通信技术的发展和电传费用的降低,电传逐渐取代了电报,此后又出现了 SWIFT 通信方式。SWIFT 方式由于具有传递速度快、正确性高、收费合理等特点,已经成为银行电汇业务中所依赖的主要传送方式。

2.电汇的业务程序(参见图 3-1)

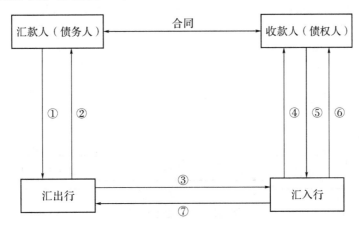

图 3-1　电汇业务程序

依据图 3-1,说明如下:

①汇款人填写汇款申请书,交款付费给汇出行,申请书中说明使用电汇方式;

②汇出行接受汇款人申请书,给汇款人以电汇回执,收妥所汇款项及银行费用;

③汇出行根据申请书的内容,用电传或 SWIFT 方式向其国外的联行或代理行(即汇入行)发出汇款委托书,委托汇入行解付汇款给收款人,同时调拨该笔款项给汇入行;

④汇入行收到汇款委托书并收妥汇款头寸,核对密押无误后,缮制电汇通知书,通知收款人取款;

⑤收款人持通知书及其他有关证件前去汇入行取款,并在收款人收据上签字;

⑥汇入行收到头寸后,核对无误向收款人解付汇款;

⑦汇入行将付讫借记通知书邮寄给汇出行,通知汇出行汇款解付完毕。

3.电汇的特点

(1)速度快。电汇是收款最快的一种汇款方式,银行一般均当天处理,交款迅速,因此,汇出行无法占用邮递过程的汇款资金。

(2)安全性高。由于电传、SWIFT是银行与银行之间的直接通信,并有密押核实,因而产生差错的可能性很小。

(3)费用高。与信汇、票汇相比,汇款人承担的汇款费用较高。

二、信汇(Mail Transfer,简称 M/T)

1.信汇的定义

信汇是汇出行应汇款人的申请,用信函的方式指示汇入行解付一定金额给收款人的一种汇款方式。

2.信汇的业务程序(参见图 3-2)

信汇的业务程序与电汇基本相同。两者的差别是:在信汇方式下,汇款人填写信汇申请书后,汇出行通过航空信函邮寄信汇委托书(M/T Advice)或支付委托书(Payment Order)给汇入行;在电汇方式下,汇出行根据申请书的内容,用电传或 SWIFT 方式向汇入行发出汇款委托书。

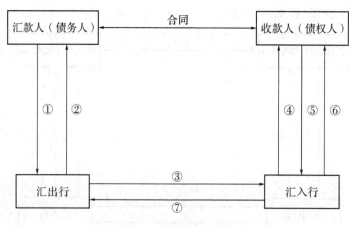

图 3-2　信汇业务程序

依据图 3-2,说明如下:

①汇款人填写汇款申请书,交款付费给汇出行,申请书中说明使用信汇方式;

②汇出行接受汇款人申请书,给汇款人以信汇回执,收妥所汇款项及银行费用;

③汇出行以航空信件方式将信汇委托书邮寄给汇入行,委托汇入行解付汇款给收款人,同时调拨该笔款项给汇入行;

④汇入行收到信汇委托书并收妥汇款头寸,核对签字无误后,将信汇委托书的第二联信汇通知书及第三、第四联收据正副本一并通知收款人取款;

⑤收款人持通知书及其他有关证件前去汇入行取款,并在收款人收据上签字;

⑥汇入行收到头寸后,核对无误向收款人解付汇款;

⑦汇入行将付讫借记通知书邮寄给汇出行,通知汇出行汇款解付完毕。

3.信汇的特点

(1)资金的转移速度较慢。信汇通过航邮信汇委托书或支付委托书至汇入行,汇款在途时间较长,收款时间较慢。

(2)银行可短期占用资金。由于信汇有一邮递在途时间,因此汇出行可占用一个邮递时间内的信汇资金。

(3)信汇费用相对低廉。与电汇相比,汇款人的费用支出较少。

三、票汇(Remittance by Banker's Demand Draft,简称 D/D)

1.票汇的定义

票汇是汇出行应汇款人的申请,代汇款人开立以其分行或代理行为解付行的银行即期汇票,由汇款人自行携带出国或邮寄给国外收款人,收款人持票取款的一种汇款方式。

2.票汇的业务程序(参见图 3-3)

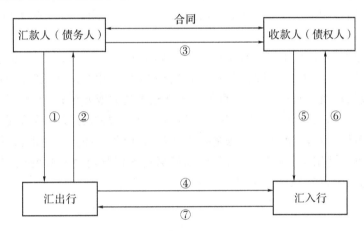

图 3-3　票汇业务程序

依据图 3-3,说明如下:

①汇款人填写汇款申请书,交款付费给汇出行,申请书说明使用票汇方式;

②汇出行接受汇款人申请,收妥款项和费用,作为出票行,开立以汇入行为付款人的银行即期汇票交给汇款人;

③汇款人将银行即期汇票寄收款人;

④汇出行将汇款通知书(即票根),即汇票一式五联中的第二联寄汇入行,汇入行凭此联将与收款人提交的汇票正本核对。近年来,银行为了简化手续,汇出行已不寄汇款通知书了,汇票从一式五联改为一式四联,取消汇款通知书联;

⑤收款人或持票人提示银行即期汇票给汇入行要求付款;

⑥汇入行审核无误后,借记汇出行账户,取出头寸,凭票解付给收款人;

⑦汇入行将付讫借记通知书邮寄给汇出行,通知汇出行款项已解付完毕。

3.票汇的特点

(1)取款灵活。电汇、信汇的收款人只能向汇入行取款;而票汇的汇票持票人可以将汇票卖给任何一家汇出行的代理行,只要该行有汇出行的印鉴,能核对汇票签字的真伪,确认签字无误后,就会买入汇票。汇票可以由汇款人自行携带或邮寄,并在有效期内随时可以取款。汇款人可以通过背书把票据转让他人,具有一定的灵活性。

(2)手续简便。汇入行无须通知收款人取款,而是由收款人持票自行到汇入行或其他银行取款,省却了汇入行通知的环节,简化了手续。

(3)银行可以无偿占用资金。票据的出票、寄(带)或者转让所占时间较长,银行在此期间可以无偿使用资金。

4.电汇、信汇、票汇三种方式的比较

(1)从支付工具来看,电汇方式使用电报、电传或 SWIFT,用密押证实;信汇方式使用信汇委托书或支付委托书,用签字证实;票汇方式使用银行即期汇票,用签字证实。

(2)从汇款人的成本费用来看,电汇收费较高,信汇与票汇费用比电汇低。

(3)从安全方面来看,电汇大多使用银行间的国际支付系统,减少了中间环节,比较安全;信汇必须通过银行和邮政系统来实现,信汇委托书有可能在邮寄途中遗失或延误,不能及时收到汇款,其安全性比不上电汇;票汇虽有灵活的特点,却有汇票丢失或毁损的风险,且背书转让带来一连串的债权债务关系,容易陷入汇票纠纷,尤其当汇票遗失以后,挂失或止付的手续比较麻烦。

(4)从汇款速度来看,电汇是一种最快捷的汇款方式,一般当天处理,汇款能短时迅速到达对方,也是目前广泛使用的汇款方式,尽管费用较大,但可用缩短在途时间的利息抵补;信汇方式由于资金的在途时间长,而且有可能在邮寄途中遗失或延误;票汇是汇款人将银行即期汇票邮寄给收款人,或者自己携带至付款行所在地提示付款,比较灵活简便。

(5)从适用范围来看,电汇方式一般适用于金额大、收款时间紧迫的汇款;信汇方式现在很少使用;票汇方式适用于金额较小、收款时间不紧迫的汇款,例如,邮购或支付各种费用,或当作礼券馈赠亲友,其使用量仅次于电汇。

第四节　汇款的偿付与退汇

一、汇款的偿付

汇出行办理汇出汇款业务,应及时将汇款金额拨交给其委托解付汇款的汇入行,这就叫作汇款的偿付,俗称拨头寸。这里的"头寸"(cover)是指汇款的资金。如果汇出行不能拨头寸,汇入行将不予解付,故在每笔汇款中,必须注明拨头寸的具体指示,也就是付款委托书中关于头寸的说明,即如何进行汇款偿付,称为偿付指示,或头寸偿付指示。一般应该在订立的代理行合同中规定汇款方式的拨头寸办法。汇款的偿付根据汇出行和汇入行开设账户的情况分为以下四种情况。

(一)汇入行在汇出行开立了往来账户

汇出行在委托汇入行解付汇款时,应在支付委托书上注明拨头寸指示:"我行已贷记贵行账户"(In cover, we have credited your a/c with us.),并向汇入行寄出贷记报单(credit advice),告知已贷记汇入行账户。如图 3-4 所示。

汇入行接到支付委托书,知道了汇款头寸已拨入自己账户,即可使用头寸解付汇款给收款人。

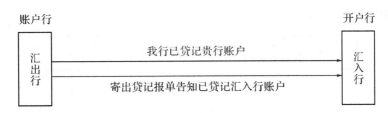

图 3-4　主动货记方式转账流程

（二）汇出行在汇入行开立了往来账户

汇出行在委托汇入行解付汇款时，应在支付委托书上注明拨头寸指示："请借记我行在贵行账户"（In cover ,please debit our a/c with you. ）。汇入行在借记该账户后，应将借记报单（debit advice）寄给汇出行，并在上面注明"贵行账户已被借记"（your a/c debited）。如图 3-5 所示。

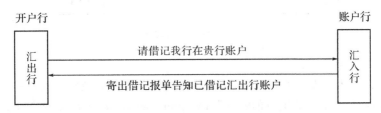

图 3-5　授权借记方式转账流程

汇入行接到支付委托书，即被授权凭以借记汇出行账户，拨头寸解付给收款人，并以借记报单通知汇出行，此笔汇款业务即告完成。

（三）汇出行与汇入行双方在同一代理行开立往来账户

汇出行与汇入行之间没有账户关系，但双方在同一家代理行开立了账户。为了偿付汇款，汇出行应在给汇入行的支付委托书上注明"我行已授权×银行借记我行账户并贷记你行账户"（In cover, we have authorized × bank to dibit our a/c and credit your a/c with them. ），并主动通知代理行将款项拨付汇入行在该代理行的账户，即借记汇出行账户，贷记汇入行账户。如图 3-6 所示。

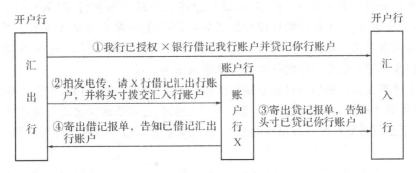

图 3-6　共同账户转账流程

汇入行接到汇出行的拨头寸指示，同时也收到 X 银行寄来的头寸贷记报单，即可使用该头寸解付给收款人。

（四）汇出行与汇入行双方分别在不同银行开有往来账户

为了偿付，汇出行可在汇款时，主动通知其代理行，将款项拨付给汇入行在其代理行开立的账户。如图 3-7 所示。

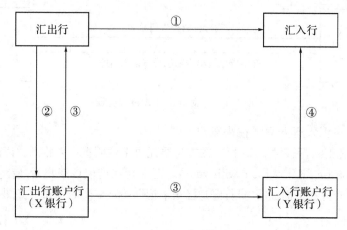

图 3-7　各自账户行转账流程

依据图 3-7,说明如下:

①汇出行向汇入行发出汇款支付委托,并在支付委托书上做偿付指示:"我们已经指示 X 银行将款项付到贵行在 Y 银行的账户"(In cover, we have instructed X Bank to pay the proceeds to your account with Y Bank);

②汇出行向其账户行发出指示,授权其账户行借记汇出行账户,并将款项汇给汇入行的账户行;

③汇出行账户行向汇入行账户行邮寄贷记报单,同时向汇出行邮寄借记报单;

④汇入行账户行贷记汇入行账户并邮寄贷记报单给汇入行。

汇入行接到汇款,使用汇来的头寸,解付给收款人。

从图 3-7 可以看出,汇出行和汇入行之间没有汇款货币的账户关系,也没有碰头行,但汇出行账户行 X 银行与汇入行账户行 Y 银行之间有直接的账户关系,实现汇款的偿付要通过四家银行。如果汇出行账户行 X 银行与汇入行账户行 Y 银行也没有直接的账户关系,那么汇款的偿付要通过五家银行。例如,A 银行想将款项转给 B 银行,但是它们之间没有账户关系,也没有碰头行,A 银行的账户行是 X 银行,B 银行的账户行是 Y 银行。X 银行与 Y 银行之间也没有直接的账户关系,但是它们之间具有共同的账户行 Z,这时 A 银行与 B 银行可以共同委托它们的账户行的碰头行 E 来拨交头寸。

这种头寸拨交方法的偿付过程通知和传递环节多、时间长、费用高、资金转移效率较低,因此,要尽量避免采用这种方法偿付。前三种方法的偿付路线相对比较直接,偿付时间比较短。因此,汇出行需要在国外有足够的账户行,尤其需要在世界各主要货币清算中心的大银行开立账户。

二、汇款的退汇

汇款人或收款人中的某一方在汇款解付前要求撤销该笔汇款叫退汇。若汇款已解付,汇款人只能与收款人交涉解决。退汇可能由汇款人提出,也可能由收款人提出。

(一)收款人退汇

收款人退汇比较方便。在电汇、信汇方式中,收款人通知汇入行,由汇入行与汇出行联系,按汇出行指示的方式,将已划交汇入行的汇款划转汇出行,汇出行收到退汇头寸后,再通知汇款人前来办理退款手续。在票汇方式中,收款人将汇票寄给汇款人,由汇款人去出票行注销。

（二）汇款人退汇

汇款人退汇比较复杂。在电汇、信汇方式中,汇款人应通知汇出行,由汇出行向汇入行发出撤销通知。撤销通知到达时,汇款尚未解付,汇入行可办理退汇。若汇款已经解付,则有两种做法。一是由汇入行与收款人联系,收款人若同意退汇,由汇入行收妥后办理退汇;如果收款人不同意退汇,汇入行应及时通知汇出行。二是汇入行回复汇出行已解付款项,请汇款人直接与收款人联系退款事宜。

在票汇方式中,如汇款人尚未寄出汇票,则可向汇出行退票。如已寄交收款人,除非收款人愿意退还汇票,否则,由于汇票的无因性和流通转让性,作为汇票出票人的汇出行,为维护自身的信誉,通常不接受汇款人的撤销请求。

第五节　汇款结算方式在国际贸易中的应用

在国际贸易中以汇款方式结算买卖双方债权债务时,根据货款支付和货物运送时间的不同,汇款分为先付款后交货或先交货后付款两种类型。前者称为预付货款（Payment in Advice）,后者称为货到付款（Payment After Arrival of the Goods）。

一、预付货款

（一）预付货款的含义

预付货款是指进口商先将货款的一部分或全部汇交出口商,出口商收到货款后,立即或在一定时间内发运货物的一种汇款结算方式。预付货款是对进口商而言,对出口商来说则是预收货款。在国际贸易中,处理汇入款项业务的银行,向出口商结汇后,出口商才将货物运出。所以,此种结算方式又称"先结后出"。

（二）预付货款的特点

预付货款的结算方式,有利于出口商,而不利于进口商。因为,预付货款不但积压了进口商的资金,而且使进口商负担着出口商可能不履行交货和交单义务的风险。

（三）预付货款的适用范围

（1）出口商的商品是进口国市场上的抢手货,进口商为了取得高额利润迫切需求该商品,因此不惜采用对进口商自身不利的预付货款方式。

（2）出口商顾虑进口商不履行买卖合同,以预收部分货款作为担保,倘若进口商毁约,出口商就可以没收该预收货款。这种预付的货款,实际上是出口商向进口商收取的预付定金。

（3）进口商利用出口商资金紧张之机,通过预付货款的方式,压低商品价格。

（4）进出口双方关系密切,相互了解对方资信状况,进口商愿意以预付货款方式购入货物。

（四）进口商防范风险的措施

进口商为了保障自己的权益,减少预付货款的风险,一般通过银行与出口商达成解付款项的条件。它由进口商在汇出汇款时提出,由解付行在解付时执行。主要的解付条件是:收款人取款时,要出具个人书面担保或银行保函,担保收到货款后如期履约交货,否则退还已收到的货款并附加利息;或保证提供全套货运单据等。

二、货到付款

(一)货到付款的含义

货到付款是指出口商先发货,待进口商收到货物后,立即或在一定期限内将货款汇交出口商的一种汇款结算方式。货到付款还可称为赊销方式(sell-on credit)或记账赊销方式(open account,简称O/A)。

(二)货到付款的特点

货到付款有利于进口商,而不利于出口商。因为,货到付款不但积压了出口商的资金,而且使出口商承担着进口商可能不付货款的风险。

(三)货到付款的种类

(1)售定

售定是买卖双方已经成交,货物售妥发运,并在进口商收到货物后一定时间将货款汇交出口商。多数货到付款系指售定方式。其特点是货价和付款时间均事先确定。广东、广西、福建等地经常有些鲜活商品,如牛、羊、猪、鸡、鸭、鱼、鲜花、蔬菜等对港澳出口,因为时间性较强,出口商采用随到随出、提单随船带交进口商的方式。这便于迅速提货、不被积压,并按实际收到货物汇付结算。所以售定方式又称为"先出后结"。

(2)寄售

寄售是出口商先将货物运至进口国,委托进口国的商人在当地市场代为销售,待售出后被委托人将货款按规定扣除佣金后全部汇交出口商。寄售是一种委托代售的贸易方式。寄售方式下,货物的价格及最终收回货款的时间都是不确定的。

寄售的出口商称为委托人,接受委托寄售的国外商人称为受托人。委托人与受托人之间通常订有委托寄售协议。在委托寄售时,货物价格未定,可在寄售协议中规定最低限价,或自由作价,或征得委托人同意的售价。寄售的一切运、保、杂费、佣金等均由委托人负担,从销售款项内扣除,受托人汇寄净款给委托人。寄售货物在出售之前物权属于委托人。

寄售方式委托人负担风险很大,寄售项下货款能否收进,全靠受托人的代销能力,因此委托人必须重视受托人的资信、经营能力、经营作风等。寄售方式一般仅用于新品种、滞销货物或展销商品。

第六节　汇款结算方式的特点

一、商业信用

进出口贸易合同中货款约定以汇款方式结算,出口商在装运货物后能否顺利收回货款,进口商在预付货款后能否收到与合同相符的货物,这些都分别取决于进出口双方的信用。

银行在汇款业务中只是处于受托人的地位,即按常规办理汇款业务,并对汇款的技术性问题负责,但是对货物的买卖和货款收付的风险不承担任何责任。因此,汇款方式的基础是商业信用。

二、风险大

对于预付货款的进口商及货到付款的出口商来说,一旦付了款或发了货就失去了制约对方的手段,他们能否收货或收款,完全依赖对方的信用好坏,如果对方信用不好,很可能钱货两空。

三、资金负担不平衡

对于预付货款的进口商或货到付款的出口商来说,资金负担较重,整个交易过程中需要的资金,几乎全部由他们来承担,资金负担极不平衡。

四、手续简便,费用少

汇款方式相对于其他结算方式,手续最简单,银行的手续费也最少。因此,在交易双方相互信任的情况下,或者在跨国公司的不同子公司之间,用汇款支付方式是最理想的。

▷【案例 3.1】

案情介绍

某年山东一家进出口公司与日本下关的一家农产品进出口公司签订了一笔进出口合同,向日本出口大蒜。合同规定,发货日期不迟于当年的 7 月 15 日,CFR 价格,每公吨 450 美元,转运港为青岛,目的港为日本门司港。合同对货物规格、包装和运输做了很详尽的规定。日方提出鉴于双方是第一次合作,交易数量很小,所以在付款方式上希望采用电汇方式。中方按期将货物装船发运,并将提单通过传真传至日本公司。但由于时值周末,中方公司没有获得日本公司的反馈。周一,日方公司告知传真已收到,但提单号码无法辨认,请中方公司确认。中方公司在当日下午把确认后的号码传给了日本公司。日本公司答应第二天便办理汇款。

第二天刚上班,日本公司发来电传,称已对到港货物进行了检验,并对货物在规格上的部分不符合提出异议,同时表示不能立即支付货款。中方公司立即对该问题进行了调查,提出了合理的解释,并请求对方谅解。但日方仍然以货物规格偏小导致无法销售为由,坚持要求中方在价格上做进一步减让。双方陷入僵局。

案情分析

此案例反映了电汇这种付款方式给出口企业带来的风险。在电汇方式下,双方为了降低彼此的风险,往往采用发货和付款同时进行的方法。进口商在收到提单传真件后付款,等于是确认了对方发货后再付款,避免了付款后迟迟得不到货物的局面;对出口商而言,进口商拿到的是提单的传真件,凭它还不能提走货物,出口商不必担心丧失对货物的控制权,即使发货后对方不付款也可以通过其他方式对货物采取保全措施。

但是,在实务中能否真正做到这一点还要取决于运输距离的远近。运输距离越近,越容易形成货到款未付的情况。在这种情况下,进口企业若采用特殊方式进行验货,就等同于卖方先发货,买方后付款。这对出口企业的交货工作提出非常严峻的考验,因为由于种种原因,出口货物的质量和规格常常会出现一些细微的差别,这并不会给进口企业带来实质性的损失。如果进口商在付款后验货,往往会对这样的差异予以默认。但如果尚未付款,进口商则很可能利用这些问题拖延付款,对出口商施加压力,要求出口商在价格上做出减让。

由于案例中提单的电传件到达日本后恰逢周末,加上提单号不清,使得日方在付款上有了拖延的理由,再加上中日之间航程较短,因此日方完全可能先行验货。这时,出口商面临着很大的风险。

(选自蒋先玲主编的《国际贸易结算实务与案例》,对外经济贸易大学出版社,2005)

⇨【案例 3.2】

案情介绍

某服装进出口公司(A 公司)和澳大利亚一家著名的女装进口批发商公司(B 公司)7 年来一直保持良好的贸易合作关系。B 公司在澳洲纺织行业中享有较高的声誉,几年来与中国的贸易商一直处于稳定的发展阶段。由于与 B 公司合作时间长,已是老客户,A 公司认为其信誉良好,开始放松了管理,采用装运前预付 20%,其余 80% 为装货后 90 天付款。截至某年 3 月,B 公司累计有 60 万美元没有按时支付。有些欠款拖欠达 3 年之久,并以种种理由继续拖欠。对于这笔欠款,A 公司既想催讨以解决资金周转不灵的问题,又怕损害和这个大客户的关系,最后请资信调查机构核实 B 公司的经营状况和拖欠理由是否属实,结果发现 B 公司正全力变卖固定资产,已处于破产边缘。经过强大的追讨攻势,总算及时挽回了 60 万美元的损失。公司后来了解到,若此案晚追讨 1 个月,追回欠款的可能性几乎为零。

案情分析

(1)本案中,A 公司让 B 公司造成拖欠的主要原因在于付款方式。由于 80% 货款采用装运后 90 天付款,即采用赊销(O/A),这是一种高风险的付款方式。出口商实际上是在收取 20% 货款后,就将货物的所有权转让给了进口商,并对进口商的付款欠缺必要的限制措施。

(2)出口公司应加强应收账款的管理与监督。一旦发生进口商拖欠,出口商应立即停止供应货物,并要求修改付款方式。

(3)一般来说,大公司、知名企业,其资信相对可靠,但并不意味着可以不做资信调查。比如,对一些大公司下面的子公司,虽然其有相同的商号,但资信状况差距却很大,而这些子公司因是独立法人,其债务与母公司无关。仅仅依赖商号的信誉很有可能产生信用风险。即便是大公司本身,也可能有不良的付款习惯。实际上,很多大公司尽管不会拒付货款,但往往拖欠货款,而出口公司又不愿意得罪这样的大主顾。因此,在同大公司开展业务往来之前,应该了解其付款习惯和记录,有助于在谈判时对付款条件进行掌控。

(4)一旦发生拖欠,出口商应及时强有力追讨货款,千万不要怕得罪客户。追讨措施要得当,必要时应委托国外专业追账公司进行。

(选自蒋琴儿、秦定主编的《国际结算:理论·实务·案例》,清华大学出版社,2007)

⤷【案例 3.3】

案情介绍

我国某出口企业 A 与一国的进口企业 B 之间签订了一份进出口贸易合同,合同中规定:支付条款为装运月份前 15 天电汇汇款。但是,在履约过程中,B 方延至装运月份中旬才从邮局寄来银行汇票一张。为保证按期交货,我出口企业于收到汇票次日即将货物托运,同时委托 C 银行代收票款。1 个月后,接到 C 银行通知,因该汇票系伪造,已被退票。此时,货物已抵达目的港,并已被进口方凭出口企业自行寄去的单据提走。事后我出口企业 A 进行了追偿,但进口方 B 早已人去楼空,我方遭受了钱货两空损失。

案情分析

在以上案例中,造成损失的最主要原因是出口商本身。进口商 B 随意将支付条件从电汇改为票汇的时候,没有引起出口商注意。出口商 A 即使默认这种改变,也应该首先鉴别汇票真伪,不应贸然将货物托运并自行寄单。当然汇付本身所固有的弊端也是产生出口商 A 钱货两空的根本原因。汇付所依托的是商业信用,出口商能否收取货款完全取决于进口商的资信。

采用票汇方式时出口商应注意以下问题:

票汇可用银行汇票,也可用本票或支票,可以预付,也可后付。但是,即使采用预付方式,有时也会给出口商带来风险。因为如果票据中规定的付款行并非出口商所在地银行,那么,出口商就须将票据交当地银行,委托其向付款行代收票款。这一方面要防止进口商出具假票据进行诈骗,另一方面要注意票据的有效付款期限。如果出口方收到的是进口方寄来的本票,则出口商应先将本票交到当地银行核对印鉴,以防止对方出具假本票,核对无误后,再发货。对于出口商收到的是支票,则应及时查询其有效性,以防空头支票。

（选自徐进亮主编的《国际结算惯例与案例》,对外经济贸易大学出版社,2007）

⤷【本章小结】

国际结算方式按资金的流向和结算工具的传送方向分类,有顺汇和逆汇两大类。汇款属于顺汇,其资金的流向与结算工具的流向相同。

汇款是银行应汇款人的要求,以一定方式将一定金额,以其国外分行或代理行作为付款行,付款给收款人的结算方式。汇款具有四个当事人:汇款人、汇出行、汇入行（解付行）、收款人。根据使用的结算工具不同,汇款分为:电汇、信汇和票汇。汇出行办理汇款业务时应当妥善安排好与汇入行之间的资金偿付,尽可能缩短偿付路径以避免影响汇款的速度。汇款方式在国际贸易中应用具体表现为预付货款和货到付款两种情况。

⤷【课后练习】

一、名词解释

汇款　顺汇　逆汇　电汇　信汇　票汇　汇款的偿付　预付货款　货到付款　售定

寄售

二、选择题

1. M/T, T/T, D/D 的中文含义分别为（   ）。

A. 信汇、票汇、电汇　　　　　　　　B. 电汇、信汇、票汇

C. 电汇、票汇、信汇　　　　　　　　D. 信汇、电汇、票汇

2. 信汇、电汇、票汇是以（   ）为标准来分类的。

A. 结算工具与资金的流向关系　　　　B. 使用的结算工具不同

C. 使用的汇票不同　　　　　　　　　D. 证实方式不同

3. 在汇款业务中，若汇出行给汇入行的汇款通知中指示"In cover , we have authorized A Bank to debit our account and credit your account with them"，则表明（   ）。

A. 汇出行在汇入行开设有该笔汇款业务所使用货币的账户

B. 汇入行在汇出行开设有该笔汇款业务所使用货币的账户

C. A 银行是汇出行与汇入行的共同账户行

D. 汇出行将通过 A 银行将汇款头寸汇给汇入行，以供其向收款人支付

4. 若汇出汇款为付款地货币，而且汇出行在解付行有该货币账户，则这两地银行之间的头寸拨付采取（   ）。

A. 汇出行主动贷记解付行账户　　　　B. 汇出行把头寸划交解付行的账户行

C. 解付行付讫，借记汇出行账户　　　D. 解付行要求汇出行的账户行划拨

5. 若汇出汇款为汇出地货币，而且解付行在汇出行有该货币的账户，则这两地银行间的头寸拨付采取（   ）。

A. 汇出行主动贷记解付行账户　　　　B. 汇出行把头寸拨交解付行的账户行

C. 解付行付讫，借记汇出行账户　　　D. 解付行要求汇出行的账户行划拨

6. （   ）方式下，汇入行不负责通知收款人到银行取款之责。

A. 电汇　　　　　B. 信汇　　　　　C. 票汇　　　　　D. 信用证

7. 票汇结算的信用基础是汇款人与收款人之间的商业信用，办理中使用的是（   ）汇票。

A. 商业即期　　　　　　　　　　　　B. 银行即期

C. 商业远期　　　　　　　　　　　　D. 银行远期

8. 在汇款业务中，若汇出行给汇入行的汇款通知中指示"In cover, please debit our account with you"，则表明（   ）。

A. 汇出行在汇入行开设有该笔汇款业务所使用货币的账户

B. 汇入行在汇出行开设有该笔汇款业务所使用货币的账户

C. 这两家银行之间没有该笔汇款业务所使用货币的账户，必须联系其共同账户行办理头寸划拨

D. 这两家银行将通过其共同账户行办理该笔汇款业务的头寸划拨

9. 在汇款业务中，若汇出行给汇入行的汇款通知中指示："In cover, we have credited your account with us"，则表明（   ）。

A. 汇出行在汇入行开设有该笔业务所使用货币的账户

B. 汇入行在汇出行开设有该笔业务所使用货币的账户

C.这两家银行之间没有开设该笔汇款业务所使用货币的账户,必须通过共同账户行办理有关头寸的划拨

D.这两家银行该笔汇款的资金只能通过其他银行办理

10.在汇款业务中,若汇出行在汇入行的汇款通知书中指示:"In cover,we have instructed A Bank to remit the proceeds to your account with B Bank",则表明(　　　)。

A.汇出行在汇入行开设了该笔汇款业务所使用货币的账户

B.汇入行在汇出行开设了该笔汇款业务所使用货币的账户

C.汇出行将通过 A 银行把该笔汇款的头寸划入汇入行账户

D.汇出行与汇入行之间就该笔汇款的头寸划拨将通过 A,B 两家银行予以划拨

11.银行办理业务时通常无法占用客户资金的汇款方式是(　　　)。

A.电汇　　　　　　　B.信汇　　　　　　C.票汇　　　　　　D.以上都是

12.汇款当事人之间具有委托与被委托关系的有(　　　)。

A.汇款人与收款人　　　　　　　　B.汇款人与汇出行

C.汇出行与解付行　　　　　　　　D.汇入行与收款人

13.汇款方式通常涉及的当事人是(　　　)。

A.汇入行　　　　B.汇款人　　　　　C.收款人　　　　　D.汇出行

14.关于顺汇的描述正确的是(　　　)。

A.债务人主动向债权人付款　　　　B.资金流向和结算工具的传递方向相同

C.包括汇款和托收两种形式　　　　D.不仅有商业信用也有银行信用

15.收款最快,但费用较高的汇款方式是(　　　)。

A.电汇　　　　　　B.信汇　　　　　　C.票汇　　　　　　D.付款交单

16.在国际贸易中使用货到付款方式,其业务类型主要有(　　　)。

A.预付货款　　　　B.赊销　　　　　C.寄售　　　　　D.售定

三、判断题

1.信汇、票汇、电汇三种汇款方式中解付行查验汇款真实性的方法相同,都查验汇出行的签字。　　　　　　　　　　　　　　　　　　　　　　　　　　　　　　(　　　)

2.国际贸易结算中,汇款方式存在风险大、资金负担不平衡的弊端,因此,汇款方式应该被废弃使用。　　　　　　　　　　　　　　　　　　　　　　　　　　　　　　(　　　)

3.与信汇、票汇相比,电汇方式费用较高,因此,进出口商应尽量避免使用。　(　　　)

4.在票汇业务中,银行在审查了汇款人提交的汇款申请书,并收妥汇费及所汇款项后,和电汇、信汇方式一样,以向汇款人交付回执的方式,表示接受汇款人的委托,办理该笔汇款业务手续。　　　　　　　　　　　　　　　　　　　　　　　　　　　　　　　(　　　)

5.顺汇是债务人主动偿付款项,结算工具的传递与资金的运动方向一致。　(　　　)

6.电汇方式下,汇入行不负责通知收款人到银行取款之责。　　　　　　(　　　)

7.票汇中使用的汇票是银行汇票,因此,结算基础是银行信用。　　　　(　　　)

8.以汇款方式办理贸易结算时,进出口双方中必然有一方要承担对方不严格履约的风险。　　　　　　　　　　　　　　　　　　　　　　　　　　　　　　　　　　　(　　　)

9.在汇款业务中,汇入行以密押来核实电报、电传、SWIFT 电文的真实性,以有权签字人的签字式样(印鉴)来核实信汇委托书或汇票的真实性。　　　　　　　　(　　　)

10. 由于汇票是无条件付款命令,是由收款人向付款人提示要求付款的,因此,凡使用汇票的结算方式,必然是逆汇方式。   （   ）

11. 汇款结算是通过银行来传递资金的,所以汇款是以银行信用为基础的结算方式。

                                                                  （   ）

12. 对进口商而言,售定比预付货款的风险要小。   （   ）

13. 通常票汇方式下收款人收妥资金的时间比使用电汇方式要短。   （   ）

14. 使用电汇时资金到账速度快,但是费用比信汇高。   （   ）

15. 未开设清算账户的两家银行之间发生汇款业务时,至少需要通过一家碰头行才能结清头寸。   （   ）

16. 对出口商而言,售定比预付货款的风险要小。   （   ）

17. 使用票汇时,银行即期汇票一经交付,通常不能主动止付;但若遗失或被偷盗,则可办理挂失止付。   （   ）

四、简述题

1. 汇款的基本当事人有哪几个?

2. 结合图示,说明汇款的业务流程。

3. 简述电汇、信汇、票汇的异同。

4. 汇款业务中,两地银行间是如何拨头寸的?

5. 汇款方式在国际贸易中是如何运用的?

6. 简述汇款方式的风险防范。

五、案例分析题

1. 我国 C 公司向美国 A 公司出口工艺品。第一笔业务成交时,客户坚持要以 T/T 付款,认为这样节约费用,对双方有利。考虑到今后业务的长期发展,C 公司答应了客户的要求。在完成装货收到 B/L 后即给客户发传真,客户很快将货款 1.1 万美元汇给我方,第一单非常顺利。1 个月后,客户要求再次发货并仍以 T/T 付款,我方同意。3 个月内连续 4 次发货总值 4.4 万美元,目的港为墨西哥。待 4 批货物全部出运以后,再向客户索款为时已晚,客户以各种理由拖延,半年后客户人去楼空。从这个案例中,出口商可以得到哪些教训和启示?

2. 国内某出口商 A 公司对国外某进口商 B 公司出口货物,一直以来使用信用证方式支付,交易 2 年有余。后来,B 公司提出由于资金周转困难,要求采用部分预付货款、部分货到付款的方式结算。具体方式为先付 30% 货款,余款等收到货物后 1 个月内支付。B 公司声称货到后,它能从国内经销商处获得货款并保证向 A 公司支付。A 公司考虑到 B 公司是老客户,一向顺利履约,遂同意对方请求。A 公司收到 B 公司 30% 货款后,即行发货,但数月后一直未收到 B 公司的余款,经多方了解,才知道 B 公司已破产倒闭,其利用最后一次机会诈骗了 A 公司 10 多万美元。请问:假如你是出口商,你能从本案中得到什么教训?

第四章

托收结算方式 ≫ ≫ ≫　≫

【学习目标】

1.掌握托收的定义和种类。

2.学会在国际贸易中使用跟单托收结算方式。

3.了解 URC522。

第一节　托收的概念、当事人及其法律关系

一、托收的定义

《托收统一规则》国际商会第 522 号出版物（*Uniform Rules for Collection*，ICC Publication No.522，简称 URC522）第 2 条对托收所做的定义是：

就本惯例而言，"托收"意指银行根据所收到的指示，处理下述 b 款所限定的单据，其目的为：

1.取得付款和/或承兑；

2.凭付款和/或承兑交付单据；

3.按其他条款和条件交单。

其中，URC522 第 2 条 b 款把托收单据分为金融单据和商业单据两种。"金融单据"意指汇票、本票、支票或其他用于取得付款的类似凭证。"商业单据"意指商业发票、运输单据、物权单据或其他类似单据，或者一切不属于金融单据的其他单据。

根据以上定义，托收即委托收款，是指委托人或债权人（出口商）向办理托收业务的银行（托收行）提交凭以收款的金融单据或商业单据或二者皆有，委托该托收行通过其境外的代理行（代收行）向债务人或付款人收取货款（或款项）的一种国际结算方式。托收适用于国际贸易结算和非贸易结算。本章主要介绍国际贸易结算项下的托收方式。

国际贸易结算项下的托收，是出口商将货物出运后，开具以进口商为付款人的汇票，连同商业单据一起，或者不开立汇票，只将商业单据提交给当地银行并委托其通过付款人所在地的联行、分支机构或代理行向付款人收取货款的一种支付方式。

二、托收的当事人

托收方式的基本当事人有四个,即委托人、托收行、代收行和付款人。除此之外,还可以有提示行和需要时的代理两个其他当事人。

1. 委托人(Principal,Consignor)

委托人是托收业务中委托银行办理托收的一方。一般是出票人、债权人或出口商。在国际贸易中,委托人在货物出运后开立以国外进口商为付款人的汇票,连同货运单据和其他商业单据以及托收申请书一起提交给当地银行并委托其向进口商收取款项。

2. 托收行(Remitting Bank)

托收行,又称寄单行,是受委托人委托办理托收的银行。通常是出口商的往来银行。托收行既接受委托人的委托,受理托收业务,又委托其国外联行或代理,代向付款人收款。它可以作为托收汇票的收款人,也可以作为托收汇票的被背书人。

3. 代收行(Collecting Bank)

代收行是在托收过程中,除托收行以外的参与办理托收的任何银行。通常是托收行在付款人所在地的联行或代理行。

4. 付款人(Payer,Drawee)

付款人是根据托收指示书被提示单据的人。一般是受票人、债务人或进口商。

5. 提示行(Presenting Bank)

提示行,又称交单行,是向付款人提示单据的代收行。一般情况下,代收行直接向付款人提示单据,但是如果代收行与付款人无账户关系或者不在同一城市,则代收行要转托另一家银行提示单据,该银行即为提示行。提示行通常是与代收行有账户关系而且与付款人有往来关系的银行,一般由代收行指定。

6. 需要时的代理(Representative in Case of Need)

需要时的代理是指委托人为了防止付款人拒付发生无人照料货物的情形,而在付款地事先指定的代理人。在付款人拒付时,需要时的代理会负责办理有关货物的存储、保险、转售或运回等事宜。如委托人指定需要时的代理,则应在托收指示书中明确且完整地注明该代理人的权限。如无此注明,银行将不接受该代理人的任何指示。实务中通常委托代收行做需要时的代理,但 URC522 对此有明确的规定和约束。

三、托收中的法律关系

1. 委托人与付款人之间的关系

委托人是国际贸易中的出口商,付款人是国际贸易中的进口商。因此,委托人与付款人之间的关系是以国际货物买卖合同为依据的,是买卖关系。

2. 委托人与托收行之间的关系

委托人与托收行之间的关系是委托代理关系。两者关系的依据是托收申请书。托收申请书实质上是委托人与托收行之间的委托代理合同。

3. 托收行与代收行之间的关系

托收行与代收行之间是委托代理关系。两者关系的依据是托收指示。双方将根据托收指示和 URC522 的规定行事。

代收行与付款人之间并不存在任何契约关系。付款人是否应该向代收行付款,不是根据他对代收行应负的责任,而是根据他与委托人之间订立的买卖合同中所承担的债务。代收行无权责成付款人付款,它只能在付款人拒付时,通过托收行通知出口商,由出口商根据买卖合同的有关规定要求付款人承担责任。

总之,在托收业务中的四个基本当事人之间存在三个合同关系:一个买卖合同,两个委托代理合同。在两个委托代理合同中,存在两个委托人(出口商和托收行)和两个被委托人(托收行和代收行)。

第二节 托收基本当事人的责任

一、委托人

1. 在国际货物买卖合同下的责任

(1)按买卖合同规定的时间、地点、质量和数量向进口商交付货物。这是出口商最主要、最基本的合同义务,也是跟单托收的前提条件。

(2)提交符合合同要求的单据。进口商在出口商提交了足以证明其已经履行了合同义务的单据时,按合同规定付款。出口商提交的单据不仅种类和份数要满足合同要求,而且单据的内容也要符合合同要求。

2. 在委托代理合同下的责任

委托人向银行申请托收时,需要填写托收申请书。托收申请书是委托人与托收行的委托代理合同。根据URC522第4条,委托人在委托代理合同下应承担以下责任。

(1)托收指示明确。委托人是通过托收申请书向银行做出托收指示的。主要包括以下指示。

①付款人。付款人是银行收款和交单的对象。委托人必须在托收申请书中十分清楚地写明付款人全称和详细地址以及电传、电话和传真号码。

②代收行的选定。代收行可以由委托人选择指定。但是,若委托人选定的代收行资信差或与托收行无业务往来,托收行无法接受,托收行也可自行选择代收行,但须征得委托人同意后确定。若委托人没有指定,托收行可以自行选择代收行。

③金额及单据。URC522第4条b款要求明确托收的金额和货币种类,如果要求收取利息,应明确计收利息的利率、计息期间和使用的计算方法。URC522第20条关于利息的规定,委托人还应说明当付款人拒绝支付利息时,银行可否放弃,否则代收行可按交单条件放单,而不再去收取利息。同时,应当注明所提交单据清单和每种单据的份数,以便银行核对单据的种类和份数。

④交单方式。即代收行将单据交给进口商或付款人的条件。交单方式有即期付款交单、远期付款交单和承兑交单三种。委托人应按买卖合同规定的交单方式,向托收行做出明确的指示。

⑤银行费用的处理。银行费用是指银行办理托收业务的手续费及其他费用和开支。一

般情况下,委托人和付款人各自负责本国银行的费用,即委托人承担托收行费用,付款人承担代收行费用。但在付款人不愿承担代收行的费用时,代收行往往就从汇给委托人的已收款项中扣除其银行费用。如果委托人意欲由付款人承担代收行的费用,除应在托收申请书上规定"代收行的费用向付款人收取"外,还应明确"不得放弃"(collection charges to be borne by the payer, can't waive)。在此情况下,代收行的费用只能要求付款人承担。付款人对此拒付时,银行将不予交单,且对因延误交单而造成的任何后果不负责任。

⑥货款收妥后的处理。委托人应明确指示货款收妥后的付款方法和通知付款的方式。一般来说,托收行是在收到代收行的付款通知书,确定收妥的货款已划入托收行账户后才对委托人付款。因此,如果金额较大,委托人希望早收款以减少利息损失,就必须指示银行以电汇划款并以电信通知,当然委托人要负担昂贵的电信费用。

⑦拒付的处理。委托人应清楚指示银行在付款人拒付时是否做成拒绝证书以及货物的处理方式。若委托人没有指示必须做成拒绝证书,则银行没有义务做拒绝证书。而遭拒付时货物的处理,委托人可以指示代收行代为处理,但事先必须征得代收行同意。

(2)发生意外情况时及时指示。当银行将发生的意外情况通知委托人时,委托人必须及时指示,否则,因此而发生的损失由委托人负责。

(3)负担费用。委托人不但要向托收行支付手续费,而且应支付托收行为执行委托而支出的其他各种费用。即使托收行没有收到货款,委托人也必须支付这些费用。如果托收委托书中规定国外代收行的费用须由进口商负担并不得豁免,当遭到拒付时,国外代收行的费用也必须由委托人负担。

二、托收行

1. 审核托收申请书和核对单据

托收行审核委托人填写的托收申请书内容是否详尽明确、签章是否有效。如果委托人的指示不完整、不明确或难以照办,托收行应该向委托人解释并要求修改托收申请书。托收行没有审核单据内容的义务。托收行只需将收到的单据的种类和份数与托收申请书中所列情况核对,如发现单据遗漏,应立即通知委托人补交。在实务中,托收行通常为出口商审核汇票金额、发票金额与申请书金额是否一致,提单抬头是否正确等主要内容,但这完全是银行对客户提供的服务,而不是应尽责任。

2. 合理选择代收行

根据 URC522 第 5 条 d 款规定:"为了使委托人的指示得以实现,托收行将以委托人所指定的银行作为代收行。在未指定代收行时,托收行将使用他自身的任何银行或者在付款或承兑的国家中或在必须遵守其他条件的国家中选择另外的银行。"URC522 第 11 条 a 款规定:"为使委托人的指示得以实现,银行使用另一银行或其他银行的服务是代该委托人办理的,因此,其风险由委托人承担。"因此,托收行只要按银行业务常规选择代收行,将不承担代收行可能产生的任何风险。

3. 根据托收申请书缮制托收指示

托收行在托收业务中完全处于代理人的地位。作为代理人,托收行必须根据委托人的指示办事。因此,对于托收行来说,它最主要的责任就是由其打印的托收指示(托收委托书)的内容必须与委托人填写的托收申请书的内容相符。如果托收行对委托人的有些要求无法执行,则应向委托人解释,由其修改申请书的内容以后再办理托收。托收指示必须注明"This collection is subject to Uniform Rules for Collection—1995 Revision ICC. Pubilcation No.522."托收行将单据和托收指示(寄单面函)寄送给代收行。

4.按有关惯例的规定和常规行事

如委托人未指定代收行,托收行可以自行指定代收行,万一托收行发出的指示未被代收行执行,托收行不承担责任。托收行以通常方式邮寄单据,对传递过程中的延误或灭失所引起的后果概不负责。对于其他需要处理的业务,凡委托人在托收指示中未予规定的,托收行按惯例和常规办事,不承担风险、责任和费用。

5.负担过失的责任

托收行在受理托收时,向委托人收取手续费,因此托收行必须善意和谨慎地行事。托收行应以专业的标准来衡量银行行为。比如将在托收过程中发生的事情及时通知委托人,并将委托人的指示及时向代收行发出等。如未及时发出,托收行应承担过失责任。

⇨【案例 4.1】

案情介绍

出口商 A 向进口商 B 出口一批货物,总值 10 万美元,付款条件是 D/A 见票后 20 天。该出口商 A 按合同规定按时将货物装运并将单据备齐,于 4 月 12 日向托收行 C 办理托收手续。5 月 26 日出口商 A 收到进口商 B 来电,称至今没有收到托收项下的单据。经出口商 A 的详细调查,发现在托收指示及相应的单据上的进口商 B 地址不详。6 月 12 日托收行收到代收行的进口商 B 拒绝承兑付款的通知。由于没有及时提货,又由于受到雨淋严重受潮,进口商 B 拒绝承兑付款。最终出口商 A 遭受到严重损失。试问:在本案例中谁将承担责任? 出口商 A 应该吸取哪些教训?

案情分析

出口商 A 应该承担责任。根据 URC522 的规定:托收指示应该记载进口商详细地址,如果由于地址记载不详导致代收行无法向进口商 B 承兑交单,使之无法及时提货从而导致货物损失的责任,不能由托收行及代收行承担,只能由出口商 A 自己负担。

通过这个案例,出口商 A 应吸取的教训是:任何被委托的银行只能按照托收指示来行事,委托人给银行的托收指示应该详细、明确及具体。

(选自徐进亮主编的《国际结算惯例与案例》,对外经济贸易大学出版社,2007)

三、代收行

代收行是托收行的代理人。作为代理人,代收行的基本责任与托收行相同,即应严格遵照托收指示办事,按惯例和常规办事,以善意和合理的态度谨慎行事,对收到的单据内容及其有效性不承担责任。除此之外,代收行还有一些特殊责任。

1.保管好单据

托收是通过银行凭单据取得付款人的承兑和付款。因此,当付款人未履行交单条件时,代收行不能把单据交给进口商,并有义务妥善保管好单据。

2. 托收情况的通知

代收行应按托收指示规定的方式毫不延迟地将付款通知、承兑通知或拒付通知送交托收行;付款通知中应详细列明收到的金额、已扣除的费用以及处理款项的方法;一旦发生拒付,代收行应尽力查明拒付原因。

根据 URC522 第 26 条规定,在付款人拒付时,代收行应尽力查明拒付原因,并立即通知托收行,且保管好单据听候处理。如果发出通知 60 天后仍未收到托收行的任何指示,代收行可将单据退回托收行,不再承担进一步的责任。

3. 无义务对托收项下货物采取任何行动

按照银行的习惯做法,银行对跟单托收项下的货物,没有义务采取任何行动。但是,为了保护委托人的利益,不管有没有收到指示,如果银行采取了提货、储藏、保险等行动,则该银行对于货物的处理、货物的状况、对受托保管或保护该项货物的第三者所采取的行动或疏忽均不负责。不过代收行必须将这些行动通知托收行。银行对于上述行为而发生的费用和支出由委托人负责。

▷【案例 4.2】

案情介绍

在一笔托收业务中,托收行在托收指示中规定:"DOCS TO BE RELEASED ONLY AGAINST ACCEPTANCE" 以及 "PAYMENT ON DUE DATE TO BE GUARANTEED BY ×× BANK. TESTED TLX TO THIS EFFECT REQUIRED." 代收行办理承兑交单后,向托收行寄出承兑通知书,明确指出 "THE BILL ACCEPTED BY DRAWEE",到期日为某年 9 月 13 日。不久,当托收行查询有关承兑情况时,代收行再次复电告知已凭付款人的承兑交单,到期日为 9 月 13 日。在上述承兑通知书及查询答复中,代收行均未表明担保付款,亦未发出承诺担保的电传;托收行亦未就此提出任何异议。承兑汇票到期后,进口商拒付货款,代收行即向托收行发出拒付通知。托收行认为托收指示中要求凭代收行到期付款的担保放单,而代收行已将单据放给付款人,因此要求立即付款。代收行反驳道,放单是基于付款人的承兑,代收行没有担保到期付款的责任。

案情分析

本案争论的焦点是代收行是否完全执行托收指示的问题。

托收行认为,根据国际法律一般原则,如代收行做不到托收行所要求的担保付款,应该回复托收行;至于未征求托收行意见便放单给付款人,则是严重违反合同约定的行为,代收行应对此负责。代收行认为,放单系根据 URC522 第 11 条承担责任,托收指示规定凭承兑放单,代收行正是在付款人承兑后才放单的;至于托收指示要求代收行担保,同时要求发加押电证实,而事实上代收行并未发出这样的电传,在有关的承兑通知书及函电中也仅仅明确通知托收行付款人已承兑,托收行却未提出任何异议,代收行因此认为自己不承担任何担保责任。

根据国际商会第 522 号出版物关于托收指示的规定,如果代收行不能遵守指示,应当回复托收行,而代收行却未这样做,只是在托收行查询单据下落时才告知仅凭承兑放单。应该说代收行在这一点上违反了 URC522 的规定。然而并不能得出代收行应当承担付款责任的结论。

首先,托收行的指示不符合托收业务的基本原则,实际上改变了托收的性质。在托收中,银行作为接受客户委托的中间环节,只是为客户提供必要的服务,并不因此承担额外的风险。作为代收行,其义务无非是在进口商付款或承兑的情况下放单,强行赋予其担保客户付款的义务并不是银行业务中的通行做法。

其次,托收行在寄单面函中不仅指示代收行担保到期付款,而且要求代收行以加押电加以证实。尽管代收行并未明确通知托收行拒绝接受该指示,但也未按照托收行的要求以加押电的形式告知托收行照此执行。代收行对托收行发出的两项密切相关的指示均未做出反应,而其中的加押电证实一项是不能通过默示方式来完成的,将这两项要求结合起来看,托收行的指示是不能默示接受的。因此,不能仅凭代收行未做答复的事实,就简单认定代收行已接受了托收行关于担保到期付款的指示。因此,本案中,代收行不承担付款责任。但是,在代收行不能完成托收行的指示时,应当按照 URC522 的规定,及时回复托收行。

总之,D/A 作为客户之间融通资金的一种便利手段在业务中经常会用到,因此,有的托收行就千方百计地要求代收行承担担保进口商付款的责任,以便将商业信用转化为银行信用。作为代收行,对此必须有足够的认识。如果发现托收行的指示难以做到,应当不迟延地通知托收行,以免产生不必要的纠纷。

(选编自蒋先玲主编的《国际贸易结算实务与案例》,对外经济贸易大学出版社,2005)

四、付款人

付款人的基本职责是履行贸易合同的付款义务,不得无故延迟付款或拒付。付款人的承兑或付款是以委托人提交与合同相符的单据为前提。若委托人按合同规定发货且提交符合合同要求的单据,而付款人不按规定付款或承兑,便构成付款人违约。

第三节　托收的种类

根据托收中涉及的单据,托收可以分为光票托收和跟单托收。

一、光票托收(Clean Collection)

URC522 第 2 条 c 款对光票托收所下的定义是:"光票托收"意指不附有商业单据的金融单据的托收。有的光票托收也附有商业单据,但并不是整套商业单据,只是非货运单据,如发票、垫款清单等,也属于光票托收。光票托收一般用于收取货款尾数、代垫费用、佣金、样品费或其他贸易从属费用。光票托收的金额一般不大。非贸易结算的托收必定是光票托收。

光票托收的汇票,可以是即期汇票,也可以是远期汇票。如果是即期汇票,代收行应于收到汇票后,立即向付款人提示,要求付款。付款人如无拒付理由,应即付款赎票。如果是远期汇票,代收行应在收到汇票后,向付款人提示,要求承兑,以确定到期付款的责任。付款人如无拒绝承兑的理由,应即承兑。承兑后,代收行收回汇票,于到期日再做提示,要求付款。若付款人拒绝承兑或拒绝付款,代收行应及时把拒付情况通知托收行,转知委托人,以便委托人采取适当措施。

二、跟单托收(Documentary Collection)

在国际贸易中使用的托收,大多是跟单托收。URC522 第 2 条 d 款为跟单托收下了定义。跟单托收意指:

1.附有商业单据的金融单据的托收;

2.不附有金融单据的商业单据的托收。

前者一般是商业汇票随附发票、提单、装箱单、品质证以及保险单等商业单据。这种跟单托收是凭汇票付款,其他单据是汇票的附件。付款人根据该无条件支付命令对指定的收款人或持票人支付汇票金额,这一业务在托收中比较常见。

后者不附有金融单据。采用这类托收主要由于某些国家对汇票征收印花税。为了减免印花税负担,跨国公司内部以及相互信任的公司之间,采用这种托收方式。欧洲一些国家在采用即期付款托收时,一般不用汇票,而是直接凭商业单据作为收款凭证,向进口商收取货款。

第四节　跟单托收的交单方式与业务程序

一、跟单托收的交单方式

跟单托收按银行向付款人交单方式的不同,分为付款交单和承兑交单。

1.付款交单(Documents against Payment,简称 D/P)

付款交单是指代收行必须在进口商付款后才能将单据交给进口商的交单方式。付款交单按付款时间又可分为即期付款交单和远期付款交单。

(1)即期付款交单(D/P at sight)

即期付款交单是代收行提示跟单汇票给付款人要求其付款,付款人见票即付后,代收行才交单给付款人的一种交单方式。即期付款交单中,付款人在提示单据时即行付款,汇票的作用并不重要,完全可以由商业发票取代,所以采用即期付款交单方式,出口商可以开立即期汇票,也可以不开,但远期付款交单和承兑交单中,汇票是必不可少的。

(2)远期付款交单(D/P at … days after sight)

远期付款交单是指代收行提示跟单汇票给付款人要求其承兑,付款人承兑后由代收行保管全套商业单据,到期日提示付款,付款人付款后代收行才交单给付款人的一种交单方式。

2.承兑交单(Documents against Acceptance,简称 D/A)

承兑交单是指代收行在付款人承兑远期汇票后,把货运单据交给付款人,于汇票到期日由付款人付款的一种交单方式。

需要特别注意,承兑交单与远期付款交单的区别。承兑交单仅凭付款人对远期汇票的承兑而交单,而在远期付款交单的情况下,代收行必须在付款人对已承兑的远期汇票付款后才能交单。

在实务中,远期付款交单使用不多。主要原因如下所列。第一,可能出现货物已经抵达目的港而付款期限未到的情况。这时,买方尚未付款,不能得到单据,无法提取货物,以致货物滞留港口码头,易遭受损失或罚款。第二,进口商付款后才能拿到单据提取货物,无法从银行获得实际的资金融通。第三,有些国家和地区一直将远期付款交单作为承兑交单处理,这样将导致不同国家的银行可能由于对同一托收业务的理解及习惯做法的不同而引起不必要的纠纷、矛盾。第四,从票据法来看,付款人既然已承兑了一张远期汇票,就成为汇票的主债务人,承担到期必须付款的法律责任,如到期不付款,便要受票据法的惩处。但是,付款人在承兑汇票的同时没有取得对价,即物权单据,这有欠公平。

相应地,URC522明确指出:"如果托收含有远期付款的汇票,则该托收指示书中应注明商业单据是凭承兑交付还是凭付款交付。如果无此注明,则商业单据仅能凭付款交付,代收行对因迟交单据而产生的任何后果不负责任。"同时,URC522也规定:"托收不应含有凭付款交付商业单据的远期汇票。"其用意是劝阻出口商尽可能不采用远期付款交单方式。

二、跟单托收的业务程序

跟单托收业务程序如图 4-1 所示。

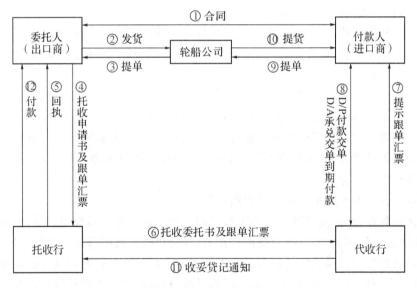

图 4-1　跟单托收业务程序

依据图 4-1,具体说明如下。

1. 订立国际货物买卖合同

委托人和付款人(即出口商和进口商)就进出口货物的交易条件进行磋商,达成协议后双方订立国际货物买卖合同。其中明确规定托收方式支付货款。

2. 出口商发货

买卖合同一经签订,出口商应立即按照合同的规定备货、装运。

3.轮船公司签发提单给委托人

4.委托人将托收申请书和跟单汇票交托收行

委托人制作汇票、备妥有关单据后,根据买卖合同填写托收申请书,然后将托收申请书连同跟单汇票送交一家当地银行即托收行,委托托收行代为收款。

5.托收行交给出口商回执

6.托收行将托收指示和跟单汇票邮寄代收行

(1)托收行审查托收申请书及所附跟单汇票

托收行接到委托人提交的托收申请书和跟单汇票后,应审查托收申请书的内容是否明确、项目是否齐全,单据的种类和份数是否和申请书所列的相符等,然后对所附单据进行审核。根据 URC522,托收行只是处于代理人的地位,只要核实所收到的单据种类份数与申请书上所列的相符即可。但在实际业务中,银行通常为出口商提供一定的审单服务,这是银行为客户提供良好服务所必需的。

(2)托收行选择并确定代收行

在出口商应进口商的要求,指定进口商的往来银行为代收行时,如指定银行的资信较好或与托收行的关系密切,则可确定其为代收行;如指定的银行资信不好或情况不明或与托收行往来甚少,托收行可选择其在付款地的联行或分支机构为代收行,如当地无联行或分支机构时,则可选择关系密切、资信较好的代理行或往来银行作为代收行。如出口商未对代收行作任何提名,则由托收行视具体情况选择在付款或承兑所在国家的银行为代收行。

(3)托收行办理委托代收手续

托收行在选定代收行后,应立即办理委托代收手续。即托收行根据出口商的托收申请书填制托收指示,并将托收指示连同出口商提交的跟单汇票一次或分次寄国外代收行。

7.代收行向付款人提示跟单汇票

如果代收行在核对单据和审查托收委托书的内容后,认为难以按要求行事或不愿按要求行事时,它可以立即通知托收行,或同时将单据和委托书退回至托收行,让托收行重新选择代收行。如果代收行发现单据有遗漏或短少时,则应及时通知托收行。如果代收行认为托收指示及所附单据无误,并愿意按照托收指示行事时,则应立即填制代收通知书,以通知进口商验单付款或承兑。

8.付款人付款赎单或承兑取单后到期付款

进口商接到通知后,应立即到银行审核单据。如单据不符合同规定,进口商可以表示拒付,但要说明拒付的理由,即列明单据的不符点,以便代收行及时通知托收行转告委托人,使委托人得以通过托收行向代收行做出进一步的指示,对货物、单据进行及时的处理。如单据合格,则进口商应向代收行付款或承兑后到期付款,然而代收行按照托收指示在进口商付款或承兑后将单据交给进口商。

9.进口商向船公司出示提单

10.进口商提取货物

进口商凭提单提取货物后,如果货物与合同不符,进口商可以凭有关单据向各有关责任方提出赔偿要求。若货物损失是由承运人的失误引起,进口商可凭提单向船公司要求赔偿;若货物损失属保险公司的承保责任,进口商可凭保险单和其他凭证向保险公司索赔;若货物损失是货物原装不良,系出口商的责任,则进口商可凭到货的检验证书和买卖合同向出口商提出索赔。

11.代收行将收讫贷记通知书发给托收行

代收行将收妥的货款贷记托收行账户,并向托收行发出贷记通知。

12.托收行向委托人付款

托收行收到贷记通知书后,把收妥的货款入到出口商账户。

第五节　托收结算方式下的风险与防范

托收业务中的银行仅提供服务,而不提供任何信用和担保。银行在传递单据、收取款项的过程中,既不保证付款人一定付款,对单据是否齐全、是否符合合同的规定也不负责审查。对货物到达目的地后,遇到进口商拒不赎单而导致的无人提货和办理进口手续等情形,除非事先征得银行同意,银行也无照管货物之责。因此,在采用托收方式时,出口商面临较大的风险。

一、出口商面临的风险

1.进口地市场风险

出口商发运货物后,进口地货价下跌,进口商借口单据上所载货物的规格、包装、交货期限等项内容不符合合同规定,因而要求减价,否则不予付款,甚至向出口商提出索赔要求。

2.进口商的经营、信用风险

(1)进口商经营不善,导致财务状况恶化甚至破产倒闭丧失偿付能力。

(2)进口商在承兑交单(D/A)方式下凭承兑汇票取得单据后,到期拒付,出口商虽可以凭进口商承兑的汇票要求其承担法律责任,但此时的进口商往往已经破产、倒闭,出口商可能遭到钱货两空的损失。

3.进口国的政治、法律惯例风险

(1)进口商未办妥货物进口许可手续,致使货物到达目的地时被禁止进口或被当地海关罚款、没收,使出口商蒙受损失。

(2)进口商未办妥外汇申请报批手续,货物虽被允许进口,但因没有外汇,进口商只能对代收行交付等值进口国的当地货币,导致出口商的资金长期在进口国滞留而不能使用。

(3)欧洲、拉丁美洲一些国家习惯上把远期付款交单视同承兑交单,即使出口商规定了付款交单,也会面临钱货两空的风险。

4.代收行资信风险

(1)代收行与进口商勾结,明明知道进口商无力支付货款却在没有经过出口商同意的情况下,擅自把单据交给进口商,使其得以提货,致使出口商造成钱货两空的重大损失。

(2)代收行自身资信不好或经营不佳,从进口商处收到货款后,故意不及时或不将货款划拨给托收行,使出口商延迟或根本收不到货款。

二、出口商的风险防范措施

1.调查进口商的资信情况和经营作风

采用托收方式,是出口商出于对进口商的信任,带有对进口商融资的性质。所以,出口商必须认真、细致、经常性地调查进口商的资信情况和经营作风,并根据每个进口商的具体情况确定不同的授信额度,妥善掌握成交和发货的总金额,尤其是发货总金额不宜超过对各个进口商的授信额度。在进口商的资信情况和经营作风有变化时,授信额度也应及时做相应调整。

2.了解商品在进口国的市场动态

出口商应针对商品在进口国的不同市场动态,加以区别对待。如商品滞销,则只有在进口商资信和经营作风良好的条件下才可考虑使用托收结算方式。如商品价格波动频繁、波动幅度较大,则出口商一般不宜采用托收方式收取货款。尤其要注意的是,远期付款交单方式只有在出口商收款确有把握时使用,对承兑交单方式出口商更应从严掌握。

3.熟悉进口国的贸易管制和外汇管制法规

一般情况下,不宜对有进口管制和外汇管制国家的进口商采用托收方式收取货款。如果对这些国家的进口商采用了托收方式,那么在确定进口商已获进口国有关当局的进口许可和审批的外汇并已获得必要的证明以前,一般不宜发货,以免货到目的地后发生由于不准进口或被处罚没收,或无法收到外汇的情形。

4.了解进口国的习惯做法

URC522第11条明确指出:"一方委托另一方提供服务时,应受外国法律和惯例规定的义务和责任的约束,并对受托方承担该项义务和责任负赔偿之责。"这说明,委托人要受付款人所在国的法律和惯例的约束。

在托收业务中,某些欧洲和拉美国家的银行基于当地的法律和习惯,对来自他国银行的按远期付款交单方式的委托收款业务,经常把远期付款交单改按承兑交单处理。在这种情况下,如进口商信守合同和票据法的规定,按时付款,则还不致酿成贸易纠纷。但倘若进口商信誉不佳、市场境况疲软,或遇进口商心存欺诈,就会造成出口商被骗,导致钱货两空。因此,出口商在决定采用托收方式前,应熟悉进口国的有关法律和惯例,以免被对方找到拒付甚至骗取货物的机会,对远期付款交单应采取较即期付款交单更为慎重的态度。

5.正确选择代收行

托收项下选择一家资信良好、善于合作的银行为代收行非常重要。虽然托收中银行只是收款代理人,并不担保货款的收取,但是具体向付款人提示付款以及催收货款的是代收行,所以正确选择代收行,有利于保证国际惯例的遵守以及各种代收指示的执行,减少收款的风险。

6.力争自办保险

在托收业务中,出口商应争取按 CIF 或 CIP 条件达成合同。按这两种贸易术语成交的话,保险由出口商负责办理。万一货物在途中遇险、进口商又拒付货款,由于出口商掌握有保险单,就可以据以向保险人索赔。如果采用 FOB,FCA,CFR,CPT 等条件成交,当货物遇险而进口商又拒付货款时,其所有损失就有可能落到出口商身上。而且,如果市况不好,发运货物时进口商就有毁约的打算,进口商也可能根本不办理投保手续。对此,虽然出口商有权以违约为由与进口商交涉,但往往收效甚微。再退一步说,即使进口商确已办理了保险,货物遇险后可向保险人索赔,但保险单在进口商手中,货运单据因进口商拒付仍为出口商或其代理人(银行)所掌握,要向保险人索赔,除非是进口商将保险单转让给出口商或出口商将货运单据转让给进口商。可是,这时的进口商已经拒付,货运单据不可能转让,在因拒付引起关系紧张的气氛下,双方能否取得协议,由进口商将保险单转让给出口商也是一个疑问。所以,最现实的办法是由出口商自办保险。

7. 严格按照合同的规定交货、制单

出口商应该严格按照买卖合同的规定交付货物、制作单据,以防止被进口商找到任何拒付的借口。在托收业务中,凭单付款(承兑)是进口商必须履行的独立义务,进口商是否向代收行付款(承兑)取决于出口商提交的单据是否与买卖合同所规定的条件相符。即使出口商所交货物没有任何问题,但如单据制作时未能按照买卖合同的规定,进口商仍然可以拒付。

8. 投保出口信用保险

我国出口商可以向中国出口信用保险公司投保"短期出口信用保险",这项保险业务适用于以付款交单和承兑交单为结算方式,且期限为 180 天的出口合同。投保该保险后,如果进口商无力支付货款、不按期支付货款、违约拒收货物或因进口国实行外汇和贸易管制、发生战争和骚乱等给出口商造成的损失,保险公司将予以赔偿。

⇨【案例 4.3】

案情介绍

某年 2 月,我国 A 公司与英国 B 公司签订出口合同,支付方式为 D/P 120 Days After Sight。我国 C 银行将单据寄出后,直到 8 月尚未收到款项,遂应 A 公司要求指示英国 D 代收行退单,但到 D 代收行回电才得知单据已凭进口商 B 公司承兑放单,虽经多方努力,但进口商 B 公司以种种理由不付款,进出口商之间交涉无果。后我国 C 银行一再强调是英国 D 代收行错误放单造成出口商钱货损失,要求 D 代收行付款,D 代收行对我国 C 银行的催收拒不答复。10 月 25 日,D 代收行告知我国 C 银行进口商已宣布破产,并随附法院破产通知书,致使出口商钱货两空。

案情分析

采用 D/P 远期方式办理结算,对出口方来讲存在较大风险。

(1)国外商人往往认为做 D/P 远期实际上是出口商已经打算给予进口商资金融通,让进口商在付款前取得单据,实现提货及销售。这种解释对出口商是非常不利的,也缺少理论上的依据。

(2)远期付款交单是先承兑后付款,其目的是给付款人准备资金的时间,但由于承兑后不交付单据,作用不大,故欧洲大陆国家的不少银行至今仍声称不做远期付款交单业务,有的则按即期处理;而拉美国家的银行,则把远期付款交单按承兑交单处理。因为出口商同意远期付款交单,本是给予进口商的资金融通的一种方式,如果付款期限长,运输期限短,货到以后进口商因为没有付款不能提货,也没法出售货物,虽然期限长,但进口商并没有多少好处。

URC522 不鼓励 D/P 远期托收这种做法。URC522 规定,当托收为付款交单时,不应

含远期付款的汇票。如果托收含有远期付款的汇票,托收指示书应注明商业单据是凭承兑交单还是付款交单。如果无此项注明,商业单据仅能凭付款交付,代收行对因迟交单产生的任何后果不负责任。

所以,为了减少风险,出口商应尽量避免使用 D/P 远期方式办理结算。如果必须要选择做 D/P 远期,那么,作为出口商应该把握以下几点。

(1)做 D/P 远期,要有较强的风险意识。尤其是做大额交易时,一定要考虑客户的资信,并尽少用 D/P 远期。

(2)要注意那些不做远期付款交单业务,而将其按即期处理或按承兑交单处理的国家和地区。

(3)在合同洽谈时尽可能确定代收行,尽可能选择那些历史悠久、熟知国际惯例,同时又信誉卓著的银行作为代收行,以避免银行操作失误、信誉欠佳造成的风险。

(4)在提交托收申请书时,应尽可能仔细填制委托事项,不要似是而非,要根据进口商的资信情况和能力来确定是否接受信托收据的方式放货。

(5)办理 D/P 远期托收业务时尽量不要使远期天数与航程时间间隔较长,造成进口商不能及时提货,一旦货物行情发生变化,易造成进口商拒不提货。

(6)为避免货物运回的运费或再处理货物的损失,可让进口商将相关款项作为预付定金付出,如有可能预付款项中可以包括出口商的利润。

(7)在托收业务中最好选择 CIF 价格条件,以防货物在运输过程中货物损坏或灭失导致进口商拒付,同时索赔无着的风险。

(8)货物发运后,要密切关注货物下落,以便风险发生后及时应对,掌握主动,尽快采取措施补救。

(9)投保出口信用险。保险公司在受理信用险业务前,对出口商及进口商都会展开资信调查,然后才授予投保人(出口商)信用额度,受理保险业务。如果收汇落空,保险公司可以理赔。当然,投保出口信用险保费较高,会给出口商增加成本。

(选编自蒋先玲主编的《国际贸易结算实务与案例》,对外经济贸易大学出版社,2005)

第六节　托收结算方式的特点

一、结算基础是商业信用

托收业务中,银行只提供代收货款的服务。出口商能否按期收回货款完全取决于进口商的资信。进口商也面临着一定的商业风险,付款或承兑后,凭单提出的货物可能与单据、合同不符。托收的信用基础是商业信用,进口商能否取得合同规定的货物或出口商能否按期收到合同规定的货款分别取决于对方的资信和履约能力。总体上说,托收方式是对进口商比较有利的结算方式,出口商承担的风险相对比较大。

二、比汇款结算方式安全

与汇款结算方式相比,托收的安全性有了较大提高。托收中出口商以控制物权单据来控制货物,以交付物权单据代表交货,而交单又是以进口商付款或承兑为条件的。在付款交单方式下,出口商一般不会遭受钱货两空的损失,比货到付款安全;在承兑交单方式下,虽然进口商付款前已取得单据提取货物,出口商风险较大,但是与货到付款相比,托收方式下出口商获得了一张已由进口商承兑的汇票,而且出口商可在汇票到期前以贴现方式提前取得货款。对进口商来说,只要付了款或做了承兑,即可取得货权单据,从而得到货物,比预付货款安全。因此,对进口商来说,托收比预付货款安全;对出口商来说,托收比货到付款安全。

三、资金负担不平衡,但与汇款结算方式相比有所改善

在托收结算方式下,出口商在订立合同后,就需垫付自己的资金进行备货、装运,然后通过银行收款,等进口商付款后才能通过银行收取货款。而进口商则只需付款或承兑就可以获得合格的单据并凭以提货。因此,出口商的资金负担较重。但是,与汇款结算方式相比,出口商有货权单据,可以在一定条件下通过出口押汇从银行融通资金,因而可在一定程度上减轻资金负担的压力。同时,进口商也可以通过信托收据、担保提货向银行融资。托收项下的贸易融资将在第九章阐述。

四、比汇款的手续稍多、费用稍高,属于逆汇

与汇款相比,托收手续稍多一些,费用略高一些,但与信用证结算方式相比,托收仍然属于简单、迅速、费用较低的结算方式。托收结算方式下,结算工具的传递方向与资金流动方向相反,属于逆汇。

第七节　《托收统一规则》简介

一、托收规则的来历

在托收业务中,银行与委托人之间的关系以及银行与银行的关系,往往由于各方对权利、义务和责任的解释有分歧,不同的银行在业务做法上也有差异,从而导致误会、争议和纠纷,在一定程度上影响了国际贸易和结算的开展。为此,国际商会(ICC)曾于1958年拟订了《商业单据托收统一规则》(*Uniform Rules for Collection of Commercial Paper*,即国际商会第192号出版物),建议各银行采用,以便成为共同遵守的惯例。

1967年5月,国际商会修订了上述规则并建议各国银行自1968年1月1日起实施,即国际商会第254号出版物,从而使银行在进行托收业务时取得了统一的术语、定义、程序和原则,也为出口商在委托代收货款时提供了依据和参考。

1978年国际商会又对该规则做了修订,并改名为《托收统一规则》国际商会第322号出版物(*Uniform Rules for Collection*,ICC Publication No.322,简称URC322),于1979年1

月 1 日起正式生效和实施。

1995 年,国际商会根据近 10 多年来在实践中出现的问题,对该规则做了进一步的修订,出版了托收规则 1995 年修订本,即《托收统一规则》国际商会第 522 号出版物(*Uniform Rules for Collection*,ICC Publication No.522,简称 URC522)。该规则已于 1996 年 1 月 1 日生效。

应当指出的是,《托收统一规则》并不是国际上公认的法律,而是托收业务中国际惯例的统一解释,只有在有关当事人事先约定后,才受其约束,但它在一定程度上解答了托收过程中的问题。《托收统一规则》公布以来,已被许多国家的银行采纳,并据以处理托收业务中各方的纠纷与争议。我国银行在接受托收业务时,原则上也按此规则办理。

二、URC522 主要内容

URC522 共有 26 条,分为总则和定义、托收的形式及结构、提示方式、义务和责任、付款、利息手续费及其他费用、其他规定共七个部分。URC522 中英文对照见附录一。其主要内容如下。

1.总则和定义

明确规定了“托收”所处理的单据包括金融单据和商业单据,并对光票托收、跟单托收及托收业务中有关当事人进行了定义,同时表明了该规则的适用范围,即适用于在其托收指示中表明采纳统一规则的一切托收。除非另有明示约定或与一国、一些地方法规有抵触外,对所有托收当事人具有约束力。

2.托收的形式及结构

详细说明了托收指示。任何托收的单据必须附有表明受规则约束的托收指示。规则对托收指示的内容做了详细的规定和说明。对因托收指示不够完整或不够明确而产生的任何延误,银行不负责任。

3.提示方式

对提示行根据托收指示书使付款人可以取得单据的程序做了规定。托收行应以委托人指定的银行为代收行。如无指定,则可自行选择代收行。同时,如托收行没有指定提示行,则代收行有权自行选择提示行。提示行应按照指示,毫无延误地提示单据,以便获得付款人的承兑与付款。规则规定了托收交单的方式,即承兑交单(D/A)与付款交单(D/P)。值得注意的是,规则规定不应含有远期汇票的付款交单。但又规定:含有远期汇票商业单据的托收,托收指示应注明是凭 D/A 还是 D/P 向付款人放单,如无明示,代收行则只能按 D/P 处理且对后果概不负责。

4.义务和责任

主要规定了以下内容。

(1)银行应该以善意和合理的谨慎从事。其义务就是要严格按托收指示书及 URC522 行事。

(2)银行对货物的免责。除非事先征得银行同意,货物不应直接运交银行或以银行为收货人,否则,风险由发货的一方承担。倘若银行为了保护货物而采取行动,则银行对于货物的处境、状况、受托保管及任何第三者的行动和疏漏不负责任,但必须将所采取的行动立即通知发出托收指示书的银行,并且银行为保护货物而采取行动所发生的手续费和/或任何其他费用由发出托收指示书的一方负担。

（3）银行对单据的责任与免责。银行必须确定所收到的单据与托收指示书中所列的完全一致。如有遗漏或不符，则应立即通知委托人。此外，银行对单据没有其他义务。银行对于单据的形式、完整性、准确性、真实性或法律效力及单据上规定的或附加的一般和/或特殊条件，概不负责；银行对单据所代表的货物的描述、数量、重量、质量、状况、包装、交货、价值或存在，概不负责。如果发现托收指示书中未列之单据，托收行无须对代收行所收的单据种类和份数进行争辩。

（4）银行的其他免责。当银行为了执行委托人的指示而使用另一家银行或其他银行的服务时，即使受托银行是由委托银行自行选择的，其风险也由委托人承担，银行不予负责。银行对由于任何通知、信件或单据在寄送途中的延误和/或丢失所引起的后果，或由于任何电信工具在传递中的延误、残缺或其他错误，或对专门术语在翻译或解释上的错误，概不负责；银行对其收到的需要进一步澄清的指示而引起的延误不负责任；银行对由于自然灾害、暴乱、内乱、叛乱、战争或银行本身无法控制的任何其他原因，对由于罢工或停工致使银行业务中断所造成的后果，不承担责任。

5. 付款

代收行必须毫不迟延地将付款的通知送交发出托收指示书的银行并详列收妥的金额、扣减的手续费和/或支出和/或费用及处理款项的方法。收妥的款项必须按照托收指示书中的规定立即拨付发出托收指示书的一方，不得延误。除非另有规定，代收行必须将所收款项付给托收行。

对于部分付款，在光票托收项下，仅在付款地法律准许部分付款的情况下方可接受。但金融单据必须在全部款项收妥时交付；在跟单托收项下，仅在托收指示书有特别授权的情况下方可接受。但除非另有指示，代收行只有在收妥全部货款时才能交付有关单据，并且代收行对于任何因延迟交单而产生的后果不负责任。

6. 利息、手续费及其他费用

如果托收指示中指明收取利息但付款人拒付利息时，提示行可凭付款或承兑或其他条款和条件交单，而不再收取利息。当托收指示明确陈述不得放弃和付款人拒付利息时，提示行不交单据，并且对任何延迟交单造成的任何后果不负责任。当支付利息已被拒绝时，提示行必须不得延迟地以电信通知发出托收指示的银行，如不可能，则以其他快捷方式通知该行。

如托收指示中指明托收费用应由付款人负担，但付款人拒付托收费用时，提示行可凭付款或承兑或其他条款交单，而不再收取这些费用。当托收费用被放弃时，则此费用由发出托收的当事人负担，并可在收妥款项中扣除。当托收指示明确陈述费用不得放弃但付款人拒付这些费用时，提示行不交单据，并且对于任何延迟交单造成的任何后果不负责任。当支付托收费用已被拒绝时提示行必须毫不延迟地以电信通知发出托收指示的银行，如不可能，则以其他快捷方式通知该行。

7. 其他规定

当托收遭到拒绝付款或拒绝承兑时，除非托收指示书特别注明，代收行无须做拒绝证书，但它应该尽力确定付款人拒绝付款和/或拒绝承兑的理由，并毫不迟延地相应通知托收行转告委托人，以便及时采取措施。在收到此项通知后，托收行应在单据处理方面给予相应的指示。如在发出拒付通知后 60 天内未接到任何指示,代收行可将单据退回托收行以注销此笔托收业务,而不负任何责任。

如果委托人在托收指示中指定一名代表,在付款人拒付时作为其在进口地的需要时代理,则应在托收指示书中同时明确且完整地注明该代理人的权限。如无此项注明,银行将不接受该代理人的任何指示。

【本章小结】

托收是银行根据债权人的指示向债务人取得付款和/或承兑,或者在取得付款和/或承兑(或其他条件)后交付单据的结算方式。其资金流向与结算工具的流向相反,属于逆汇。托收根据所附单据的不同,有光票托收和跟单托收之分。国际贸易中的托收一般是指跟单托收。跟单托收有两种不同的交单方式,即付款交单和承兑交单。托收业务中,银行只提供代收货款的服务,出口商能否按期收回货款完全取决于进口商的资信。托收属于商业信用。总体上说,托收方式是对进口商比较有利的结算方式,出口商承担的风险相对比较大。

【课后练习】

一、名词解释

托收　跟单托收 光票托收　付款交单　承兑交单

二、选择题

1.托收方式的当事人有( )。

A.出票人、托收行、代收行、付款人　　B.出票人、付款人、持票人、背书人

C.出票人、背书人、被背书人、付款人　D.正当持票人、出票人、保证人、付款人

2.如果托收委托书规定代收行的费用由委托人负担,代收行应( )。

A.在对外付款时,向托收行收取　　B.在对外付款时,向委托人收取

C.在对外付款时,向委托人的代理人收取 D.从对外付款中扣除

3.在下列托收中,进口商可以凭信托收据向银行借单提货的是( )。

A.D/P at sight　　　　　　　　　B.D/P after sight

C.D/A　　　　　　　　　　　　　D.D/A after sight

4.在托收业务中,( )之间不存在契约关系。

A.委托人与托收行　　　　　　　B.托收行与代收行

C.代收行与付款人　　　　　　　D.委托人与付款人

5.银行为执行委托人的指示而需另一家银行提供服务时,风险由( )承担.

A.托收行　　　B.代收行　　　C.委托人　　　D.付款人

6.在托收业务中遇到拒付,代收行及时发出拒付通知后,( )天后仍未接到进一步指示,可将单据退回托收行。

A.30　　　B.60　　　C.90　　　D.120

7.托收项下需要时的代理是( )的代理.

A.委托人　　　B.托收行　　　C.代收行　　　D.提示行

8.在托收业务中,若代收行在托收行有该笔托收业务的货币账户,则两行间的头寸拨付方式是(　　)。

A.代收行收妥后贷记托收行账户

B.代收行收妥后授权托收行借记其账户

C.请代收行将款项汇交托收行的海外联行

D.请代收行将款项汇交托收行的账户行

9.托收业务中,汇票的付款人应是(　　)。

A.出口商　　　　　B.进口商　　　　　C.出口方银行　　　D.进口方银行

10.在托收业务中,(　　)决定代收行向付款人交单的方式。

A.委托人　　　　　B.托收行　　　　　C.代收行　　　　　D.付款人

11.在托收业务中,原定的进口商拒绝付款赎单后,代收行的首要职责(　　)。

A.主动将单据及时退回给托收行

B.代委托人提货存仓

C.保管好单据,听候委托人的处理意见

D.委托承运人将货物运回

12.在托收业务中遇到拒付,银行尚未交单,委托人不宜采取的处理方式是(　　)。

A.设法在进口国另找新的买主,就地销售货物

B.委托承运人将货物运回

C.委托事先指定的需要时代理,代为处理货物

D.派专人到进口地找原进口商做进一步协商,要求其付款赎单

13.托收业务中,以下关系中不属于委托代理关系的是(　　)。

A.委托人和托收行　　　　　　　　B.托收行和代收行

C.代收行和付款人　　　　　　　　D.委托人和"需要时的代理"

14.承兑交单方式下开立的汇票是(　　)。

A.即期汇票　　　　B.远期汇票　　　　C.银行汇票　　　　D.银行承兑汇票

15.在跟单托收业务中,出口商不能通过采取(　　)方式来减少和消除风险。

A.调查了解进口商的资信和支付能力　　B.尽可能争取 CIF 交易,争取自办保险

C.尽可能争取即期付款交单方式　　　　D.尽可能争取承兑交单方式

16.托收中 D/P 与 D/A 的主要区别是(　　)。

A.D/P 是跟单托收,D/A 是光票托收

B.D/P 是付款后交单,D/A 是承兑后交单

C.D/P 有即期付款和远期付款,D/A 是远期付款

D.D/P 对进口商有利,D/A 对出口商有利

17.托收结算方式下出口商面临的风险有(　　)。

A.开证行拒付　　　　　　　　　　B.进口商破产倒闭

C.进口国发生内乱或战争　　　　　D.进口商未申领到进口许可证

18.光票托收一般用于(　　)。

A.收取货款尾数　　　　　　　　　B.代垫费用

C.样品费　　　　　　　　　　　　D.其他贸易从属费用

三、判断题

1. 出口商采用 D/A 30 天比采用 D/P 30 天承担的风险要大。（　）

2. 托收是出口商将开具的汇票交给所在地银行,委托该行通过他在进口地的分行或代理行向进口商收取货款。因此当收不到货款时银行要负法律责任。（　）

3. 根据汇款和托收概念,对于进口商来说,汇款方式总是比托收方式有利。（　）

4. 在托收项下的交单条件是指出口商向托收行交单时应满足的条件。（　）

5. 托收业务中,银行负责点交所收到的单据的种类和各自份数,而不负责审查其具体内容和从单据中获得托收指示。（　）

6. 托收业务中,委托人必须向银行提交汇票,以便银行向付款人提示收款。（　）

7. 对于卖方来说,付款交单托收和承兑交单托收都有风险,而承兑交单托收容易被买方接受,有利于达成交易,因此,应多采用承兑交单托收方式。（　）

8. 只有远期汇票才需要办理承兑。因此,承兑交单方式只适用于远期汇票的托收。（　）

9. 在托收业务中,只要委托银行可靠,收回货款不成问题。（　）

10. 跟单托收,顾名思义就是利用跟单汇票办理的托收。（　）

11. 在托收业务中,当进口商没有能力付款时,托收行负有连带责任。（　）

12. 当银行将发生的一些意外情况通知委托人时,委托人必须及时指示,否则,因此而产生的损失由委托人自行负责。（　）

13. 汇款和托收都是建立在商业信用基础上的国际结算方式。（　）

14. 托收中的提示行往往是出口地银行。（　）

四、简述题

1. 托收方式的当事人有哪些? 其各自的责任和权利分别是什么?

2. 简要分析托收业务中各主要当事人之间的关系。

3. 为什么国际商会不赞成远期付款交单的托收方式?

4. 对于出口商来说,付款交单和承兑交单哪一种方式风险较大? 为什么?

5. 简述跟单托收的业务程序。

6. 采用跟单托收时,出口商将如何有效提高收款的安全性?

7. 简述 URC522 的主要内容。

五、案例分析题

1. 我国 A 公司向日本 B 公司推销某产品,支付方式为 D/P 即期付款。日本 B 公司答复:若支付方式改为 D/P 见票后 90 天,并通过 B 公司指定的日本 J 银行为代收行,则可接受我方要求,签订合同。请分析,日本 B 公司提出其要求的出发点何在?

2. 某年 8 月,某银行受理了一笔某外贸公司总价为 4 万美元的出口托收业务。托收指示为提单日后 60 天付款交单。该行按客户指示将单据寄往指定的巴拉圭某代收行,付款到期日过后仍不见收汇。据公司反映,国外客户已向代收行借出单据提走货物。托收行即去电与代收行交涉;要求立即付款,否则请退回全套单据。代收行于第二年 3 月来电:确认已放单给客户,汇票已被客户承兑。很显然,代收行已将 D/P 远期擅自改作 D/A 处理。此后,托收行又多次去电向代收行交涉,但始终不见任何回复。后经托收行客户反映,对方客户信誉较差,已经不可能指望其付款。委托人只好委托某讨债公司向外追讨欠款。问:出口商可从中吸取哪些教训?

　　3.某出口商(S公司)与中东地区进口商(B公司)签订了一批合同,向其出售 T 恤衫,付款条件为 D/P 45 DAYS AFTER SIGHT。从某年 2 月至 11 月,S 公司相继委托某托收行办理托收业务 10 笔,通过 A 银行(代收行)代收货款,付款条件为 D/P 45 DAYS SIGHT,付款人是 B 公司,金额共计 100 万美元。托收行均按托收申请书中指示办理。A 银行收到后,陆续以 D/A 45 DAYS AFTER SIGHT 方式将单据放给了进口商。其中多张承兑汇票已经逾期,但承兑人一直未曾付款,使 S 公司蒙受重大损失。托收行向 A 银行提出质疑,要其承担擅自放单的责任,但 A 银行以当地法律抗辩,称当地法律是将 D/P 远期归于 D/A 同一性质,推诿放单责任,拒绝承担付款义务。问:D/P 远期与 D/A 是否为同一性质? 为什么? 出口商可从中吸取哪些教训?

第五章

信用证结算方式 ≫ ≫ ≫ ≫

【学习目标】
1. 学习信用证结算的特点及信用证的具体内容。
2. 掌握信用证业务的当事人及基本流程。
3. 了解信用证业务的种类及风险防范。

第一节 信用证的概念及特点

在西方,"信用证"(Letter of Credit)一词最早使用于银行签发的"旅行者信用证"(Traveler's Letter of Credit),它是银行为便利其客户去境外旅行时从当地银行支取现金而签发的,可以减少客户因随身携带大量现金而产生的风险。根据客户的申请,开证行向其境外的代理行或机构签发一份正式信函,要求其在客户出示开证行签发的正本信用证支取现金时提供资金帮助,该信函规定客户支取现金的期限以及可以支取的最高金额。开证行在境外的代理行或分支机构凭开证行的"信函"(letter)向客户提供"信用"(credit),然后开立以开证行为付款人的汇票向开证行索偿,汇票金额为已支付给客户的金额加上相关银行费用。现代信用证在此基础上发展而来,并逐渐演变为贸易结算的支付工具。早期的"旅行者信用证"也早已被旅行支票取代。除"信用证"外,这一结算工具又被称为"商业信用证"(Commercial Credit),因为信用证业务总是与一笔商业交易有关;或"跟单信用证"(Documentary Credit),因为信用证业务处理的是单据。还有一种信用证叫"备用信用证"(Standby Letter of Credit),这是一种特殊的信用证,只有当交易中发生违约时,开证行才需履行付款责任,因而具有"备而不用"的特点。有关"备用信用证"的内容我们将在本书第七章做专门论述。

一、信用证的概念

在国际贸易中,通常使用的信用证是跟单信用证。本章讲的信用证就是指跟单信用证。信用证是开证行根据进口商的要求,凭信用证规定的单据向出口商做出的付款承诺。国际商会《跟单信用证统一惯例》(*Uniform Customs and Practice for Documentary Gredits*,国际商会第 600 号出版物,以下简称 UCP600)第 2 条指出:

信用证意指一项安排,无论其名称或描述如何,该项安排不可撤销,并构成开证行对相符交单予以承付的确定承诺。

从"信用证"的定义可以看出,信用证是开证行不可撤销的付款承诺。UCP600第3条也指出"信用证是不可撤销的,即使未如此表明"。开证行付款的条件是信用证项下提交"相符单据"。UCP600第2条对"相符单据"(complying presentation)的定义是"与信用证条款、本惯例适用条款以及国际标准银行实务一致的交单"。信用证使出口商在相符交单条件下能够获得银行确定的付款保证,对进口商而言,开证行的这种付款保证是有条件的,即只有在收到相符单据时开证行才会付款,因此,信用证结算方式使进出口双方的权益都比较有保障。和"相符单据"相对而言的是有不符点的单据。不符点(discrepancy)是指信用证项下受益人所提交的单据表面出现不符合信用证条款和相关国际惯例的错误。当单据出现不符点后,开证行就可以免除信用证下的付款责任。

二、信用证的特点

根据信用证的定义,我们可以看出信用证具有三个基本特点。

1. 信用证是一项独立文件

信用证是开证行与出口商之间的一份书面合同。信用证的独立性是指信用证下的付款以"相符交单"为条件,不受其他任何因素的影响。虽然信用证和贸易合同有着密切的联系,因为信用证反映的是贸易合同的条款,但是信用证一经开立就不再受到贸易合同的约束。银行履行信用证下的付款责任仅以出口商满足信用证规定的条件为前提,不受贸易合同争议的影响,也不受申请人与开证行之间关系的影响。信用证的独立性,在UCP600的很多条款中都有所体现,除下述UCP600第7条和第8条关于开证行和保兑行责任的条款外,UCP600第4条"信用证与合同"(Credits v. Contracts)做出如下规定。

A. 就其性质而言,信用证与可能作为其开立基础的销售合同或其他合同是相互独立的交易,即使信用证中含有对此类合同的任何援引,银行也与该合同无关,且不受其约束。因此,银行关于承付、议付或履行信用证项下其他义务的承诺,不受申请人基于其与开证行或与受益人之间的关系而产生的任何请求或抗辩的影响。

受益人在任何情况下不得利用银行之间或申请人与开证行之间的合同关系。

B. 开证行应劝阻申请人试图将基础合同、形式发票等文件作为信用证组成部分的做法。

根据本条a款,信用证与销售合同是互不相关,相互分离的,而且开证行在信用证下的付款责任是不受进口商与开证行或与出口商之间关系影响的。

2. 信用证业务处理的对象是单据

信用证是单据业务。单据和货物有着密切的联系,单据代表的是货物。但是银行只根据表面上符合信用证条款的单据付款,对单据的准确性、真实性或法律效力不负责任,单据所代表的货物的质量也不是银行关心的问题。如果信用证下的货物存在质量问题,进口商可以根据贸易合同向出口商提出索赔,只要是"相符交单",开证行就必须付款。信用证凭单付款的原则体现在以下条款中。

UCP600第5条"单据与货物、服务或履约行为"(Documents v. Goods, Services or Performance)规定:"银行处理的是单据,而不是单据可能涉及的货物、服务或履约行为"。

本条清楚地表明信用证是关于单据的业务,与货物、服务或履约行为无关。

　　UCP600第14条"单据审核标准"(Standard for Examination of Documents)(a)款指出:"按指示行事的被指定银行、保兑行(如果有的话)及开证行必须审核单据,并仅根据单据本身确定其是否在表面上构成相符交单"。

　　UCP600第34条"关于单据有效性的免责"(Disclaimer on Effectiveness of Documents)又规定:银行对任何单据的形式、充分性、准确性、内容真实性、虚假性和法律效力,或对单据中规定或添加的一般或特殊条件,概不负责;银行对任何单据所代表的货物、服务或其他履约行为的描述、数量、重量、品质、状况、包装、交付、价值或其存在与否,或对发货人、承运人、货运代理人、收货人、货物的保险人或其他任何人的诚信与否、作为或不作为、清偿能力、履约或资信状况,也概不负责。

　　3.开证行承担第一性的付款责任

　　信用证是以银行信用为基础的结算方式。银行凭自己的信用向出口商做出付款保证,只要出口商提交了"相符单据",开证行就必须付款。开证行第一性付款原则意味着即使进口商因破产、倒闭等原因无力偿付开证行或因市场环境变化无利可图而拒绝偿付开证行,开证行仍然必须付款。

　　UCP600第7条"开证行的责任"(Issuing Bank Undertaking)a款指出"只要规定的单据提交到被指定银行或开证行,并且构成相符交单,则开证行必须付款";b款指出"开证行自开立信用证之时起即不可撤销地承担付款责任"。

　　UCP600第8条"保兑行的责任"(Confirming Bank Undertaking)a款规定"只要规定的单据提交到保兑行或其他任何被指定银行,并且构成相符交单,则保兑行必须付款";b款规定"保兑行自对信用证加具保兑之时起即不可撤销地承担付款责任"。

　　无论是开证行或保兑行对出口商做出的付款都是不可追索的(without recourse),也就是说该项付款是终局性的(final),开证行或保兑行在"相符交单"情况下不能要求受益人归还已经支付的款项。

　　信用证的三个基本特点是相辅相成、不可分割的。开证行第一性付款责任以"相符单据"为条件,"相符单据"是与信用证条款、UCP600条款以及国际标准银行实务相一致的交单,不受贸易合同等因素约束,也不受单据表面记载以外内容的影响。

　　信用证的三个基本特点也是信用证独立性原则的三个方面的表现,即信用证和贸易合同是相互分离的,单据和货物是相互分离的,开证行/保兑行的付款责任与开证申请人的付款能力和付款意愿是相互分离的。

⇨【案例5.1】　信用证单据清洁,而货物质量与合同不符争议案

　　案情介绍

　　开证行I银行应进口商A公司要求,开出一张以美国B公司为受益人的可分批装运的即期信用证,金额为125万美元,装船期为9月20日,有效期为10月5日。7月25日,开证行收到议付行N银行寄来的第一批装运单据,金额为78万美元,经开证行I银行审单,单据与信用证相符,进口商A公司付款赎单。付款后一个月,第一批货物到港,进口商A公司验货,发现质量与合同规定严重不符。9月12日,收到议付行N银行寄来的第二批单据,金额

为 47 万美元,经开证行 I 银行审单,单证相符,进口商 A 公司要求扣除第一批货物因质量问题应赔付给进口商 A 公司的损失后将余款支付。开证行 I 银行根据 UCP 的规定,拒绝了进口商的要求,并于到期日对外付款。后来,进出口双方根据合同规定,自行解决了问题。

案情分析

根据信用证业务的三个基本特征,信用证下开证行承担第一性的付款责任,信用证与合同是相互独立的两个契约,各有关当事人处理的是单据。本案中,进口商要求开证行从第二次付款中扣减第一次赔偿,作为开证行,一定要以单证为唯一标准来决定是否接受单据。如果单证相符,无论货物有什么问题,都必须付款,决不能卷入进出口双方的贸易纠纷中去,以维护银行的良好声誉。

（选自陈岩主编的《信用证典型案例评析》,中国商务出版社,2005）

【案例 5.2】　开证行漠视国际惯例无理拒付

案情介绍

2016 年 6 月,我国 C 公司与巴基斯坦 M 公司签订合同,M 公司向 C 公司购买一批人造纺纱。11 月 8 日,A 银行收到巴方 K 银行开立的以 C 公司为受益人的延期付款信用证,信用证在 K 银行兑用有效（CREDIT AVAILABLE BY DEFERRED PAYMENT WITH ISSUING BANK）,总金额 54 万美元,付款期限为提单日后 90 天。11 月 19 日,C 公司通过我国 A 银行向 K 银行寄交了信用证下全套单据。

2016 年 11 月 23 日,K 银行以原产地证明出具日晚于装船日为由拒付。A 银行认为 K 银行提出的拒付理由不成立,去电反驳。A 银行指出,ISBP745 A12 条规定:单据,诸如但不限于分析证明、检验证明或熏蒸证明,注明的出具日期可以晚于装运日期。再者,信用证条款并未特别规定原产地证明必须早于装船日出具,因此所提交的单据符合信用证及国际惯例的要求。

ISBP 条款规定明确清晰,开证行所提不符点明显不成立,A 银行的反驳有理有据。然而,由于进口商品的市场变化,进口商经营出现困难,一时不能偿还开证行信用证下款项,开证行与进口商便不顾国际惯例,以合同签订阶段曾要求单据不得在货物装运后出具为由拒付。尽管进口商拒付理由荒诞,开证行所提不符点明显不成立,为减少损失,避免长期交涉可能带来的风险,出口商最终还是答应了对方提出的降价要求。

案情分析

除了需谨慎选择信誉良好的进口商,鉴于某些巴方银行的作风较差,水平有限,出口商也应注意开证行的信誉,最好要求进口商通过排名靠前的大银行,尤其是外资银行开立信用证,且应在开证之前与进口商就信用证条款进行充分的讨论沟通。

一旦巴方进口商与开证行无视国际惯例无理拒付,不应一味妥协让步,如此反倒会使对方觉得出口商软弱可欺,越发助长他们漠视国际惯例的不良作风。遇到与本案例类似的情况,出口商可在据理力争的同时,通过向 ICC CHINA、ICC、巴方央行、网上商业平台、中国驻巴基斯坦商务机构反映情况的方式,给对方施压。如此有时会收到意想不到的效果。

（许俊铭、韩英彤,《CPEC 国际结算篇:知己知彼》,《中国外汇》2018 年第 10 期）

第二节 信用证的当事人及其权责

信用证业务涉及的当事人有很多,最基本的当事人包括开证申请人、开证行和受益人。由于信用证是以银行信用为基础的结算方式,在整个信用证业务流程中涉及的银行特别多,如通知行、保兑行、付款行、承兑行、议付行、被指定银行、偿付行、索偿行、转让行等,它们在信用证业务中扮演不同的角色,发挥不同的作用。正是由于信用证业务涉及的当事人较多,与汇款和托收结算方式相比,信用证结算手续更复杂,银行费用也更高。

一、开证申请人(Applicant)

开证申请人是国际贸易中的进口商(Importer),又被称为开证人(Opener)、付款人(Accountee)或委托人(Principal),是向开证行申请开立信用证的当事人。当进出口双方在贸易合同中确定采用信用证结算方式时,进口商必须在合同规定的期限内到其往来银行申请开立信用证。

信用证业务中,开证申请人受两种契约关系的约束。一是与出口商的贸易合同,由这份贸易合同带来了对支付信用的需要。贸易合同是解决进出口商在信用证项下贸易纠纷的依据,虽然信用证业务不受贸易合同约束,但贸易合同却是开立信用证的基础,因此开证申请人必须开立符合合同条款的信用证;二是与开证行的开证申请书,这份开证申请书保证了信用证下收进的单据和付出的款项将由开证申请人赎还。信用证业务中虽然开证行承担第一性的付款责任,但开证行是根据开证申请人的申请开立信用证,信用证项下的款项最终应由开证申请人支付,开证申请人对"相符单据"承担付款责任,不得以货物与合同不符提出拒付。开证申请人在付款赎单提货后,如果发现货物与合同不符,可以根据贸易合同通过法律诉讼或仲裁要求出口商做出赔偿,但不能向开证行追偿货款。

二、开证行(Issuing Bank)

UCP600第2条指出"开证行是根据开证申请人的要求或代表自己开出信用证的银行"。通常情况下,开证行是开证申请人所在地的一家银行。如果开证行根据开证申请人的指示开立信用证,只要出口商提交了"相符单据",开证行就必须付款。如果开证行代表自己开出信用证,表明开证行自营进口业务,如购置办公设备,该信用证基本当事人只有两个,即开证行和受益人。

信用证业务中,开证行受开证申请书和信用证双重约束。开证申请书是开证申请人对开证行的开证指示,开证行以此对外开立信用证;信用证是开证行对受益人做出的付款承诺,信用证一旦开出,开证行即承担不可撤销的第一性付款责任。开证行在信用证项下的付款责任不受开证行与申请人或申请人与受益人之间产生的纠纷约束。开证行不得以开证申请人无力付款或货物不符合合同规定为由拒付。开证行的付款是终局性的,付款后对受益人没有追索的权利。

UCP600第7条"开证行责任"做出如下规定:

A. 只要规定的单据提交到被指定银行或开证行,并且构成相符交单,则开证行必须按下述信用证所适用的情形予以兑付:

i. 由开证行即期付款、延期付款或承兑;

ii. 由被指定银行即期付款而该被指定银行未付款;

iii. 由被指定银行延期付款而该被指定银行未承担延期付款责任,或虽已承担延期付款责任,但未在到期日付款;

iv. 由被指定银行承兑而该被指定银行未承兑以其为付款人的汇票,或虽已承兑以其为付款人的汇票,但未在到期日付款;

v. 由被指定银行议付而该被指定银行未议付。

B. 开证行自开立信用证之时起即不可撤销地承担付款责任。

C. 开证行保证偿付已对相符交单进行付款或议付并将单据寄往开证行的被指定银行。对承兑或延期付款信用证项下相符交单金额的偿付在到期日进行,无论被指定银行是否在到期日之前预付或购买了单据。开证行对被指定银行的偿付责任独立于开证行对受益人的责任。

三、受益人(Beneficiary)

受益人是国际贸易中的出口商(Exporter),开证行开立的信用证以出口商为受益人。信用证下受益人获得付款的条件是提交"相符单据"。

受益人受贸易合同和信用证的约束,受益人与开证申请人之间存在一份贸易合同,与开证行之间存在一份信用证。一方面受益人必须提供符合贸易合同的货物,另一方面受益人必须提交"相符单据"。受益人提交"相符单据"后有权取得信用证项下的款项,如果遭到开证行的无理拒付,可以根据信用证条款以及《跟单信用证统一惯例》维护自己的权益。如果遇开证行倒闭,信用证无法兑现,则受益人可以根据贸易合同要求进口商付款,进口商仍应承担付款责任。如果信用证条款与合同不符,或信用证条款无法履行,受益人将无法提交"相符单据",也就无法获得开证行的付款,这时,受益人必须要求开证申请人指示开证行修改信用证,或拒绝接受信用证。受益人凭"相符单据"获得开证行的付款后,如果货物不符合合同要求,仍应根据贸易合同向开证申请人做出赔偿。

开证申请人、开证行和受益人是信用证业务中最基本的当事人,他们之间的关系可以用图 5-1 来表示:

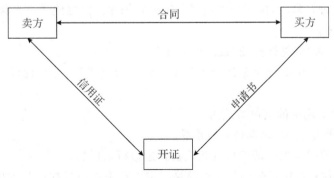

图 5-1 开证申请人、开证行和受益人的关系

四、通知行(Advising Bank)

通知行是应开证行的要求将信用证通知给受益人的银行。它是开证行在受益人所在地的分行或代理行。通知行的责任是审核信用证的表面真实性并将信用证及时通知给受益人。如通知行不能确定信用证的表面真实性,即无法核对信用证的签字或密押,或无法通知信用证(如受益人地址不详),则应毫不延误地告知从其处收到指示的银行,并可暂不通知受益人。如通知行仍决定通知该信用证,则必须告知受益人印押待核。通知行通知信用证可以确保信用证的真实性,有利于维护受益人的利益。通知行对信用证内容不承担责任。

UCP600第9条"信用证和修改的通知"做出如下规定。

a.信用证及其修改可以通过通知行通知给受益人。非保兑行的通知行通知信用证及修改时不承担付款或议付的责任。

b.通知行通知信用证或修改表明其已确认信用证或修改的表面真实性,并且该通知准确地反映了所收到的信用证或修改的条款。

c.通知行可以通过另一家银行("第二通知行")将信用证及修改通知受益人。第二通知行通知信用证或修改表明其已确认收到的通知的表明真实性,并且该通知准确地反映了所收到的信用证或修改的条款。

d.通过通知行或第二通知行通知信用证的银行必须通过同一银行通知其后的任何修改。

e.如果一家银行被要求通知信用证但决定不予通知,它必须毫不延误地告知自其处收到信用证、修改或通知的银行。

f.如果一家银行被要求通知信用证或修改但不能确认信用证、修改或通知的表面真实性,它必须毫不延误地告知从其处收到指示的银行。如果该通知行或第二通知行决定仍然通知信用证或修改,则应告知受益人或第二通知行其不能确认信用证、修改或通知的表面真实性。

五、保兑行(Confirming Bank)

保兑行是应开证行的要求对不可撤销信用证加具保兑的银行。保兑行承担与开证行相同的付款责任。保兑行通常由通知行担任,当然也可以由开证行指定的其他银行担任保兑行。如果存在开证行资信状况不佳、规模较小或开证行所在国政治局势动荡、外汇管制严格等情况,为防范开证行风险,信用证可由另一家银行加保。保兑使受益人获得了独立于开证行的又一付款保证。

UCP600第8条"保兑行责任"做出如下规定。

A.只要规定的单据提交到保兑行或其他任何被指定银行,并且构成相符交单,则保兑行必须:

i. 付款,如果信用证的支款方式为

a) 由保兑行即期付款、延期付款或承兑;

b) 由另一家被指定银行即期付款而该被指定银行未付款;

c) 由另一家被指定银行延期付款而该被指定银行未承担延期付款责任,或虽已承担延期付款责任,但未在到期日付款;

d) 由另一家被指定银行承兑而该被指定银行未承兑以其为付款人的汇票,或虽已承兑以其为付款人的汇票,但未在到期日付款;

e) 由另一家被指定银行议付而该被指定银行未议付。

ii. 议付,如果信用证由保兑行议付。

B. 保兑行自对信用证加具保兑之时起即不可撤销地承担付款或议付的责任。

C. 保兑行保证偿付已对相符交单进行付款或议付并将单据寄往保兑行的另一家被指定银行。对承兑或延期付款信用证项下相符交单金额的偿付在到期日进行,无论另一家被指定银行是否在到期日之前预付或购买了单据。保兑行对另一家被指定银行的偿付责任独立于保兑行对受益人的责任。

D. 如果开证行授权或要求一家银行对信用证加具保兑,而该银行不准备照办时,它必须毫不延误地通知开证行,并可通知此信用证而不加保兑。

保兑行和开证行一样对受益人承担第一性的付款责任。保兑行有权自行决定是否对信用证加保,但保兑行一旦对该信用证加具了保兑,就对信用证承担独立的确定的付款责任,必须对向它提示相符单据的受益人或其指定人支付信用证款项。保兑行付款后有权向开证行索偿。保兑行的付款是终局性的,付款后不能再向受益人追索。

六、付款行(Paying Bank)

付款行是即期付款或延期付款信用证项下承担付款责任的被指定银行。付款行可以是开证行,也可以是开证行指定的另一家银行或任何一家银行(如果该信用证为自由支款信用证)。当付款行是开证行以外的银行时,该行可以自行决定是否接受开证行的委托和指定成为付款行,如果付款行不接受开证行的指定,或虽根据开证行的指定承担延期付款责任,但未在到期日付款,开证行或保兑行对相符单据承担最终付款责任。付款行一旦付款,就不得向受益人追索,只能向开证行索偿。

七、承兑行(Accepting Bank)

承兑行是对远期信用证下受益人签发的远期汇票进行承兑,并承担到期付款责任的银行。承兑行可以是开证行,也可以是开证行指定的另一家银行或任何一家银行(如果该信用证为自由支款信用证)。如果承兑行不是开证行,该行有权自行决定是否接受开证行的委托和指定成为承兑行,如果承兑行因不接受开证行的指定而未承兑以其为付款人的汇票,或虽已承兑汇票,但未在到期日付款,开证行或保兑行应承担最终付款的责任。承兑行的付款是终局性的,对受益人没有追索权。承兑行付款后可以要求开证行偿付。

八、议付行(Negotiating Bank)

UCP600第2条指出"议付是在相符交单条件下,被指定银行在获得偿付的银行工作日当天或之前向受益人预付或同意预付款项,从而购买汇票(付款人为被指定银行以外的其他银行)及或单据的行为"。从"议付"的定义可以看出,"议付"包含两个方面的内容,即"预付"(立即付款)或"同意预付"(承担付款责任),也就是说预付款项行为既可以发生在受益人交单的当天,也可以发生在交单之后、开证行或保兑行偿付之前的任何时间。

议付的本质是对受益人的提前融资。议付的前提是受益人向被指定银行提交相符单据。如果单据不符,就不存在议付和议付行。议付银行买入受益人提交的信用证项下的汇票和单据,按票面金额扣除从议付日到汇票到期日(预计收款日)的融资利息和费用,将净额支付给受益人。议付行可以由开证行在信用证中指定(限制议付信用证),也可以是任何一家银行(自由议付信用证)。议付行议付后,根据信用证要求向开证行或保兑行寄单索偿。议付行对受益人的议付既可以是保留追索权的融资,也可以是无追索权的买断,对此UCP没有做出具体规定。实务中,议付行出于风险考虑,往往对议付保留追索权。因此,当开证行因不符点而拒付时,议付行有权向受益人追索。

议付行在信用证下的权益较有保障,因为议付是开证行授权被指定银行提前融资的行为,只要是相符交单,议付行就有权得到开证行的偿付。在信用证业务中,如果受益人实施欺诈,开证行和申请人可以根据欺诈例外原则对抗受益人,即使受益人提交的单据与信用证完全相符,也可以解除付款责任。但如果被指定银行根据开证行的授权已经善意地进行了议付,则开证行和申请人不得对抗议付行,必须偿付该议付行已支付给受益人的融资款项。

九、被指定银行(Nominated Bank)

UCP600第2条指出"被指定银行是可在其处支取款项的银行,如果是可在任一银行支款的信用证,则任何银行均为被指定银行"。被指定银行是由开证行指定或授权,对信用证项下的单据及/或汇票进行即期付款、延期付款、承兑或议付的银行。具体而言,被指定银行是指对汇票及/或单据做即期付款或延期付款的付款行、对远期汇票做承兑的承兑行以及对汇票及/或单据做议付的议付行。UCP600第12条"指定"做出如下规定。

A.除非被指定银行为保兑行,承付或议付的授权并不构成被指定银行承付或议付的义务,除非该被指定银行明确表示同意,并且告知受益人。

B.指定一家银行承兑汇票或承担延期付款责任,即为开证行授权该被指定银行预付或购买其已承兑的汇票或承担的延期付款责任。

C.非保兑行的被指定银行收到或审核并寄送单据的行为并不使该被指定银行承担承付或议付的责任,也不构成承付或议付。

被指定银行可以是记名的一家银行,也可以是不记名的任何一家银行。在自由付款信用证中,任何银行均可以是被指定银行。被指定银行有权不按开证行指示行事,但如果付款行或承兑行凭相符单据做了付款或先承兑后付款,是对受益人无追索权的付款,付款之后可以根据与开证行的偿付协定获得偿付。

十、偿付行(Reimbursing Bank)

偿付行是开证行指定的对被指定银行(付款行、承兑行或议付行)进行偿付的银行。为了结算上的方便,开证行可以委托另一家有账户关系的银行代其向被指定银行偿付。偿付行是开证行的账户行,也是信用证货币的清算中心所在地的银行。当信用证中有偿付条款时,开证行授权被指定银行可以在相符交单条件下直接向偿付行索偿,同时将单据寄往开证行。因此,偿付行无须审核单据,偿付行的责任是在对外付款前将被指定银行的索偿电文或邮寄面函与开证行的偿付指示(偿付授权书)进行核对,并确认开证行账户中有足够余额。如果开证行在偿付后发现单证不符,可以向被指定银行追索已经支付的信用证项下的款项。如果偿付行没有根据信用证的规定对被指定银行付款,开证行有责任履行付款义务。

　　银行间相互偿付是信用证业务流程中一项必不可少的环节。为了规范银行间偿付,国际商会出版了《跟单信用证项下银行间偿付统一规则》(*ICC Uniform Rules For Bank-to-Bank Reimbursements under Documentary Credits*),称为国际商会第 525 号出版物(简称 URR525),于 1996 年 7 月 1 日生效。随着 UCP600 的生效使用,URR525 也得到修订,目前该规则的最新版本是国际商会第 725 号出版物,简称 URR725,自 2008 年 10 月 1 日起生效。URR725 共有 17 个条款,其中第 11 条"索偿的处理"a 款指出"偿付行在收到索偿后,应在不超过 3 个银行工作日的合理时间内,对索偿进行处理。银行营业时间之外收到的索偿要求,将被认为是在下一个银行工作日收到的"。

　　UCP600 第 13 条"银行间偿付安排"做出如下规定。

　　A. 如果信用证规定由被指定银行("索偿行")向另一方("偿付行")取得偿付,信用证必须声明该偿付是否遵循信用证开立之日有效的国际商会银行间偿付统一规则。

　　B. 如果信用证没有声明偿付是否遵循国际商会银行间偿付统一规则,以下条款适用:

　　i. 开证行必须向偿付行提供偿付授权,该偿付授权应符合信用证支款方式。偿付授权不应规定到期日。

　　ii. 开证行不应要求索偿行向偿付行提供单据与信用证条款相符的证明。

　　iii. 如果偿付行没有根据信用证条款见索即偿,开证行将承担利息损失,以及由此产生的任何费用。

　　iv. 偿付行的费用由开证行承担。但是,如果费用由受益人承担,开证行有责任在信用证及偿付授权中注明。如果偿付行的费用由受益人承担,该费用应在偿付时从付给索偿行的金额中扣收。如果偿付未发生,偿付行的费用仍由开证行承担。

　　C. 如果偿付行未能见索即付,开证行不能免除偿付责任。

十一、索偿行(Claiming Bank)

　　索偿行是根据信用证的规定向偿付行索偿信用证项下款项的被指定银行。索偿行可以根据信用证规定通过电索(MT742),或信函方式进行索偿。索偿行在向偿付行索偿的同时,将单据寄给开证行。

　　URR725 第 10 条"索偿标准"做出如下规定。

　　A. 索偿行的索偿要求。

　　i. 必须以电信的形式发出,但若开证行禁止时,则以正本信函方式发出。偿付行有权要求予以加押,在此情况下,偿付行不负责由此发生延误所引起的任何后果。如果索偿要求是以电信的方式发出的,则无须再发出邮寄证实书。如果发出了邮寄证实书,索偿行须对可能发生重复偿付的后果负责。

　　ii. 必须清楚地注明信用证号码和开证行(如果知道的话,还须注明偿付行的参考号)。

　　iii. 必须分别注明索偿的本金、额外应付金额和银行费用。

　　iv. 不应为一份索偿行发送给开证行的要求付款、延期付款、承兑或议付的通知副本。

　　v. 不得在一份电文或信函中含有多项索偿要求。

　　vi. 在偿付承诺项下,必须符合偿付承诺所规定的条件。

　　B. 若开立以偿付行为付款人的远期汇票,则索偿行必须将该远期汇票和索偿要求一起寄送给偿付行。必要时,索偿要求还应包括如下内容:

i. 货物、服务或履约行为的一般描述。

ii. 原产地。

iii. 目的地或履约地。

iv. 装运日期。

v. 装运地点。

C. 如果索偿行未能遵守本条规定,偿付行对不承兑或延迟偿付所引起的后果不负责。

十二、转让行(Transferring Bank)

转让行是指办理信用证转让的被指定银行,或当信用证规定可在任何银行兑付时,指开证行特别授权并实际办理转让的银行。开证行也可担任转让行。关于"可转让信用证",我们将在本章第五节做专门论述。

十三、第二受益人(Second Beneficiary)

第二受益人是接受可转让信用证的受益人,又称信用证的受让人或被转让人,通常为提供货物的生产商或供应商。可转让信用证的转让人即第一受益人通常是中间商,第二受益人受让信用证后,不能再将可转让信用证转让给其他人使用,但允许转回给信用证第一受益人,即信用证的原受益人。

⇨【案例 5.3】 非银行机构开证的影响及 ICC 意见

根据 ICC CHINA 2016 年 12 月的通报,我国江西与浙江两企业在信用证项下出口新西兰遭受诈骗:依据 UCP600 和通过 SWIFT MT700 开立的信用证,虽交单相符,但开证行到期并未履行付款责任。最终获悉开证者并非银行,而是一家 BUILDING SOCIETY。此类开证者不属于新西兰央行监管范围,央行很难采取有效制裁措施。

按照 UCP 的定义,信用证系由银行开立,那么非银行是否可以依据 UCP 开证呢? ICC 在 R177 案例中表示,没有什么可以阻止非银行机构根据 UCP 开立信用证;同时在 R505 中也表示:非银行机构依据 UCP 开立信用证并不违反 UCP 原则。另外,从常用的信用证开立平台 SWIFT 含义为"环球同业银行金融电信协会"来看,有资格加入 SWIFT 组织并接入 SWIFT 系统的机构也包括一些非银行参与者,比如 GE。由此可见,通过 SWIFT 发送的信用证其开立者也并不限于银行。

然而,非银行机构依据 UCP 开证,是否受该规则的约束,开证者是否像银行一样承担单证相符必须付款的责任? 针对这一问题,ICC 在 R505 的结论中明确指出:非银行应像银行那样适用同样的审单标准,仅凭单据表面而不是依据基础交易或是否能得到偿付,承担对相符单据付款的责任。

基于 UCP 允许信用证修改或排除其条款,非银行依据 UCP 开证并无不可。但是,正像 ICC 指出的,这并不意味着受益人接受此类信用证可失之谨慎,毕竟非银行开证人在信誉、实力、对统一惯例的执行能力等方面存在不确定性,以及破产倒闭的风险。ICC 提醒,不管开证者是银行还是非银行,破产倒闭是法律层面的事,应由受益人承担后果,除非信用证有保兑或信保。为避免非银行开证给受益人带来的风险,或便于受益人对非银行开证人的风险进行评估，SWIFT 组织于 2004 年决定，通知行与转让行在通过 MT710 与 MT720 通知及转让信用证时，第 52D 栏需说明开证者的非银行身份。这与 R505 中提出的要求类似：对于非银行所开信用证，若电文的 ISSUER 标志为"ISSUING BANK"，或给人的印象是银行，建议通知行明确指出其非银行的性质，以免出现误导。

（阎之大、韩英彤，《信用证：焕发生机》，《中国外汇》2018 年第 2 期）

第三节　信用证的形式与内容

一、信用证的形式

根据信用证的开立方式，信用证可以分为信开信用证和电开信用证。

信开信用证是银行以信函形式开立的信用证。信用证开出后以航空挂号信寄给通知行，一般是正副本各一份。这是一种传统的开立信用证的方式。信开信用证上必须有开证行有权签字人的签字，通知行收到信开信用证后必须根据和开证行建立代理行关系时预留的签字样本核对签字，以确定信用证的表面真实性。

电开信用证是银行以加押电传、电报或 SWIFT 形式开立的信用证。电开信用证又分为简电和全电两种。

简电开证（Brief Cable / Pre-Advice）是开证行将信用证金额、装效期、开证申请人和受益人等主要内容以简电的形式通过通知行预先通知受益人，以便赶上合同规定的开证期限或让受益人早日备货。电文中一般注明"随寄证实书"（Mail Confirmation to Follow）或"详情后告"（Full Details to Follow）等字样，随后银行将信开信用证或简电证实书寄出。简电不是信用证的有效文本，受益人不能以此作为向银行交单和收款的依据，只有证实书才是受益人交单议付的有效文本。在 SWIFT 系统中，发送简电使用的报文类型是 MT705。

全电开证（Full Cable）是开证行以电信方式开立的内容完整的信用证。全电一般是信用证的有效文本，有时电文中会特别注明"这是信用证的有效文本"（This is the operative instrument.），但如果电文中注明"随寄证实书"（Mail Confirmation to Follow.），则应以邮寄证实书为准。早期的电开信用证以电传、电报形式开立（为防止电文遗失或出错，开证行一般都随寄证实书并以证实书为准），费用较高，为了节省费用，开证行以简电形式开出信用证，然后将内容完整的信开信用证寄出，这样可以节省很多费用。目前由于 SWIFT 的广泛使用，以简电形式开立的信用证以及信开信用证已经不多，因为 SWIFT 系统快速安全、格式标准化、费用低廉，只要网络通畅，收发电文在瞬间就能完成，而且通过 SWIFT 开出的信用证，SWIFT 系统可以自动加押、核押，业务处理上更方便。

UCP600 第 11 条"电信传输和预先通知的信用证及修改"做出如下规定：

A. 以经过证实的电信方式发出的信用证或修改被视为信用证或修改的有效文本，任何后续的邮寄证实书将不予理会。

如果电信文本声明"详情后告"（或类似用语），或声明邮寄证实书是信用证或修改的有效文本，则该电信文本不被视为信用证或修改的有效文本。开证行必须随即开立信用证或修改的有效文本,不得延误,其条款应与该电信文本相一致。

　　B.开证行只有在准备开立信用证或修改的有效文本时,才可以发出开立信用证或修改的预通知。开证行发送预通知即不可撤销地承诺开立信用证或修改的有效文本,不得延误,且其条款应与预通知相一致。

二、信用证的内容

　　跟单信用证使用标准化的格式。虽然信开信用证中不同银行有各自印就的固定格式,但基本内容大体相同。通过 SWIFT 开立的信用证采用 MT700 和 MT701 格式,当信用证内容较多时可以使用一个 MT700 和一个或几个 MT701 格式开立。由于国际商会跟单信用证统一惯例的不断修改,信用证的格式也随之发生一些变化。1994 年为了配合 UCP500 的出版,国际商会制定了《为 UCP500 制定的新版标准跟单信用证格式》(*The New Standard Documentary Credit Forms for the* UCP500),即国际商会第 516 号出版物。随着 UCP600 的出版,SWIFT 格式又发生了新的变化,MT700 中新增一栏必要项目 40E-UCPURR LATEST VERSION 或 eUCP LATEST VERSION。同时根据 UCP600 中规定的不同运输方式,MT700 中的 44 项新增 A,E,F,B 四个选项,44E 适用于起运港或起运机场,44F 适用于卸货港或目的地机场,44A 和 44B 则将用于海运和空运以外的其他运输方式。为了适应 UCP600 第 16 条银行拒付时单据处理方法的变化,拒付报文 MT734 中 77B 也做出相应变化。一份 SWIFT 格式的信用证包含以下基本内容。

　　1.开证行名称(Name of Issuing Bank)

　　开证行名称包括开证行的 SWIFT 代码,以及开证行的全称和详细地址。每一个加入 SWIFT 组织的银行都有一个 SWIFT 代码,即银行识别代码(BIC-Bank Identification Code),该代码由 8—11 位字母和数字组成,1—4 位是银行代码,5—6 位是国家代码,7—8 位是方位代码,9—11 位是分行代码。

　　2.序号(Sequence of Total)

　　这是信用证的页次,如果一份信用证由一个 MT700 和一个 MT701 组成,序号用 1/2 和 2/2 等表示。

　　3.信用证形式(Form of Documentary Credit)

　　这指的是信用证的撤销性和转让性。根据 UCP500 第 6 条的规定,信用证必须清楚地表明是可撤销的,还是不可撤销的。如果没有表明,则视为不可撤销。根据 UCP600 的规定,所有信用证都必须是不可撤销的。如果开证行开出的是一份可转让信用证,必须在此处注明"transferable"字样,否则该信用证不可转让。

　　4.信用证号码(Documentary Credit Number)

　　这是开证行对所开立信用证的编号,便于开证行进行业务查询和核对受益人提交的信用证下的单据。

　　5.开证日期(Date of Issue)

　　这是信用证中必须标注的日期,因为信用证一旦开立,开证行即承担不可撤销的付款责任。开证日期是信用证生效的日期。

　　6.适用规则(Applicable Rules)

　　这是最新增加的项目,用来显示适用的 UCP,eUCP 或 URR 规则。UCP600 下,

SWIFT 格式的信用证不再自动受国际惯例的约束,而是必须在信用证中清楚地表明。

7.有效日期和地点(Date and Place of Expiry)

信用证的有效日期是受益人向银行交单的最迟期限,在信用证的有效日期内,开证行承担第一性的付款责任。对信用证有效日期以后的交单,开证行不再承担付款责任。有效地点是受益人向银行交单的地点,有效地点的规定可以在开证行,也可以在开证行指定的被指定银行,受益人必须在信用证规定的有效日期前将单据交到指定地点。对受益人而言,有效地点的规定在本国比较有利,如果规定在开证行到期,必须将寄单的邮程考虑在内,以便在到期日前将单据寄到开证行指定地点。

8.申请人银行(Applicant's Bank)

这不是每一份信用证中都会出现的内容,有些国家的银行为了控制开证风险,对外开立信用证时以总行的名义统一开立,业务处理由各分支机构办理。申请人银行是申请人的业务往来银行,是业务受理行,也往往是被指定银行向其寄单的银行。

9.开证申请人(Applicant)

开证申请人是贸易合同中的进口商,信用证中应显示申请人完整的名称和详细的地址。

10.受益人(Beneficiary)

受益人是贸易合同中的出口商,信用证中应显示受益人完整的名称和详细的地址。如果信用证中受益人的名称地址和受益人实际使用的名称地址有误,会给受益人后续的制单带来很多麻烦,因此受益人必须确保其正确无误,如有不符,应在收到信用证后及时修改。

11.信用证币种金额(Currency Code,Amount)

信用证币种统一使用三个字母的缩写符号,常见的币种有 USD(美元)、HKD(港币)、JPY(日元)、EUR(欧元)、GBP(英镑)等。金额一般以小写表示,也可同时用大小写记载,信用证金额是开证行承担付款责任的金额。

12.信用证最大金额/浮动金额(Percentage Credit Amount Tolerance)

有的信用证除了规定数量金额以外,还规定该数量金额可以在一定范围内浮动,信用证最大金额是开证行承担付款责任的最高金额。

13.信用证支取方式(Available with…by…)

信用证项下款项的支取方式有四种:即期付款、延期付款、承兑和议付。由此产生四种类型的信用证:即期付款信用证(credit available by sight payment)、延期付款信用证(credit available by deferred payment)、承兑信用证(credit available by acceptance)和议付信用证(credit available by negotiation)。

14.汇票(Drafts at…)

汇票的出票人为信用证的受益人,但并不是所有的信用证都要求提交汇票。付款信用证不需要提交汇票,承兑信用证一定要求提交汇票,绝大多数的议付信用证也要求受益人提交汇票。

15.汇票付款人(Drawee)

信用证下汇票的付款人一定是银行,可以是开证行、偿付行或被指定银行。信用证不能要求受益人提交以开证申请人为付款人的汇票。

16.分批装运(Partial Shipments)

根据 UCP600 第 31 条的规定,如果信用证没有规定是否允许分批装运,视为允许分批装运。

17. 转运(Transhipment)

货物是否允许转运应在信用证中做出明确的规定。

18. 起运地(Port of Loading/Airport of Departure)

根据不同的运输方式,MT700 格式信用证中的 44E 适用于起运港或起运机场,44A 适用于海运和空运以外的其他运输方式。

19. 目的地(Port of Discharge/Airport of Destination)

根据不同的运输方式,MT700 格式信用证中的 44F 适用于卸货港或目的地机场,44B 适用于海运和空运以外的其他运输方式。

20. 最迟装运日(Latest Date of Shipment)

受益人必须在信用证规定的最迟装运日前装运货物,不然会造成"迟装运"(late shipment)。

21. 货物描述(Description of Goods and/or Services)

货物描述部分包括商品名称(Name of commodity)、规格(Specification)、数量(Quantity)、合同号(Contract No.)、包装(Packing)、单价(Unit price)和总金额(Total Amount)等内容。

22. 单据要求(Documents Required)

单据要求中需列明单据的名称、份数和具体内容。基本单据有商业发票、运输单据、保险单据、装箱单,此外,还有产地证、检验证书、受益人证明等。如果信用证含有某些条款而未列明需提交的与之相符的单据,即为非单据条款(如规定载货船只的船龄不得超过 15 年),受益人可以不予理会。

23. 附加条款(Additional Conditions)

附加条款规定信用证的一些额外条件,如所有单据中显示信用证号码、船只不得停靠以色列港口、不符点费的计收、寄单指示等。

24. 费用(Charges)

信用证业务涉及的银行费用较多,一般规定开证行的费用由开证申请人承担,开证行以外的费用由受益人承担。

25. 交单期(Period for Presentation)

交单期是对受益人交单时间的限制,一般规定为货物装运日以后 10 天或 15 天。如果信用证中没有规定交单期,根据 UCP600 的规定,受益人应不迟于装运日以后 21 天向银行交单。信用证的有效日期也是对受益人交单时间的限制,受益人的最迟交单日期应以两者中先到的日期为准。

26. 保兑指示(Confirmation Instructions)

这是对信用证通知行的指示,要求其对信用证保兑或不保兑。

27. 偿付行(Reimbursing Bank)

根据偿付安排,开证行授权被指定银行直接向偿付行索偿。

28. 开证行指示(Inst/Paying/Accpt/Negotiate Bank)

这是开证行对被指定银行(付款行、承兑行和议付行)的指示,内容包括要求被指定银行将议付金额在正本信用证上背书,承诺对提交的相符单据承担到期付款责任,或授权被指定银行在到期日向偿付行索偿等。

29. 转通知行(Advise Through Bank)

开证行要求通知行将信用证通过受益人的业务往来银行通知受益人。

一份 MT700 格式的信用证内容见表 5-1。

表 5-1 MT700 格式的信用证内容

编码	条款名称	含义	性质
27	SEQUENCE OF TOTAL	页次	必选项
40A	FORM OF DOC. CREDIT	跟单信用证形式	必选项
20	DOCUMENTARY CREDIT NO.	信用证号码	必选项
23	REFERENCE TO PRE-ADVICE	预通知编号	可选项
31C	DATE OF ISSUE	开证日期	可选项
40E	APPLICABLE RULES	信用证惯例	可选项
31D	DATE AND PLACE OF EXPIRY	到期日和地点	必选项
51A/D	APPLICANT BANK	申请人银行	可选项
50	APPLICANT	开证申请人	必选项
59	BENEFICIARY	受益人	必选项
32B	CURRENCY CODE, AMOUNT	币种和金额	必选项
39A	PERCENTAGE CREDIT AMOUNT TOLERANCE	信用证金额上下浮动允许范围	可选项
39B	MAXIMUM CREDIT AMOUNT	信用证最大允许金额	可选项,不能与39A 同时出现
39C	ADDITIONAL AMOUNTS COVERED	额外金额	可选项
41A/D	AVAILABLE WITH…BY…	信用证兑付方式	必选项
42C	DRAFTS AT	汇票付款期限	可选项
42A/D	DRAWEE	汇票付款人	可选项
42M	MIXED PAYMENT DETAILS	混合付款条款	可选项
42P	DEFERRED PAYMENT DETAILS	延期付款条款	可选项
43P	PARTIAL SHIPMENTS	分批装运	可选项
43T	TRANSHIPMENT	转运	可选项
44A/E	LOADING ON BOARD	装运地点	可选项
44B/F	FOR TRANSPORTATION TO	最终目的地	可选项
44C	LATEST DATE OF SHIPMENT	最后装运期	可选项
44D	SHIPMENT PERIOD	船期	可选项,不能与44C 同时出现

续表

编码	条款名称	含义	性质
45A/B	DESCRIPTION OF GOODS	货物描述	可选项
46A/B	DOCUMENTS REQUIRED	单据要求	可选项
47A/B	ADDITIONAL CONDITIONS	附加条款	可选项
71B	CHARGES	费用	可选项
48	PERIOD FOR PRESENTATION	交单期	可选项
49	CONFIRMATION INSTRUCTION	保兑指示	必选项
53A/D	REIMBURSEMENT BANK	偿付行	可选项
78	INSTRUCTION TO THE PAYING/ACCEPTING/ NEGOTIATING BANK	开证行对被 指定银行指示	可选项
57A/D	ADVISE THROUGH BANK	通知行	可选项
72	SENDER TO RECEIVER INFORMATION	附言	可选项

以下为一份通过 SWIFT 方式开立的 MT700 标准格式信用证：

Formatted incoming SWIFT message MT

Own BIC/TID	:II：ICBKCNBJXXX BIC identified as：
	INDUSTRIAL AND COMMERCIAL BANK OF CHINA，HEAD OFFICE OF BEIJING
	55 FUXINGMENNEIDAJIE BEIJING，CHINA
SWIFT Message Type	:MT：700 Issue of Documentary Credit
Correspondents BIC/TID	:IO：MHBKJPJSXXX BIC identified as：
	MIZUHO BANK LTD.
	YODOYABASHI CENTER BUILDING 3-4-10
	KOURAIBASHI CHUO-KU
	541-0043 OSAKA，JAPAN
Sequence of Total	:27：1/1
Form of Documentary Credit	:40A：IRREVOCABLE
Documentary Credit Number	:20：30-0480-004340
Date of Issue	:31C：2013. 02. 05
Applicable Rules	:40E：UCPURR LATEST VERSION
Date and Place of Expiry	:31D：2013. 03. 20 NEGOTIATING BANK
Applicant	:50：APIDES CO. , LTD.
	1-9-7 MORINOMIYACHUO CHUO-KU OSAKA 540-0003 JAPAN
Beneficiary	:59：HANGZHOU EVERITE INDUSTRY CO. LTD.
	200 HEDONG ROAD, HANGZHOU, CHINA
Currency Code and Amount	:32B：USD9,540. 00

Percentage Credit Amount	:39A: 5/5 Tolerance
Available with … By …	:41D: ANY BANK BY NEGOTIATION
Drafts at …	:42C: BENEFICIARY'S DRAFT(S) AT SIGHT FOR FULL INVOICE VALUE SHOWING THIS DOCUMENTARY CREDIT NUMBER
Drawee	:42D: MHBKJPJS BIC identified as: MIZUHO BANK LTD. YODOYABASHI CENTER BUILDING 3-4-10 KOURAIBASHI CHUO-KU 541-0043 OSAKA, JAPAN
Partial Shipments	:43P: ALLOWED
Transshipment	:43T: PROHIBITED
Port of Loading/Airport of	:44E: CHINESE PORT Departure
Port of Discharge/Airport of …	:44F: JAPANESE PORT Destination
Latest Date of Shipment	:44C: 2013. 02. 28
Description of Goods and/or	:45A: Services 1,800PCS BED PAD AS PER APPLICANT'S ORDER SHEET NO. NS-2114/06-0 DATED 29/JAN/2013 CFR JAPANESE PORT, JAPAN
Documents Required	:46A:

+ SIGNED COMMERCIAL INVOICE IN 3.
+ 2/3 SET OF CLEAN ON BOARD MARINE BILLS OF LADING MADE OUT TO ORDER AND BLANK ENDORSED, MARKED 'FREIGHT PREPAID,' NOTIFY APPLICANT, INDICATING CREDIT NUMBER.
+ PACKING LIST IN 3
+ G. S. P. CERTIFICATE OF ORIGIN FORM A IN 1 PHOTO COPY

Additional Conditions	:47A:

1. BENEFICIARY'S CERTIFICATE REQUIRED STATING THAT ONE SET OF NON-NEGOTIABLE DOCUMENTS INCLUDING ORIGINAL G. S. P. CERTIFICATE OF ORIGIN FORM AND 1/3 ORIGINAL B/L HAVE BEEN SENT DIRECTLY TO THE APPLICANT BY DHL OR SPEED POST MAIL AFTER SHIPMENT IMMEDIATELY.
2. SHIPMENT: 1 X 20FT CONTAINER.

Charges	:71B：ALL BANKING CHARGES OUTSIDE JAPAN ARE FOR BENEFICIARY'S ACCOUNT.
Period for Presentation	:48：DOCUMENTS MUST BE PRESENTED WITHIN 20 DAYS AFTER THE DATE OF SHIPMENT，BUT WITHIN THE VALIDITY OF THIS CREDIT.
Confirmation Instructions	:49：WITHOUT
Inst/Paying/Accpt/Negotiate	:78：

INSTRUCTIONS TO THE NEGOTIATING BANK：

T. T. CLAIM FOR REIMBURSEMENT IS PROHIBITED.

ON RECEIPT OF DOCUMENTS IN ORDER，WE'LL REMIT AS PER YR INSTRUCTION.

ALL DOCUMENTS MUST BE AIRMAILED IN ONE LOT BY COURIER SERVICE TO US MIZUHO BANK LTD OSAKA I. O. C. YODOYABASHI CENTER BUILDING 3-4-10 KOURAIBASHI CHUO-KU OSAKA 541-0043 JAPAN.

A DISCREPANCY FEE WILL BE DEDUCTED/CHARGED IF DOCUMENTS ARE PRESENTED WITH DISCREPANCIES. .

"Advise Through" Bank　　　:57D：YOUR HANGZHOU BRANCH

第四节　信用证的一般业务程序

信用证结算一般业务程序见图 5-2。

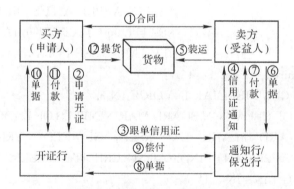

图 5-2　跟单信用证业务流程

图 5-2 说明如下：

①进出口双方签订贸易合同。在贸易合同中确定采用信用证结算方式。

②开证申请人(进口商)向开证行申请开证。开证申请人填写开证申请书要求其银行(开证行)开立以出口商为受益人的不可撤销信用证。开证申请书中必须规定受益人应提交的单据以及信用证下应满足的所有条件。

③开证行开出信用证。开证行签发以出口商为受益人的不可撤销信用证，并向受益人做出不可撤销的、独立的付款承诺，条件是受益人提交"相符单据"。跟单信用证下开证行承

担的付款责任是和进出口商品、劳务或其他行为相互独立的,即使开证申请人不愿意或无能力偿付开证行,开证行的付款责任不可撤销。

④通知行将信用证通知给受益人。通知行也常常是受益人向其交单议付或付款的被指定银行。有时通知行还应开证行的要求,对信用证加具保兑,成为保兑行,使受益人获得除开证行以外的不可撤销的、独立的付款保证。

⑤受益人根据信用证要求装运货物,并取得相关单据。

⑥受益人将信用证要求的全套单据提交到被指定银行。受益人可以向信用证中指定的银行,或任何一家银行交单,也可以直接向开证行交单。如果信用证要求的所有单据都已提交,信用证下的所有条件都已满足,受益人一定能够获得付款。

⑦被指定银行(通知行或保兑行)对受益人提交的单据议付或付款,条件是受益人提交"相符单据"。

⑧被指定银行将全套单据寄往开证行。

⑨ 开证行收到单据审核无误后,对被指定银行进行偿付。开证行也可以授权另一家银行对被指定银行进行偿付。

⑩开证行向开证申请人提示信用证下的单据,要求开证申请人付款赎单。

⑪开证申请人付款赎单。信用证业务是凭单付款的业务。

⑫开证申请人凭单据提取货物。

依此可见,信用证结算业务程序和银行关系密切的是申请、开证、通知、议付、索偿和付款等环节。有时,信用证结算业务程序还要经过修改和注销这两个环节。

一、申请开证

进出口双方在贸易合同中确定采用信用证结算方式后,进口商就应在合同规定的装运期以前及时向其往来银行申请开立信用证。进口商应填写开证申请书,作为银行开立信用证的依据。开证申请书是开证申请人和开证行之间的法律性契约。

开证申请书包括两部分内容。

第一部分是进口商对开证行详细的开证指示,即规定信用证中的内容,包括受益人名称地址、信用证有效期、货物描述、装运细节、信用证金额、期限、支取方式、应提交单据等。开证申请书的内容应以合同为准。开证申请人在提交申请书的同时应提交合同副本,以便银行核实贸易真实性,银行不负责审核合同的具体内容,也不核对申请书内容是否与合同一致。

第二部分是开证申请人的承诺。包括遵守国家的外汇管理政策与法规;尊重银行有关业务审查和操作规定;不无理拒付、在已接受单据的情况下,保证在规定的时间内支付信用证项下款项;对贸易合同中出现的纠纷将在遵循有关国际惯例的基础上解决。

二、开立信用证

(一)开证审查

(1)审查申请人的开证资格。对首次开证的申请人要审查是否具有进出口业务经营权,并了解企业生产经营状况。

(2)审查该笔开证是否符合国家外汇管理政策与法规,是否需要进口批文和许可证。

（3）审查开证申请书的内容，是否符合国际惯例，是否完整、明确，是否自相矛盾等。

（二）落实开证保证金

信用证一旦开出，开证行就承担了独立的付款责任。如果申请人到期无法付款，开证行必须垫款。为了防范风险，开证行必须首先核实申请人在本行是否有开证授信额度。授信额度是银行根据客户的信用等级、资信状况等给予客户开立信用证的额度。信用证必须在额度内开立，否则客户必须交纳全额保证金。

开证资金的落实方式主要有三种：一是信用开证，完全凭企业的信誉开证，适用于经营状况好、信用等级高、资信优良的企业；二是担保开证，又分为抵押、质押和保证三种；三是保证金开证，根据企业资信状况交存不同比例的保证金，最高可达 100%。一般情况下，银行开立远期信用证必须根据企业信用等级交纳不同比例的保证金。开证资金由银行的信贷部门落实。审查完毕，开证行应严格按照开证申请书的内容开立信用证。开证申请书是开证行开证的基础。在正式开出信用证前，开证行应选择受益人所在地的一家银行作为通知行。该通知行通常为开证行的代理行或境外分支机构。

三、信用证通知

出口商银行收到开证行开来的信用证后，应审核信用证的表面真实性。如果是信开信用证，应核对印鉴（有权签字人的签字），如果是电开信用证应核对密押。只要密押、印鉴无误，通知行就可以确认其表面真实性。如果印、押不符或无法核对，通知行必须立即将无法鉴别的事实通知开证行。通知行还应该审核信用证条款，对不明确或难以做到的条款要提醒受益人自行接洽申请人。在确认信用证的真实性后，通知行应对来证进行编号并缮制信用证通知书，将正本信用证交给受益人，副本归档留存备查。

在受益人对开证行资信不满意或开证行主动要求的情况下，开证行可以指示另一银行对信用证加具保兑。受开证行邀请，对信用证加具保兑的银行就是保兑行，它通常为出口地的通知行或其他信誉卓著的银行。在开证行委托通知行通知信用证时，可同时要求通知行对信用证加保。通知行或其他银行对信用证保兑后，就承担与开证行相同的责任。

四、交单议付

为确保安全收汇，受益人制作的单据应完全符合信用证的规定，单据的种类、份数、名称、出单时间等应和信用证条款相吻合。同时单据应在合理时间内提交到银行。合理时间是信用证到期日与最迟交单日两者中先到的日期。受益人交单时应同时提交正本信用证及所有修改书，以便银行审查核对。

如果信用证中规定了被指定银行，受益人首先向信用证中的被指定银行交单。被指定银行通常是受益人所在国的一家银行，以方便受益人交单。被指定银行有权根据开证行的授权对受益人提交的单据进行付款、承兑或议付。被指定银行应根据信用证及其该信用证项下的所有修改审核单据，并承担付款、承兑或议付的责任。

如果信用证没有规定被指定银行，这是一份直接信用证（Straight Credit），即在开证行付款的信用证。开证行以外的任何银行（除保兑行）无权对受益人提交的单据进行付款、承兑或议付，但有权把受益人的单据转寄开证行。

五、寄单索偿

根据信用证的规定,单据可以一次性寄出,也可以分两次寄出。如果信用证中规定了偿付行,应向偿付行索偿。如果偿付行未能偿付,被指定银行应立即向开证行索偿,并要求开证行支付由此产生的迟付利息。

六、审单付款

开证行收到被指定银行的寄单后,应审核单据以确定是否承担付款责任。如果单据经审核没有不符点,开证行必须接受单据,并根据被指定银行的指示做出偿付。开证行付款后有权从申请人处获得付款。如果单据中存在不符点,开证行有权拒绝付款。根据 UCP600 第 16 条 c 款的规定,开证行决定拒付时,必须给予交单人一份拒付通知。该通知必须声明银行拒绝承付及银行拒绝承付所依据的每一个不符点,并且要提出单据处理意见。

UCP600 第 14 条 b 款规定,按照指定行事的被指定银行、保兑行(如有),以及开证行各自拥有从其收到单据翌日起最多 5 个银行工作日的时间决定提示是否构成相符。

七、信用证修改

信用证的修改应由开证申请人提交信用证修改申请书,由原开证行办理,并通过原通知行通知给受益人,不得直接通知受益人,也不得委托其他银行通知信用证的修改。修改手续费由提出修改一方承担。如果修改涉及两个以上的条款,受益人必须全部接受或全部拒绝,不能只接受一部分,拒绝另一部分。不可撤销信用证的修改必须得到开证行、受益人以及保兑行(如有)的一致同意才能生效。对于不可撤销信用证下的修改,受益人具有最后的接受权或否决权。受益人可以明确地向通知行表示接受或拒绝接受,也可以通过默示的方法表明态度,即当受益人交单时,如果单据和修改后的信用证条款一致,则表明接受了修改,如果单据与修改前的信用证条款一致,则表明拒绝修改。

UCP600 第 10 条"修改"做出如下规定。

a.除第 38 条另有规定者外,未经开证行、保兑行(如有)及受益人同意,信用证既不能修改,也不能撤销。

b.开证行自发出修改之时起,即不可撤销地受其约束。保兑行可将保兑扩展至修改,并自通知该修改之时,即不可撤销地受其约束。但是,保兑行可以选择将修改通知受益人而不对其加具保兑。如果这样,其必须毫不延误地将此告知开证行,并在其给受益人的通知中告知受益人。

c.在受益人告知通知修改的银行其接受该修改之前,原信用证(或含有先前被接受的修改的信用证)的条款对受益人仍然有效。受益人应提供接受或拒绝修改的通知。如果受益人未能给予通知,当交单与信用证以及尚未表示接受的修改的要求一致时,即视为受益人已做出接受修改的通知,并且从此时起,该信用证被修改。

d.通知修改的银行应将任何接受或拒绝的通知转告发出修改的银行。

e.对同一修改的内容不允许部分接受,部分接受将被视为拒绝修改的通知。

f.修改中关于除非受益人在某一时间内拒绝修改否则修改生效的规定应被不予理会。

实务中,有时会出现非常特殊的情况。受益人没有明确地表示是否接受修改,而交单与修改前和修改后的信用证都相符。这种交单,被称为"未对修改造成影响的交单"。

如:信用证规定金额 10 万美元,允许分批装运。信用证修改将金额减少至 5 万美元。受益人提交的单据金额为 5 万美元。

国际商会的意见是:"没有受到尚未被接受的信用证修改影响的交单不构成是对信用证修改的自动接受"。信用证修改对交单的效果不清时,责任和风险由开证行和申请人承担。

八、信用证注销

有效期内的信用证,在得到开证行、受益人以及保兑行(如有)的同意后可以撤销。如果受益人在效期内未使用信用证导致信用证逾期,开证行可自动注销该信用证。

⮕ 【案例5.4】 信用证修改案

案情介绍

我国一外贸食品厂向韩国出口 15 吨辣椒制品,信用证不允许分批装运。在装运前,受益人收到修改,要求数量增加 5 吨。受益人认为货物已经整装待运,且按原证要求一次发运,符合要求,而后增加的 5 吨货物也可以按要求不分批在最迟装期前一次性发运,于是将原证 15 吨货物发运,后增加的 5 吨 4 天后又一次性发运。交单后,收到开证行的拒付电,称单据存在不符点:信用证规定不允许分批装运,但开证行却收到两套单据。

案情分析

本案中受益人在向银行提交单据时,本可以提出拒绝修改,保证 15 吨货物的安全收汇,却因分批装运,导致单证不符。这个案例告诉我们,信用证的修改中存在潜在的风险,对信用证的修改条款一定要仔细理解,以免给自己造成不必要的损失。

(选自张东祥主编的《国际结算》,首都经济贸易大学出版社,2005)

第五节 信用证的种类

信用证的种类很多。根据其用途、性质、期限、支款方式、保兑以及可转让性等情况,信用证主要有以下几种类型。

一、根据信用证的性质划分,分为跟单信用证和备用信用证

跟单信用证(Documentary Credit)是开证行凭与信用证条款相符的单据向受益人付款的信用证,是受益人履约后开证行承担付款责任的一种信用证。备用信用证(Standby Credit)是一种信用证形式的银行保函,是申请人违约后开证行承担付款责任的一种信用证。备用信用证被广泛地使用于各类需要银行提供担保的场合。关于跟单信用证和备用信用证的主要区别,请看本书第七章第三节的相关内容。

二、根据信用证是否附带货运单据划分,分为光票信用证和跟单信用证

光票信用证(Clean Credit)是开证行仅凭受益人出具的汇票支付款项的信用证。由于

没有货运单据,银行得不到物权保障,风险较大,因此光票信用证很少用于贸易结算,只开给资信较高的公司,或用于贸易从属费用的结算。光票信用证已有较长的历史,最早出现的旅行者信用证(Traveler's Letter of Credit)就是一种光票信用证,主要是为了方便去境外的旅行者现金的转移与支取。备用信用证也是一种光票信用证。备用信用证所要求的单据,除了受益人的汇票外,往往还有一份说明开证申请人违约的受益人申明。

跟单信用证是开证行凭信用证规定的货运单据付款的信用证。货运单据指代表货物所有权的证明文件,全套货运单据通常包括商业发票、海运提单、保险单据、商检证书、产地证书等,其中海运提单是最重要的物权单据。银行通过对物权单据的控制来控制货物所有权,从而控制信用证下的风险。跟单信用证广泛地应用于贸易结算。

三、根据开证行对信用证所负责任来区分,分为可撤销信用证和不可撤销信用证

可撤销信用证(Revocable Credit)是开证行无须事先征得受益人同意就有权撤销或修改其条款的信用证。可撤销信用证使受益人没有任何付款保障可言。不可撤销信用证(Irrevocable Credit)是未经开证行、保兑行(如有)以及受益人同意,既不能撤销也不能修改的信用证。不可撤销信用证有开证行确定的付款保证,具有不可撤销性。

为了有效维护受益人在信用证下的权益,UCP600摒弃了可撤销信用证,强调信用证的不可撤销性。UCP600第3条指出"信用证是不可撤销的,即使信用证中未注明也是如此"。UCP600第2条信用证的定义也指出信用证是不可撤销的。同时,新规则删除了UCP500第6条"可撤销和不可撤销信用证",以及第8条"信用证的撤销",表明在UCP600下所有信用证都是不可撤销的,开证行一旦开出信用证即构成了确定的付款承诺,受益人收汇更有保障。当然,在征得开证行、保兑行和受益人一致同意的情况下,即使是不可撤销信用证也是可以撤销和修改的。

四、根据是否有另一家银行加保兑,分为保兑信用证和不保兑信用证

保兑信用证(Confirmed Credit)是开证行以外的另一家银行经开证行授权对信用证加具保兑的信用证。一份保兑信用证除了有开证行确定的付款保证外,还有另一家银行确定的付款承诺。信用证保兑后,受益人获得了开证行和保兑行的双重付款保证,可以要求其中任何一家银行履行付款责任。保兑的信用证必定是不可撤销信用证。被开证行授权加保兑的银行有权决定是否对信用证加保,已对信用证加保的保兑行也有权决定是否对信用证修改加具保兑。当开证行规模较小、资信状况不佳或开证行所在国政治经济局势动荡时,开证行可主动开立或经受益人要求开立保兑信用证。保兑信用证下,受益人往往要额外支付一笔昂贵的保兑费。

不保兑信用证(Unconfirmed Credit)是未经另一家银行加保、由开证行独自承担付款责任的信用证。实务中,不保兑信用证的使用更为广泛。

五、根据信用证的支款方式划分,分为即期付款信用证、延期付款信用证、承兑信用证和议付信用证

UCP600第6条规定:"信用证必须规定其是以即期付款、延期付款、承兑还是议付的方

式支取"。

即期付款信用证(Sight Payment Credit)是开证行或指定的付款行收到与信用证条款相符的单据后立即付款的信用证。只要受益人提交了符合信用证规定的单据，就能立即获得付款。出于免交印花税的考虑，即期付款信用证一般不要求受益人提交汇票，直接凭单据付款。开证行可以自己付款，也可以授权其他银行为付款行。SWIFT 格式的即期付款信用证 41D 项表述为：Credit Available by Payment.

延期付款信用证(Deferred Payment Credit)是开证行或指定的付款行收到与信用证条款相符的单据后，在将来某个日期履行付款责任的信用证。它是一种远期信用证，付款期限在一个确定或可以确定的将来时间，通常为运输单据或交单后的一段时间。付款行可以是开证行，也可以是开证行授权的其他银行。由于是付款信用证，也不要求提交汇票。SWIFT 格式的延期付款信用证 41D 项表述为：Credit Available by Deferred Payment.

承兑信用证(Acceptance Credit)也是一种远期信用证，是开证行或指定的承兑行收到符合信用证条款的远期汇票及单据后，先承兑汇票，然后在到期日履行付款责任的信用证。与延期付款信用证不同的是，受益人必须提交以承兑行为付款人的远期汇票。承兑行可以是开证行，也可以是开证行授权的其他银行。SWIFT 格式的承兑信用证 41D 项表述为：Credit Available by Acceptance.

承兑信用证的受益人如果想在远期承兑汇票到期日前获得付款，可通过贴现获得融资。由于贴息利息和费用由受益人承担，所以被称为"卖方远期信用证"，又称"真远期信用证"。还有一种承兑信用证也要求受益人提交远期汇票，但同时又规定："远期汇票可即期付款，贴现利息和承兑费用由申请人承担"(Usance drafts are payable on a sight basis. Discount charges and acceptance commission are for applicant's account.)。这是"买方远期信用证"，又称"假远期信用证"。使用这种信用证对受益人来说能够即期收汇，开证申请人却可在远期汇票到期时，才向开证行付款并承担利息和承兑费用。它代表了开证行对申请人的资金融通。

议付信用证(Negotiation Credit)是开证行在信用证中授权被指定银行在相符交单条件下购买受益人提交的汇票及/或单据的信用证。议付信用证可以是即期的，也可以是远期的，一般要求提交汇票。议付行一定是开证行以外的其他银行。议付信用证可以是限制议付或自由议付信用证。限制议付信用证只能由开证行在信用证中指定的银行担任议付行。自由议付信用证中，任何银行都是被指定银行，都可以对受益人提交的单据进行议付。SWIFT 格式的议付信用证 41D 项表述为：Credit Available by Negotiation.

所有信用证都必须注明是上述哪一种类型的信用证。有的信用证可以是部分即期付款，部分承兑或延期付款。根据 UCP600 第 6 条"支取方式、截止日和交单地点"a 款的规定："信用证必须规定可在其处支取款项的银行，或是否可在任一家银行支取，规定在被指定银行支取的信用证也可以在开证行支取。"这意味着无论是何种支款方式的信用证，开证行均可授权某一指定银行作为受益人交单取款的银行，也可规定向任何一家银行交单取款，受益人还可以直接向开证行交单。而 UCP600 以前，只有自由议付信用证下的受益人才可以向任何一家银行交单，议付信用证以外的信用证，开证行必须指定交单银行。UCP600 下受益人交单取款具有更大的灵活性。

议付信用证中的被指定银行在受益人向其提交相符单据时，可以给予受益人提前融资的便利,这种融资行为是得到开证行授权的。如果开证行在付款前发现受益人欺诈,而被指定银行已善意地做了议付时,开证行只能对抗受益人,但必须偿付该议付行已支付给受益人的融资款项。UCP500中只有议付信用证项下的被指定银行有开证行的提前融资授权,议付信用证以外的开证行在信用证中没有授权被指定银行提前付款。延期付款信用证项下开证行(或保兑行)的责任是到期付款,而承兑信用证项下开证行(或保兑行)的责任是先承兑汇票,然后到期付款。以开证行作为承兑行的承兑信用证,由于有开证行承兑汇票时做出的付款承诺,对融资银行来说也比较有保障。以被指定银行作为承兑行的承兑信用证,被指定银行作为承兑行贴现汇票,在到期日也有权获得开证行的偿付。延期付款信用证由于不需要受益人提交汇票而失去票据法的保护,融资银行必须承担在信用证交易中受益人欺诈的风险,如果发生欺诈,已对出口商办理融资的银行在到期日将无法获得开证行的偿付。

在1999年的桑坦德银行诉巴黎巴银行(Banco Santander v. Banque Paribas)案件中,桑坦德银行既是保兑行又是被指定银行,对提单日后180天的延期付款信用证,在单证相符的条件下提前付款2030万美元,到期日前开证行却发现受益人伪造单据欺诈。当桑坦德银行以保兑行和被指定银行的双重身份要求开证行偿付时,开证行以没有授权贴现为由,拒绝偿付,得到法庭支持。法庭认为延期付款信用证中开证行并没有给予被指定银行向受益人融资的授权,本案中桑坦德银行给予受益人的融资完全是该行自己的决定,风险自负。最终,法庭判决桑坦德银行败诉,导致桑坦德银行因为欺诈损失2030万美元。为防止风险,延期付款信用证下的被指定银行往往不对受益人做融资贴现。

UCP600规定延期付款信用证和承兑信用证的被指定银行享有了和议付信用证一样的融资权利,出口商可获得银行提前融资的信用证种类不再局限于议付信用证。UCP600第12条b款规定"开证行指定一家银行承兑汇票或做出延期付款承诺,即为授权该被指定银行预付或购买其已承兑的汇票或已做出的延期付款承诺。"根据这一规定,当开证行指定一家银行对其开立的信用证做出延期付款承诺或承兑汇票时,也即授权该行在受益人提交相符单据时,可以向受益人提供预付款融资或贴现已承兑的汇票。由于这种预付融资或贴现行为是开证行明确授权的,即使事后发现欺诈,开证行仍必须偿付该被指定银行。

六、红条款信用证

红条款信用证(Red Clause Credit)又称预付款信用证或预支信用证,是开证行授权受益人在装货交单前支付部分货款的信用证。早期的信用证以信开为主,授权预付的条款为了醒目,常常用红色大写字体打印,所以这类信用证被称为红条款信用证。虽然目前的信用证多采用SWIFT方式开立,已不再出现红色字体打印的条款,但这一名称却保留了下来。预支货款时受益人需向银行提交:

1.受益人签署的预付款收据;

2.受益人保证使用这部分资金备货装运的书面承诺;

3.受益人保证在信用证有效期内向被指定银行提交全套单据的书面承诺。

被指定银行向开证行索偿时应提交上述单据。为了控制风险,被指定银行应留存正本信用证,以防止受益人向它行交单取款。红条款信用证代表了申请人对受益人的资金融通,融资风险由申请人承担。受益人可用这部分预支款来备货装运,缓解资金紧张问题。在货物供不应求或交易双方非常信任的情况下可以使用红条款信用证。

七、对开信用证

对开信用证(Reciprocal Credit)是以交易双方互为开证申请人和受益人、金额大致相等的信用证。甲开出以乙为受益人的信用证,同时乙开出以甲为受益人的信用证,后开的信用证(第 2 张信用证)称为回头证。第一份信用证的开证行和通知行分别是第二份信用证的通知行和开证行。

对开信用证的生效方法有两种。

1. 两份信用证同时生效

第一份信用证开出后暂不生效,待对方开来回头证,经受益人接受后,通知双方银行,两证同时生效。

2. 两份信用证分别生效

各证开出后立即生效。这种情况下,先开证一方存在一定风险,只有在交易双方非常信任的情况下使用。

对开信用证广泛用于易货贸易、来料加工贸易、补偿贸易等。在补偿贸易、来料加工贸易中,进口原料和设备一般要求远期付款,出口产成品则要求即期付款,可以采用对开信用证的结算方式,把进口开出的远期付款信用证和出口开出的即期付款信用证结合起来。

八、循环信用证

循环信用证(Revolving Credit)是指在信用证的部分或全部金额被使用之后能恢复原金额继续使用的信用证。其内容要比一般信用证多一个循环条款,用以说明循环方法、次数及总金额。循环信用证适用于大额的、长期合同下的分批交货。进口商可以减少多次开证的麻烦和手续费的支出,减轻交存开证保证金的资金占用。循环信用证有两类。

1. 按时间循环的信用证

指受益人在一定时间内支取信用证金额后,仍可在下次一定时间内支取规定金额的信用证。如信用证规定:在 6 个月的信用证效期内,每个月可以装运 2.5 万美元(USD25,000 may be drawn each month during the six-month validity of the credit.)。

按时间循环的信用证根据每期信用证余额处理方式的不同,又分为:

(1)累积循环信用证(Cumulative Revolving Credit)

指上一循环期未用完的余额可以在下一循环期累加使用的信用证。在累积循环信用证下,可使用的信用证金额可能超过每期信用证提供的金额。在上述例子中,如果前 5 个月都没有装运,那么第 6 个月可以装运的金额为 15 万美元。

(2)非累积循环信用证(Non-cumulative Revolving Credit)

指上一循环期未用完的余额在下一循环期不可累加使用的信用证。未用完部分过期作废。非累积循环信用证中,每期可使用的最高金额不超过当期信用证规定的金额。在上述例子中,如果前 5 个月都没有装运,那么第 6 个月可以装运的金额仍然为 2.5 万美元。

2. 按金额循环的信用证

指在信用证规定的金额使用完之后,可以恢复到原金额循环使用的信用证。恢复使用信用证金额的方法有三种。

（1）自动循环信用证

指每期用完一定金额后，不需要等开证行通知，自动恢复到原金额的信用证。自动循环信用证必须规定在有效期内可支取的最高金额，不然开证行的付款责任无法计算。在上述例子中，如果每次可以装运 2.5 万美元，那么从理论上来说 6 个月的有效期内可以装运 180次。开证行的风险非常大，因此会规定一个最高金额。如：本信用证的循环金额为 2.5 万美元，有效期内最高可支取 25 万美元（This credit shall revolve for USD25,000 during its validity up to a maximum overall drawing value of USD250,000）。

（2）半自动循环信用证

指每期用完一定金额后，必须等待信用证规定的一段时间，如开证行未通知受益人停止循环使用，等待期结束可立即恢复至原金额的信用证。

（3）被动循环信用证

每期用完一定金额后，必须等开证行通知到达后，才能使信用证恢复到原金额的信用证。

半自动循环和被动循环信用证中开证行可有效控制风险。

九、背对背信用证

背对背信用证（Back to Back Credit）是信用证的受益人以自己为申请人，以境外买方开来的信用证作为抵押，要求其银行以开证行身份开立的以实际供货商为受益人的信用证。背对背信用证业务中涉及两份信用证，原证和新证，新证就是背对背信用证。

背对背信用证是中间商为了保守商业秘密而开立的与原证相似的新的信用证。中间商既是原证的受益人，又是新证的开证申请人。原证开证申请人是实际买家，新证受益人是实际供货商，他们因为中间商的存在而相互隔绝。背对背信用证在原证的基础上开立，是为了使实际供货商在规定的期限内交来原证要求的单据，便于中间商在原证期限内更换发票和汇票，赚取差价。新证和原证相比，金额、单价、交单期等应减少或缩短。

关于背对背信用证要注意以下几点：

1.原证和新证是两份完全独立的信用证，开证行各自承担独立的付款责任；

2.新证下的部分交单可以作为原证下的交单；

3.无论是否收到原证下的款项，中间商都必须向新证开证行支付新证下的款项；

4.原证只能作为新证付款来源的证明，不能作为新证的付款保证；

5.新证开证行应妥善保管好原证信用证正本。

为防范风险，新证开证行应确保新证中的单据反映了原证的要求，原证和新证的条款应尽可能一致，除非中间商有足够的证据表明他有能力提交新证以外的其他单据作为原证下的交单，或能对原证和新证之间条款的不一致做出合理的解释。

背对背信用证业务流程见图 5-3。

依据图 5-3，说明如下：

①进口商申请开立不可转让信用证；

②进口商银行开证；

③原证通知；

④ 原证受益人（中间商）申请开立信用证（新证）；

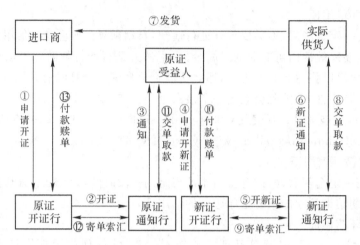

图 5-3　背对背信用证流程

⑤原证通知行开立新证；

⑥新证通知；

⑦新证受益人(实际供货商)发货；

⑧新证受益人交单取款；

⑨新证通知行或被指定银行寄单索汇；

⑩新证开证行要求中间商付款赎单；

⑪中间商(换单后)交单取款；

⑫原证通知行(新证开证行)寄单索汇；

⑬原证开证行通知进口商付款赎单。

十、可转让信用证

可转让信用证(Transferable Credit)是受益人可以将信用证项下的权利(即装运货物、交单取款的权利)转让给他人的信用证。一份信用证要转让,必须注明"可转让"字样,否则为不可转让信用证。SWIFT MT700 格式的信用证 40A 项应表述为"Irrevocable Transferable"。办理信用证转让的银行为转让行(Transferring Bank),必须由开证行在信用证中指定,以防止可转让信用证下的多次交单,控制转让信用证中的风险。信用证一经转让,信用证上的原受益人便是第一受益人(First Beneficiary),受让者是第二受益人(Second Beneficiary)或受让人(Transferee)。信用证的转让由第一受益人安排,费用也由第一受益人承担,转让行在第一受益人没有付清费用之前没有办理转让的义务。

在一笔最简单的信用证交易中,出口商装运货物,然后取得信用证下的款项。这时的出口商是出口商品的供货商。但是在很多情况下,进口商和中间商做交易。中间商手上并没有存货,在装运前必须先从别处购买货物,但是流动资金不足。可转让信用证应运而生,中间商可以收到的信用证作为从供货商处购买货物的保证。在可转让信用证下,真正的买家向银行申请开立以中间商为受益人的可转让信用证,中间商向其银行申请将信用证的全部或部分金额转让给供货商。如果中间商从多个供货商处购买货物,可要求银行将信用证金额分批转让给多个供货商。转让给供货商的总额是中间商要支付的金额,它与原信用证金额之间的差额是中间商赚取的利润。

通过信用证的转让,供货商获得了向银行交单取款的权利,可以在很大程度上控制和中间商交易的风险。对中间商而言,以信用证作为对供货商的保证可以不动用自己的任何资源,却可获取丰厚的利润。但可转让信用证增加了原证申请人的风险,因为它对交易的第三方(供货商)并不了解,容易面临欺诈的风险,而开证行在收到符合信用证条款的单据后必须履行付款义务。

可转让信用证业务流程见图 5-4。

依据图 5-4,说明如下:

①开证申请人和受益人签订贸易合同,合同中约定由开证申请人向银行申请开立可转让信用证;

②开证申请人向银行申请开立不可撤销的可转让信用证;

③开证行将信用证发至中间商所在国的通知行,在信用证中指定转让行;

④通知行将信用证通知给第一受益人;

⑤第一受益人向转让行申请将信用证的部分金额转让给供货商(第二受益人);

⑥转让行办理信用证的转让,开立以供货商为第二受益人的转让信用证;

⑦转让信用证通知给第二受益人;

⑧第二受益人根据信用证要求装运货物,货物直接装运至转让证中指定的地点;

⑨第二受益人提交信用证中规定的全套单据,单据中包括第二受益人的发票及汇票(如果信用证要求);

⑩第二受益人向转让行寄单或通过当地的银行寄单;

⑪转让行(同时又是保兑行时)收到单据后,支付货款;

⑫中间商(第一受益人)以自己的发票和汇票(如有)替换第二受益人的发票和汇票,完成原信用证下的交单,并支取汇票差额;

⑬转让行向开证行寄单索汇;

⑭开证行审核单据并对外偿付;

⑮申请人付款赎单。

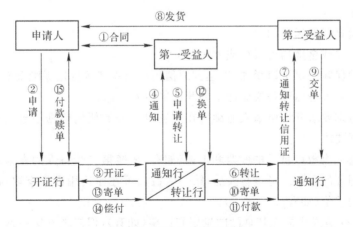

图 5-4　可转让信用证流程

在实际业务中,转让行为了控制风险,收到第二受益人的交单后不会马上付款,而是要等收到开证行付款以后才向第二受益人支付货款。已转让信用证中通常包含下列条款:"The transferring bank will pay to the second beneficiary only when funds are received from the issuing bank."。

UCP600 第 38 条"可转让信用证"做出如下规定。

a. 银行无办理信用证转让的义务,除非其明确同意。

b. 就本条而言:

可转让信用证系指特别注明"可转让"字样的信用证。可转让信用证可应受益人(第一受益人)的要求转为全部和部分由另一受益人(第二受益人)支取。

转让行系指办理信用证转让的被指定银行,或当信用证规定可在任一银行支取款项时,指开证行特别如此授权并办理转让的银行。开证行也可担任转让行。

已转让信用证指已由转让行转为可由第二受益人支取的信用证。

c. 除非转让时另有约定,有关转让的所有费用(诸如佣金、手续费、成本或开支)须由第一受益人支付。

d. 只要信用证允许部分支款或部分发运,信用证可以部分地转让给数名第二受益人。

已转让信用证不得应第二受益人的要求转让给任何其后受益人。第一受益人不视为其后受益人。

e. 任何转让要求须说明是否允许及在何条件下允许将修改通知第二受益人。已转让信用证须明确说明该项条件。

f. 如果信用证转让给数名第二受益人,其中一名或多名第二受益人对信用证修改的拒绝并不影响其他第二受益人接受修改。对接受者而言该已转让信用证即被相应修改,而对拒绝修改的第二受益人而言,该信用证未被修改。

g. 已转让信用证须准确转载原证条款,包括保兑(如有),但下列项目除外:

—信用证金额

—规定的任何单价

—截止日

—交单期限

—最迟发运日或发运期间

以上任何一项或全部均可减少或缩短。

必须投保的保险比例可以增加,以达到原信用证或本惯例规定保险金额。

可用第一受益人的名称替换原证中的开证申请人名称。

如果原证特别要求开证申请人名称应在除发票以外的任何单据中出现时,已转让信用证必须反映该项要求。

h. 第一受益人有权以自己的发票和汇票(如有)替换第二受益人的发票和汇票,其金额不得超过原信用证的金额。经过替换后,第一受益人可在原信用证下支取自己发票与第二受益人发票间的差价(如有)。

i. 如果第一受益人应提交其自己的发票和汇票(如有),但未能在第一次要求时照办,或第一受益人提交的发票导致了第二受益人的交单中本不存在的不符点,而其未能在第一次要求时修正,转让行有权将从第二受益人处收到的单据照交开证行,并不再对第一受益人承担责任。

j.在要求转让时,第一受益人可以要求在信用证转让后的支取地点,在原信用证的截止日之前(包括截止日),对第二受益人承付或议付。本规定并不损害第一受益人在第 38 条 h 款下的权利。

k.第二受益人或代表第二受益人的交单必须交给转让行。

关于可转让信用证应注意以下三方面内容。

1. 转让行可以是通知行、保兑行、被指定银行或开证行。UCP600 新增开证行可以担任转让行。如果是可自由支取信用证(credit available with any bank),开证行通常指定通知行为转让行。其他情况下,由信用证指定的办理付款、承兑、议付或保兑的银行担任转让行。如果是在开证行到期的信用证,由开证行担任转让行符合开证行的利益。

2. 可转让信用证可转让给多个第二受益人(只要信用证允许分批装运或分批支款),但第二受益人不得继续进行转让。如果第二受益人不接受已转让的信用证并通知转让行,可将已转让的部分退回第一受益人。第一受益人有再转让的权利。

3. 转让信用证的金额、单价、到期日、最后交单日、装运期限等内容可减少或缩短,但投保比例可以增加。这是因为第一受益人从第二受益人处购买货物的价格要低于第一受益人对开证申请人的销售价格,因此必须提高保险比例,才能满足原证规定的保险金额。如果原信用证金额为 10 万美元,投保比例为 110％,已转让信用证的金额为 9 万美元,那么投保比例必须提高到 122.222％,才能达到原信用证规定的 11 万美元的保险金额。如果已转让信用证的金额为 8 万美元,那么投保比例必须提高到 137.5％。

可转让信用证与背对背信用证有许多相似之处。他们都是涉及中间商的交易,都需要进行单据替换,都是在原证的被指定银行柜台到期,以便进行单据替换并控制不符点。但两者又有很大的区别。可转让信用证中新证的存在和使用以原证为前提和基础,第一受益人和第二受益人都获得同一开证行的付款保证。而背对背信用证涉及两笔完全独立的信用证,开证行承担完全独立的付款责任,背对背信用证受益人与原证受益人得到不同开证行的付款保证。

第六节　信用证结算方式下的风险与防范

信用证作为一种以银行信用为基础的结算方式,能够降低交易双方的交易风险。通过引入银行信用,信用证有助于出口商顺利收汇;通过对各种单据的具体要求,进口商能够顺利购买到货物。在交易双方互不了解、互不信任,在市场风险比较高的国家和地区或在大宗商品复杂交易中,信用证是一种较为理想的结算方式。但这并不意味着信用证结算没有任何风险可言。事实上,申请人、受益人和银行在信用证结算中都不同程度地面临各种风险。

一、申请人面临的风险及其风险防范

申请人面临的最主要风险是来自受益人的欺诈。发生受益人欺诈,申请人在信用证下付款,却不能获得自己想要的货物。信用证业务只处理单据不处理货物的原则为受益人实施欺诈提供了便利。只要受益人能够提交相符单据就一定能够获得银行的付款,开证行不得以货物质量为由拒绝付款。但受益人的交货和交单之间并没有必然的联系。信用证下合格的交单并不一定意味着贸易合同下合格的交货。实务中为了达到欺诈的目的,受益人伪造单据的事时有发生。通过伪造相符单据,受益人达到不装运、少装运或装运假冒伪劣商品的目的,使申请人遭受钱货两空的风险。

风险防范措施:防范信用证下的欺诈风险,对申请人和开证行来说最重要的是了解客户,了解交易背景。申请人在和受益人签订贸易合同之前要对受益人进行深入的调查和了解,包括受益人的经营状况、经营规模和履约能力等。开证行开立信用证之前要核实贸易背景的真实性。一旦发现受益人存在欺诈的可疑行为,申请人要尽快掌握确切的欺诈证据,并在开证行收到单据后的 5 个工作日之内向法院申请止付令,使受益人的欺诈不能得逞。因为在发生欺诈的情况下,即使受益人提交了相符单据,开证行也可以凭法院签发的止付令拒付信用证项下的款项。

二、受益人面临的风险及其风险防范

受益人面临的最主要风险是不能获得付款,即遭到银行的拒付。这主要由以下几方面的原因引起:受益人收到的是伪造的信用证、信用证中存在软条款、开证行/保兑行坚持严格相符的审单标准、开证行/保兑行资信状况不佳、开证行/保兑行所在国家或地区存在政治风险或政策风险等。

(一)虚假信用证

虚假信用证是指以信用证的格式和内容伪造的信用证,或冒用银行的名义开出的信用证。伪造信用证的人是申请人或其关系人。如申请人窃取或伪造银行空白格式的信用证和印鉴开出信开信用证,电开信用证没有密押或密押错误,或与银行串通开出信用证。虚假信用证引诱出口商发货,骗取货物,出口商钱货两空。

2007 年中国国际商会通报多笔乌克兰银行假证案。案中,乌克兰 MARINE TRANSPORT BANK,ODESA (SWIFT:MTBAUA2D) 用 SWIFT MT999 加欧洲一大银行密押格式向广东 XXX 银行转发一份信用证,显示的开证行为 NOVO BANK LIMITED,UK。作为通知行的广东 XXX 银行核实密押后通知了信用证。不久,受益人向广东 XXX 银行交单,广东 XXX 银行转寄单据给开证行 NOVO BANK LIMITED, UK 后没有任何回音。

事后查明,此证为假证,货物已经被所谓的"申请人"提走,显示的 NOVO BANK LIMITED, UK 根本不存在。NOVO BANK LIMITED 总部在俄罗斯,但在俄罗斯境外并没有任何分支机构。经核查,欧洲这一大银行密押无误,问题出在乌克兰银行。作为通知行,乌克兰银行有着不可推卸的确保信用证表面真实性和完整性的责任,而 MT999 上显示的开证行——NOVO BANK LIMITED, UK 在英国根本就不存在。此案中,受益人完全可以找乌克兰 MARINE TRANSPORT BANK,ODESA (SWIFT:MTBAUA2D) 讨回公道。

(二)软条款信用证

软条款信用证表面上看是不可撤销的,实际使用效果是可撤销的。申请人掌握着撤销的主动权。软条款使信用证丧失了它的独立性和不可撤销性。信用证软条款主要表现在以下几个方面:

1. 在单据的获得上设置障碍

通过对受益人获得信用证单据的渠道设置特别的障碍,受益人难以获得约定单据,甚至无法获得约定单据,或者将受益人能否获得约定单据的主动权掌握在申请人和开证行的手中,从而使受益人获得货款的权利受到种种限制和制约。其具体表现形式如下。

(1)信用证规定必须由开证申请人或其指定人验货并签署检验证书。一般情况下检验证书是由一个独立于贸易关系的第三方开立,比如卖方所在国的验货机构。但这一规定就等于把是否接受货物的主动权交给了开证申请人,违背了正常的国际贸易程序。这类条款的最大危险性在于当行情下跌或进口商找到更便宜的货物时,进口商可以利用这一条款,不派人检验或收货,致使出口商不能取得信用证项下所需的单据,必定遭受损失。

(2)信用证规定货物由开证申请人或其他指定人验货并签署检验证书,且其印鉴与开证行留底一致。按照惯例,银行是不介入买卖交易中,而上述条款意味着银行参与了交易,明显是申请人与开证行串通起来坑害出口商。这类条款的危害性在于即使申请人检验并开立了检验证书,如果其印鉴与银行留底不符,也会造成单证不符而遭到拒付。

2.在付款上设置障碍

具体表现如下。

(1)信用证规定只有在货物运到目的港后才支付货款或货到目的港后通过检验后才付款。这种规定就改变了信用证纯单据业务的特点。

(2)信用证规定以另一信用证项下的付款为支付条件。这类条款一般出现在转让信用证中,其目的也是银行要逃避其第一性的付款责任。

(三)在信用证生效环节上设置障碍

具体表现如下。

(1)信用证规定暂不生效,需待特定条件满足后再生效。按照正常情况,受益人收到的信用证应当是已生效的信用证。但是这类信用证的生效条件就由进口商控制。如规定待寄出的货样经开证申请人确认后再通知生效,或待进口许可证签发后再通知生效,或由开证行签发通知后生效。这类条款危险性在于进口商掌握信用证生效的主动权,使受益人的权益很难保障。

(2)信用证规定某些不完整的条款有待进一步确定或修改。如信用证规定,航运公司、船名、装运港、目的港、装运期等由进口商另行通知开证行,开证行再以修改书的形式通知受益人。这类规定的危险性在于,如果修改书迟迟没有传递到,就会使出口商根本不能办理装运事宜,从而使其无法履行信用证义务。

软条款的存在成为进口商实施欺诈的有效工具,其危险性和危害性不容出口商忽视。所以对软条款信用证要谨慎对待,注意防范风险。但也应看到,许多正常的贸易因为产品的特点和行业习惯(服装和食品等),在信用证加列软条款也在所难免。因此不能把所有的软条款都往欺诈上联系。

(三)严格相符的审单标准

信用证业务是单据业务。在信用证项下即使受益人履行了基础合同下的交货义务,提交了合格的货物,只要单据中存在不符点,就不能获得银行的付款。但银行对不符点的认定长期以来有不同的标准。有些不符点(如拼写错误、打印错误等)并不是实质性的不符点。只要不涉及货物价格、质量、数量、运输、保险的不符点都不会对申请人的利益构成实质性的损害。但如果开证行坚持严格相符的审单标准,对单据百般挑剔,受益人收汇就会面临很大的风险。这种情况尤其发生在商品市场价格下跌的时候。当货物价格出现对申请人不利的变化时,资信欠佳的开证行往往站在申请人的立场,极力寻找单据中的不符点,以达到降价、迟付或少付的目的。如果不能及时收汇,受益人还将面临汇率、利率的风险及商品损坏变质的风险等。

(四)开证行/保兑行的信用风险

开证行和保兑行在信用证项下承担第一性的付款责任。开证行/保兑行的信用风险指开证行/保兑行不按国际惯例处理信用证业务,无理拒付,导致受益人不能按时收汇的风险,或因自身经营状况不佳,破产倒闭的风险。如果开证行/保兑行经营作风恶劣,或因内部管理不善导致财务状况恶化,受益人的出口收汇将面临很大的风险。

(五)开证行/保兑行所在国家或地区的政治风险或政策风险

开证行/保兑行所在国家或地区的政治风险主要表现为开证行因内战、内乱、经济或金融危机无法正常履行付款义务。政策风险指开证行所在国家或地区的外汇管制政策,或其他相关法律法规发生变化带来的风险。

风险防范措施:为防范信用证项下的交易风险,受益人应加强对申请人和开证行/保兑行的资信调查,对申请人和开证行的经营状况、经营规模和付款能力做出分析。为防范资信不好的小银行和申请人勾结开出信用证,又以各种理由拒绝付款,受益人应事先了解开证行所在国家或地区的经济、金融状况,必要时要求开证行以外的另一家银行对信用证进行保兑。受益人收到信用证后应对信用证进行认真审查:审核信用证内容是否与贸易合同一致,审核信用证中是否含有无法履行的软条款。如果存在这些问题,应尽快要求申请人修改或删除这些条款。同时,受益人应把好单据制作的质量关,在规定时间内向银行提交相符单据。

三、银行面临的风险及其风险防范

银行面临的最主要风险是信用证交易没有真实的贸易背景。信用证是一种贸易结算工具。如果申请人和受益人相互勾结,编造虚假或根本不存在的贸易关系,向银行提交伪造的单据骗取银行的付款,将使银行面临很大的风险。

风险防范措施:开证行根据申请书对外开立信用证之前,应严格审查申请人资信及贸易背景真实性,并落实开证资金。被指定银行对受益人提交的全套单据付款、承兑或议付之前,要对交易背景和受益人的资信状况进行全面考察,避免因受益人欺诈卷入和开证行的纠纷之中。被指定银行还要审核开证行/保兑行的资信状况。通过银行年鉴、代理行信息或其他资料了解开证行/保兑行的资产规模、财务状况、世界排名等信息,以确定其是否具备偿付能力。

第七节　《跟单信用证统一惯例》简介

跟单信用证是以银行信用为基础的结算方式。信用证的产生极大地便利了国际贸易结算,推动了国际贸易的发展,并成为贸易结算最重要的支付方式之一。但早期的信用证业务由于缺乏统一的国际准则,各国商人和银行从维护自身利益出发,根据本国法律和规则处理信用证业务,解释信用证条款,导致争议和纠纷不断。为了统一各国对跟单信用证的理解、解释和应用,解决各国间因规则不统一、条款互相矛盾引发的争议,国际商会于 1933 年第一次正式发布《跟单信用证统一惯例》(国际商会第 82 号出版物)。此后,随着科技、贸易、运输、金融和保险业的不断发展,70 多年来国际商会又对统一惯例进行了多次修订,使其条款更全面地反映信用证实务,也使统一惯例在全球范围内得到了更广泛的应用。

国际商会成立于 1919 年,是一个非政府国际组织。《跟单信用证统一惯例》(*Uniform Customs and Practice for Documentary Credits*, 简称 UCP)由国际商会制定和颁布,是迄今为止最为成功的一套非官方贸易规则,已经成为指导跟单信用证业务的国际准则。

国际商会对统一惯例的历次修订均以国际商会出版物的形式公布。1933 年的第 82 号出版物明确了信用证是单据交易,而非货物买卖,将单据与单据所代表的货物分离开来。1951 年的第 151 号出版物(第一次修订)对"可转让信用证"做了详尽的规定,并对许多条款和术语做了统一的解释。1962 年的第 222 号出版物(第二次修订)明确了"信用证"的定义和各当事人之间的关系。1974 年的第 290 号出版物(第三次修订)反映了运输业的最新发展,对"联合运输单据"做了专门规定。1983 年的第 400 号出版物(第四次修订)将统一惯例的适用范围扩大到"备用信用证"。1993 年的第 500 号出版物(第五次修订)强调了信用证凭单付款的性质,明确了信用证的不可撤销性和开证行、保兑行在信用证下的付款责任,进一步维护了受益人的权益,促进了信用证业务的发展。

UCP500 自 1994 年 1 月 1 日生效实施以来,随着银行、运输和保险业的发展,围绕UCP500 条款又产生了新的争议和纠纷。为此,国际商会陆续出版发表了一系列的官方意见、决定和出版物,对 UCP500 条款进行解释和补充。国际商会在 UCP500 修订前进行的一系列全球调查结果显示:信用证下的单据大约有 70% 在第一次交单时因为不符点而遭到拒付。这一现象如果继续发展下去,将对信用证业务的发展产生非常不利的影响。实务中愈演愈烈的不符点费的收取更是对这一问题起了推波助澜的作用,严重影响了信用证作为国际支付方式的发展。为了促进信用证业务的顺利发展,国际商会银行技术和惯例委员会根据 UCP500 执行以来出现的新问题、新情况,于 2003 年 5 月开始对原有的规则进行修订,整个修订过程历时 3 年多的时间。2006 年 10 月 25 日,在法国巴黎举行的国际商会银行技术和惯例委员会 2006 年秋季年会上,国际商会以投票表决的方式,通过了《跟单信用证统一惯例》的最新修订,新的修订本为国际商会第 600 号出版物,即 UCP600,它的出版宣告了UCP500 的修订工作暂告一段落,也标志着 UCP500 在使用了 13 年后即将退出历史的舞台。新的国际惯例 UCP600 已于 2007 年 7 月 1 日生效。这是《跟单信用证统一惯例》自1933 年首次公布以来的第六次修订。中英文对照的 UCP600 见附录二。

UCP600 第 1 条"UCP 的适用范围"指出：

《跟单信用证统一惯例》,2007 年修订本,国际商会第 600 号出版物(简称 UCP)是一套规则,该规则适用于在其文本中明确表明受本规则约束的跟单信用证("信用证")(包括在其适用范围内的备用信用证)。除非信用证明确修改或排除,该规则对信用证所有当事人都具有约束力。

纵观 UCP 的历次修订,大约 10 年左右的时间修订一次,每一次修订都反映了国际贸易和国际结算领域理论和实务方面的最新发展。UCP600 自 2007 年生效以来,至今已经超过了 10 年的时间。国际商会在 2017 年 4 月的雅加达会议上表示,暂不对 UCP600 进行修订。因为国际商会根据调查分析后认为,目前所反映的问题均属于对惯例与信用证实务理解不到位的问题,而不是 UCP600 过时的问题。但是随着国际贸易和国际结算的不断发展,统一惯例必将做出进一步的修订,以适应贸易和结算实务的发展变化。

▷【本章小结】

本章主要介绍了信用证的概念、特点、内容、运作程序、相关当事人的权责、具体分类、风险与防范、有关信用证的国际惯例。信用证作为一种银行有条件的付款承诺,具有三个特点,即开证行承担第一性付款责任、信用证是一项自足的文件及信用证业务是纯单据业务。信用证是开证行与受益人之间的书面契约,其中记载的基本内容包括信用证本身的说明、装运货物的说明、装运的说明、单据条款、特殊条款及开证行的责任保证条款等。其运行程序大体要经过申请开证、开证、通知、交单议付、索偿、付款、赎单等环节。信用证在国际贸易中得到广泛运用,但并不是完美无缺的,其缺陷是可能会给各方当事人带来风险,因此关注信用证项下的风险是进出口商和银行面临的重要问题。

▷【课后练习】

一、名词解释

信用证 开证申请人 开证行 受益人 通知行 保兑行 被指定银行 偿付行 交单议付 红条款信用证 循环信用证 背对背信用证 可转让信用证 软条款 跟单信用证统一惯例

二、选择题

1. 对受益人收款有较大保障的信用证是(　　)。

A. 对开信用证
B. 不可撤销信用证
C. 循环信用证
D. 保兑信用证

2. 可转让信用证下办理交货的是(　　)。

A. 第一受益人
B. 开证申请人
C. 中间商
D. 第二受益人

3. 红条款信用证是(　　)。

A. 对出口商的装运后融资
B. 对出口商的装运前融资
C. 对进口商的融资
D. 对进口商银行的融资

4.在信用证项下,付款后无权向受益人追索款项的是(　　)。

A.开证行　　　　　B.议付行　　　　　C.付款行　　　　　D.保兑行

5.信用证中的被指定银行(nominated bank)包括(　　)。

A.付款行　　　　　B.承兑行　　　　　C.议付行　　　　　D.保兑行

6.信用证业务中,负责审单的银行是(　　)。

A.开证行　　　　　B.议付行　　　　　C.偿付行　　　　　D.付款行

7.在信用证业务中,单据必须符合(　　)的规定。

A.贸易合同　　　　B.信用证　　　　　C.国际惯例　　　　D.付款银行

8.跟单信用证业务中,开证行与受益人之间权责义务受(　　)约束。

A.销售合同　　　　B.开证申请书　　　C.担保文件　　　　D.信用证

9.当受益人按信用证规定要求开证行付款时,开证行在(　　)履行付款义务。

A.征得进口商同意后　　　　　　　B.货物到达后

C.货物检验合格后　　　　　　　　D.相符单据条件下

10.信用证汇票的付款人可以是(　　)。

A.付款行　　　　　B.申请人　　　　　C.承兑行　　　　　D.开证行

11.信用证业务中,不负责审单的银行是(　　)。

A.开证行　　　　　B.议付行　　　　　C.偿付行　　　　　D.付款行

12.开证行在审单时发现不符点,以下哪一项不是开证行所必须做的(　　)。

A.说明全部不符点　　　　　　　　B.拒付时必须以单据为依据

C.应以书信方式通知寄单行　　　　D.必须在5个银行工作日内拒付

13.不可撤销信用证的鲜明特点是(　　)。

A.给予受益人双重的付款承诺　　　B.有开证行确定的付款承诺

C.给予买方最大的灵活性　　　　　D.给予卖方最大的安全性

14.在信用证业务中,各有关当事人处理的是(　　)。

A.单据　　　　　　B.货物　　　　　　C.服务　　　　　　D.其他行为

15.(　　)信用证规定受益人开立远期汇票,但能即期收到开证行的付款。开证申请人到期支付,但需承担贴现利息和承兑费用。

A.即期付款　　　　B.延期付款　　　　C.远期　　　　　　D.假远期

16.以下哪种信用证对受益人有追索权(　　)。

A.延期付款信用证　　　　　　　　B.议付信用证

C.承兑信用证　　　　　　　　　　D.即期付款信用证

17.审核单据,购买受益人交付的跟单信用证项下汇票,并付出对价的银行是(　　)。

A.开证行　　　　　B.保兑行　　　　　C.付款行　　　　　D.议付行

18.《跟单信用证统一惯例》规定,若信用证上既没有注明"可撤销",又没注明"不可撤销",则该信用证属于(　　)。

A.可撤销信用证　　　　　　　　　B.不可撤销信用证

C.无效信用证　　　　　　　　　　D.以上都不对

19.除非信用证另有说明,否则可转让信用证能转让(　　)。

A.一次　　　　　　B.二次　　　　　　C.三次　　　　　　D.无限次

20.除非转让时另有约定,有关转让的所有费用(诸如佣金、手续费、成本或开支)须由(　　)支付。

A.申请人　　　　　　B.第一受益人　　　　C.转让行　　　　　　D.第二受益人

21.所谓信用证"严格相符"的原则,是指受益人必须做到(　　)。

A.单证与合同严格相符

B.单据与信用证严格相符

C.信用证与合同严格相符

D.当 L/C 与合同不符时,提交单据以合同为准

22.偿付行在收到索偿后,应在不超过(　　)个银行工作日的合理时间内,对索偿要求进行处理。

A.1　　　　　　　　B.2　　　　　　　　C.3　　　　　　　　D.4

23.根据 UCP600 规定,转让信用证时不可变更的项目是(　　)。

A.信用证的金额和单价　　　　　　B.到期日和装运日期

C.货物描述　　　　　　　　　　　D.最后交单日期

24.背对背信用证业务中的新证和原证的内容中,必须相同的是(　　)。

A.受益人　　　　　　B.商品品名　　　　　C.商品单价　　　　　D.装运日期

25.一般来说,保兑行对所保兑的信用证的责任是(　　)。

A.在议付行不能付款时,承担付款责任

B.在开证行不能付款时,承担付款责任

C.承担第一性的付款责任

D.在开证申请人不能付款时,承担付款责任

三、判断题

1.信用证修改通知书有多项内容时,只能全部接受或全部拒绝,不能只接受其中一部分,而拒绝另一部分。(　　)

2.可转让信用证的通知行和背对背信用证的通知行在转让信用证和开出信用证后,它们的地位都变为新证的开证行。(　　)

3.信用证反映的是贸易合同的内容,因此信用证受贸易合同约束。(　　)

4.保兑行付款后,如事后发现单据有不符点,可向受益人追索款项。(　　)

5.在信用证业务中,开证行和保兑行都承担第一性的付款责任。(　　)

6.可转让信用证只能转让一次,因此,可转让信用证的第二受益人只能有一个。(　　)

7.开证行对于有不符点的单据必须在 5 个银行工作日之内拒付。(　　)

8.自发出信用证修改通知之日起,开证行即不可撤销地受其约束。(　　)

9.偿付行受开证行的委托而付款,并且负有审核单据的责任。(　　)

10.信用证是一种银行开立的无条件承诺付款的书面文件。(　　)

11.延期付款信用证,受益人必须开具远期汇票及随附单据向开证行或指定付款行索款。(　　)

12.信用证业务中有关各方处理的是单据,而不是货物。(　　)

13.偿付行不负责审单,只凭开证行指示或授权,偿付款项给议付行。(　　)

14.根据 UCP600,信用证没有规定是否可以撤销,则默认为可以撤销。(　　)

15. 索偿行可以根据信用证规定通过电索或汇票方式进行索偿。　　　　（　　）

16. 信用证的开立说明了开证行接受了开证申请人的要求,因此信用证体现了开证行对开证申请人的承诺。　　　　（　　）

17. 在信用证支付方式的情况下,卖方凭以向客户收取货款的,不是实际货物,而是与来证要求完全相符的全套单据。　　　　（　　）

18. 信用证是开证行应申请人的申请而向受益人开立的,因此在受益人提交了全套符合信用证规定的单据后,开证行在征得开证申请人同意的情况下向受益人付款。　　　　（　　）

19. 议付行向开证行提出了单据中的不符点,或告诉开证行为此已凭担保或做保留议付,则开证行便可免除其在审核单据方面应尽的义务。　　　　（　　）

20. 即期付款信用证可以是开证行自己付款,也可以由其他银行付款;通常情况下不要求受益人提交汇票。　　　　（　　）

四、案例分析题

1. 我国某出口公司通过通知行收到一份国外银行开出的不可撤销信用证,该公司按信用证要求将货物装船后,但在尚未交单议付时,突然接到开证行通知,称:"开证申请人已经倒闭,本开证行不再承担付款责任"。请问开证行做法是否正确? 为什么? 出口公司应如何处理?

2. 某行开立的不可撤销信用证上面有这样一个条款:"除非受益人在规定的时间段或日期前拒绝,否则信用证修改自动生效（Any amendment will become automatically effective unless rejected by the beneficiary within a specified period of time, or by a specified date.）。"请问该行的做法妥当否?

3. 一家公司销售货物,买卖合同规定按不可撤销信用证付款。收到的信用证规定受益人须提交商业发票及经买方会签的商品检验证书。卖方收到信用证后,如期备妥货物并装运,而且安全到达目的地。但由于买方始终未在商品检验证书上会签,使卖方无法根据信用证收到货款,后经长期多方交涉,虽然最终追回了货款,但仍受到极大损失。试从本案分析:在信用证付款方式下,出口商收取货款时可能遇到的风险及如何防范。

4. 一家银行应开证申请人的要求,向受益人开立了一份不可撤销信用证,列明按UCP600办理。该信用证以后被修改,要求增加由开证申请人指定的检验机构签发的商检证书,遭到受益人的拒绝后,开证行开始宣称,如提示的单据中不包括该商检证将拒不偿付。继而又声明,如开证申请人收到的货物与信用证条款相符,可以照付。货抵目的地后,经检验收到的货物仅为发票所列数量的80%,因此遭到拒付。为此,受益人起诉开证行违反信用证承诺。试对此案进行评论。

5. 我国某公司向美国出口一批货物,信用证规定2017年10月15日前装运。然而我方在与船运公司联系装运时,得知10月15日前无船去美国,我方即要求进口商将船期延至11月15日前装运。进口商来电表示同意船期展延,有效期也顺延一个月。11月10日,我方装船完毕,14日持全套单据向银行议付,但遭到银行的拒绝。试分析为什么会出现这种情况?

6. 我国某进出口公司出口一批轻纺织品,合同规定以不可撤销即期信用证为付款方式。买方在合同规定的开证时间内将信用证开抵通知行,并立即转交给了我方进出口公司。我方进出口公司审核后发现,有关条款与合同不一致。为争取时间,尽快将信用证修改完毕,以便办理货物的装运,我方立即电告开证行修改信用证,并要求将信用证修改书直接寄交我方公司。请问这样做会产生什么后果?正确的信用证修改渠道是怎样的?

7.中国银行某分行收到新加坡某银行电开信用证一份,金额为 100 万美元,购买花岗岩石块,目的港为巴基斯坦卡拉奇。信用证中有下述条款:(1)检验证书于货物装运前开立,并由开证申请人授权的签字人签字,该签字必须由开证行检验;(2)货物只能待开证申请人指定船只并由开证行给通知行加押电通知后装运,而该加押电必须随同正本单据提交议付。请问该信用证是否可以接受。

五、简答题

1.议付有何特点?

2.简述信用证和贸易合同之间的关系。

3.根据 UCP600,信用证项下的修改在何时生效?

4.简述跟单信用证结算业务基本流程。

5.可转让信用证转让时,哪些条款可以发生变更?

6.信用证业务中涉及的银行有哪些?他们分别承担哪些责任?

7.信用证软条款具体体现在哪些方面?

8.简述跟单信用证项下申请人、受益人、银行面临的风险及风险防范措施。

9.简述五种特殊的信用证。

10.简述可转让信用证和背对背信用证的异同。

第六章

银行保函 ≫ ≫ ≫ ≫

【学习目标】

1.理解和掌握银行保函的概念、功能、性质及当事人的责任义务。

2.掌握银行保函的分类、业务流程。

3.掌握银行保函适用的国际惯例及与跟单信用证的区别。

第一节　银行保函概述

一、银行保函的概念

银行保函(Banker's letter of guarantee,L/G),又称银行保证书,是银行(保证人)应委托人(被保证人)的请求作为担保人向受益人开立的保证文件,保证在委托人未向受益人履行某项义务时,承担保证书中所规定的付款责任。

银行保函是一种非常灵活的国际结算方式,它是为了适应国际经济的发展而出现的。信用证方式一般用于国际贸易结算,而国际贸易只是国际经济交往的一种方式。除此之外,国际经济交往还包括国际工程承包、项目融资、基础设施招标等。这些交易因期限长、金额大,风险大,交易条件较为复杂,难以使用信用证方式进行结算。银行保函就是为适应这种情况而出现的一种结算方式,现在也是国际结算中不可缺少的方式。

二、银行保函的当事人

银行保函的基本当事人有三个,即申请人、受益人和担保人。根据银行保函的具体情况,有时还会涉及转递行、保兑行、反担保行、转开行等其他当事人。

(一)申请人

申请人(Principal),又称委托人,是指向银行提出申请要求开立保函的一方,一般为经济交易中的债务人。申请人的主要责任是:(1)按照已签合同或协议的规定履行各项义务;(2)在自己违约后,补偿担保人因为承担担保责任而向受益人做出的任何赔偿;(3)向担保人支付有关费用。

（二）受益人

受益人（Beneficiary）是接受保函并有权在申请人违约后向担保人提出索偿并获取赔偿的一方，一般为经济交易中的债权人。受益人有权索偿但前提是其须履行合同规定的义务，他在索偿时还必须提供保函规定的索偿文件。

（三）担保行

担保行（Guarantor Bank）是接受申请人的要求，向受益人开立保函的银行。担保人的责任是：（1）促使申请人履行合同的各项义务；（2）在申请人违约时，根据受益人提出的索偿文件和保函的规定向受益人赔偿；（3）有权在赔偿后向申请人索偿。

（四）转递行

转递行（Transmitting bank）是根据担保行的请求将保函转递给受益人的银行，相当于信用证业务中的通知行。转递行的责任就是负责核实印鉴或密押以确定保函表面的真实性，不承担保函项下的任何支付。

（五）保兑行

保兑行（Confirming bank）是指根据担保行的要求，在保函上加具保兑，承诺当担保行无力赔偿时，代其履行付款责任的银行，也称第二担保行。

银行保函下的保兑行与信用证业务中的保兑行比较类似。当担保人的资信较差或属外汇较短缺的国家时，受益人往往要求在担保人的保函上由一家国际大银行承担付款责任。一旦担保人未能按规定付款，保兑行就必须代其履行付款义务。保兑行付款后，有权凭担保函及担保人要求其加具保兑的书面指示向担保行索赔。

（六）反担保行

反担保行（Counter Guarantor Bank）是指接受申请人的委托向担保行出具不可撤销反担保，承诺在申请人违约且无法付款时，负责赔偿担保行所做出的全部支付者，是与申请人有经济业务往来的其他银行。有了反担保行，担保行就有了向除申请人以外的另一方追索其所付款项的选择，而反担保行也有权向申请人索偿。

（七）转开行

转开行（Reissuing bank）是接受原担保行的请求，向受益人开立以原担保行为申请人及反担保行以自身为担保行的保函的银行。它一般是受益人所在地银行。

转开行有权拒绝担保人要其转开保函的要求，并通知担保人，以便担保人选择其他的转开行。但是，一旦转开行接受担保人的要求开出保函，它就成为担保人，承担起担保人的责任和义务，而原担保人就变为反担保人。转开行付款后，有权凭反担保函向反担保人（即原担保行）索偿。

三、银行保函的功能

银行保函的功能主要体现在两个方面：

（一）保证合同项下的价款支付

这是保函之所以能成为国际结算方式之一的基本原因。例如，买卖合同及劳务承包合同项下的付款保函、逾期付款保函，补偿贸易合同项下的补偿贸易保函，租赁合同项下的租金保付保函，借贷合同项下的贷款归还保函，票据保付保函以及其他诸如费用、佣金、关税等的保付保函，都是用来保证合同项下的付款责任方按期向另一方支付一定的合同价款，保证合同价款与所交易的货物、劳务、技术的交换。

（二）保证在违约情况发生时受害方可以得到合理的补偿

比如履约保函、投标保函、预付款保函、质量保函、维修保函等都是保证合同项下除付款义务以外的其他义务的正常履行。

可见，银行保函的适用范围和担保职能十分广泛，它不仅可用来充当各种商务支付的保证手段，以解决各种交易（不仅仅是买卖合同）中的合同以及费用支付问题，又可以用来作为对履约责任人履行其合同义务的制约手段和对违约受害方的补偿保证工具。可以说，在任何一种交易过程或商务活动中，倘若一方对另一方的资信、履约能力和决心产生怀疑而寻求银行作为第三者介入并担保时，都可以使用银行保函。

四、银行保函的性质

银行保函的性质，就是保函与基础业务合同的关系。根据银行保函与基础业务合同的关系不同，银行保函有从属性保函和独立性保函之分，相应的银行付款责任也有所不同。

（一）从属性保函（Accessary guarantee）

从属性保函是从属于基础合同的银行保函，保函项下的索赔是以基础合同条款为中心的，如果基础合同无效，银行的担保责任即告消灭。如果委托人依法或依合同对受益人享有抗辩权，则担保行可以同样用来对抗受益人的索赔。如果委托人业已履行了合同项下的责任义务，或委托人根据交易合同条款，经权力机构裁决，业已被解除了交易合同项下的责任义务，担保行也随之免除了对受益人的偿付责任。1978 年国际商会制定和公布的《承包保函统一规则》（国际商会出版物第 325 号）第 9 条规定：证明索赔要求的文件需要受益人提供法院判决书，或仲裁裁决书，或委托人同意受益人的索赔及其金额的书面声明。传统的保函业务大都属于此种性质。

可见，在从属性保函下，担保行的付款责任是第二性的，只有申请人违约的事实得以认定，担保行才负责赔偿。此时，第一性责任在于申请人，只有申请人不履行其责任的情况下，担保行才履行责任。

（二）独立性保函（Independent guarantee）

独立性保函是指根据基础合同开具，但又不依附于合同而独立存在，其付款责任仅以保函自身的条款为准的一种保函，即只要银行保函规定的偿付条件已经具备，担保行便应偿付受益人的索偿，又称见索即付银行保函。

在独立性保函下，委托人是否确实未履行合同项下的责任义务，是否已被合法地解除了该责任义务，担保行不负责任。2010 年国际商会制定并公布的《见索即付保函统一规则》（*Uniform Rules for Demand Guarantee*，URDG）（国际商会出版物第 758 号）规定：保函项下担保人的支付承诺不受因为担保人和受益人关系之外的任何关系而产生的请求或抗辩的影响。

也就是说，在独立性保函下，担保行的付款责任是第一性的，即便申请人履行了合同，如果受益人仍能提出合理索赔，担保行也应付款；反之，即使申请人没有履行合同，如果受益人提出的索赔要求不符合保函规定的条件，担保银行也不会付款。因此，独立性保函的付款责任只与保函自身条款以及受益人的索赔要求密切相关，而与基础合同的履行情况并无必然联系。不过，独立性保函的"独立性"也有局限性，即如果有确凿的证据证明受益人有欺诈行为,如明知委托人已完全履行了合同项下所有的责任仍提出索赔,则受益人无权得到赔付。

目前,国际上通行的银行保函多为担保行承担第一性付款责任的独立性保函,而很少使用第二付款责任的从属性保函。

综上所述,银行保函本质上是以促使申请人履行合同为目的的银行信用。虽然有从属性保函与独立性保函之分,担保行的付款责任也有第二性与第一性之分,但银行保函的根本目的还是在于担保而不是付款,其只有在申请人违约或具备索偿的情况下才发生支付,即从本质上看,银行保函只有在交易没有正常进行的情况下才发挥其促使交易正常进行的保证作用。这一点与信用证有明显区别。

五、银行保函的基本内容

银行保函并没有统一的格式,由于保函的种类多种多样,所涉及的事项各不相同,因此保函的内容也不太一致。根据国际商会第 325 号出版物《合约保函统一规则》的规定及国际商会第 406 号出版物提供的保函示样,银行保函通常包括以下内容:

(一)基本条款

1.保函的编号及开立日期。

2.保函当事人包括申请人或委托人、受益人、担保行、通知行的名称和详细地址。如果有转开行,也应注明名称及地址。

3.保函的种类,如投标保函或履约保函等。

4.保函的有效期,包括生效日期和失效日期。根据保函的不同用途和避免无理索赔的需要,保函有着不同的生效办法。例如投标保函一般自开立之日生效,预付款保函则要在申请人收到款项日生效,以避免在申请人收到预付款之前被无理索赔的风险。

(二)基础合约

基础合约是指保函所依据的交易合同、标书或协议等,包括号码、日期、供应货物的名称、数量、工程项目名称或担保的标的物等,作为判断交易双方是否违约的依据。

(三)担保金额

担保金额是指担保人所承担的赔偿责任的最高限额,可以用具体金额表示,也可以用有关合同金额的百分率表示,但必须说明货币名称。金额的大小写要完整、一致。实际赔偿金额取决于委托人的违约程度。

(四)付款条件

付款条件也称索偿条件,表明担保行在什么条件下,凭受益人提供何种单据、证明向受益人付款。付款条件是保函中极为重要的一个条款,应视不同基础合约的性质,提出不同的单据要求。对此有几种不同的意见。

1.以担保人的调查意见作为是否付款的依据

这种意见认为当索偿提出时,应由担保人对违约事实进行调查,以调查意见作为判断是否违约、是否付款的条件。这种做法固然有利于担保人,但也易使其卷入无谓的合同纠纷中。

2.凭申请人的违约证明付款

认为索偿条件不必与事实相联系,仅须凭申请人签发承认违约的证明作为索偿条件。这种做法对受益人非常不利,往往难以为受益人所接受。因为即使申请人违约,只要不签发违约证明,受益人就无法索偿。

　　3.凭受益人提交的符合保函规定的单据或证明文件付款

　　认为索偿条件不必与事实相联系,但必须由受益人在有效期内提交保函规定的单据或书面文件,证明申请人违约,且申请人提不出相反证据时,即可认定所规定的付款条件已经具备,索赔有效。

　　目前的保函多采取第三种意见为索偿条件。

　　(五)减额条款

　　在承包保函中减额条款是常见的,即建筑工程到某一阶段即可自动减额,保函中也应规定凭以减额的单据。

第二节　银行保函的分类与业务流程

一、银行保函的分类

按保函的使用范围不同,可将保函分为出口类保函、进口类保函和其他类保函。

(一)出口类保函

出口类保函是指银行应出口商申请,向进口商开出的保函,是为满足出口货物和出口劳务需要而开立的保函,主要包括投标保函、履约保函、预付款保函、保留金保函等。

　　1.投标保函

　　投标保函(Tender guarantee)是担保行应投标人的申请向招标人开立的保证文件,保证投标人在开标前不中途撤销投标或片面修改投标条件;中标后不拒绝签约;中标后不拒绝交付履约保函,否则,担保行负责赔偿招标人一定金额的损失(见图6-1)。

Tender Guarantee or

FORM FOR BID SECURITY

Issuing Date _____

To：_____

Bid Security for Bid No._____

For Supply of _____

　　This Guarantee is hereby issued to serve as a Bid Security of _____ (name of bidder)(hereinafter called the "Bidder") for invitation for Bid (Bid No. _____) for supply of _____ (description of goods)to _____ (name of the buyer).

　　_____ (name of issuing bank) hereby unconditionally and irrevocably guarantees and binds itself, its successors and assigns to pay you immediately without recourse ,the sum of _____ upon receipt of your written notification stating any of the following :

　　A. The bidder has withdrawn his bid after the time and date of the bid opening and before the expiration of its validity period; or

B. The bidder has failed to enter into contract with you within thirty (30) calendar days after the notification of contract award; or

C. The bidder has failed to establish acceptable performance security within thirty (30) calendar days after receipt the notification of award.

It is fully understood that this guarantee takes effect from the date of the bid opening and shall remain valid for a period of _____ calendar days thereafter, and during the period of any extension thereof that may be agreed upon between you and the bidder with notice to us, unless sooner terminated and or released by you.

Issuing Bank _____

Signed by (Printed name and designation

of official authorized to sign on behalf of

issuing bank)

Official Seal

图 6-1　投标保函

2. 履约保函

履约保函(Performance guarantee)是担保行应申请人的要求向受益人开出的保证申请人按合同条款履行各项义务,否则由担保行赔偿受益人一定金额损失的保证文件。履约保函在进出口贸易、来料加工、工程承包、融资租赁以及质量维修等方面都可以使用,具有应用范围广、担保金额高的特点。其有效期一般自相关合同生效之日起,至合同失效之日或双方协商确定的具体期限为止(见图 6-2)。

Performance Guarantee or

Form of Performance Bond for Supply of _____

To:_____(Beneficiary)

Dear Sirs,

This Bond is hereby issued as the performance bond of _____ (Applicant) (hereinafter called the supplier)for supply of _____ (the name of the goods) under the contract No. _____ to _____ the name of the beneficiary.

The _____ (the name of the guarantor) hereby irrevocably guarantees itself, its successors and assigns to pay you up to the amount of _____ (the amount of the guaranteed value representing _____ percent of the contract price and accordingly covenants and agrees as follows:

A. On the supplier's failure of faithful performance of the contract(hereinafter called the failure of performance), we shall immediately, on your demand in a written notification stating the effect of the failure of performance by the supplier, pay you such amount or amounts s required by you not exceeding _____ (the guaranteed amount) in the manner specified in the said statement.

B. The covenants herein contained constitute irrevocable and direct obligations of the guarantor, no alternation in the terms of the contract to be performed thereunder and no allowance of time by you or any other act or omission by you, which but for this provision might exonerate or discharge the bank, shall in any way release the guarantee from any liability hereunder.

C. This performance bond shall become effective from issuing date and shall remain valid until _____ (the date of expiry). Upon expiry, please return this bond to us for cancellation

For _____

图 6-2　履约保函

⇨【案例 6.1】　申请人因保函条款不严谨导致损失案

案情介绍

内地 A 公司通过在香港的代理,参与香港 B 公司(以下称保函受益人)的招标,并随后获得中标通知书,于是由内地某银行(以下称担保行)出具履约保函。担保行审核了有关材料后建议保函申请人联系保函受益人进行以下修改:

第一,原标书规定的保函金额为合同货价的 20%,比例过高,建议降到 10% 以下;

第二,原标书、合同中允许分批装运,故建议保函中应当加列保函金额随申请人已经履约情况按照比例递减条款;

第三,原标书规定中标方接到中标通知书以后就出具银行保函,同时与买方签署合同,卖方根据合同开立即期付款信用证。担保行建议与保函受益人联系争取先签合同,在收到该受益人开来信用证以后,再申请出具信用证项下的履约保函。

但后来买方(保函受益人)先于保函的开立和买卖合同的签订开来了信用证。保函申请人一再要求担保行按照买方要求开立履约保函。之后,卖方按照合同正常出货。接到保函申请人的有关说明后,担保行致电对方银行,要求确认保函失效并解除担保行责任。但随后担保行就接到对方银行的致电:保函受益人已经递交正式函件,声明保函申请人违约,并要求赔付全部保函金额,该行要求担保行偿付,已经开始计息。

经了解得知,保函申请人的第二批货物到港晚了两天,为保函受益人提供了索赔的理由。为了挽回信誉,担保行不得不赔付保函金额,并最终向保函申请人追索。

案情分析

履约保函是指担保行应委托人(卖方或劳务承包方)的申请,向受益人(买方或业主)开立的保证文件,保证委托人忠实地履行商品或劳务合同,按时、按质、按量地交运货物或完成所承包的工程。由于履约保函所适用的基础交易不同,因此保函金额占基础合同总金额的比例也不同。出口履约保函金额通常占合同总价的 10% 左右,而工程承包履约保函则占合同总价的 10%~25%。本案则属出口履约保函。为了保护委托人自身的利益,履约保函可规定在收到进口商开立的合格的信用证时生效。故担保行提出的三项建议都是为了保护委托人的权益。可委托人对此没有引起足够的重视,最终给自己带来损失。

这起案例给我们留下的教训。

(1)出口商或劳务承包商在选择投标时,应详细了解标书中的条款,做好心理准备。对于一些不利、甚至非常苛刻的条款多加注意,因为投标这种方式,决定卖方无法参与技术文件、履约保函等的制订过程。

(2)履约保函的金额不宜过高,一般应在10%左右,如果过高,显然会助长买方的信用风险。

(3)保函中应当加列减额条款,即在某一特定日期或在向担保人提交保函规定的某种单据后,保函金额可以减少某一特定金额或可事先确定的金额。本案履约保函中可规定保函金额随申请人(卖方)的分批交货,凭交货证明即运输单据按照比例递减条款。否则稍有违约就会带来巨大损失。

(4)本案中称保函申请人的第二批货物到港晚了两天,不知合同、信用证和银行保函中如何规定交货时间的:是实际交货,将货物置于买方实际控制之下;还是象征性交货,以运输单据的签发日作为卖方交货义务的完成?显然,后一种交货方式对卖方有利。

(选自徐莉芳、李月娥主编的《国际结算与贸易融资》,立信会计出版社,2018)

3.预付款保函

预付款保函(Advance payment guarantee),又称还款保函,是指担保人(银行)根据申请人(合同中的预收款人,通常情况下是出口商)的要求向受益人(合同中的预付款人,通常是进口商)开立的,保证一旦申请人未能履约,或者未能全部履约,将在收到受益人提出的索赔后向其返还该预付款的书面保证承诺。

预付款保函金额就是进口商或接受承包的业主预付款项的金额。有效期可定为预付款项全部扣完时为止,也可定为至合同执行完毕日为止,再加上一定天数的索偿期。

4.保留金保函或留置金保函

保留金保函或留置金保函(Retention money guarantee),是指出口商或承包商向银行申请开出的以进口商或工程业主为受益人的保函,保证在提前收回尾款后,如果卖方提供货物或承包工程达不到合同规定的质量标准时,出口商或承包商将把这部分留置款项退回给进口商或工程业主。否则,担保银行将给予赔偿。

在成套设备进出口合同中,常常规定先支付合同金额的90%~95%,其余5%~10%待设备安装完毕运转良好,经买方验收后再支付。这一小部分余额称为保留金或留置金,如发现机械设备、品质、规格与合同规定不符,双方洽商减价,减价的部分便从保留金抵扣。

由于上述保留金所涉及的金额往往很大,有时卖方要求买方同意将此笔保留金随大部分货款一并支付卖方,这时买方往往要求卖方提供银行保函,之后才同意卖方的要求。此时,卖方提供的银行保函需保证:如果货到发现品质不符、货物短量时,担保行便将预支的保留金退还买方。此银行保函即是保留金保函。简言之,保留金保函就是银行为出口商提前收回保留金而提供的保证书。

保函金额就是保留金的金额,有效期是合同规定的索赔期满加3~15天索偿期。

5.质量保函

在供货合同中,尤其是在军工产品、机械设备、船舶飞机等出口合同中,为保证产品质量,买方要求卖方提供银行担保,保证如货物质量不符合同规定,而卖方又不能更换或维修

时,担保行便将保函金额赔付买方,以弥补其所受损失。这种银行保函即为质量保函
(Quality guarantee)。

保函金额一般为合同金额的 5%～10%,保函有效期一般至合同规定的质量保证期满,
再加 3～15 天索偿期。

6.维修保函

在承包工程合同中,工程完工后业主扣留一部分款项备作补偿工程质量缺陷而承包人
不予维修造成的损失。工程业主要求承包人提供银行担保,保证在工程质量与合同规定不
符而承包人又不能维修时,担保行便按保函金额赔付业主,以弥补其所受损失,则业主可以
释放这部分扣款。这种银行保函即为维修保函(Maintenance guarantee)。

保函金额一般为合同金额的 5%～10%,保函有效期一般至合同规定的工程维修期满,
再加 3～15 天索偿期。

(二)进口类保函

进口类保函是指银行应进口商申请,向出口商开出的保函,是为进口货物和进口技术需
要而开立的保函,主要包括付款保函、延期付款保函、租赁保函等。

1.付款保函

付款保函(Payment guarantee)是担保行对买方的付款责任而出具的一种保函,主要分
为以下两种情况:

(1)在只凭货物付款,而不是凭单据付款的交易中,进口商向出口商提供银行担保,保证
在出口商交货后,或货到后,或货到经买方检验与合同相符后,担保行一定支付货款,或进口
商一定支付货款,如进口商不支付,担保行将代为付款;

(2)在技术交易中,买方向卖方提供银行担保,保证在收到与合同相符的技术资料后,担
保行一定付款,或买方一定付款,如买方不付,担保行将代为付款。

以上两种银行担保就是付款保函。付款保函的金额就是合同金额,保函有效期按合同
规定的付清价款日期再加半个月。

2.延期付款保函

进口大型机械设备、成套设备时多采用延期付款方式,一方面是由于交货不集中,往往
要在较长的时间内才能交货完毕;另一方面进口商往往无力一次支付全部款项,特别是有些
国家要等引进的设备安装完毕投产后,用投产后产生的收益在一段时间内分批付款。在这
种延期付款的情况下,进口商按照合同规定预付出口商一定比例的订金(如货款的 5%),其
余部分(货款的 95%)由进口方银行开立保函,保证进口商凭货运单据支付一部分(如货款
的 10%),其余部分(货款的 85%)分为 10 个相等份额,每份金额加利息,连续每半年支付 1
次,共 5 年分 10 次付清全部货款。如果买方不能付款,担保行将代为付款。此种保函称为
延期付款保函(Deferred payment guarantee)。

延期付款保函的金额为扣除预付部分的货款金额,保函有效期按保函规定的最后一期
货款及利息付清日期再加上半个月。

3.租赁保函

租赁保函(Leasing guarantee)是指当采用租赁方式进口机械、仪器、设备、运输工具时,
银行向出租人担保承租人按规定付给租金,否则由担保行赔偿的保函。租赁保函向出租人
担保如下责任:

(1)担保行一定代承租人按租赁合同规定交付租金；

(2)承租人一定按租赁合同交付租金，如不交付，担保行将代为交付。

租赁保函的金额就是租金总额，担保行的责任随每一次租金的支付而减少，保函有效期按租赁合同规定之全部租金付清日期再加半个月。

(三)其他类保函

其他类保函包括在一切非贸易性质的国际经济交往中，银行代债务人向债权人开出的各种保函。在我国，比较常见的保函有以下几种。

1.借款保函

企业或单位向国外借款，一般需提供银行担保，用以向国外贷款人保证，如借款人未按借款契约规定按时偿还借款并付给利息，担保行将代借款人偿还借款并支付利息。这种保函就是借款保函(Loan guarantee)。

借款保函的金额为借款金额加利息，保函有效期为借款契约规定的还清借款并付给利息的日期再加半个月。

2.关税保函

关税保函(Customs guarantee)是指银行向国外海关开立的，保证临时进入该国的商品会按时被撤回，否则由银行向海关支付相应税金的书面保证。比如承包工程公司在国外施工，需将施工器械运进工程所在国家，在运入该国时，应向该国海关交纳一笔税金，工程完毕后将施工器械撤出该国时，该国海关可以退还这笔税金。承包方为了避免垫付这笔税款，常要求银行向工程所在国海关出具担保，向其保证，如承包方在工程完毕后未将施工器械撤离该国，将由担保行支付该笔税金。

在外国举办展览或其他宣传活动，将展品或有关器具运进该国也会发生同样情况，举办展览的单位也可用提供关税保付保函的办法来避免垫付关税。

关税保函的金额即外国海关规定的税金金额，保函有效期为合同规定施工器械或展品等撤离该国的日期再加半个月。

3.透支保函

承包工程公司在外国施工时，常在当地银行开立账户，为了得到当地银行资金融通，有时需要开立透支账户。在开立透支账户时，一般需提供银行担保，向当地账户行保证，如该公司未按透支合约规定及时向该行补足透支金额，担保行将代其补足。这种保函就是透支保函(Overdraft guarantee)。

透支保函的金额一般是透支合约规定的透支限额，保函有效期一般为透支合约规定的结束透支账户日期再加半个月。

4.保释金保函

保释金保函(Bail bond)多用于海事纠纷。比如载运货物的船只或其他运输工具，由于船方或运输公司责任造成货物短缺、残损，使货主遭受损失，或因碰撞事故造成货主或他人损失，在确定赔偿责任前，被当地法院下令扣留，需交纳保释金方予放行时，可由船方或运输公司向当地法院提供银行担保，向其保证：如船方或运输公司不按法庭判决赔偿货主或受损方所受损失，担保行就代其赔偿，当地法院即以此银行担保代替保释金，将船只或其他运输工具放行，这种银行担保就是保释金保函。

保释金保函的金额视可能赔偿金额的大小，由当地法院确定，保函有效期一般至法庭裁决日期后若干天。

5.提单保函

在国际贸易中,有时会发生货物早于单据到达进口地或单据在邮寄过程中遗失等情况,进口商为能及时提货,以避免货物压仓变质、减少港口仓储费用以及不误销售时机,而向承运人或其代理人提供的保函,即提单保函(B/L guarantee)。银行担保当承运人不凭提单而向进口商发货后,进口商一旦收到或找到提单,将立即交给承运人赎回保函,如果进口商违约及/或因此而给承运人造成损失,则由担保行给予承运人保函规定金额内赔偿的一种信用保函。

6.补偿贸易保函

补偿贸易保函(Compensation guarantee)是指在补偿贸易合同项下,银行作为担保人,根据设备或技术的引进方的申请,以设备或技术的提供方为受益人而出具的一种书面保证。担保申请人设备或技术引进后一定时期内,将以其所生产的产成品或其他产品来抵偿所引进设备或技术的价值,或以产成品的外销所得款项支付所引进的设备和技术价款。若届时该申请人无法或无力进行支付,则将由担保行负责偿还其全部款项以及相应的利息。

补偿贸易保函的金额通常是设备价款金额加利息,保函有效期一般为合同规定进口商以产品偿付设备款之日期再加半个月。

补偿贸易保函若撇开补偿贸易这种贸易的特殊性,其实质仍属于货款保付性质的保函。因此,它实际上只是延期付款保函的一种外延和变种而已。当然,由于补偿贸易的贸易形式不同于一般贸易,因而补偿贸易保函又与一般的延付保函有所不同,其最主要的区别在于:补偿贸易保函项下支付的发生必须与受益人(设备或技术的提供方)对补偿产品的回购义务的履行相挂钩,而一般的进口合同项下延付保函只是对产品买断的支付提供保证。

⇨【案例6.2】 补偿贸易保函案

案情介绍

2016年6月,国内某省A公司与国外B公司签订补偿贸易进出口合同,由A公司从B公司引进全套生产设备和技术,A公司以该套设备生产的产品返销给B公司,用以支付引进设备的全部价款和利息,每半年支付1次,5年内付清。

国内C银行应A公司的申请,于2017年1月开出以B公司为受益人的补偿贸易保函,保证在B公司提供生产设备和技术的前提下,A公司以引进的设备所生产的产品返销给B公司,或以产品外销所得的款项支付给B公司作为补偿,C银行则开立以自己为付款人、以B公司指定的银行为收款人的10张银行承兑汇票,每张汇票面值150万美元,每半年支付一张汇票。

项目投产后,A公司未能按照B公司要求生产,未达到生产规模,更达不到规模效益。A公司认为,B公司提供的设备有质量问题,使生产的产品质量不能满足要求;B公司认为,A公司生产的产品质量有问题,不能按时交货,使B公司不能回购。

A公司和B公司在进口设备的质量和设备所生产产品的质量问题上意见不一致,B公司提出与A公司中断商务关系,导致A公司生产计划无法进行。2018年3月,B公司运用补偿贸易保函向C银行索赔第1期金额150万美元,A公司自筹了一部分资金勉强还款,未造成 C 银行垫款。第 2 期、第 3 期和第 4 期汇票到期时,A 公司因无法生产出 B 公司满意的质量和数量的产品,又无资金付款。因此,C 银行必须承担其担保责任,按照保函的规定,每半年偿付到期的汇票。

虽然 C 银行采取了相应的反担保措施,即要求 A 公司上级提供反担保,同时要求 A 公司抵押了土地、商住两用楼、厂房,抵押价值合计 500 万美元,但由于反担保单位为亏损单位,已基本不具备反担保资格,加上抵押物处置困难,最终造成银行巨大亏损。

案情分析

补偿贸易保函是一类特殊贸易项下的银行保函。担保银行出具补偿贸易保函,除了要关心保函的申请方是否有足够的资金来偿付其所引进的设备款,还应关心申请方引进设备以后是否能够形成足够的生产能力,产成品的回销是否能得到足够的保证,以及回销后能否获得足够的资金来抵付设备引进款等。这就需要银行在开立保函时对项目的可行性研究给予更多重视,对项目的立项进行更为详尽和严格的审查,同时应要求申请人提供保证金、抵押品或其他反担保,并对反担保的可实现性进行严格把关,确保自身的权益。

(选自刘卫红、尹晓波主编的《国际结算》,东北财经大学出版社,2018)

7. 来料加工保函

来料加工保函(Processing guarantee)是指在来料加工合同项下,银行作为担保人,根据加工方的申请,以加工装配所需要的原材料、辅料、零配件,或机器设备、生产线等提供方为受益人而出具的一种书面保证,保证申请人按照合同所规定的规格、款式、质量等进行加工或装配,成品的全部或大部分交由提供方或其指定人进行销售,并用所得加工费抵偿或偿还提供方所提供的机器设备或生产线的价款。若届时该申请人不能如期加工成品进行抵偿,却又不予退回前者所提供的原辅料及设备,则将由担保银行负责偿还其所提供的原辅料及设备的价款,以及由此而产生的利息,从而避免受益人遭受损失。

二、银行保函的业务流程

一笔银行保函业务的基本程序大致有以下几个环节:委托人(申请人)向担保人申请开立保函、担保行审查后开出保函、受益人凭保函索赔、担保行对申请人或反担保人追索、保函的修改与注销。

(一)委托人申请开立保函

申请人与受益人签订合同或协议后,应根据合同或协议规定的条件和期限向银行申请开立保函。保函的申请人要求银行出具保函,一般应提供的材料或履行的手续如下。

1. 申请人的基本资料,如营业执照、税务登记证、企业代码证、法人及授权人的签单。

2. 填写并提交保函申请书。保函申请书是申请人请求担保行为其开立保函的文件,是担保行凭以开出保函并澄清申请人法律义务的依据。其主要内容包括:

(1)担保行、申请人、受益人名称和地址;

(2)合同、标书或协议的名称、号码及日期;合同或协议项下商品或项目的名称、数量;

(3)保函的币种、金额(大、小写);

(4)保函的种类,用以标明保函的种类、用途;

(5)保函的有效期,包括生效日期和失效日期;

（6）保函的发送方式，即保函是电开还是信开；

（7）保函的开立方式，即保函是直接开给受益人，还是由通知行通知、转开行转开或经保兑行保兑，若是后者，还需写明通知行、转开行或保兑行的全称及详细地址；

（8）申请人的保证，即当受益人按照保函索偿条件提示所需文件，并提出索赔时，申请人将承担全部责任，保证补偿担保人因承担担保责任对受益人所做的任何支付，且付款后无追索权；

（9）申请人声明，同意按照国际惯例、有关法规和担保行内部规定处理保函业务的一切事宜，明确双方各自的责任，并由申请人承担由此产生的一切责任；

（10）申请人的开户银行名称、账号及联系电话；

（11）申请人的单位公章、法人代表签字及申请日期。

3. 提交有关的业务参考文件，如标书、合同、契约和协议等（副本），以便银行对拟担保的项目本身做出审查，并据此做出是否接受申请及收取抵押比例大小的决定，同时也便于担保人据此对所开立的银行保函格式进行审查。

提交财务报表以及与交易有关的资料，即申请人应向银行提交出口许可证、项目可行性研究报告等有关资料及财务报表，以供银行查阅。

4. 缴存保证金或落实反担保，即向银行缴存一定金额的保证金、提供抵押物或提交反担保文件，落实反担保措施。

（二）担保行审查

担保行在收到申请人的保函申请书之后，要对是否接受开立保函申请进行审查。担保行的审查内容主要如下所列。

1. 担保范围的审查

这主要是审查所申请的保函内容是否在《担保法》规定的担保业务范围内，是否有法规规定不能担保的内容。

2. 对审查手续的审查

审查申请书内容是否填写清楚、准确、完整，申请人的法人代表签字和公章是否齐全、正确；审查申请人应提交的其他文件，如合同副本、反担保文件、企业财务报表是否真实、准确、齐全。此外，对外资企业，在第一次申请开立保函时，还需提交全套的审批文件、合资合同、章程、营业执照、董事会决议等。

3. 对交易项目的审查

担保行对保函所涉及项目的合法性、可行性、效益情况做出判断，包括：项目合同的内容是否符合我国的有关政策和平等互利的原则，贸易合同是否符合国家进出口许可制度；借款项目是否已纳入国家利用外资的计划，是否报经国家外汇管理部门批准；项目的配套资金、原材料是否落实，产品市场前景如何，项目的经济效益、借款人的偿债能力如何等。

4. 审查反担保及抵押情况

（1）审查反担保人资格。按照《中华人民共和国担保法》（以下简称《担保法》）规定，允许提供外汇反担保的机构仅限于经批准有权经营外汇担保业务的金融机构和有外汇收入来源的非金融性企业法人，政府部门和事业单位不得对外提供外汇担保。对人民币保函进行反担保的单位也必须是资信较好、有偿债能力的金融机构和企业法人。不满足上述条件的反担保人开立的反担保函，银行应不予接受。

（2）审查反担保文件。反担保必须是不可撤销的，受益人必须是开出保函的银行，责任条款应与银行对外出具的保函责任一致，金额、币种应与保函的金额、币种一致，有效期应略长于保函的有效期。反担保中应明确规定反担保人在收到书面索偿通知后若干天内应立即无条件支付所有的款项；否则，担保行有权从担保人账户自动划款。

（3）审查保证金或抵押物情况。对于外汇保函，如果申请人缴存了100％的现汇保证金，或只提交由合法的担保人出具的人民币反担保，视同保证金到位。对于人民币保函，申请人缴存100％的人民币保证金或提交合法的担保人出具的人民币反担保，同样视为保证金到位。审查抵押物时，首先要审查抵押物是否合法，其次要了解抵押物的质量、价格和变现能力等市场情况。

（三）担保行开立银行保函

担保行对申请人提供的上述资料审查无误后，便可根据申请书的要求开立保函。根据保函的用途和实际交易的需要，银行保函的开立方式主要有以下三种。

1.直接开给受益人

直接开给受益人即担保行应申请人的要求直接将保函开给受益人，中间不经过其他当事人环节，这是保函开立方式中最简单、最直接的一种。其主要业务（见图6-3）：

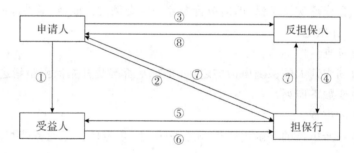

图 6-3   直接开给受益人的保函业务流程

①申请人和受益人之间签订合同或协议；

②申请人向担保行提出开立保函的申请；

③申请人向反担保人提出申请开立反担保函；

④反担保人向担保行开立不可撤销反担保函；

⑤担保行向受益人直接开出保函；

⑥受益人在申请人违约后，向担保行提出索赔，担保行赔偿；

⑦担保行在赔付后向申请人或反担保人索偿，申请人或反担保人赔偿担保行损失；

⑧反担保人赔付后，向申请人索赔。

受益人一般不愿接受这种形式的保函，这是因为：其一，受益人接到担保行开来的保函，无法辨别保函的真假，因此无法保障自身的权利；其二，索偿不方便，即使申请人违约，受益人具备索偿条件，但要求国外担保行进行赔偿不太方便，如文件的起草和翻译、依据的标准和法律规定的了解、赔偿的支付等都有一定困难。

2.经通知行通知或转递行转递

由于受益人往往难以辨别国外开具的保函的真伪，受益人往往要求开具经通知行或转递行通知的保函，这样通知行或转递行可以辨别保函的真伪，不必担心保函是伪造的。因

此,这种开立方式较为普遍,其业务流程见图 6-4:

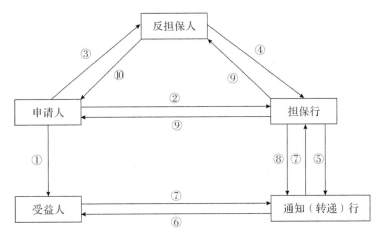

图 6-4 经通知行(转递行)开立的保函业务流程

①申请人与受益人签订合同或协议;
②申请人向担保行提出开立保函的申请;
③申请人向反担保人申请开立反担保函;
④反担保人向担保行开立反担保函;
⑤担保行开出保函后,将保函交给通知行或转递行通知受益人;
⑥通知行或转递行将保函通知或转递行递给受益人;
⑦受益人在申请人违约后经通知行或转递行向担保行索偿;
⑧担保行赔付;
⑨担保行赔付后向申请人或反担保人索偿,申请人或反担保人赔偿担保行损失;
⑩反担保人赔付后,向申请人索赔。

以这种开立方式开立的保函,受益人不用担心保函是伪造的,但在该方式下,受益人索偿不方便的问题仍然存在。受益人只能经通知行或转递行向担保行索偿,而通知行或转递行只有转达的义务,它们本身不承担任何责任。因此,实际上还是受益人向国外担保行索偿。

3.经转开行转开

国际经济交易中的合同双方当事人往往处于不同的国家和地区。由于某些国家法律上的规定或出于对他国银行的不了解和不信任,有些国家的受益人往往只接受本地银行开立的保函。然而申请人直接去受益人所在地银行申请开立保函,往往不现实或不可能,这样申请人就不得不求助于其本国银行,要求本国银行委托其在受益人所在地的往来银行向受益人出具保函,并同时做出在受托行遭到索赔时立即予以偿付的承诺。转开保函使受益人的境外担保变为国内担保,产生争议和纠纷时受益人可在国内要求索赔。这样不仅可以使索赔迅速,而且可利用本国法律来进行仲裁,且不存在语言、风俗习惯等差异。因此,转开保函可以有效保障受益人的利益,对受益人最为有利。

在转开保函业务中,原担保行变成了反担保人。而转开行则变成了担保人。转开行转开保函后,对受益人的索偿应承担赔偿责任,赔偿后再向原担保行索偿。其业务流程见图 6-5：

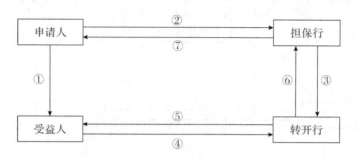

图 6-5　通知转开行开立的保函业务流程

①申请人与受益人签订合同或协议；

②申请人向担保行提出开立保函的申请；

③担保行开立反担保函并要求转开行转开；

④转开行转开保函给受益人；

⑤受益人在申请人违约后向转开行索偿,转开行赔付；

⑥转开行根据反担保函向担保行索偿,担保行赔付；

⑦担保行向申请人索赔,申请人赔付。

这种开立方式对受益人最有利,它解决了受益人对国外担保行不了解和不信任的问题,同时由于受益人和转开行同属一个国家,不存在语言、风俗习惯、法律等方面的差异,索偿很方便,且双方易于了解,容易辨别保函真伪。

（四）银行保函的修改

银行保函可以在有效期内修改。导致修改的原因有多种,如交易货物或工程项目所需机器设备价格变动引起保函金额的变动,从而要求修改保函。

不可撤销保函的修改必须经有关当事人一致同意后方可进行,任何一方单独对保函条款进行修改都视为无效。通常情况是,在申请人与受益人就修改内容取得一致意见后,由申请人向担保行提出修改的书面申请并加盖公章。申请书应注明拟修改的保函的编号、开立日期、金额等内容,以及要求修改的详细条款和由此而产生的责任条款,同时应出具受益人要求修改或同意修改的书面材料。担保行根据申请人的修改内容判别给银行带来的风险情况,经审查认为修改申请可以接受后,方可向受益人发出修改函或修改电。修改函仍需经有权签字人签字,修改电应加密押或简电加寄证实书。

保函展期或增额时,担保行应按费率加收费用；保函减额时,担保责任和担保费也相应递减；保函条款修改时,银行可就修改项目单独收费。

（五）银行保函的索偿与赔付

由于保函具有付款类保函与信用类保函之分,银行作为担保人,根据不同的保函性质,有时承担第一性付款责任,有时又承担第二性付款责任。因此,并非所有的保函项下都必然会出现索偿和赔付。一般来说,由于担保标的及发生支付前提的不同,付款类保函项下索赔发生的可能性相对要大一些,而信用类保函项下则往往并不存在索赔情况。因此,索偿和赔付并非任何保函业务所必须经历的环节。从理论上说,只有在受益人已完成了合同规定的义务,并据此获得了索取合同价款的权利,或在申请人出现违约行为时,保函才能被受益人索偿并出现相应的赔付事宜。

当受益人提示保函要求的全套正确的单据或文件时，担保行对索偿文件及其他所要求的单据进行审核，若单据与保函完全一致，则应立即付款；若发生不符，可以据此做出拒付，或要求受益人在保函的有效期内重新做出修正，并在保函的索偿条件完全满足的情形下向受益人立即付款。

（六）银行保函的撤销

保函在到期后或在担保行赔付保函项下全部款项后失效。如果保函中列有归还保函条款，则在保函到期后，可向受益人发出函电，要求退还保函正本，并将保函留底从档案卷中调出，用红笔注明"注销"字样，连同退回的保函正本一同归于清讫卷备查。如果保函中没有归还保函条款，或者没有明确的到期日，而是制定了一些类似申请人付完一笔合同款之日即失效，或业主出具验收证明一年后即失效等条款，则可按照这些规定来推定到期日。在推定到期日到期之时，应及时向受益人发出撤销保函、退还保函正本的通知。如果是以电文形式开出的保函，应联系受益人，委托当地银行或其转开行，用加密押电文证实并通知担保行办理撤销手续。

第三节　银行保函与跟单信用证的区别及适用的国际惯例

一、银行保函和跟单信用证的区别

银行保函和跟单信用证在本质上十分相似，它们都是银行向受益人开出的有条件的支付承诺；是独立于基础合约的法律文件；银行的付款条件仅仅是受益人提交规定的单据，且银行对单据的真伪和有效性不承担责任。但在具体业务中，银行保函和信用证有许多不同之处，主要表现在以下几方面：

（一）使用的可能性

跟单信用证主要用于国际货物买卖合同的货款支付，卖方在装运货物后，提交符合信用证条款规定的单据向银行支款。所以，在信用证方式中，只要交易正常进行，这种凭信用证要求支款的行为是必然要发生的。银行保函只有在申请人违反合同或不履行合同义务时，受益人才会凭保函向担保行索偿，因此凭保函支款不是每笔交易都必然会发生的。简言之，跟单信用证用于履约收款，银行保函用于违约赔偿。

（二）付款责任

跟单信用证的开证行承担的是第一性的付款责任。银行保函的担保行的付款责任有时是第一性的，有时是第二性的。在从属性保函下，担保行承担第二性的付款责任；而在独立性保函下，担保行承担第一性的付款责任。

（三）付款依据

跟单信用证只凭符合信用证条款规定的单据付款。保函中担保行的付款依据是申请人不履行合同义务的"事实"而不是"单据"（见索即付保函除外）。

（四）使用范围

跟单信用证主要用于国际货物买卖合同的货款支付，而银行保函可以用于任何一种国际经济交往中，如工程承包、投标与招标、融资等业务。

（五）融资作用

信用证受益人可以通过议付、贴现和打包贷款等形式实现融资；保函受益人不能利用保函从第三方取得融资，有关单据也不能议付。

（六）风险担保

开证行有权要求申请人支付保证金，并在付款时掌握代表货物所有权的单据，以此作为开证行为申请人支付货款的风险担保；担保行在权要求委托人支付保证金或提交反担保，作为其承担赔偿责任的风险担保。如果保证金不足，担保行在赔付后可能遭受委托人无力偿还的风险。

（七）适用法律

《跟单信用证统一惯例》没有规定信用证业务的适用法律，一旦当事人之间发生超出《跟单信用证统一惯例》调整范围的纠纷，如何依法解决较为复杂；《见索即付保函统一规则》规定，担保人或指示方业务所在地的法律适用于保函项下的纠纷，明确声明根据《见索即付保函统一规则》开立的保函受有关国家法律的管辖。

二、银行保函的国际惯例

随着银行保函在国际经济交易中使用得日益广泛，各国关于保函业务的习惯差异与立法冲突也日益成为各类纠纷与争议的导火线。为了协调各国、各地区的做法，明确保函的性质和保函各当事人的责任，规范保函的格式，从而确保保函的普遍可接受性与理解、操作上的一致性，以适应并推动保函在国际结算中的应用，有必要制定一些关于保函业务的、国际通行的基本规则。因此，1978 年国际商会与联合国国际贸易法委员会（United Nations Commission on International Trade Law，UNCITRAL）组织了大批专家，共同制定了《合约保函统一规则》（*Uniform Rules for Contract Guarantees*，URCG），编号为国际商会第 325 号出版物。根据该规则，国际商会于 1982 年出版了《合约保函标准格式》（即国际商会第 406 号出版物，*Model Forms of Issuing Contract Guarantees* No. 406）。

但是，《合约保函统一规则》（以下简称 URCG）并未为各国金融界与工商界所普遍接受，未能达到统一保函业务的目的。URCG 未明确担保的法律属性问题，而只是片面强调了保函各方当事人之间利益均衡的观点，因而不符合当前实际业务中受益人一方出于其在国际经济交易中的优势地位而要求完全保障其权益不受侵害的愿望，不能解决银行担保业务中实际存在的一系列问题，自然难以得到世界各国银行界的认可。

其主要缺点。①URCG 适应面较窄，仅规定了投标保函、履约保函及还款保函三种，三者都是针对投标。对于商品供应、工程承包、租赁、信贷、维修等其他业务中使用的保函并不适用。②URCG 回避对保函的性质做规定，试图涵盖从属性与独立性两类保函，但因两者之间不可调和的差异，使得 URCG 对国际实际的保函业务指导意义不大。③URCG 规定受益人索赔时必须提供或在合理时间内补交证明委托人违约的文件，如法院判决或仲裁庭决议等。这样，复杂的程序会影响索赔效率，从而损害受益人的正当权益；另外，也使得担保行极易卷入基础合同的纠纷或争议中，导致银行信誉下降，进而丧失参与保函业务的积极性。

④URCG 条款过于笼统,对于实务中出现的反担保,包含转让、费用、担保与反担保的关系等许多问题均未涉及,因而不能适应现代保函业务的需要。

因为存在上述缺陷,所以 URCG 最终未能成为规范保函实践的指导文件。另外,随着独立性保函的普遍使用,银行保函业务的发展呈现出单据化、信用证化的趋势。为了保护银行的正当权益,国际商会在联合国贸易法委员会的支持下,邀请大批专家重新起草和拟订了新的统一规则,并经多次讨论、修正,几易其稿,终于在 1992 年制定出更接近于当前国际担保实务规范的《见索即付保函统一规则》(*Uniform Rules for Demand Guarantee*, Publication 458),即编号第 458 号出版物,简称 URDG458。

但由于 URDG458 的条款过于笼统,缺乏可操作性,所以在实际业务中,往往只能根据保函本身的具体条文,按开立地的法律个别解决,因此很容易引起纠纷。为此国际商会于 2007 年 4 月决定对其进行修订。修订工作历时 2 年半,其间在全球范围内进行了 4 次大规模的意见征集,五易其稿,最终形成了《2010 年见索即付保函统一规则》(URDG758)。

URDG758 是在原有规则 URDG458 的基础上,引入全新的术语体系,借鉴近年来保函及相关业务实践发展经验,还大量借鉴和采用了 UCP600 的体例,在调整保函当事人各方的权责关系方面变得更加清晰、准确和全面。例如,增加了定义的章节,首次区分了申请人与指示方的概念;涵盖了保函开立、修改、通知、索赔、转让等各个环节,规定了索赔的审核时间;明确规定无具体失效日期和失效事件的保函在开立后 3 年即可失效,有利于企业规避无限期被索赔的潜在风险;明确了拒付及不延期付款的操作方法;区分了保函转让和款项让渡两种模式;加入了不可抗力等。URDG758 不仅是对原有规则的完善,更是适应新形势下保函业务发展趋势和需求的一套更清晰简洁、更系统科学的业务规则。

URDG758 于 2010 年 7 月 1 日生效,这是继 UCP600 后国际商会通过的又一重要国际惯例,必将对保函实务操作发挥重要指导意义。

➪【案例 6.3】　履约保函中非单据条款案

案情介绍

某年 4 月,H 银行应 X 公司申请开立履约保函。保函索赔条款规定,如由于 X 公司主观原因造成未能按合同规定的最迟装运期按时装船交货,银行保证赔款。保函金额为 175 万美元,与合同总金额相同。X 公司与 Y 公司签订的商务合同规定,Y 公司以 T/T 方式向 X 公司支付货款,出口商品“样品须交 Y 公司确认”。考虑到 X 公司为进出口业务量较大的大型外贸专业公司,H 银行并未向其收取保证金,只是落实了有关财产抵押措施。

8 月,X 公司告知 H 银行:进口商 Y 公司对 X 公司多次寄出的样品一再挑剔,不予确认。眼看交货期已临近,H 银行建议 X 公司马上要求 Y 公司延长装期。但 Y 公司既不确认样品又不延长装期,并坚持按违约处理。

之后,H 银行收到通知行香港 G 银行的索赔电传,称 X 公司未按合同规定的最迟装期按时装船交货,H 银行必须在 7 天内赔款。H 银行立即与 X 公司联系并要求其提供情况说明,X 公司在其情况说明中一再声明,未能按照装船交货的原因完全不是由于其主观原因造成的,而是由于 Y 公司故意习难,X 公司的样品完全达到了合同规定的标准,并随附了中国商检局出具的“商检证书”。

H 银行据此电复 Y 公司。1.既然中国商检局已经出具了衬衣样品符合合同规定标准的"商检证书",Y 公司不确认完全符合 Y 公司要求的衬衣样品是造成 X 公司无法按期装船交货的客观原因。就此而言,X 公司未按合同规定的最迟装期按时装船交货的原因完全不是由于其主观原因造成的。2.对于该商务纠纷,建议 Y 公司立即协商 X 公司解决。至于样品是否符合标准,在买卖双方协商不成的情况下应诉诸法律,由法庭裁决。所以银行不承担赔偿义务。

最后,X 公司与 Y 公司经过多次谈判协商,双方终于达成共识:一是签订重新立约确认书;二是 Y 公司同意不向 X 公司索偿,担保行的保函失效。

案情分析

本案是采用履约保函方式进行的国际贸易,应注意以下几方面内容。

1.非单据化条款的问题。本案中,H 银行修改后的索赔条款中的"DUE TO X'S SUBJECTIVE REASONS"(因主观原因导致违约),属于非单据化条款,虽然对 X 公司有利,但却使银行卷入本应尽量避免卷入的商务纠纷之中,处于相当被动的地位。因为受益人索赔时,即声明 X 公司是因主观原因违约,要求银行赔偿,如 H 银行对外偿付,则无法向申请人追索对外偿付的款项,因为申请人将想尽办法提出各种证据证明并非其主观过错。而要证明是主观原因还是客观原因都是十分困难的。H 银行被迫去证实,就不可避免地被卷入商务纠纷之中。

2.履约保函的金额通常不超过合同金额的 10%,但也有例外,比如开往美国地区的履约保函常要求其金额与合同金额相等,但保函金额绝不应超过合同总价。本案例中担保金额与合同总金额相同,H 银行在未收取保证金的情况下出具担保,承担了较大的风险。

3.卖方必须坚持样品由卖方的商检机构或由第三者,如信誉度比较高的国际性商检机构确认,并由其出具商检证,以避免买方无理挑剔。

4.卖方在对买方的信誉不够了解的情况下,不应采取 T/T 的结算方式,而应采取 L/C 的结算方式,则保函的生效日期即可改为"THIS GUARANTEE SHALL COME INTO FORCE WHEN THE GUARANTOR HAS RECEIVED A L/C ACCEPTABLE TO THE SELLER"(该保函从担保行收到卖方能接受的 L/C 时开始生效),卖方银行及卖方对开立的 L/C 条款应严格把关(L/C 条款中应特别注意不应加入"样品由买方确认"的软条款),在 L/C 项下的出口单据没有问题的前提下,货款收回才有保证。

履约保函一般来说,主要是保证卖方履行贸易合同项下的交货义务,即保证卖方按时、按质、按量交运合同规定的货物。有时买方要求的履约保函不仅保证卖方按期发货,而且保证其所发运的货物在一定期限内质量完好,后者以履约保函代替了质量保函。银行在业务处理中,不仅要考虑如何保护申请人的合理权益,更应当尽量避免因卷入贸易纠纷而可能产生的风险:

1.使用单据化条款代替非单据条款。如上述案例索赔条款中的"由于 X 公司的主观原因"可改为"在 Y 公司向 H 银行提交了经法定程序裁决 Y 公司索偿的仲裁裁决书后,银行保证赔偿"的单据化条款,以避免银行陷入商务纠纷之中;

2.对担保金额占合同总金额比例较大的保函,应要求申请人交存 100% 的保证金,并加列控制受益人无理索偿的单据化条款,即该类保函不应出具无条件的见索即付保函。

(选自张建国主编的《国际业务案例分析》,中国金融出版社,2002 年)

⤷【本章小结】

本章主要介绍了银行保函的概念、当事人、分类、业务流程及国际惯例等基础知识。银行保函不同于汇款、托收、信用证等结算方式,其主要作用不是直接收付货币资金,而是银行通过借出自己的信用来为商业活动中不被信任的一方担保,从而使交易活动顺利进行。因此,银行保函被广泛用于各种国际经济交易活动中。

⤷【课后练习】

一、名词解释

银行保函 转开行 反担保人 从属性保函 独立性保函 投标保函 履约保函 留置金保函 租赁保函 透支保函

二、选择题

1.开立保函申请书是( )代表了一定的法律义务和责任划分的书面文件。

A.申请人与担保行之间　　　　　　　B.申请人与通知行之间

C.申请人与受益人之间　　　　　　　D.担保行与转递行之间

2.以下不属于保函申请人的主要责任是( )。

A.严格按照合同的规定履行自己的义务,避免保函项下发生索偿和赔偿

B.索偿时应按保函规定提交符合要求的索偿证明或有关单据

C.承担保函项下的一切费用和利息

D.在担保行认为必要时,预支担保保证金,提供反担保

3.银行保函的作用是( )。

A.以银行信用代替或补充商业信用

B.推动国际贸易等各种经济交往的发展

C.可以促进交易顺利进行

D.使交易一方可避免因对方违约而遭受损失的风险

4.保函的基本内容中,保函有效期包括( )。

A.保函生效期　　　　　　　　　　　B.保函失效期

C.最迟交单期　　　　　　　　　　　D.最迟装运期

5.在独立性保函中,担保银行的责任是( )。

A.第一性的　　　　　　　　　　　　B.第二性的

C.第一性或第二性的　　　　　　　　D.都不是

6.提单保函的受益人为( )。

A.银行　　　　　　　　　　　　　　B.出口商

C.船公司　　　　　　　　　　　　　D.进口商

7.进口类保函包括( )。

A.付款保函　　　　　　　　　　　　B.投标保函

C.延期付款保函　　　　　　　　　　D.租赁保函

8.卖方或承包方(申请人)委托银行向买方或业主(受益人)出具的,在不能履约时保证退还与预付款等额的款项,或相当于合约尚未履行部分相应比例的预付金款项的保函,称为(　　)。

　　A.维修保函　　　　　　　　　　　B.履约保函

　　C.保留金保函　　　　　　　　　　D.预付款保函

9.以下不属于银行保函和跟单信用证相同点的是(　　)。

　　A.两者都是由银行做出的承诺

　　B.两者形式相似

　　C.两者都是单据化业务

　　D.银行对单据的审核责任都仅限于表面相符

10.在(　　)中,担保人的偿付责任从属于或依附于申请人在交易合同项下的义务。申请人是否违约要根据基础合同的规定以及实际履行情况来做出判断,这往往使银行因卷入买卖双方的贸易纠纷而进退两难。

　　A.从属性保函　　　　　　　　　　B.独立保函

　　C.付款保函　　　　　　　　　　　D.透支保函

11.投标保函的申请人是(　　)。

　　A.招标国　　　　　　　　　　　　B.招标人

　　C.投标人　　　　　　　　　　　　D.中标人

12.国际商会的以下出版物中,适用于银行保函的是(　　)。

A.UCP600　　　　　　　　　　　　B.URC522

C.ISP98　　　　　　　　　　　　　D.URDG758

三、判断题

1.银行在为申请人开立银行保函时,为了控制自身风险,往往都要求申请人提供反担保。　　　　　　　　　　　　　　　　　　　　　　　　　　　　　(　　)

2.在银行保函中,加列单据化条款,有利于担保银行处理好保函业务,免于陷入商务纠纷。　　　　　　　　　　　　　　　　　　　　　　　　　　　　　(　　)

3.任何一份银行保函都有保兑行这一基本当事人。　　　　　　　　(　　)

4.保函的修改必须经有关当事人一致同意后方可进行,任何一方单独对保函条款进行修改均视为无效。　　　　　　　　　　　　　　　　　　　　　　　(　　)

5.银行保函的应用范围要远远大于普通的跟单信用证,可以用于保证任何一种经济活动中任何一方履行其不同的责任与义务。　　　　　　　　　　　　　(　　)

6.担保银行在保函中的责任可依申请人履约的进展而相应递减。　(　　)

7.信用证与银行保函的主要区别是:信用证业务中开证银行承担第一性付款责任,而银行保函业务中担保银行承担第二性付款责任。　　　　　　　　　(　　)

四、简述题

1.银行保函的基本特点有哪些?

2.银行保函的作用有哪些?

3.简述银行保函的基本当事人及其权责。

4.银行保函的种类有哪些?

5.银行保函的主要内容有哪些？

6.如何办理银行保函的申请？

五、案例分析

1.国内某银行某年6月11日对外开立了一份不可撤销预付款保函，规定在申请人收到受益人电汇的预付款项后生效。该银行在收到受益人的预付款之前，申请人指示银行撤销该保函，理由是其未收到受益人的预付款，该保函仍未生效，因而可以撤销。担保银行是否可以根据申请人的指示撤销该保函？

2.甲银行于某年4月为乙公司2000万港元借款出具保函，受益人为丙银行，期限为9个月，利率为12%。由于乙公司投资房地产失误，导致公司负债累累，在还款期满后未能依约归还丙银行贷款。如果乙公司不能履行对丙银行的还款义务，甲银行是否有责任承担代偿责任？

3.中国A公司在土耳其承建了某大型煤电站项目，与土耳其业主签订了EPC施工合同。合同要求承包人提供合同金额10%的银行履约保函。于是，中国A公司委托当地银行向受益人(土耳其业主)开立了履约保函，条款中规定："只有在中方违约的情况下，受益人方可提出索赔"，付款条件为无条件见索即付。在合同履行中，土耳其业主资信不好，资金筹措困难，多次拖延付款，且施工材料不及时到位，致使A公司流动资金周转困难，长期停止供料，工程无法按期完成。最后，尽管工程以高标准、高质量完成，但却遭业主以中方拖延时间而违约，向担保行提出索赔。请从本案中总结吸取的教训。

第七章

备用信用证 ▷ ▷ ▷ ▷ ▷

【学习目标】

1. 理解和掌握备用信用证的概念、性质及当事人的责任义务。
2. 掌握备用信用证的分类、业务流程。
3. 掌握备用信用证与跟单信用证、银行保函的区别。
4. 了解备用信用证适用的国际惯例。

第一节 备用信用证概述

一、备用信用证的含义

备用信用证(Standby L/C),又称担保信用证,是指不以清偿商品交易的价款为目的,而以贷款融资或担保债务偿还为目的所开立的信用证。国际商会出版物第 515 号也对备用信用证下了定义:备用信用证是一种信用证的安排,它代表了开证行对受益人的以下责任,不管其称谓或代表方式如何:(1)偿还申请人的借款或预付给申请人或记在申请人账户的款项;(2)支付由于申请人承担的任何债务;(3)支付由于申请人在履行义务上的违约。

备用信用证起源于美国,根据《美国联邦银行法》的规定,在美国的商业银行不得开出保函。为了满足客户提出代其担保的要求,美国的银行便开立了实际上是保函性质的备用信用证。现在日本、中国香港的银行也常开立备用信用证来代替保函。

二、备用信用证的性质

(一)不可撤销性

除非在备用信用证中另有规定,或经其他当事人同意,开证行不得修改或撤销其在备用信用证项下的义务。

(二)独立性

备用信用证项下开证行义务的履行并不取决于:(1)开证行从申请人那里获得偿付的权利和能力;(2)受益人从申请人那里获得付款的权利;(3)备用信用证中对任何偿付协议或基础交易的援引;(4)开证行对任何偿付协议或基础交易的履约或违约是否了解。开证行无须介入基础交易便可履行其自身义务。

（三）跟单性

备用信用证开证行的付款义务取决于单据的提示以及对单据的表面审查。

（四）强制性

备用信用证一经开立便具有约束力，无论申请人是否授权开立、开证行是否收取了费用、受益人是否收到或因依赖备用信用证或其修改而采取了行动，它对开证行都具有强制性。

三、备用信用证的当事人及内容

（一）备用信用证的当事人

从备用信用证的性质可以看出，备用信用证和跟单信用证大致相同，因此两者的当事人具有相似性。备用信用证的基本当事人有三个，即申请人、开证行和受益人。其他当事人有保兑行、通知行等，均可参照跟单信用证。

1.申请人（Applicant），是指申请开立备用信用证或为他人申请开立备用信用证的人，包括以自己的名义，但是为了另一个人而申请的人，或以其自身原因行事的开证申请人。

2.受益人（Beneficiary），是指根据备用信用证有资格获得付款的指定人。

3.开证行（Issuing bank），是指接受申请人的申请，开出备用信用证的银行。

4.保兑行（Confirming bank），是指在开证行的指定下，对开证行的承诺加上自身保证承付该证的担保银行。保兑行与开证行的地位相同。

5.通知行（Advising bank），是指受开证行的委托，将备用信用证通知给受益人的银行。通知行有权不接受开证行的委托，但要及时通知开证行；一旦决定通知，就要核实备用信用证的表面真实性，并及时通知。

6.指定人（Nominated），与跟单信用证一样，备用信用证可以指定其他人进行通知、接受提示，做出转让、保兑、付款、议付、承担延期付款的义务或承兑汇票。这种指定并不迫使被指定人采取行动，除非被指定人同意。

（二）备用信用证的内容

备用信用证并无统一格式，其内容与跟单信用证相似，只是对单据要求远比跟单信用证简单，其内容大致包括：开证行名称、开证日期、可否撤销、受益人名称、开证申请人名称、信用证金额、需要提交的凭证、到期日、保证文句等。见附样 7.1。

附样 7.1

"兹授权你公司以我行为付款人开具汇票，总金额不超过××美元，附具：经你公司签署的声明书声明××公司（出口公司）未按时交付你公司第××号订单下的有关货物，而未交付货物不是火灾、罢工、民变、政府干预或其他不可抗力事故造成的，并声明汇票金额是代表该未交付货物的那部分货款。汇票必须不迟于 20××年 1 月 31 日向我行营业所开具并提示。凡凭本证所发出的汇票必须载明开立日期和号码，根据本信用证并按所列条款向我行提示，我行同意对你公司履行承兑付款责任。本证根据国际商会 2007 年修订的第 600 号出版物《跟单信用证统一惯例》办理。"

"We hereby authorize you to draw a draft on us up to an aggregate amount of … accompanied by：Your signed statement stating that …（exporter）failed to timely delivery of the relative goods under your order No… and that failure to deliver was not the result of fire, strikes, civil commotion, government action, or other occurrences of force majeure and further stating that the amount drawn represents the portion of proceeds of the undelivered goods. Drafts must be drawn and presented to us at our office not later than January 31,20 … All drafts drawn under the credit must bear its date and number. We hereby agree with you that all drafts drawn under and in compliance with the terms of this credit will be duly honoured upon presentation on us. This credit is subject to the Uniform Customs and Practice for Documentary Credits (2007 revision) International Chamber of Commerce Publication No. 600. "

第二节　备用信用证的业务流程、种类和适用的国际惯例

一、备用信用证的业务流程

备用信用证的业务流程与跟单信用证的业务流程(作为商业备用信用证使用时)和保函的业务流程(作为违约付款备用信用证使用时)大体相同,如图 7-1 所示。

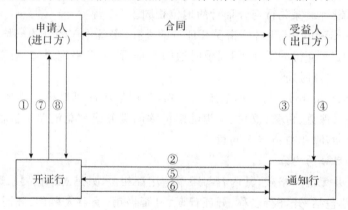

图 7-1　备用信用证的业务流程

依据图 7-1,说明如下:

①开证申请人向开证行申请开立备用信用证。

②开证行严格审核开证申请人的资信能力、财务状况、交易项目的可行性与效益等事项,若同意受理,即开出备用信用证。

③经通知行将该备用信用证通知给受益人。

④若开证申请人按照基础交易合同履行了义务,开证行不必因开出备用信用证而必须履行付款义务,其担保责任于信用证有效期满而解除。若开证申请人未能履约,备用信用证将发挥其支付担保功能。

⑤通知行将受益人提交的索赔文件寄交开证行。

⑥开证行审核并确认相关索赔文件符合备用信用证规定后,必须无条件地向受益人付

款,履行其担保义务。

　　⑦开证行对外付款后,向开证申请人索偿垫付的款项。

　　⑧开证申请人有义务向开证行偿还其所付款项。

【案例7.1】　备用信用证诈骗案

案情介绍

　　某年9月19日,甲银行的A支行提供了国外乙银行出具的备用信用证意向及格式样本,要求甲银行国际业务处予以确认。国际业务处经审核发现上述意向及格式有诸多可疑点,立即通知A支行对该业务提高警惕,暂缓操作,并提醒客户防止欺诈。10月30日,国际业务处收到A支行转来的备用信用证电传稿。该证开证行为乙银行,受益人是甲银行,金额为280万美元,有效期为1年,为A支行某客户申请的人民币贷款进行担保。经审核,该电传没有密押,国际业务处立即向乙银行发出查询,要求开证行加押证实。

　　11月2日,国际业务处收到乙SWIFT回复,称该银行从未开出过此份备用信用证,并提醒此证有欺诈性企图。国际业务处立即将以上情况通知A支行,要求A支行严格禁止发放相应贷款,并提醒其客户丙公司以减少损失,但丙公司已对外支付开证费用。

案情分析

　　随着外资金融机构担保项下融资业务的不断发展,不法分子利用备用信用证进行诈骗的案件屡有发生。为防范风险,避免资金损失,银行必须提高警惕,在外汇担保项下办理业务时应严格按照有关规定进行操作,增强风险防范意识。贷款办理行应及时联系代理部门落实担保银行的资信状况,特别是采用外资银行境外分行出具的备用信用证,须在与代理部门确认可以接受该银行担保后,方可通知借款人。

(选自刘卫红、尹晓波主编的《国际结算》,东北财经大学出版社,2018)

二、备用信用证的种类和用途

　　备用信用证的用途和银行保函十分相似,既可用于成套设备、大型机械、运输工具的分期付款、延期付款和租金支付,又可用于一般进出口贸易、国际投标、国际融资、BOT项目、加工装配、补偿贸易、技术贸易以及保险与再保险的履约保证。根据《国际备用信用证惯例》(ISP98),按照用途的不同,备用信用证主要分为以下几种。

　　(一)预付款备用信用证

　　预付款备用信用证(Advance SLC)主要是对申请人应支付给受益人预付金的责任和义务进行担保。预付款备用信用证常用于国际工程承包项目中业主向承包人支付的合同总价10%~25%的工程预付款以及进出口贸易中进口商向出口商支付的预付款。

　　(二)融资备用信用证

　　融资备用信用证(Financial SLC)主要是对申请人应履行的付款责任进行担保,并广泛用于国际信贷融资安排。境外投资企业可根据所有权安排及其项目运营的需要,通过融资备用信用证获得东道国的信贷资金支持。

　　通常是境外投资企业通过本国银行或东道国银行开立一张以融资银行为受益人的融资

备用信用证,并凭以作为不可撤销的、独立性的偿还借款的支持承诺,向该银行申请提供账户透支便利。

(三)履约备用信用证

履约备用信用证(Performance SLC)主要是对履约责任而非付款责任的担保,包括因申请人在基础交易中违约而造成的损失进行赔偿的担保。在履约备用信用证有效期内,如果申请人违反合同,开证行将根据受益人提交的符合备用信用证的单据(如索款要求书、违约声明等),代申请人赔偿合同或保函规定的金额。

(四)投标备用信用证

投标备用信用证(Bid bond/Lend bond SLC)主要是对投标申请人中标后执行合同的责任和义务进行担保。若投标人未能履行合同,开证行需按备用信用证的规定向受益人履行赔款义务。投标备用信用证的金额一般为投标报价的1%~5%。

(五)直接付款备用信用证

直接付款备用信用证(Direct payment SLC)是对申请人到期付款责任的担保,主要是对到期没有任何违约时本金和利息的支付,通常用于担保企业发行债券或订立债务契约时的到期支付利息义务。直接付款备用信用证已经突破了备用信用证备而不用的传统担保性质。

(六)商业备用信用证

商业备用信用证(Commercial SLC)是指开证行应开证申请人的请求,对受益人开立的承诺某些义务的凭证。如在开证申请人未按时履约或未按时偿还货款的情况下,开证行负责偿还货款或承担有关责任。如开证申请人如期履行义务,则该信用证便失效。如申请人不能以其他方式付款,商业备用信用证为申请人对货物或服务的付款义务进行保证。

三、备用信用证适用的国际惯例

由于《跟单信用证统一惯例》的一套规则最适合备用信用证的基本性质,于是国际商会就把备用信用证和该统一惯例连接起来,并自1983年修订的《跟单信用证统一惯例》(UCP400)起,即已明确将备用信用证列入适用于该统一惯例的范围。之后,在2007年修订本,即UCP600中又再次明确指出:"跟单信用证统一惯例适用于所有在正文中标明按本惯例办理的跟单信用证(包括本惯例适用范围内的备用信用证)"。由此可见,有关当事人可以选择使其备用信用证适用UCP600。可是,在实际业务中,并非所有备用信用证都能适用UCP600的。为此,在上述条文中,在列明适用本统一惯例的信用证包括备用信用证的同时,特给备用信用证加上"在其适用范围内"。

自1999年起备用信用证当事人选择《国际备用信用证惯例》(*The International Standby Practice* 1998,简称ISP98)日益增多。ISP98最初是由美国的国际银行法律与惯例学会(The Institute of International Banking Law and Practice,Inc.)起草,在国际商会组织专门小组参与下,用了5年时间,经反复讨论定稿,后经国际商会的银行技术与惯例委员会于1998年4月6日批准,于1999年1月1日起生效,并被定为国际商会第590号出版物在全世界推广。ISP98的颁布和实施是国际经济一体化和金融全球化发展的需要。独立制定备用信用证的惯例,表明了备用信用证的重要性。备用信用证用途广泛、方便灵活,在国际贸易多元化的今天,备用信用证使用量将继续增加。而ISP98正是将备用信用证定位在有效可靠的付款承诺上的惯例,是统一全世界银行和贸易界操作的惯例,是全世界统一解释和适用备用信用证的惯例。

ISP98 是在参照 UCP500 和 URDG458 的基础上根据备用信用证的特点制定的,它对常用的备用信用证,如履约备用信用证、预付款备用信用证、投标备用信用证、反担保备用信用证、融资备用信用证等都下了定义。ISP98 对许多 UCP500 未加阐述与阐述不清或不完善的事项,如有关电子提示、电子签名以及其他的一些术语下了定义;对修改的生效、索偿书的替代、违约声明书等做了具体规定;对在实务中容易混淆的概念,例如申请人与受益人、营业日与银行日、开证人与保兑人、交单与支款、签字与电子记录、多次交单与部分支款、被指定人与受让人、款项让渡与依法转让等都进行了明确解释。

总之,ISP98 的颁布与实施,统一了各国银行与相关企业对备用信用证的操作,有利于减少与避免备用信用证业务中可能产生的纠纷和争议,从而推动了备用信用证的广泛应用和发展。但是,与其他国际惯例相同,要使所开立的备用信用证适用 ISP98,必须在文本中表明受 ISP98 的约束。

第三节 备用信用证与跟单信用证、银行保函的比较

一、备用信用证与跟单信用证的比较

(一)备用信用证与跟单信用证的相同点

1. 两者都是自足性文件

虽然备用信用证和跟单信用证都是依据基础交易合同开立的,但一经开立便独立于基础合同和基础交易,开证行与受益人之间的关系以及开证行的义务都只基于信用证本身,与基础合同无关。

2. 两者都是开证行承担第一性的凭单付款责任

备用信用证和跟单信用证都是信用证,开证行在受益人交来符合信用证规定的单据时,便承担付款责任。

3. 两者都是纯单据交易

备用信用证和跟单信用证业务处理的都只是单据,开证行仅负责审查单据表面的真实性,只要单据表面上与信用证条款相符,开证行就负责付款,没有义务或责任过问事实真相。

(二)备用信用证和跟单信用证的不同点

1. 两者要求的单据不同

备用信用证要求的单据主要是证明开证申请人未履行其义务的证明文件或声明,这些单据通常是由受益人自己制作的。跟单信用证要求的单据包括基本单据和附属单据,运输单据、保险单据等并不是受益人签发的。

2. 两者的有效期限不同

备用信用证常用于担保工程的实施或贷款的偿还,基础交易过程比较长,因此备用信用证的有效期限也比较长。跟单信用证的有效期限一般较短,通常为几个月,超过 1 年的情况

很少。

3. 两者的适用范围不同

备用信用证的用途较广,既可用于国际贸易结算,也可用于国际经济合作、工程承包、国际信贷等国际经济活动中的履约担保方面。跟单信用证主要用于国际贸易结算,使用范围相对狭窄。

4. 两者的作用不同

备用信用证是一种担保工具,它是开证行对开证申请人履行其偿付义务的支持或保证。备用信用证即使是用于货物买卖,其功能也不是用于货款结算,而是用来担保开证申请人支付货款。开证行虽然承担第一性的付款责任,但不是主债务人,只是次债务人,只有在开证申请人不付款或不履行其义务时,受益人才能向开证行提示单据要求付款。因此,备用信用证一般是一份备而不用的文件。

跟单信用证只是简单的结算和信用工具,是把由进口商履行的付款责任转为由银行来履行付款,以银行信用取代商业信用,用来解决买卖双方的互不信任。卖方(受益人)按约定发运货物后,可以直接向开证行提交单据,要求付款,而不是直接要求买方(开证申请人)履行其付款义务。因此,跟单信用证项下开证行承担第一性付款责任,而且是主债务人,只要受益人提交符合信用证规定的单据,开证行就应该履行付款责任。

5. 两者适用的法律规则不同

虽然《跟单信用证统一惯例》对备用信用证和跟单信用证都做了相同的定义,但从1999年1月1日起,备用信用证优先适用于《国际备用信用证惯例》(即 ISP98),而跟单信用证则适用于 UCP600。

二、备用信用证与银行保函的比较

备用信用证和银行保函作为国际结算和担保的重要形式,在国际经济业务中的应用十分广泛,但两者既有联系又有区别,应正确把握两者之间的异同。

(一)备用信用证与银行保函的相同点

1. 定义和法律当事人基本相同

备用信用证和银行保函虽然在定义的具体表述上有所不同,但两者基本上都是由银行或其他开立人应申请人(交易合同的一方当事人)的请求或指示,向受益人(交易合同的另一当事人)开立的书面担保文件,承诺对提交的在表面上符合其条款规定的书面索赔声明或其他单据予以付款。两者的法律当事人也基本相同,一般包括申请人、开证人或担保人、受益人。三者之间的法律关系是,申请人与开证人或担保人之间是契约关系,两者之间的权利义务关系是以开立保函或备用信用证申请书和银行接受申请而形成;开证人或担保人与受益人之间也是契约关系,银行开出保函或备用信用证,受益人接受保函或备用信用证条款即形成契约关系。

2. 性质基本相同

备用信用证是以银行保函的替代形式出现的,而国际经济交易中广为使用的见索即付保函又吸收了信用证的特点。因此,备用信用证与见索即付保函在性质上日趋相同,主要表现在以下几方面。(1)两者都承担第一性的担保或付款责任。备用信用证开证人或见索即付保函担保人的担保或付款责任都是第一性的,即当申请人违约或不履行付款义务时,受益人可以不找申请人承担责任,而凭保函或备用信用证直接从银行取得补偿。(2)两者都独立于基础交易。虽然两者都是依据申请人与受益人订立的基础合同开立的,但一经开立,则独立于基础合同。(3)两者都是纯单据交易。开证人或担保人对受益人的索赔要求是基于备用信用证和保函条款规定的单据,即凭单付款。

3.用途基本相同

备用信用证和保函都是国际结算和担保的重要形式,两者的功能基本相同。在国际经贸交往中,交易当事人往往要求提供各种担保,以确保债务的履行,如履约担保、付款担保、质量或维修担保等,这些担保都可通过备用信用证或保函的形式实现。

(二)备用信用证与银行保函的不同点

1.备用信用证不像银行保函那样有从属性保函和独立性保函之分

备用信用证作为信用证的一种形式,与其所凭以开立的基础合同之间的关系并无从属性与独立性之分,它具有信用证"独立性、自足性、纯单据交易"的特点,受益人索赔的唯一依据是该信用证约定的条件,开证行只根据受益人是否满足信用证的条款与条件来决定是否支付,而不考虑基础合同是否订立和履行的各种情况。

银行保函作为金融机构提供担保的一种形式,与其所凭以开立的基础合同之间的关系既可以是从属性的,也可以是独立性的,这完全由保函自身的内容确定。当从属性保函项下发生索赔时,担保人要根据基础合同的条款以及其实际履行情况来确定是否对受益人予以支付,各国国内交易使用的保函基本上是从属性质的保函。而独立性保函则不同,它虽然是依据基础合同开立,但一经开立,便具有独立的效力,是自足性文件。担保人对受益人的索赔要求是否支付,只取决于保函本身,而不取决于保函以外的交易事项,银行收到受益人的索赔要求后应立即予以赔付规定的金额。见索即付保函就是独立性保函的典型代表。

2.适用的法律规范和国际惯例不同

备用信用证适用统一的国际惯例,一般在开立信用证时,都要明确记载该信用证所适用的国际惯例的名称。目前,可适用于备用信用证的国际规则主要有三个:一是《国际备用信用证惯例》(ISP98);二是《跟单信用证统一惯例》(UCP);三是《联合国独立保证与备用信用证公约》。如果备用信用证是指明同时适用 ISP98 和 UCP,根据 ISP98 第 1120 条 b 项:"在备用信用证也受其他行为规则制约而其规定与本规则相冲突时,以本规则为准"的规定,ISP98 的条款应优先适用。就 ISP98 与上述《联合国独立保证和备用信用证公约》(简称《公约》)的关系而言,由于 ISP98 在制定时已经充分注意到与《公约》的兼容,而且《公约》的适用不是强制性的,因而两者一般不会有冲突。当然,如果备用信用证中规定同时适用《公约》和 ISP98,那么 ISP98 并不能优先适用,因为对于缔约国的当事人而言,《公约》相当于法律。根据 ISP98 第 1102 条 a 项"本规则对适用的法律进行补充,只要不被该法律禁止"的规定,《公约》应该优先适用。

银行保函适用各国关于担保的法律规范。由于各国关于保函的法律规范各不相同,到目前为止,没有一个可为各国银行界和贸易界广泛认可的保函国际惯例。独立性保函虽然在国际经贸实践中有广泛的应用,但大多数国家对其性质在法律上并没有明确规定,这在一定程度上阻碍了保函的发展。银行独立保函可适用的国际规则主要有:国际商会制定的第758 号出版物,即《见索即付保函统一规则》(URDG)和联合国国际贸易法委员会制定的《联合国独立保证与备用信用证公约》。但是,前者尚未被世界各国广泛承认和采纳,而后者也只能对参加公约的国家生效。

3.开立方式不同

开立备用信用证时,开证行往往通过受益人当地的代理行(即通知行)转告受益人,通知行负责审核信用证的表面真实性,如不能确定其真实性,则有责任不延误地告知开证行或受益人。银行独立保函的开立可以采取直接保证和间接保证两种方式。如果采取直接保证方式,担保行和受益人之间的关系与备用信用证中开证行和受益人之间的关系相同,但《见索即付保函统一规则》对通知行没有做出规定,因此银行独立保函可由担保银行或委托人直接递交给受益人;如果担保行通过一家代理行转递,那么这家转递行就负责审核保函签字或密押的真实性。如果采取间接保证的方式开立银行独立保函,委托人(即申请人)所委托的担保行作为指示方开出的是反担保保函,而作为反担保保函受益人的银行(受益人的当地银行)再向受益人开出保函并向其承担义务,开立反担保保函的指示方并不直接对受益人承担义务。

4.生效条件不同

按照英美法系的传统理论,银行提供独立保函必须要有对价才能生效,但开立备用信用证不需要有对价即可生效。根据英国和美国的法律规定,合同要有对价的支持才能有效成立,但是银行开出备用信用证不需要对价。《美国统一商法典》规定:"开立信用证,或增加或修改其条款,可以没有对价。"在英国,法律要求担保合同中有对价条款,否则就不能生效。

5.兑付方式不同

备用信用证可以在即期付款、延期付款、承兑、议付等四种方式中规定一种作为兑付方式,而银行独立保函的兑付方式只能是付款。相应地,备用信用证可指定议付行、付款行等,受益人可在当地交单议付或取得付款;银行独立保函中只有担保行,受益人必须向担保行交单。

6.融资作用不同

备用信用证适用于各种用途的融资:申请人可以用备用信用证作为担保取得贷款;受益人在备用信用证项下的汇票可以议付;以备用信用证作为抵押可以取得打包贷款;另外,银行可以自行开立备用信用证而无须申请人,供受益人在需要时取得所需款项。而银行独立保函除了借款保函的目的是以银行信用帮助申请人取得借款外,不具有其他融资功能,而且不能在没有申请人(委托人或指示方)的情况下由银行自行开立。

7.单据要求不同

备用信用证一般要求受益人在索赔时提交即期汇票和证明申请人违约的书面文件。银行独立保函不要求受益人提交汇票,但对于表明申请人违约的证明单据的要求比备用信用证下提交的单据要严格一些。如受益人除了要提交证明申请人违约的文件外,还需要提交证明自己履约的文件;否则,担保行有权拒付。

三、银行保函、备用信用证与跟单信用证的比较

银行保函、备用信用证与跟单信用证的比较如表7-1所示。

表 7-1 银行保函、备用信用证与跟单信用证的比较

项目	银行保函	备用信用证	跟单信用证
是否是自足性文件	从属性保函:否 独立性保函:是	是	是
银行处理的对象	单据,非不履约的事实	单据,非不履约的事实	单据,非货物
何时使用	委托人不履行义务的情况下付款	申请人不履行义务的情况下付款	受益人履行义务的情况下付款
银行的付款特性	或然性(备用性)	或然性(备用性)	必然性
银行的付款责任	从属性保函:第二性付款责任 独立性保函:第一性付款责任	第一性付款责任	第一性付款责任
遵循的国际惯例	从属性保函:URCG325 独立性保函:URDG758	ISP98	UCP600

☞【案例 7.2】 利用伪造的备用信用证诈骗银行资金案

案情介绍

2000 年 6 月,A 银行通过电传接收到由其总行转发的一份备用信用证,开证行显示为 I 银行,金额为 500 万美元,期限自 2000 年 6 月 21 日至 2001 年 6 月 21 日,申请人(借款人)为 F 市 H 公司,受益人(贷款银行)为 A 银行辖属的 F 市分行。该证格式规范、条款清晰,主要用于 H 公司向 F 市分行申请外汇担保项下的人民币贷款之用。但由于该证没有密押,A 银行无法确认其表面真实性,因此于当天下午以 MT799 格式,通过 SWIFT 系统向 I 银行发出查询书,要求其通过 SWIFT 系统对该证进行确认。

6 月 27 日,A 银行又通过电传接收到据称从 I 银行发来的、金额为 500 万美元的加押电传,经 A 银行核实,密押相符,但电传报文不完整、措辞含糊,且未直接回答 A 银行提出的查询内容。

为了对受益人负责,A 银行又于当天第二次通过 SWIFT 系统以 MT799 格式要求 I 银行再一次确认该备用信用证的真伪并要求一定通过 SWIFT 格式回复。

经过两天的等待,6 月 30 日早上,A 银行收到 I 银行通过 SWIFT 系统以 MT799 格式的回复。该回复声称该证不是 I 银行所开,是伪造的信用证,但 I 银行所引用的参考号和受益人有误。

为了对申请人负责,A 银行又于当天继续通过 SWIFT 以 MT799 格式向 I 银行发出第三次查询,以进一步明确该备用信用证的真伪以及 I 银行的回复中参考号和受益人引用是否有误。

经过近一个星期的等待,未见 I 银行的答复,A 银行又于 7 月 7 日通过 SWIFT 以 MT799 格式发出第四次查询,要求 I 银行尽快答复。

7 月 10 日,A 银行收到 I 银行的回复,明确答复该备用信用证系伪造的。至此,A 银行成功地堵截了一起伪造备用信用证,并及时制止了一起拟以伪造的备用信用证申请人民币

贷款的金融诈骗活动。

案情分析

争议焦点:A银行前后两次收到的两份电传可否视为确认该备用信用证表面真实性的依据?

信用证通过通知行通知受益人的最大优点就是安全,开证行与通知行建立代理关系后,一般要互换密押及签字样本,以保证不受信用证中可能出现的欺诈所侵害。由于备用信用证不是以清偿商品交易的价款为目的的,而是以贷款融资或担保债务偿还为目的,因此审核备用信用证的表面真实性显得格外重要。

本案例的关键在于如何合理谨慎地审核所通知的信用证的表面真实性。在本案例中,I银行的第一次电传没有密押,第二次电传有密押,且相符,但内容不完整,没有正面回复A银行的查询,A银行并没有简单地认为第一次电传格式规范、条款清晰,第二次电传密押相符,因此可以确定该备用信用证的表面真实性。

根据UCP的规定:信用证可经由另一银行通知受益人,而通知行无须承担责任。但如果该行决定通知信用证,则应合理谨慎地审核它所通知信用证的表面真实性。

国际商会也曾在第371号出版物上指出,即使通知行未对信用证加以保兑,但通过转递该证,即默示了开证行签署的真实性。在第411号出版物上又指出,远东地区不少通知行在转递所收信用证时不作印鉴检查,有些通知行甚至对开证行的情况全然不知,而受益人总是认为通知行是在审核信用证后才会通知该证的。因此,通知行不合理谨慎审核信用证的表面真实性,会使受益人遭受莫大风险而最终损害银行的信用。

A银行合理谨慎地审核了所通知的备用信用证的表面真实性,成功地制止了一起伪造备用信用证并拟以伪造的备用信用证申请人民币贷款的金融诈骗案。

（选自张建国主编的《国际业务案例分析》,中国金融出版社,2002）

【本章小结】

备用信用证是一种信用证形式的银行保函。本章主要介绍了备用信用证的概念、性质、当事人、种类及适用的国际惯例,重点是理解和掌握备用信用证与跟单信用证、银行保函的区别。

【课后练习】

一、名词解释

备用信用证　预付款备用信用证　融资备用信用证　履约备用信用证　投标备用信用证　直接付款备用信用证

二、选择题

1.在全球范围内规范备用信用证的一套独立的国际统一惯例是(　　)。

A.《跟单信用证统一惯例》　　　　　B.《托收统一惯例》

C.《国际备用信用证惯例》　　　　　D.《见索即付保函统一规则》

2.以下关于备用信用证的说法不正确的是(　　　)。

A.若申请人按合同规定履行了有关义务,受益人就无须向开证行递交违约声明

B.若申请人未能履约,则由银行负责向受益人赔偿经济损失

C.开立备用信用证的目的是由开证行向受益人承担第一性的付款责任

D.备用信用证常常是备而不用的文件

3.备用信用证最早出现在(　　　)。

A.英国　　　　　　　B.美国　　　　　　　C.日本　　　　　　　D.中国

4.以下属于备用信用证和跟单信用证相同点的为(　　　)。

A.两者开证行都承担第一性的付款责任

B.两者都属于银行信用

C.两者都凭符合信用证规定的凭证或单据付款

D.两者的用途相同

5.(　　　)的开证行担保履行责任而非担保付款的履约义务,包括对申请人在基础交易中违约而造成损失进行赔偿的义务。

A.投标备用信用证　　　　　　　　　B.履约备用信用证

C.预付款备用信用证　　　　　　　　D.融资备用信用证

6.投标备用信用证用于担保申请人(　　　)业务投标中标之后所执行的合同的责任和义务。

A.国际租赁　　　　B.预付货款　　　　C.赊销业务　　　　D.国际工程承包

7.备用信用证的特点和性质中不包括(　　　)。

A.可撤销性　　　　B.独立性　　　　C.跟单性　　　　D.强制性

三、判断

1.备用信用证在开立后即是一项不可撤销的、独立的、要求单据的、具有约束力的承诺。

(　　　)

2.备用信用证具有信用证的法律特征,与跟单信用证不同的是备用信用证依附于基础合同而存在。

(　　　)

3.用于担保申请人对受益人的预付款所应承担的责任和义务是指直接付款备用信用证。

(　　　)

4.履约备用信用证是用于担保履行责任而非担保付款,包括对申请人在基础交易中违约所造成的损失进行赔偿的保证。

(　　　)

5.备用信用证是美国银行为了回避当时的法律限制,同外国银行竞争,从而为客户提供担保服务而创立的一种保函业务的合法替代。

(　　　)

6.备用信用证和银行保函一样,有从属性和独立性之分。

(　　　)

7.备用信用证形式上与跟单信用证相似,性质上与银行保函相似。

(　　　)

8.ISP98是适用于托收的结算方式。

(　　　)

四、简述题

1.什么是备用信用证,其性质和特点有哪些?

2.备用信用证有哪些种类? 它们分别在什么情况下适用?

3.备用信用证与跟单信用证相比,二者有哪些异同点?

4.备用信用证与银行保函相比,二者有哪些异同点?

5.备用信用证的业务流程是什么?

五、案例分析

1.某个备用信用证规定受益人支款时须提交一份有关申请人未能在 2016 年 9—11 月交货的违约声明,但该备用信用证的有效期为 2016 年 10 月 31 日,受益人于 2016 年 11 月 15 日向银行提交违约声明时遭开证行拒付。请分析受益人在该案中应接受的教训。

2.中国 A 公司与外国 B 公司签订补偿贸易合同,约定由 A 公司从 B 公司引进某生产线,价格为 100 万美元,A 公司以 20%现金及该生产线生产的产品作为价款,合同履行期限为 4 年。为了保证 A 公司履行合同,B 公司要求 A 公司以备用信用证形式提供担保。A 公司遂向国内 C 银行申请开立备用信用证。C 银行根据 A 公司的委托,开出了一份以 B 公司为受益人,金额为 80 万美元的备用信用证。该备用信用证受国际商会 UCP600 约束。在 C 银行开立的备用信用证的担保下,B 公司与 A 公司间的补偿贸易合同生效。后来,A 公司未能于合同规定的日期内履约,B 公司便签发汇票连同一份声明提交 C 银行,要求其支付备用信用证项下的款项。C 银行对 B 公司提交的汇票和声明进行审查后认为"单证相符",便向 B 公司偿付了 80 万美元。请思考,在本案中,备用信用证在什么情况下使用,从中可以得到哪些经验教训。

第八章

国际保理 ≫ ≫ ≫ ≫

【学习目标】
1. 理解和掌握国际保理的概念、基本特征及当事人的责任义务。
2. 掌握国际保理的分类、业务流程及利弊。
3. 掌握国际保理与传统国际结算方式的异同及适用的国际惯例。

第一节 国际保理概述

传统的国际贸易支付方式有三种,即汇款、托收和信用证。汇款和托收是属于商业信用,在进出口双方不了解不信任的情况下难以使用。信用证是银行信用,虽然一定程度上对出口商的收款给予了银行保证,但占压进口商的资金,且手续烦琐费用高。随着买方市场的形成,进口商一般不愿意采用信用证方式,而要求出口商提供承兑交单(D/A)或赊销(O/A)等信用付款方式。如何解决赊销中出口商的资金占压和进口商的信用风险问题,这样国际保理业务便出现了。

一、国际保理的定义

现代意义的国际保理起源于 18 世纪的美国。在第二次世界大战后,世界市场形成了买方市场,国际商品贸易从质量和价格的竞争转移到付款方式的竞争。进口商倾向于用赊账方式购货,这就对出口商造成极大的风险,因此,保理业务应运而生。欧洲和北美洲的保理业务发展较早和较快,因此较普遍,而亚洲和拉美地区的保理业务从 20 世纪 70 年代才开始有较快的发展。

1968 年 11 月,来自 15 个国家的 30 多家银行和保理公司在斯德哥尔摩召开大会宣布成立了国际保理商联合会(Factors Chain International,简称 FCI)。FCI 的总部设在荷兰的阿姆斯特丹,现有保理商会员超过 400 个,遍布 90 个国家,是一个国际性的民间商务组织。目的是为会员提供国际保理业务的统一标准、程序、法律依据和技术咨询,并负责会员公司的组织协调和技术培训工作。

国际保理,全称国际保付代理业务,简称保理(International Factoring),根据《国际保理公约》的定义:保理是指卖方/供应商/出口商与保理商间存在一种契约关系。根据该契约,卖方/供应商/出口商将其现在或将来的基于其与买方(债务人)订立的货物销售/服务合同所产生的应收账款转让给保理商,由保理商为其提供下列服务中的至少两项:贸易融资、销售分户账管理、应收账款的催收和信用风险控制与坏账担保。

保理业务一般有四个当事人,即出口商、进口商、出口保理商和进口保理商。

1.出口商(Exporter),又称销售商或供货商,是指对所提供的货物或劳务出具发票,其应收账款由出口保理商承做保理的当事人。

2.进口商(Importer),又称买方或债务人,是指对由提供货物或劳务所产生的应收账款负有付款责任的当事人。

3.出口保理商(Export factor)是对出口商的应收账款叙做保理业务的当事人。

4.进口保理商(Import factor)是同意代收由出口商出具发票表示的并转让给出口保理商的应收账款,并依照国际保理通则对已承担信用风险的受让应收账款有义务支付的当事人。

二、国际保理的服务项目

(一)海外进口商的资信调查及信用评估

出售债权的出口商对国际市场不甚了解,保理公司可受其委托,对有关进口商进行全面详细的资信调查和信用评估。由于保理公司熟知国际市场情况,有广泛的信息网络,可以向用户提供有关国外客户的资信情况和有关市场的咨询服务,并确定每个进口商的信用额度(即保理公司承担风险的合同最高额度)。同时,保理公司也对出口商的资信及其经营能力和生产能力进行调查了解,以决定是否接受其申请。

(二)贸易融资

保理公司应出口商的要求,在出口商发运货物后,收到其发票副本时,以应收账款作抵押预付给出口商约定比例(一般不超过发票金额的80%)的货款。垫付货款的利率一般参照伦敦银行同业拆放利率(LIBOR)再加2%左右,为卖方提供融通资金的方便。

(三)销售分户账管理和应收账款的催收

保理公司对承办的应收账款负责结算,定期公布已收和未收的情况,利用其电子数据交换系统,每月提供一份电脑财务报告,分析账户动态。出口商则不必自行记账,简化了出口商应收账款的财务管理。

(四)提供100%买方风险担保

出口商与出口保理公司签订出口保理协议后,债权即由出口商转移给出口保理公司,交易的信用风险由保理公司全部承担。

如果进口商拒付货款,则根据保理协议,保理公司必须无条件地支付不超过信用额度的货款,对超额度发货的发票不予担保,因而保理公司承担100%的买方风险。但如果因货物质量、数量及交货期不符等违约行为引起的拒付、少付,保理公司则不承担付款责任。这样做的目的是使出口商必须交付合格的货物,严格履行合同义务,不可借保理公司的担保而违反货物买卖合同。

三、国际保理服务的收费

保理商提供保理服务,主要分以下几项收取服务费用。

（一）进出口保理商的服务佣金

佣金多少一般取决于交易性质、买方资信、应收账款金额、收款期长短等。出口保理商佣金约为发票金额的 0.1％～0.4％，进口保理商佣金约为发票金额的 0.4％～1％（无追索权高于有追索权）。通常保理商还会按月或按季度或按年度收取一个最低服务费，以保证即使客户年销售额过低，也能有一个基本的保理服务收入。

（二）融资利息

在融资保理中，保理商从购入应收账款向出口商支付现金开始，到从进口商那里收到货款为止，向出口商提供了一段时间的资金融通，因此可以收取相应的利息。利息一般采取预先扣除的方式，在对出口商提供融资时就予以扣除。而融资利率根据实际预支金额，参照当时市场利率水平而定，通常要比银行利率高出 1％～3.5％。

（三）单据处理费

每单收取一个固定费用，如 5 美元或 10 美元，有的保理商不收此费用。

（四）资信调查费

资信调查费有时包含在服务佣金中收取，但有时会被单独收取。有的保理商以固定金额收取，对每次申请的信用额度，无论批准与否、批准多少，保理商都收取 50 美元或 100 美元。也有的保理商按 0.5％～1％的比例收取。

保理业务中的各项费用由出口商支付，出口商一般会通过提高货价转嫁部分成本由进口商来承担。尽管表面看，保理的服务费用较高，相比其他传统国际结算方式，国际保理是一项并不优惠的结算服务，但与保理综合性服务带给出口商或进口商的实际作用相比较，收费应该是十分合理和可以接受的。

四、国际保理服务的基本特征

保理服务作为一种综合性的贸易融资方式，具有以下特点。

1. 保理商接受出口商的债权转让

保理商通过购买债权能够获得对债款不受任何影响的所有权，唯有他拥有全额收取债款的权利，并用收回债款补偿其预付的收购价款，这也是保理商和出口商签订保理协议的主要目的之一。保理协议中所限定的债权应属于可依法获得但尚未实际占有的资产。保理商为获得对债款的绝对所有权，就必须按法律规定办理某种转让手续，这种转让可以协议转让的形式进行。在协议中，出口商同意将对债款的所有权转让给保理商，协议中包括对债款的法定所有权以及对债款的所有法定和其他求偿权的转让，保理商同意接受这一权利转让，且不必征得债务人的同意和许可。

2. 保理商在核准信用额度内承担坏账风险损失

为了明确保理商对因债务人清偿能力欠佳而形成呆账、坏账所承担的风险责任，保理商通常必须为出口商的所有客户逐一核定信用销售限额，以控制业务风险。对限额之内的应收账款即已核准应收账款，保理商提供 100％的坏账担保，且对此没有追索权；而对超过信用额度的销售（未核准）应收账款，保理商仅提供有追索权的融资。

对因产品质量、服务水平、交货期等贸易纠纷所造成的呆账和坏账及所谓商业风险，保理商不负赔偿之责并保留追索权。虽然保理协议规定，出口商必须将所有的应收账款出售给保理商，但一部分被称为不合格的应收账款销售仍应被排除在外。如果出口商误将不合格应收账款填报为合格应收账款,则保理商保留追索的权利。

⤷【案例 8.1】　国际保理未批准信用额度案

案情介绍

某年,江苏某进出口公司向韩国马特拉贸易有限公司(MATRA TRADING CO. LTD)出口女式全棉针织内衣。因为对进口商知之甚少,5 月 20 日,江苏某进出口公司向中国银行江苏分行申请办理保理业务,江苏分行要求韩国工业银行(INDUSTRAIL BANK OF KOREA)对进口商进行信用评估。发货前韩国工业银行(INDUSTRAIL BANK OF KOREA)答复中国银行江苏分行:此进口商资信不佳,不能批准信用额度,也劝告出口商不要与之交易。但因听信韩商花言巧语,且货已备好,江苏公司在 6 月初发货 20 万美元,付款方式 T/T 收货后 15 天。结果进口商到期不付货款,反而提出货物质量有问题,但货物却被提走出售,出口商遭受巨大损失。

案情分析

保理商未批准信用额度,意味着进口商信用风险较大,此时不应采用 T/T 方式出口。即使出口,也应采取其他债权保障措施,如办理出口信用保险,要求进口商提供担保、抵押等。

(选自刘卫红、尹晓波主编的《国际业务案例分析》,东北财经大学出版社,2018)

3. 保理商为赊销或承兑交单托收方式提供风险担保

在实际业务中,出口商可供选择的付款方式有信用证、付款交单、承兑交单和赊销等。对出口商而言,信用证因可靠性和安全性较好而一直受到青睐;而对进口商来说,由于信用证结算手续繁杂,费用偏高,还要在较长时间内占压进口商的营运资金或信用额度,所以进口商往往不愿意采用信用证方式。虽然进口商倾向于采用承兑交单或赊销方式,但在这两种支付方式条件下,出口商承担的风险较大,必须有一种服务提供风险担保,于是保理服务应运而生。出口商将应收账款卖断给保理商后,一旦海外进口商拒付货款,全部风险由保理商承担;而且,如果支付货币与本国货币不一致,由此形成的收汇风险也由保理商单独承担。保理服务手续简便、资金周转快的特点适应了买方市场的需要,保障了赊销、承兑交单等结算方式在发达国家的运用,促进了发达国家间贸易的进一步增长。

第二节　国际保理的分类、业务流程及协议主要条款

一、国际保理的分类

按照不同的标准,国际保理业务可以分为不同的类型。

(一)根据保理商是否向出口商提供融资,分为到期保理和预支保理

1. 到期保理

到期保理(Maturity Factoring)是指出口商将有关应收账款出售给保理商后,保理商并

不立即向出口商支付现款,而是同意在发票到期时向出口商支付货款金额。

2.预支保理

预支保理(Financed Factoring)也叫融资保理,是指出口商将有关应收账款出售给保理商以后,保理商立即对其支付信用额度一定比例的现款,等到期收款后,再支付货款余额。由于融资是保理服务的最主要服务项目,预支保理较为常见,被称为标准保理(Standard Factoring)。

(二)根据保理商是否公开,分为公开保理和隐蔽保理

1.公开保理

公开保理(Disclosed Factoring)是指当出口商将应收账款出售给保理商后,由保理商出面向进口商收款,同时出口商以书面形式将保理商的参与情况通知进口商,要求进口商将货款付给保理商。

2.隐蔽保理

隐蔽保理(Undisclosed Factoring)是指出口商因为不愿让进口商了解其因缺乏流动资金而需要转让应收账款等原因,在把单据出售给保理商以后,仍然由自己向进口商收款,然后再将货款转交给保理商,而不将使用保理业务的事实告知进口商。在隐蔽保理中,保理商除了提供发票贴现融资服务外,其他的保理服务项目如资信调查、坏账担保、账务管理等通常不予提供。

随着保理业务的普及和人们对保理业务认识的加深,出口商的上述顾虑事实上已没有必要。因为,当今越来越多的出口企业通过保理来获得资金以加速利润的积累,保理已成为出口企业扩大经营、快速发展的有效途径,而不仅仅是为了解决日常资金周转上的问题。

(三)根据涉及的当事人不同,分为单保理和双保理

1.单保理

单保理(Single factor)是指仅涉及出口或进口一方保理商的保理。故单保理只有三个当事人,即出口商、出口或进口保理商和进口商。单保理是国际贸易运用保理业务比较早期时的产物。当时,许多国家或地区尚未开办保理业务,因而,进出口商所在国可能只有一方能提供保理服务。现在单保理主要适用于国内保理业务。但总的来说,在全球范围内,随着保理业务的发展和保理商业务水平的提高,单保理模式已逐渐为服务项目更为完善的双保理模式所取代。

2.双保理

双保理(Two factors)是指涉及双方保理商的保理,它有四个当事人,即出口商、出口保理商、进口保理商和进口商。这是目前国际上较为通行的做法。

在双保理模式下,出口商和出口保理商签订出口保理协议,将其在国外的应收账款转让给出口保理商,再由出口保理商与进口保理商签订保理代理协议,向进口保理商转让有关的应收账款,并且委托进口保理商直接与进口商联系收款。在这种模式下,由出口保理商提供融资及账务管理服务,由进口保理商提供销售额度核定、坏账担保及债款催收等服务。

(四)根据保理商是否有追索权,分为无追索权保理和有追索权保理

1.无追索权保理

无追索权保理(Non-recourse Factoring)是指出口商将应收账款转让给保理商,并获得融资后,如果进口商因资信不佳到期拒绝付款,保理商不能要求出口商归还其垫付的款项,

保理商独自承担进口商拒付的风险,即保理商对出口商没有追索权。

值得注意的是,保理业务中的无追索权具有相对性。所谓无追索权的相对性,是指保理商向出口商融通资金的无追索权是附条件的,条件是债务人拒付是因为自身的资信状况而非贸易纠纷。在任何情况下,如果债务人基于基础合同提出抗辩,则认为出口商未按照合同履行义务,即涉及贸易纠纷。因此,保理商有权撤销合同,收回转让价款或任何其他名义的融通资金。这条原则是国际保理得以顺利发展的根本准则。另外,保理商通常只对已核准的、提供坏账担保的应收账款提供无追索权的融资。

2.有追索权保理

有追索权保理(Recourse Factoring)是指出口商将应收账款转让给保理商,并获得保理融资后,如果进口商拒绝付款,保理商有权向出口商要求偿还预付的款项,即保理商对出口商有追索权。

实务中任何一笔保理业务都是上述不同种类保理做法的组合,是出口商与保理商通过协商对一系列被选条件进行选择、组合的结果。对这些条件选择、组合的不同,形成了各式各样的保理品种,可以是既提供融资又承担坏账风险且通知债务人的无追索权公开保理,也可以是仅提供融资、不承担坏账风险、不通知债务人的有追索权的隐蔽保理。究竟选择什么样的保理品种,完全由当事人根据实际需要在保理协议中加以约定,不同的客户、不同的目的以及不同的市场情况会产生出不一样的保理做法。

二、国际保理的业务流程

每一笔国际保理业务一般都涉及四个当事人,即出口商、进口商、出口保理商和进口保理商。

下面以双保理为例,介绍国际保理业务程序(见图 8-1)。

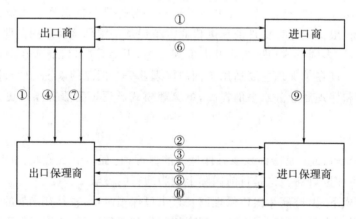

图 8-1　双保理的业务流程

依据图 8-1,说明如下:

①出口商在以商业信用出售商品的交易过程中,首先将进口商的名称及有关交易情况报给出口保理商,即向其提出申请并询价。

②出口保理商根据进口商的情况选择进口保理商,并将上述有关进口商的资料整理后,提交给进口保理商,并请其据以报价。

③进口保理商对进口商的资信进行调查,并将调查结果及可以向进口商提供赊销金额的具体建议通知出口保理商,即核定信用额度,同时报价。

④出口保理商报价并与出口商签订保理协议。

⑤出口、进口保理商签订保理协议,通过协议,出口保理商将债权转让给进口保理商,由后者向进口商收款并承担相应义务。

⑥出口商与进口商签订贸易合同并发货寄单。出口商将有关单据正本直接寄给进口商,注明应收账款已转让给保理商,而以副本和应收账款转移通知书要求出口保理商提供保理融资服务。

⑦出口商转让债权并获得资金融通。

⑧出口保理商将有关单据寄送进口保理商。

⑨进口保理商负责到期向进口商催收货款。

⑩进口保理商将收回的货款向出口保理商进行划付。

(一)出口商调查进口商的资信情况

1.出口商在确定用商业信用销售商品后,将进口商的名称、地址及有关的交易情况提供给本国保理商;

2.出口保理商将进口商的资料转递给进口国保理商,委托其对进口商进行一定的调查;

3.进口保理商对进口商的资信情况、经营作风等进行调查和评估,并将结果及该进口商的信用额度汇报给出口保理商;

4.出口保理商将调查结果通知出口商。

(二)签订保理协议

出口商与出口保理商签订保理协议(Factoring agreement)。其中,出口商保证在信用额度内向进口商提供符合合同规定的货物;出口保理商保证承担出口商的坏账损失,并在可能时向出口商提供一定的融资服务。如进口商未予付款或未能及时付款而最终由保理商承担付款责任时,出口商应在收到保理商支付的款项的同时将其向进口商索赔的权利转让给保理商。

(三)进出口商签订买卖合同

出口商与进口商签订以汇款中的赊账或托收作为支付方式的国际货物买卖合同,成交金额以保理商提供的信用额度为最高限额。出口商按合同规定的时间、数量、质量、包装等交付货物,进口商及时收货并按合同规定的时间付款。

(四)出口商装货、制单并交单

买卖合同签署后,出口商按照合同的规定备货、装货并制作单据(包括金融单据和商业单据),向出口保理商交单,请其依据双方协议通过进口保理商向进口商提示单据,要求付款(或先承兑后付款)。当出口商提出融资时,出口保理商可按双方的保理协议在此时向出口商提供一定金额的资金融通。

(五)出口保理商向进口保理商提出委托

出口保理商在收到出口商交付的单据并检验合格后,将单据寄进口商所在地,委托当地的进口保理商向进口商提示、要求付款或承兑后付款。

(六)进口保理商向进口商提示单据,进口商付款/拒付

如在被提示单据时,进口商及时按合同规定付款,则由进口保理商将款项通过出口保理商交

出口商,从而顺利完成一笔收款业务;如果在被要求付款时,遭到进口商拒绝或进口商不能及时付款,则进口保理商应依约承担付款责任,并在承担责任的同时获得向进口商索偿的权利。

特别需要指出的是:出口商获得保理商的服务时,他应在与保理商确定的进口商的信用额度内与进口商签订合同、发运货物,如因超过此额度而导致进口商拒付的,保理商不予负责;出口商装运的货物须严格符合合同的规定,若由于货物的问题而引致进口商的拒付,保理商亦不予负责。

三、国际保理协议的主要条款

1.有效期限

保理协议自签字之日起有效期通常为 1 年,如有需要,可于次年转期。否则,协议逾期后将自动失效,但在有效期内发生的未了业务继续按原协议规定办理,直到全部办理完毕为止。

2.收购应收账款

销售商同意并保证按照保理协议的有关规定,将协议产生时已存在的和协议有效期内发生的,通过向国内外客户提供服务或出售商品而产生的所有合格应收账款出售给保理商,并使其不受留置权和抵押权的影响。销售商对其附属机构、控股公司、母公司和集团成员的销售属不合格应收账款,保理商不予收购。

对所出售的应收账款,销售商的发票上必须载有经保理商认可的转让过户文句。该文句可用印刷、盖章和贴标签的方式加注,但要注意不能遗漏。

3.核准与未核准应收账款

有保理有效期内,销售商可以随时向保理商申请核准出售商品或提供服务而产生的应收账款,保理商则以书面通知该应收账款核准与否。销售商也可随时要求保理商为自己的客户核定一个信用销售额度,但必须如实提供所掌握的有关该客户的资信情况。保理商以书面通知核准的应收账款和信用销售额度内的应收账款均叫做已核准应收账款。对已核准应收账款(又称买方的已核准债务),保理商可以提供无追索权融资和坏账担保。对未核准的或超出信用销售额度的应收账款(又称未核准应收账款或买方的未核准债务),保理商仅提供有追索权融资,并不承担坏账风险。

由于销售商出售的应收账款均被认为是产生于已经或将会被买方接受的销售货物或服务中,所以如果买方对此提出异议、抱怨或索赔,均被推定为是发生了贸易纠纷,保理商将立即转告销售商去处理解决。如纠纷未能在合理时间内得到解决,保理商有权主动冲账,该类冲账将显示在每月的对账单上。如有异议,销售商应于收到对账单后 30 天内通知保理商。对发生贸易纠纷的应收账款,不论其是否在信用额度之内,均为不合格应收账款,保理商有权主动冲账,并不承担坏账风险。

4.收购价款的计算与支付

保理商收购应收账款的金额是做了下列扣除的。首先,销售商根据正常的贸易条件给予客户的回扣、佣金和折让。其次,根据保理协议计算出的贴现费用。贴现率通常为现行的透支利率。再次,根据应收账款总额计算出保理商的管理费用。费率幅度从 0.75% ~ 3%,根据服务项目和业务量而定,通常不超过 2%。

在保理协议签订后,保理商通常为销售商开立贴现和往来两个账户。

贴现账户用来记录提供融资的情况。保理商对销售商的所有预付款融资及其管理费、贴现费均借记该账,所有收回的货款贷记该账。该账户的借方余额代表着保理商收付款的差额,也即提供预付款融资的余额。贴现费就是根据该账户的每日余额按照协议规定的贴现率计算出来的。但销售商不必负担因客户倒闭而形成的坏账的贴息。在获悉某个客户破产倒闭的同时,该客户名下的所有已核准应收账款及管理费和贴现费均记入借方,作为已收回款项对待,损失由保理商承担。

往来账户用来记录保理商和销售商双方之间的一切经济往来。销售商出售给保理商的所有应收账款均记入贷方,保理商对销售商支付的所有收购价款及管理费和贴现费均记入借方,该账户的贷方余额代表保理商尚欠销售商的收购价款。

5. 债权转让及履约保证

销售商必须应保理商的要求并按协议规定将应收账款的债权转让给保理商,并将这种非抵押性质的转让以书面形式通知债务人。保理商作为销售商的代理,可以其名义实施这种转让和通知。当通过销售货物产生的债权发生转移时,销售商拥有的其他相关权益也被认为随之转移,如所有权、留置权、停运权、再出售权等。销售商承认、接受并保证严格遵守保理协议的所有条件和规定。除此之外,还要对下列事项进行担保。第一,所有出售的应收账款均产生于正当交易;第二,销售商已全部履行了有关合同项下的责任和义务;第三,提供的货物及服务已被或将被客户接受,并不会发生争议及贸易纠纷;第四,客户不是销售商的附属机构、控股公司或集团成员。

6. 限制条款

第一,未经保理商以书面形式认可同意,销售商不得以任何方式将应收账款抵押给第三者。如在协议签订时已存在对应收账款的某种抵押,应保理商的要求,销售商必须负责解除这种抵押。第二,签订保理协议后,销售商不得再与任何第三者签订类似的协议。第三,未经保理商以书面形式认可同意,保理协议也不得转让。

7. 协议的立即终止

如果销售商违反了保理协议的规定,或申请自动清盘,或被迫清盘,或被债权人指定的接管人接收了资产,或其全部或部分资产因法律诉讼而遭扣押时,均被认为是发生了违约行为。这时保理商有权立即终止协议,但仍保留其所有的正当权益,并可以用主动借记的方式将未付应收账款再转让给销售商。

第三节　国际保理的优势及风险管理

一、国际保理的优势分析及应注意的问题

(一)国际保理的优势分析

国际保理业务对有关当事人尤其是进出口商各有利弊,现简述如下。

1. 对出口商的影响

(1)增加出口营业额。由于在叙做保理业务时,出口商可以向国外新老客户提供颇受欢迎的 D/A、O/A 等优惠付款条件,从而在激烈的国际市场竞争中赢得优势,极易与进口商达

成交易而增加自己的营业额。

（2）避免风险。保理商代出口商对进口商的资信进行调查，为出口商决定是否向进口商提供商业信用以扩大商品销售而提供信息和数据，由保理商承担100%的买方信用风险担保。只要出口商在批准的信用额度内发运符合合同规定的货物，便可避免到期收不回货款的商业信用风险，杜绝坏账损失。

（3）节省业务开支。由于进口商的资信调查、销售账务管理、债款追收等都由国际保理商负责，因而大大减轻了出口商的业务负担，节省了业务开支，也降低了其经营成本。

（4）获得融资服务。出口商将货物装运完毕后，可向保理商提出融资要求，立即获得资金，从而可以加速资金周转。

（5）增加利润。由于出口额的扩大、平均业务成本的降低，排除了买方信用风险和坏账损失，并且可以从保理商处获得融资，使出口商利润随之增加。

⇨【案例8.2】 保理业务助力苏泊尔拓展海外市场的案例

案情介绍

浙江苏泊尔厨具有限公司从1988年开始生产厨具，目前已成为中国厨具的第一品牌。随着企业的快速成长，苏泊尔出口导向日益明显，年出口额飞速增长。日益激烈的国际市场竞争加之客户对信用证结算方式的排斥使其认识到，无论你的产品质量与公司声誉如何卓著，事业的成功还取决于为客户提供适当的支付条件的能力。因此，在其大胆的市场营销策略中，苏泊尔为其客户提供赊销条件。然而，在赊销过程中，公司不得不面对海外客户的清偿能力风险、国际收账的困难以及资金周转的问题。而国际保理成为公司解决上述问题的当然选择。2002年，苏泊尔首次使用中国银行的出口保理服务而获得美国进口商的信用额度。如今，苏泊尔向美国、英国等国家和中国香港地区出口均使用保理结算方式，其保理业务量从2002年不到300万美元上升到2004年的2200万美元以上，并继续呈现上升势头。通过使用保理服务，提供信用销售，苏泊尔的国际销售量在过去两年内增长了10倍，为公司股票在2004年8月的深圳股票市场上市奠定了基础。对于未来进一步的海外市场拓展，苏泊尔同样充满信心。因为保理服务的买方信息调查咨询及信用担保意味着公司可以安全有效地进行经营发展决策，从而比其他竞争者做得更好。

案情分析

苏泊尔作为一家民营企业，在开拓国际市场过程中面临的各种困难是可想而知的。而其能够在国际市场上取得巨大成功，使其产品远销美国、欧盟、日本以及其他国家与地区，并借助广阔的国际市场，快速增加销售量，壮大企业，并成功地成长为一家上市公司，保理服务功不可没。正如公司创始人及CEO苏先生所语：保理不仅免除了我们的坏账之忧，更为公司的未来成长提供了所需资金，使用保理服务的决策是绝对正确明智的。

苏泊尔的成长经历，为中小企业的发展提供了成功的范例。在当前我国中小企业生存与发展面临严重的融资瓶颈问题的现状下，一方面银行应热情主动地面对中小企业宣传并提供保理服务；另一方面，中小企业自身也应积极认真地去了解、接纳和尝试保理服务，充分发挥保理服务在中小企业发展中的应有作用。

（选自贺瑛主编的《国际结算》，复旦大学出版社，2006）

2.对进口商的影响

(1)增加营业额。进口商利用优惠的付款条件,可以用其有限的资金购进更多的货物,有时甚至可以不必动用自身资金就能赚取利润。因为进口商可在收到货物后,将货物转售出去,用售货所得款项于远期汇票到期日按规定履行付款责任。因而,进口商可加快资金周转,扩大营业额。

(2)降低进口成本。由于采用的是非信用证支付方式,进口商免去了向银行交纳开证押金、减少了资金积压和利息损失,同时也省去了诸如开证费、改证费等银行手续费,从而使进口成本有所下降。

(3)保证收到合格货物。由于保理商对出口商承担买方信用风险担保的前提条件是出口商严格履行买卖合同的各项义务。出口商为了顺利收回款项,一般都须按照合同的规定发货并提交单据。因此,在很大程度上保证了进口商所收单据的真实性及收到货物的合格率,减少了出口商欺诈的可能性。

(4)简化购货手续。因为采取的是非信用证支付方式,进口商可免去许多繁琐和失误,购货手续也大为简便,进货迅速,只要收到单据便可凭单提货,而且保理业务也适用于多批次、每批数量较小的交易。

(5)增加利润。由于进口商的资金周转加快、营业额的增加,降低了进口成本、减少了库存积压,并可及时进口市场上所需要的货物并投入市场,进口商的利润亦不断增加。

3.对保理商的影响

对保理商而言,开展保理业务,最大的益处当然是获得收益。收益主要由利息和手续费组成。如前文所述,利息一般采取预先扣除的方式。除此之外,由于保理业务具有连续性的特点,开展保理业务还有利于带动进出口商与保理商建立其他的业务往来。

对保理商的不利之处在于保理商承担的风险较大,远远大于信用证业务中开证行的风险。虽然在国际保理业务中,国际保理商事先已对进口商的资信进行了调查和评估,并规定了信用额度,然而一旦出现坏账或汇率风险等问题,保理商就可能遭受损失。所以,保理商批准的信用额度一般不大。

二、国际保理业务的适用范围

在国际贸易中,一般在遇有下列情况时,可考虑选择国际保理业务。

1.出口商对国外客户尤其是新客户的资信状况不了解,而对方又不愿接受信用证支付方式。如果出口商不提供商业信用,将可能失去达成交易的机会。

2.出口商为了扩大市场,同意对进口商采用赊账交易或托收等方式,但出口商又不愿承担收汇风险并且有融资要求时。

3.出口商希望免除账务管理和追收应收账款的烦恼,避免坏账损失。

4.出口商由于商品经营的特点,如每次发货数量少但批次多,为力求减少中间环节,以适应国外市场多变的需要。

三、国际保理业务风险管理

（一）国际保理业务的风险

由于进口商完全是凭着自身的信用表现来获得保理商对其债务的担保，所以国际保理业务的风险集中在保理商和出口商身上。

1. 出口保理商的风险

对出口保理商而言，买断出口商的应收账款，便成为货款的债权人，也承担了原先由出口商承担的应收账款难以收回的风险。具体表现在以下几方面。

（1）进口保理商的信用风险。如进口保理商发生财务、信用危机、丧失担保能力；进口保理商作风恶劣，拒绝履行担保付款义务等。

（2）出口商的履约风险。进口保理商承担的是进口商的信用风险，如由于出口商未能履约导致进口商拒绝付款，则进口保理商可以提出异议，而暂时解除其担保付款的责任，导致出口保理商的融资存在因出口商破产而无法追偿融资款的风险。

（3）欺诈风险。出口商与进口商串通，出具虚假发票或高开发票金额，骗取出口保理商融资。

（4）操作风险。出口保理商对相关国际惯例规则不熟悉，未遵循国际惯例作业，造成风险。

2. 进口保理商的风险

（1）进口商的信用风险。如进口商发生财务、信用危机，无力支付到期应收账款，则进口保理商追账未果，须担保付款。

（2）出口保理商的作业风险。出口保理商的作业水平不高，不按国际惯例行事，不能及时发现并制止欺诈等风险，可能给进口保理商带来风险和损失。

（3）欺诈风险。进出口商串通，虚开发票，骗取保理融资及担保付款，造成风险。

（4）操作风险。进口保理商对相关国际惯例规则不熟悉，未遵循国际惯例作业，如对进口商的审查缺乏客观性和全面性，高估了进口商的资信程度，对进口商的履约情况做出错误判断，或者对进口商履约过程中的监督不得力等，造成风险。

3. 出口商的风险

（1）合同争议风险。保理业务不同于信用证以单证相符为付款依据，而是在商品和合同相符的前提下保理商才承担付款责任。如果由于货物品质、数量、交货期等履约方面发生纠纷而导致进口商不付款，保理商不承担付款。

（2）欺诈风险。尽管保理商对其额度要负全部责任，但进口商可能会联合保理商对出口商进行欺诈，如果保理商夸大进口商的信用度，又在没有融资的条件下，容易导致出口商货、款两空。

（二）国际保理业务的风险控制

1. 出口保理商的风险控制

（1）重视对进口保理商的选择及信用核定。目前，选择进口保理商大多基于 FCI 提供的会员名录（member catalogue）、进口保理商操作说明（IFIS）、进口保理商年报、FCI 进口保理商年度排名以及电子数据交换保理平台（EDI Factoring.com）等资料信息。这些资料能部分反映进口保理商的基本信息、公司实力、经营能力及作业水平等，要尽量选择进口商所在国家或地区的进口保理商开展合作,重视对进口保理商的额度核准速度、核准比例、催收时间、付汇速度、纠纷处理能力等的考查,合理核定并视情况及时调整进口保理商信用额度。

(2)控制出口商的履约风险。保理商应对出口商申请保理业务进行条件限制,如要考虑出口商品的可保理性,资本性货物不适合做保理,应当是无须提供售后服务的消费性商品;要考查出口商的年销售额达到一定规模(国际上通常要求年销售额在10万英镑以上,并且有会计师事务所审定的年度财务报告),对专业外贸公司的业务要谨慎处理,等等。要仔细考查进出口双方的历史交易记录,认真审核出口合同,尤其是其中的质量检验条款和纠纷解决条款等。对出口商叙做保理业务提交的相关商业单据如发票、提单等,也要注意审核,以确定其履约质量。

(3)防范欺诈风险。保理商要调查进、出口商之间的关系,避免为关联公司叙做保理业务;要认真审核相关商业单据,注意其一致性;对经常出现发票冲销或贷项清单或间接付款的出口商,要了解其原因,严加防范。

(4)规范操作规则。根据国际惯例制定内部作业规则,加强对操作人员的培训,严格遵照内部作业规则与国际惯例进行操作。

2.进口保理商的风险控制

(1)重视对进口商的信用监督。保理商要全方位、深层次、多渠道地对进口商的综合经济情况和综合商业形象进行调查,分析其财务报表以及未来现金流状况,考查进口商的历史交易记录,了解专业信用评估机构对该公司的信用等级评估,尽可能采取信用授信模式为进口商核准保理额度,同时对进口商要进行动态监控,注意及时根据其信用状况的变化调整保理额度。

(2)尽可能选择作业水平较高的出口保理商合作。要仔细考查出口保理商的作业水平,可以针对出口保理商不同的作业水平给予不同的风险报价。

(3)防范欺诈风险。保理商要调查进、出口商之间的关系,避免为关联公司叙做保理业务;要认真审核相关商业单据,注意其一致性;对经常出现发票冲销或贷项清单或间接付款的出口商,要了解其原因,严加防范。

(4)规模操作规则。根据国际惯例制定内部作业规则,加强对操作人员的培训,严格遵照内部作业规则与国际惯例进行操作。

3.出口商的风险控制

要降低国际保理业务的风险,出口商叙做保理业务时应注意以下几个问题。

(1)保理的限度或进口商品的信用额度。保埋商承担的是信用额度内的风险担保,在限额以内,按规定时间负责付款给出口商,超额度发货的发票金额不予以担保。因此出口商要协调好出口计划。

(2)有选择地叙做保理业务。一般3个月后才收款的出口项目适合保理融资。

(3)慎重选择保理商。注意了解其资信状况、经营能力、工作作风等。

(4)防范履约争议。保理业务中,保理商承担付款责任的前提是商品与交易合同的要求相符,凡因商品的质量、数量、交货期等方面的纠纷而导致进口商拒绝付款,则保理商不承担付款的责任,出口保理商有权向出口商追索融资款项。所以要求出口商应在销售合同中列明质量认证条款以及争议解决机制等条款,并必须按合同履行交货义务。遵守合同是出口商保障收汇的前提。

⤷**【案例8.3】 一笔出口保理业务引起的纠纷**

案情介绍

某年初,国内某出口商B公司委托当地出口保理商叙做一笔出口保理业务。在获得进口保理商批准的10万美元信用额度后,出口保理商即与出口商签订了《出口保理业务协议》及《保理融资扣款授权书》。同年4月和5月,出口商先后向出口保理商提交了两张发票,金额总计10万美元。出口保理商随即将这两张发票先后转让给了进口保理商,并根据出口商的申请,向其提供了8万美元的出口保理融资。

8月5日,出口保理商收到进口保理商发来的争议通知,告知出口保理商,该年年初出口商以托收方式发给进口商的货物因质量问题被进口国海关扣留,致使进口商不能提取该批托收项下已付货款的货物,进口商A公司因此拒付该出口商保理项下两笔应收账款。进口保理商同时随附了一份进口国海关的证明书。出口保理商立即将有关争议情况通知了出口商,出口商承认托收项下货物确有问题,并正在与进口商交涉。为了资金安全,出口保理商根据与出口商签署的《保理融资扣款授权书》及《出口保理业务协议》的有关条款规定,于8月11日将保理融资款项及其利息费用从出口商账上冲回,出口商对此未提出任何异议。

然而,次年7月进口商倒闭,买卖双方始终未能协商解决保理项下这起因反索引起的贸易纠纷。其后第三年3月5日,出口商以"出口保理商冲回保理融资侵犯了出口商的合法权益"为由向法院起诉,要求出口保理商赔偿人民币100多万元,后又认为起诉理由不当而主动撤诉,并另以"保理业务项下贸易合同未出现任何质量争议,出口保理商却以质量争议为由扣划保理融资款项是严重侵犯出口商权益"起诉出口保理商。

案情分析

首先,反索是否构成贸易纠纷。反索,是指进口商因与出口商另外一笔交易的结果导致进口商向出口商提出索赔而引起的争议。在本案中,由于出口商最初发给进口商托收项下的货物出现质量问题,从而导致进口商拒付出口商保理项下两笔应收账款,这实际上就是一种反索。本案中的反索已经对出口商能否按照保理协议如期得到保理公司的融资构成了威胁,甚至可能导致这种融资的失败(事实上也正是如此),因此,反索已构成贸易纠纷。

其次,本案应如何判决。对于这一点,我们应先分析一下出口商的起诉能否站得住脚。在保理业务中保理商保证赔付必须建立在"出口商按时按质按量履行交货义务"的基础上,如果买方对此提出异议、抱怨或索赔,均被推定为是发生贸易纠纷,保理商将立即转告出口商去处理。如纠纷未能在合理时间内得到解决,则相关的应收账款,不论其是否在信用额度之内,均为不合格应收账款,保理商有权主动冲账,并不承担坏账风险。由此可知,若保理项下贸易合同出现质量争议,出口保理商扣划保理融资款项是合法的。

那么,在本案中,保理业务项下贸易合同未出现任何质量争议,出口保理商是否可以以进口商提出的反索为由扣划对出口商的保理融资款项?

按照《国际保理业务惯例规则》的规定,在进口商提出反索的情况下,进口保理商有权对本贸易合同项下的金额拒绝融资,即本案中,出口保理商是可以以进口商提出的反索为由扣划对出口商的保理融资款项的。这种做法符合国际惯例,不应被看作侵犯了出口商的利益。所以,出口商的起诉本身是不能成立的,法院的判决应该是驳回出口商的诉讼请求,并由出口商承担本案的诉讼费。

从本案中获得的经验教训如下：

1.为了减少麻烦,便于双方控制风险,出口商在向出口保理商提出信用额度申请时,应将其与买方之间所有现存贸易纠纷如实通报出口保理商,以便其及时转告进口保理商,此条应列入出口商与出口保理商签订的《出口保理业务协议》;

2.《出口保理业务协议》应明确,一旦出口商以保理方式与买方进行交易,须将所有对该买方的应收账款(信用证交易及现金交易项下应收账款除外)转交出口保理商处理,以便保理商及时控制贸易纠纷引起的收汇风险;

3.一旦客户提出反索,出口商不该在纠纷是否成立这个问题上与出口保理商纠缠不休,而应积极联络进口商,就如何协商解决反索引起的纠纷及早达成一致意见。

(选自高洁编著《国际结算案例》,对外经济贸易大学出版社,2006)

第四节　国际保理与传统国际结算方式的比较

国际保理业务是一种比较完备的国际结算方式,它集多种服务功能于一体,对出口商和进口商给予资金融通和风险担保。

一、国际保理业务与信用证方式的比较

国际保理业务与信用证方式在运作过程中都对出口商提供信用担保,但其担保范围又各不相同。信用证结算方式由于以银行信用为基础,开证行对交来的单据进行审核,如果单单一致、单证相符,则进行付款,而不管货物状况怎样。只有在单据出现不符点时,银行才可免责。而国际保理业务中进口保理商是在对进口商进行充分调查后,才向出口商提供信用额度,保证在信用额度内对进口商的信用提供百分之百的担保。在保理方式下,只要求货物与合同一致,对单据的要求不高,甚至在有些国家正本单据可直接寄给进口商,以使进口商及时提货。但是如果进口商对货物提出争议或双方发生贸易纠纷,则进口保理商的信用风险担保责任可以免除。

此外,与信用证相比,保理服务手续简便。信用证方式对于进口商来说,要支付开证费用,还要交纳一定的开证押金,如果出口商不接受信用证的有关条款,进口商还需修改信用证,势必增加支出;而在保理业务中,进口商不负担开证费用,不占压开证押金,费用支出较小。

二、国际保理业务与D/A,O/A方式的比较

D/A与O/A都是建立在商业信用基础上的结算方式,具有费用低、手续简便等优点,但商业信用下的风险是不可避免的。一般情况下,对于D/A与O/A银行不予押汇,这就使出口商面临资金占压的困难,影响其资金周转。保理业务实质上是在D/A与O/A商业信用的基础上又加上了银行信用,克服了出口商资金与风险的矛盾。一方面进口保理商要对

进口商的资信情况随时监控,一旦发现进口商有资金运转困难或财务状况不佳的情况,进口保理商会立即通知出口商停止发货,从而在很大程度上为出口商规避了风险;另一方面,国际保理业务可以为出口商提供融资服务,从而加速资金周转,扩大出口。

除此之外,保理业务与 D/A,O/A 相比,在账款催收方面也同样具有优势。出口商或外贸公司办理催收,仅由业务员通过函电、电传、传真等方式办理,很难达到理想效果,导致逾期账款向呆账坏账的演变;而保理业务则由进口保理商承担到期催收责任,它作为转让发票的债权人,不仅熟悉当地的法律、商业习惯,而且不受语言、时差等条件的限制,追收账款自然效果明显(见表 8-1)。

表 8-1 保理与其他方式的比较

项目 \ 方式	保理	D/A	D/P	O/A	L/C
债权信用风险保障	有	无	无	无	有
进口商费用	无	有	有	无	有
出口商费用	有	有	有	有	有
进口银行抵押	无	无	无	无	有
提供进口商财务灵活性	较高	较高	一般	较高	较低
出口商竞争力	较高	较高	一般	较高	较低

三、国际保理所适用的规则

在国际保理业务中,目前最有影响力的国际惯例是由国际保理商组织(IFG)和国际保理商联合会(FCI)专门为双保理业务共同制定的《国际保理业务通用规则》(*General Rules for International Factoring*,GRIF)。GRIF 最早是由 IFG 和 FCI 为创立保理业务的全球标准而共同制定的。以后 IFG 对该规则通用版本进行了改动,产生了多个不同版本,因此导致了差异。2010 年 6 月 FCI 再次更新了 GRIF,该规则分为八节共 32 条。这一规则是世界国际保理广泛接受的业务规则,特别是在 FCI 会员公司之间,GRIF 是必须遵循的国际保理业务通用规则。GRIF 为世界国际保理业务的发展提供了良好的法规条件。

⇨【拓展知识】 Trade Services Utility(TSU)介绍

在过去的几十年间,全球贸易飞速增长,与此同时,贸易服务的市场环境和业务要求也发生了日新月异的变化。在全球范围内,曾被广泛接受的传统贸易工具如信用证和托收正在不断地被赊销业务所替代。

一方面,当下很多外贸企业采用的赊销加汇款结算方式,虽然比较快捷,但它完全基于商业信用,对于出口企业来说面临着巨大的收汇风险。同时由于出口企业丧失了对货权的有效控制,在贸易过程中相当被动。另一方面,目前银行缺乏有效工具以参与到汇款业务中去,出于风险角度的考虑,能提供给企业的融资产品相当有限,而且企业往往需负担较高的融资成本。

因此,为了适应新环境,SWIFTNET TSU 应运而生。TSU 是环球银行金融电信协会(SWIFT)针对近年来赊销贸易日益发展的趋势而集合上百家银行专业技术力量参与设计开发的贸易公共服务设施。通过该系统平台,银行可实现贸易订单和其他贸易单据的电子化传输和自动匹配,并根据企业需求提供各种灵活的贸易金融服务。自 2007 年 4 月投入使用以来,TSU 网络已经覆盖全球在使用 SWIFT 的国家和地区,包括中国,正在使用 SWIFT 的金融机构可以申请加入使用 TSU。

根据公司提供的贸易单据副本,银行从单据中提取核心数据输入 TSU 平台。进口商银行同时将进口商提供的核心数据输入 TSU 平台,TSU 通过信息匹配功能,自动核检数据。在数分钟之内,进口商银行就得到 TSU 平台的数据匹配成功报告。在两家银行验证了贸易背景之后,买方立即付款。

TSU 业务是一场技术和业务革命,符合全球贸易金融的未来发展趋势。在中国,尤其在浙江,中小企业市场庞大,对供应链融资服务的需求十分强烈,客户期望能够通过 TSU 来进行买卖双方赊账数据匹配,加快资金周转效率。而在集中化配对和工作流引擎的支持下,TSU 正在帮助银行更好地应对来自供应链发展的挑战和机遇。

TSU 数据匹配功能主要应用在基础订单匹配和单据信息匹配之上。买卖双方签订合同之后,第一阶段可通过 TSU 平台进行订单信息匹配。TSU 平台将自动核对银行根据各自客户所提交的订单在平台上输入的信息匹配度。第二个阶段是单据信息匹配,银行向 TSU 平台提交客户所提供出运单据的信息后,平台将自动核对这些单据信息是否与前期已确认并建立的基础订单的信息相匹配。

而银行付款责任(BPO)是 TSU 平台上的一项可选功能项,可以单对单或单对多的与其他金融机构建立责任关系。使用 TSU 的银行在建立订单信息时,买方银行承诺在收到货物出运信息匹配成功的报告时即付款或承兑。TSU BPO 更加简单便捷,BPO 代表的是银行信用,这为企业在国际市场进行采购增加了筹码,提高了谈判地位。

在 TSU BPO 业务中,卖方银行鉴于在赊销业务中有了买方银行信用的介入,就可以为卖方提供更为丰富多样的融资选择。如一旦单据信息匹配成功,买方银行即承担付款责任,卖方银行在这种情况下可以不占卖方额度给卖方融资,卖方可以减轻资金的占用,加快资金周转,改善现金流管理。

此外,TSU 平台数据匹配的优势之一是依托电子化网络相当快捷地进行单据信息认证。传统的国际结算方式,尤其是以单据传递为特征的结算方式,比如信用证和跟单托收,由于邮寄、人工审单都需要一定的时间,在时效性方面不能满足该类客户的需求。具体而言,在信用证和托收项下,单据须由出口方提交给出口方银行审核,然后再由出口方银行邮寄给进口方银行审核,贸易双方银行审核均为人工处理,单据流转最快也要 10～15 天。而 TSU 业务中,单据信息由贸易双方银行在 TSU 平台上进行电子化传输,信息匹配无须人工处理,而是由系统自动匹配,匹配瞬时完成,出口方收汇速度大大提高。

⤷【本章小结】

国际保理通过购买消费品出口债权提供风险担保和贸易融资,解决了非银行信用结算方式下出口商收款风险和贸易融资问题。本章主要介绍了国际保理的概念、当事人、种类、业务流程、利弊、风险控制及与传统国际结算方式的比较。

⇨【课后练习】

一、名词解释

国际保理　单保理　双保理　到期保理　预支保理　公开保理　隐蔽保理　无追索权保理　有追索权保理

二、选择题

1. 保理是指卖方与保理商之间的一种（　　）。

A. 契约关系　　　　B. 代理关系　　　　C. 委托关系　　　　D. 授权关系

2. 国际保理商联合会的英文缩写为（　　）。

A. FCI　　　　　　B. FIC　　　　　　C. EDI　　　　　　D. IFT

3. 在（　　）中,保理商根据出口商提供的名单进行资信调查,并为每个客户核对相应的信用额度,在已核定的信用额度内为出口商提供坏账担保。

A. 有追索权保理　　　　　　　　B. 无追索权保理

C. 公开型保理　　　　　　　　　D. 隐蔽型保理

4. 保理协议自签字之日起生效,有效期一般为（　　）,到期若不续签转期,协议将自动失效。

A. 6 个月　　　　　B. 1 年　　　　　C. 2 年　　　　　D. 3 年

5. 保理业务一般只提供不超过（　　）的短期贸易融资,对结算方式要求较为简单。

A. 30 天　　　　　B. 90 天　　　　　C. 180 天　　　　D. 360 天

6. 从国际保理业务运行实践来看,（　　）。

A. 双保理机制明显优于单保理机制　　　B. 单保理机制明显优于双保理机制

C. 单保理机制与双保理机制差别不大　　D. 单保理机制成本支出高

7. 双保理是由（　　）共同参与完成的一项保理业务。

A. 进出口双方　　　　　　　　　B. 进口方与进口方的保理商

C. 出口方与出口方的保理商　　　D. 进出口双方保理商

8. 保理商对已核准应收账款提供（　　）的坏账担保。

A. 30%　　　　　　B. 50%　　　　　　C. 100%　　　　　D. 150%

三、判断题

1. 无追索权保理中,保理商对已核准应收账款提供百分之百的坏账担保。（　　）

2. 与 O/A,D/A 方式比较,保理服务收汇安全及时,保证按期支付。（　　）

3. 单保理业务当事人有出口商、进口商和出口保理商。（　　）

4. 保理商向出口商提供的短期融资是有追索权的。（　　）

5. 因出口商违反合同引起贸易纠纷而造成的坏账是在保理商的担保赔偿范围之内。

（　　）

6. 出口商在有关信用额度内的销售,因为已得到保理商的核准,所以保理商对这部分应收账款的收购没有追索权。（　　）

7. 由于债务人资信问题所造成的呆账、坏账损失均由出口商承担。（　　）

8. 如贸易纠纷未能在合理时间内得到解决,则相关的应收账款,不论其是否在信用额度之内,均为不合格应收账款,保理商有权主动冲账,并不承担坏账风险。（　　）

四、简述题

1. 国际保理的概念及主要分类是什么？

2. 国际保理的专业服务具有哪些优势？

3. 简述双保理的业务流程是什么？

4. 比较适用国际保理业务的情况有哪些？

5. 出口商在选择国际保理业务时应注意哪些问题？

6. 如何对国际保理业务进行风险控制？

五、案例分析

1. 出口商 B 公司是中国境内一家从事无机化工产品生产的民营科技型小企业。受自身规模等因素影响,该公司无法从银行获得足够的授信额度,因此在产品出口时均要求其境外客户采取预付款和付款交单等方式支付货款。但从 2013 年年初开始,受国际形势影响,B 公司境外老客户出现资金紧张,要求以赊销和承兑交单等方式替代原有的结算方式。面对境外客户的要求,B 公司陷入两难境地:一方面希望通过改变结算方式留住老客户;另一方面又担心货款回收期限拉长使企业资金链出现问题,更担心境外客户出现信誉不佳或偿付能力不足等情况,使自身应收账款面临较大风险。F 银行(出口保理商)敏锐地捕捉到 B 公司面临的困境,及时向其推荐了买断型融资性出口双保理业务,从而解决了 B 公司的困境。请问,F 银行如何运作该笔保理业务,其面临的风险是什么？应如何规避？

第九章

福费廷   ≫ ≫ ≫   ≫

【学习目标】

1.掌握福费廷的概念、特点与基本当事人。

2.掌握福费廷业务的基本流程及利弊。

3.掌握福费廷业务与其他国际结算方式的区别。

4.了解影响选择国际结算方式的因素。

5.掌握不同国际结算方式的优劣性与适用性。

在信用证业务中,有时出口商的收款是远期的,在 180 天以上,甚至更长。在这期间,可能会出现各种情况,比如:汇率和利率的变动、进口国发生国家信用风险、进口商的信用风险和资金转移的风险,都会使出口商的资金受损或难以收款。此外,随着全球国际贸易快速发展,出口贸易竞争日益激烈,出口商为提高出口竞争力,有可能采取延期或远期付款、赊销等方式交易,为此,出口商要面临巨大结汇风险。因此,面对不断变化的贸易环境,出口商急需一种既能增强产品出口竞争力,又能降低风险的新型国际结算方式。在这种时代背景下,一种新的国际结算方式福费廷应运而生了。

第一节   福费廷业务的含义和特点

一、福费廷的含义

福费廷(forfaiting)一词起源于法语 a forfait,在意大利语中是 forfeizzazione,在德语中是 forfaitierung,在西班牙语中是 forfetizacion,这些词语都表示"放弃某种权利和放弃追索权利"的意思。

福费廷是一种无追索形式为出口商贴现远期票据的金融服务,又称包买票据或票据买断,是指包买商(forfaiter,一般为商业银行或其他金融企业)对出口商无追索权的购买已经由债务人所在地银行承兑或担保的远期汇票或本票的业务。它是一种为信用证支付方式下的收款时间超过 180 天的出口商提供保证和融资的业务。

在国际福费廷业务中,它经常与延期付款信用证、承兑信用证和托收结合使用,通常包括四方当事人:出口方、进口方、担保方和福费廷方(又称为包买方)。

二、福费廷业务的特点

福费廷业务具有以下几个特点。

（一）主要提供中长期贸易融资

福费廷业务主要集中于中长期融资业务，其融资期限一般在3～7年，最长可达10年。但随着福费廷业务的不断发展，当今国际上逐渐发展出短期的福费廷业务，最短可为6个月，融资期间较为灵活。

（二）票据买卖无"无追索权"

福费廷业务的票据贴现与一般票据贴现不同，福费廷业务中银行对贴现的票款无追索权，而一般票据贴现是有追索权的。出口商在背书转让的债权凭证上均加注"无追索权"（without recourse）字样，把收款的权利、风险及责任一并转嫁给了包买商，包买商也同时放弃对出口商的追索权，因此它属于一种买断行为。

（三）融资金额一般较大

福费廷业务属于一种批发性融资业务，一般适用于金额在100万美元以上的大中型资本性和技术贸易融资。对于小金额的国际贸易业务来说，福费廷融资成本相对较高，缺乏优越性。因此，金额越大，福费廷业务的优势也就越明显。但是目前福费廷融资对于金额的限制也在不断地减少，且具有期限灵活的特点。

（四）既有初级市场又有二级市场

包买商买下出口商的债权凭证后可以在二级市场流通转让。通过在二级市场的转让，包买商将自身的风险转嫁给二级包买商，从而规避自身由于过重的资金负担而造成的流动资金不足。

三、福费廷业务的费用负担

（一）进口商的费用负担

进口商直接负担银行保证费，间接负担分期付款下的出口商的贴现、融资利息。间接负担的费用隐含在提高的货价中。

（二）出口商的费用负担

出口商负担贴现费、选择费、承担费和宽限期贴息。

1. 贴现费（Discount Charges）

贴现费由出口商支付，但他们把贴现费拆成利息计算在货价中，转嫁给进口商。

2. 选择费（Option Fee）

出口商必须在签订贸易合同以前就向包买商洽谈包买融资之事，询问贴现率报价。包买商须了解交易情况，提出无约束的、大约的贴现率报价，供出口商考虑提高他的销售价格，以便抵付包买贴现费。

经过磋商，包买商再报出贴现率的实盘（Firm offer），此后就是出口商是否接受报盘的选择期。在24小时内接受者，称为免费选择期；在1～3个月内接受者，称为支付选择费的选择期。选择费的费率通常是0.1%～0.5%。

3. 承担费（Commitment Fee）

当出口商接受实盘，包买交易达成协议，包买商给出一张承担责任约束书

(Commitment Letter),列明包买交易详情、贴现率、承担费率、交来票据日期等。

从成交日到实际交来票据买入之日这段时间称为承担期。有时承担期会长达 6 个月。在此期间,包买商受到约束,必须按照既定的贴现率去购买票据。出口商也受到约束,必须按照已订日期将签票人寄来的本票或承兑人寄来的汇票立即交给包买商。

承担期要收承担费,这是因为:第一,从包买业务成立之日起,包买商必须准备这项资金,即使别处有利润高的机会,也不能把它挪作其他投资之用,这是准备资金的时间费用;第二,包买商从其他方面借入资金准备贴现之用,此项借入资金要花利息,应向出口商收取承担费。从承担书的日期(即成立日)起至交来票据贴现止,每月预付 1 次,如果承担期少于 1 个月,承担费可加在贴现息里一并收取。

4.宽限期贴息(Discount for Days of Grace)

包买商理应按照包买付款日到票据到期日这段时间收取贴息,有时包买商允许担保银行在到期日延长两三天支付票款,这两三天称为"付款宽限期"。宽限期应计算在贴现时期中,包买商照收宽限期的贴息。

第二节　　福费廷的业务流程

一、福费廷业务的主要当事人

每一笔福费廷业务都有四个主要当事人,即出口商、包买商、远期汇票的承兑人或担保人以及进口商。

(一)出口商

出口商,即为在对外贸易中,提供商品或劳务并将应收票据出售的当事人。当出口商以延期付款方式与进口商达成交易而需要资金支持时,可向包买商申请福费廷融资,出售票据,提前收回货款。

(二)包买商

包买商,即提供福费廷融资的当事人,多为出口商所在地的银行或金融机构,做福费廷业务是其国际信贷业务的一部分。包买商与出口商达成包买业务的协议,购入出口商的债权凭证,为其提供资金,并承担向进口商收回货款以及利率、汇率变动的风险。

(三)进口商

进口商,即与出口商达成交易合同,以赊购方式接受出口商所提供的商品或服务,并以出具本票或承兑出口商出具的汇票而承担票据到期付款的当事人。当包买商向其提出付款要求时,必须无条件履行票据上的债务责任,按期归还货款。

(四)担保人

担保人,即为进口商能按时付款做出担保的当事人,通常是进口商所在地的大商业银行,一般为开证行。包买商为减少或规避风险,通常只购入经担保人或担保行担保的票据。担保人履行付款责任后,有权向进口商追索,但追索能否成功,取决于进口商的资信状况。

二、福费廷业务的基本操作流程

福费廷业务的完成主要包括以下九个步骤。

（一）出口商联系包买商安排信贷

出口商在与进口商签订合同时，如欲使用"福费廷"，应事先和出口地包买商取得联系以便做好各种信贷安排。

（二）签订买卖合同

进出口商签订国际货物买卖合同，其中订明：使用中长期的信用证付款方式，出口商为向进口商索取货款而签发的远期汇票应取得开证行的承兑，由开证行保证履行付款义务。

（三）签订包买协议

出口商与包买商签订包买协议，规定有关权利和义务。包买商向出口商无追索权的购买已经承兑的、并通常由进口商所在地银行担保的票据，出口商必须放弃对所出售债权凭证的一切权益，而包买商也必须放弃对出口商的追索权。

（四）开证行开证

进口商须通过一家包买商同意的进口地银行向出口商开证。

（五）通知信用证

出口地的信用证通知银行向出口商通知信用证。

（六）出口商发货、制单并向银行交单

出口商在收到信用证并经审查无误后，按买卖合同及信用证的规定发运货物、制作单据。之后将全套货运单据通过正常途径由出口地银行寄到开证行，以尽快得到由开证行承兑的汇票（或本票）。

（七）承兑通知

出口地银行通知包买商汇票（或本票）已被承兑的事实。

（八）包买商作无追索权的付款

包买商向出口商做无追索权的付款，买入出口商签发的经开证行承兑的汇票（或本票），而出口商必须同时放弃对所出售债权凭证的一切权益。

（九）开证行付款

在付款到期日由包买商向开证行做付款请求而完成了一笔福费廷业务。

具体的操作流程如图 9-1 所示。

依据图 9-1，说明如下。

①出口商联系包买商安排信贷。出口商在与进口商签订合同时，如欲叙做福费廷业务，应事先和在出口地的包买商取得联系，以便做好信贷安排。

②进口商联系经包买商同意的担保行，签订担保协议。

③进出口双方签订交易合同，按中长期的信用证方式付款。

④出口商与包买商签订包买协议，规定有关权利和义务。

⑤进口商向一家包买商同意的进口地银行申请开立信用证。

⑥开证行开出信用证。

⑦出口地的通知行向出口商通知信用证。

⑧出口商按信用证条款发货、制单并向出口地的银行交单。

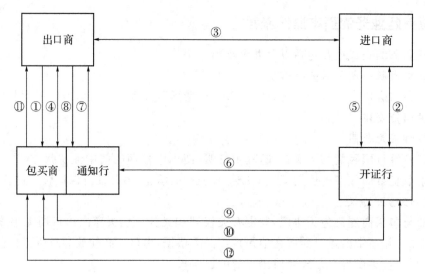

图 9-1　福费廷业务的操作流程

⑨出口地的银行(一般是交单行)向开证行寄单。

⑩开证行对出口商的远期汇票承兑并通知出口地的寄单行。

⑪包买商向出口商作无追索权的付款,买入出口商签发的经开证行承兑的汇票,出口商则必须放弃对所出售债权凭证的一切权益。

⑫包买商于付款到期日向开证行作付款请求,开证行付款。

三、福费廷业务的利弊分析

福费廷业务对各个当事人各有利弊,具体分析如下。

(一)对出口商

1.对出口商的好处

(1)在交货或提供服务后,可马上从包买商处获得无追索权的中长期贸易融资,而且避免各种风险的承担,有利于加速资金周转,提高经济效益。

(2)福费廷业务手续简便易行。包买商在被要求叙做此业务时往往要先审查开证行的资信。如没有问题,通常就会接受出口商的要求,立即与出口商签订有关协议。

(3)福费廷业务通常是保密的,便于保护出口商的商业秘密。

2.对出口商的不利之处

(1)出口商必须保证汇票、本票或其他债权凭证是清洁有效的并已经开证行承兑,否则,就不能获得包买商无追索权的融资。

(2)出口商有时不能保证进口商能够找到一家包买商满意的开证行,因而叙做福费廷业务有一定难度。

(3)福费廷业务中的费用相对纯粹的信用证业务要高一些。当然,考虑到可以免除出口商的诸多风险,还是可以为许多出口商接受的。

(二)对进口商

对进口商的有利之处主要有:赎单手续简单快捷,可以获得出口商提供的中长期贸易融资。

对进口商的不利之处有：按惯例必须支付开证行的一切费用；由于汇票、本票或其他债权凭证所具有的性质，进口商不能因为任何有关货物或服务的贸易纠纷拒绝或拖延付款；出口商往往会把福费廷业务中的高费用转嫁给进口商，因而造成进口商的成本提高。

（三）对包买商

1.有利之处

（1）手续相对简便，办理迅速。只要票据经由包买商同意的银行承兑或担保后，包买商即可无追索权的买入票据及其有关的货运单据。

（2）包买商可以自行选择任何可自由兑换的货币买入票据。

（3）买入票据后，包买商如希望在票据尚未到期前即得到资金融通，可将所购的承兑汇票到二级包买市场上流通转让。

（4）因为包买商承担了有关收汇的所有风险，所以收取的费用较高。

2.不利之处

（1）包买商在福费廷业务中承担了所有的风险，如果应收账款未能按时收回，包买商对任何人都没有追索权。

（2）为了保护自己的利益，包买商必须了解进口商所在国的有关法律规定、调查开证行的资信情况。所以，不是所有的中长期付款交易，都可叙做福费廷业务。

在实际业务中，福费廷的使用并不很多，这主要是因为人们对福费廷业务的了解不深、开展包买业务的包买商（往往是一些大银行或金融机构）较少，能够熟练办理包买业务的操作人员也不多。不过，由于它在中长期贸易融资方面的优势以及近年来国际贸易形势的变化，福费廷业务已得到了一定的发展。在我国，目前也有一些银行已开始提供这项业务。随着人们对福费廷业务的认识和了解，福费廷业务在我国的逐渐普及定将对我国对外贸易的发展起到积极的推动作用。

⇨【案例9.1】 信用证下福费廷业务纠纷案

案情介绍

2003年11月，中国N银行收到其客户某服装公司A交来一套信用证项下的单据，要求在开证行承兑后叙做福费廷业务。信用证的开证行为孟加拉国的I银行，汇票金额为60 004.31美元，期限为见票后120天。由于该地区的信用风险比较高，中国N银行对孟加拉国和I银行没有授信额度，中国N银行决定与加拿大S银行合作，采用间接买断的方式贴现A公司的应收账款。

2003年12月1日，中国N银行通过DHL寄出该信用证项下的单据。2003年12月28日，中国N银行收到开证行发来的拒付电报。经A公司与开证申请人联系，12月30日开证行发来了承兑电，承兑到期日为2004年4月29日。

在开证行承兑后，中国N银行根据A公司出具的款项让渡书，与A公司签订了福费廷协议书，并向A公司支付了贴现款项。同时，中国N银行与加拿大S银行也签署了福费廷协议，并向I银行发出了款项让渡通知书，向加拿大S银行提供了相关文件。在收到并审核相关文件后，加拿大S银行办理了贴现业务并向中国N银行支付了相应的款项。

在该笔业务到期后，中国N银行却收到了加拿大S银行的通知，称开证行以开证申请人不付款为借口，未能按期履行付款义务，且有故意拖延付款的可能。

针对这一情况，加拿大 S 银行通知其在中国香港的亚太地区总部和负责孟加拉地区业务的印度孟买分行，要求其孟买分行开始向开证行查询和追索。在两个月的时间里，甚至其在印度的孟买分行还专门派人到开证行催收。另外，中国 N 银行也多次联系其客户 A 公司了解开证申请人的动向，得知申请人是一个服装制造商，定期向 A 公司购买拉链、纽扣、纽钉等服装附件，并根据欧洲客户提供的面料和款式生产服装再出口到欧洲。由于欧洲客户的面料未能及时提供，造成生产停滞、资金链断裂，使其无法向 I 银行付款赎单。

2004 年 6 月 7 日，加拿大 S 银行告知中国 N 银行，其收到 I 银行的电报，通知其该笔业务的款项已被当地法院止付，最终付款时间需以法院通知为准。但经中国 N 银行通过 A 公司核实，当地法院并没有出具止付令。

2004 年 9 月初，加拿大 S 银行告知中国 N 银行，其又收到 I 银行的电报，电文称受益人已经同意开证申请人延期付款的要求，同意将该笔款项的付款日推迟到 12 月份。中国 N 银行再次与 A 公司核实情况，A 公司声明根本就没有这回事，因为该笔信用证项下的全部权益已经被买断，自己没有权利接受开证申请人提出的延期付款要求。

根据中国 N 银行提供的情况，加拿大 S 银行在不断追索仍然没有结果的情况下，于 2004 年 9 月末，由其孟买分行将情况通报了孟加拉国中央银行。在孟加拉国中央银行的直接关注下，开证行终于向加拿大 S 银行进行了付款。

案情分析

（一）福费廷买断方式的选择

通过这个案例，出口商确实看到了福费廷业务给其带来的益处，使出口商能够最大限度地规避国际贸易中的国家风险和国外银行信用风险。该案例也使出口商和包买商意识到，在很多发展中国家，一些银行由于对国际惯例、规则的认识不够，为了保护客户和自身利益，往往不惜牺牲自己银行的对外信用声誉。对于这些国家风险比较高的地区和信用风险比较高的国外银行，如果初级包买商在国外没有或很少有分支机构，那么一旦发生纠纷，仅仅通过报文来处理这些纠纷或争议一般很难达到有效的结果。

所以，在处理一些国家风险和信用风险比较高的福费廷业务时，初级包买商最好采取间接买断的方式，与一些在海外有广泛网络、在某个地区有优势的二级包买商进行合作。通过加强福费廷二级市场的业务合作，初级包买商既能留住客户、增加收益，同时又能有效地转嫁国家风险和国外银行的信用风险。

（二）债权确认文件的有效性

在这个案例中，开证行向中国 N 银行发出了加押的 MT999 的承兑电，其内容如下："PLEASE BE ADVISED THAT YOUR A. M. DOCUMENTS ACCEPTED BY THE DRAWEE AND WILL BE MATURED FOR PAYMENT ON 29-3-04"。这样的承兑电的措辞不是十分明确。如何理解"DRAWEE"的身份？"DRAWEE"可以理解为 I 银行，也可理解为开证申请人。I 银行不使用"WE ACCEPT THE A. M. DOCUEMENTS"这样的措辞，而使用"DRAWEE"，显然是故意推脱承兑责任。根据 UCP，开证行独立审单、独立自主地决定受益人交来的单据表面是否与信用证条款相符，是否有不符点。如果开证行自行决定接洽申请人放弃不符点，而且申请人同意放弃不符点且开证行没有异议时，那么在信用证项下，这就意味着开证行接受了单据并承担了到期付款的责任，开证行不能以开证申请人名义接受不符点单据,并以此为借口在付款到期日拖延或拒绝付款。在本案中,汇票以开证行为付款人,开证行无论如何都不能以客户名义承兑并推卸自己信用证下的责任和义务。根据 UCP 规定,开证行在拒付单据后,应说明代为保存单据听候处理或退单给交单人。一旦开证行放单给开证申请人,开证行就必须承担付款责任。

当然,在实务中,交单行或议付行经常会碰到这样的情况,远期信用证项下提交的单据存在不符点,开证行拒付后又以申请人的名义承兑了单据,并且随后发来了要求交单银行或议付行授权其放单的报文。遇到这种情况,交单行或议付行一定不能授权开证行放单,并且一定得到开证行以第一人称做出的承兑。如果开证行以申请人的名义做出承兑,并获得交单行或议付行的授权放单给开证申请人后,放单后的付款责任就只能由开证申请人来承担。

在本案例中,I 银行的承兑电文是有瑕疵的。如果该案例诉之于法庭,则对包买商(即中国 N 银行和加拿大 S 银行)可能是不利的。所以,加拿大 S 银行后来也认为,在买断时应坚持要求开证行重新发送符合 UCP 要求的承兑电文,内容包括:开证行以第一人称承兑,注明"承兑"字样和"EFFECT PAYMENT"字样。因此,包买商一定要仔细审核承兑电文的有效性,要特别留心报文的密押、承兑报文的人称和语气。

(选自高洁、罗立彬主编的《国际结算》,中国人民大学出版社,2008)

第三节　福费廷与其他国际结算方式的比较

一、福费廷与国际保理的比较

福费廷与国际保理,作为两种较为新型的结算方式,具有很多相似之处。概括起来主要体现在以下两个方面:第一,两者都基于真实的贸易背景,都是通过购买出口商的应收账款而为出口商提供贸易融资;第二,两者都具有风险担保功能,能够转嫁出口商的收款风险。因此,福费廷与保理对于出口商而言,都是一种较好的贸易融资担保结算方式。即便如此,两者的区别还是十分明显的,认清两者的不同对于正确学习掌握及实际运用这两种结算方式极为必要。

1.业务本质不同

尽管福费廷与保理都涉及贸易中应收账款的转让,但是转让的形式有所不同。保理业务中,应收账款是通过发票贴现的形式由出口商转让给保理商的,遵循的是一般民法中债权转让的做法,依据的是国际保理业务方面的公约和惯例。福费廷业务中,应收账款是通过票据贴现的形式由出口商转让给包买商的,沿循的是票据业务的程序,适用的是票据法的相关规定。

发票所代表的应收账款与基础交易密不可分,基础交易的执行情况直接影响到应收账款转让的有效性,贸易纠纷导致的坏账不在保理商担保承担的坏账之列,因而通过保理方式进行的买方信用风险转移并不彻底。而票据作为无条件付款凭证,一经开立,本身规范合格并进入流通领域,便与基础交易完全独立,经无追索权贴现而成为正当持票人的包买商对票据拥有完全的付款请求权,票据承兑人与担保人不得以贸易纠纷为由对抗包买商的付款请求,包买商也不得以贸易纠纷为由重新获得对出口商的追索权(除非双方另有规定)。因而,通过福费廷方式能够较为彻底地转嫁买方信用风险。

也正因为上述原因,在保理业务中,应收账款的转让可以不必明示进口商,而进行隐蔽保理;福费廷业务的包买行为必须告知进口商,并经其同意后才可运作。此外,由于票据的流通性、票据法的相对成熟从而票据业务的相对完善,包买的票据可以较容易地转让出去,增加了包买商管理风险的手段与能力。

2.信用基础不同

保理业务只适用于商业信用销售背景,实务中仅在 O/A 或 D/A 中运用,并不适用于付款交单(D/P)或信用证结算的交易。保理商收款是基于进口商的商业信用。购买应收账款时,进口商的付款责任并未确认,日后存在较大的拒付风险。而福费廷业务中,包买商购买的是经进口商承兑的汇票或进口商出具的本票,进口商的付款责任在应收账款购买时已经确定;此外,包买商通常只购买经进口地银行或其他担保机构担保的票据,因而福费廷包买商的票款兑现基于的是并不仅仅是进口商的信用。在实务中,绝大多数包买商是在远期信用证结算方式下包买直接由开证行承兑的远期汇票。

因为上述原因,尽管两者都具有融资担保功能,福费廷的融资功能相对更强,而保理应重点发挥其保付及其他服务功能。

3.融资期限与金额大小不同

保理融资属于短期零售性融资业务,贸易背景一般为消费品小批量、多批次、多客户的进出口交易。融资期限通常在半年以内,融资金额较小。而福费廷融资属于中长期批发性融资业务,通常适用于为中长期的资本性货物出口,提供具有几年期限的资金融通,融资金额较大。此外,保理融资通常是部分融资,融资额一般为核定应收账款的 80%～90%,而福费廷融资则是全额融资,一次性贴现全部票面金额。

4.追索权有无的规定不同

福费廷的本意就是权利的放弃,因而无追索权是福费廷融资的本质和特色;而保理业务分为有追索权和无追索权两种融资方式。无追索性并不是保理融资的必然要求,出口商可以根据具体交易情况决定是否使用保理商的坏账担保服务。只有在提供坏账担保服务时,保理才具有无追索性。而且如前所述,保理的无追索也是相对的。

5.风险承担不同

保理与福费廷在提供无追索权融资时,都承担了出口商转嫁过来的交易风险。但保理商承接的仅仅是买方信用风险,即对由于买方资信方面的原因导致的坏账承担赔付责任。而包买商买断票据后,承接了与交易有关的所有风险,不仅有买方信用风险,还有买方国家风险、政策风险、市场风险等等。从承担风险的种类上讲,福费廷业务中的风险转嫁也是较为彻底的。

6.核销政策不同

在我国,福费廷融资被视为出口商的已实现销售收入,获得融资后,出口商即可办理出口收汇核销与出口退税。而保理融资分为两种情况:有追索权保理融资,由于到期收款的不确定性较大,因而未被列入企业出口收汇核销的范围,必须在到期收款以后,才能办理核销与退税手续;只有无追索权保理融资才能获得按照融资额提前办理核销与退税的便利。

二、福费廷与传统国际结算方式的比较

福费廷作为一种新型结算方式,是在传统结算方式无法满足国际贸易发展对于支付方式所提出的新要求的情况下诞生的。福费廷本质是对进口商承兑的远期汇票或签发的远期本票的贴现,因而与信用销售下的 O/A 和托收方式一样都是基于商业信用的结算方式。同时,与 O/A,D/A 一样,福费廷也为进口商提供了远期付款的机会,并且付款期限往往更长。与上述两种结算方式明显不同的是,福费廷不仅仅是一种结算方式,更是一种担保方式和融资方式,通过无追索权的融资,不仅免除了 O/A 和 D/A 方式下出口商的收款风险,还解决了其远期收款的资金周转问题。因而利用福费廷结算方式,出口商增强了信用销售的能力,增强了买方市场条件下的出口竞争力。当然,世上没有免费的午餐,相比于赊销与托收这两种缺乏或较少融资及担保功能的结算方式,福费廷结算的成本较高。

与信用证结算方式相比,福费廷的突出优点在于其融资功能上。应该说,信用证也是具有一定融资功能的结算方式。在信用证下,出口商如有融资需求,可通过打包贷款、出口押汇、银行承兑汇票贴现、预支信用证等方式获得融资,进口商如有融资需求,也可通过授信开证、进口押汇、凭信托收据借单、银行提货担保、假远期信用证等多种融资方式来解决资金周转问题。但是,与福费廷的无追索权融资不同,信用证下融资都是有追索权的。此外,福费廷融资的期限通常较长,属中长期融资,比较适用于资本性货物出口的分期付款要求。

三、《福费廷统一规则》(URF 800)

福费廷业务近年来在全球发展很快。2011 年,国际商会着手制定有关福费廷的首个规则《福费廷统一规则》(URF)。在该规则的制定过程中,国际商会多次向各个国家委员会征求意见,国际商会中国国家委员会积极组织中国专家对每一稿进行讨论,并将意见反馈给国际商会,传递了中国银行界的声音。

《福费廷统一规则》(*ICC Uniform Rules for Forfaiting*,URF 800)已于 2013 年 1 月正式生效,是在墨西哥年会上投票通过的。共有 14 条款,包括适用范围、定义、解释、无追索权等内容。这一成果是世界福费廷业务不断发展下产生的业务规则。由于该规则是新产生、实施的国际规则,我国相关业务人员需要认真学习和研究该规则的有关内容,以便更好地指导我国福费廷业务的开展,以此推动中国企业了解和掌握国际经贸规则,提高国际经营的能力。

第四节　国际结算方式的综合应用

一、国际贸易结算方式的发展趋势

(一)信用证结算方式所占地位逐渐下降

在传统的国际贸易结算方式中信用证结算方式因为有银行给予保证,一直处于主导地

位。但随着国际贸易竞争的日益激烈,市场出现了买卖双方地位的变化,尤其是国际贸易的快速发展,带动国际贸易竞争的激烈程度越来越大,商品之间的差距已经不明显,为了获得更高的出口额,占领国外市场,需要改变国际贸易结算方式,商业信用的国际贸易交易结算形式,有利于提高出口商的竞争力。根据国际贸易的变化可以看出商业信用已经逐渐成为当前国际贸易结算的主要方向,而传统的结算方式已经逐渐在国际贸易结算中失去竞争力,国际贸易结算已经实现了由"传统代付型"向"贸易融资型"转换。

(二)新型国际贸易结算方式得到发展

世界经济的一体化、科学技术的进步带动新的国际贸易结算方式的出现,国际保理、福费廷等新型的结算方式越来越被广泛地应用,而且各国对于国际保理的法律规定越来越重视,国际保理的业务也越来越规范。

二、影响国际结算方式选择的因素

国际结算方式,也即国际支付方式,是国际结算的核心所在,也事关国际贸易业务的成败。国际结算方式的选择应考虑以下因素。

(一)交易对手的信用因素

交易对手的信用状况是影响结算方式选择使用的决定性因素。出口商要想能够安全地收款,进口商要想安全地收货,都必须调查对方的信用。当对其信用不了解或认为其信用不佳时,尽量选择风险较小的结算方式,如信用证结算方式,或多种方式并用,如汇款方式加上保函方式等。而当对方信用好、交易风险很小时,即可选择对交易双方都有利的手续少、费用省的方式。

在当代国际贸易中,"一手交钱,一手交货"的银货两讫的结算方式很少使用。由于货币的运动和货物的运动方向往往不一致,因此,买卖双方之间存在着授信问题,即一方为另一方提供信用。根据信用提供者和信用接受者的身份不同,授信有三种类型。

1. 出口商授信

出口商授信是指卖方对买方的授信,即卖方出于对买方的信任而先发货、后收款。采用卖方授信,意味着卖方承担了收款风险,买方则比较主动。不过,卖方通常只是在买方资信良好时,才对其授信。O/A,D/A 是典型的卖方授信结算。

2. 进口商授信

进口商授信是指买方对卖方的授信,即买方先支付货款,卖方在收到货款后发货。采用买方授信,意味着买方承担了收货风险,卖方则比较主动。不过,买方也只是在卖方资信良好时,才对其授信。预付货款是典型的买方授信结算。

3. 银行授信

银行授信是指银行对买卖双方或一方的授信,通常指银行承诺在一定条件下支付货款。银行开展授信业务意味着银行承担了付款责任。银行一般是根据当事人(申请人)的资信状况来确定授信额度,必要时可要求申请人交纳部分或全部押金,提供反担保或物品抵押等。

银行授信业务通常是在贸易双方互不了解或互不信任,或买方所在国有严格外汇管理或政局严重不稳时开展,其目的是以银行信用弥补商业信用的不足,促进贸易活动的顺利进行。银行授信结算方式是目前国际贸易结算的主要方式。信用证、银行保函、国际保理及福费廷业务都属于银行授信。

在选择结算方式时,无论是买方,还是卖方,首先考虑的因素就是交易对手的资信,进出口商都不会为销货或购货而冒太大的风险。

目前,国际上绝大多数商品处于买方市场,出口商为增强出口竞争力常常向进口商提供信用,因而也就承担了收款风险。在对进口商不了解或不信任时,则希望银行能承担付款或担保责任,但这样会增加成本而对进口商不利。

(二)交易货物供求因素

货物的市场销售情况是影响结算方式选择的另一个关键因素。如果合同货物是畅销商品,则该商品一般是求大于供,处于卖方市场状态,卖方处于有利地位,卖方不仅可以提高市场销售价格,还可以选择对其有利的结算方式,如预付款、信用证、银行保函等方式。对买方来说,畅销商品或是盈利很大的交易,在支付方式上可以做适当让步。

如果合同货物是滞销商品,或是市场竞争十分激烈的商品,则该商品通常是供大于求,处于买方市场状态,买方处于有利地位,他不仅可以要求卖方给予价格方面的优惠,还可以选择对自己有利的结算方式,如赊销、托收特别是承兑交单等方式。对卖方来说,通常只有接受这些条件,才能增强市场竞争能力,达到出口销货的目的。不过,在选择以上方式结算时,卖方为降低出口收汇风险,可以要求买方提供银行保函,或申请保理服务或福费廷服务,这些方式不仅可以提供风险担保,还可以提供融资服务。

(三)考虑贸易条件的种类

不同的贸易条件,对结算方式的选择也有影响。在实际交货(Physical Delivery)条件下,如 EXW、DDP 等,是不宜采用托收方式的。因为在这类交易中,卖方向买方直接交货,若是做托收,卖方没有约束买方付款的货权,这样的托收实质上是一笔货到付款的方式。而对于象征性交货(Symbolic Delivery)条件,如 CIF、CFR,由于卖方可通过单据控制货权,就可以采用托收方式支付。

(四)考虑运输单据的性质

货物海运时,出口商发出货物后,可以取得物权凭证即海运提单,做托收时,可以控制货物。但货物在空运、铁路运输或邮寄时,出口商得到的运输单据是非物权凭证,出口商不能控制货物,是不宜使用托收的。

(五)出口企业的自身规模和财务状况

企业发展规模的大小和财务方面的优劣情况都深刻地影响着企业对于结算方式的选择。企业要从客观上对于自己的综合情况做出一个理性的分析和判断,根据自己的实际情况选择与自己发展相符合的结算方式,避免因为结算方式的不正确导致企业发展的资金周转不灵或者存在坏账、死账造成经济损失,最终阻碍企业的发展壮大甚至造成企业倒闭破产的结局。所以正确地选择结算方式,客观上不仅有利于提高企业的市场竞争力,而且有利于企业规避风险,赢得企业发展机遇。

此外,在选择结算方式时,还应考虑销售国家或地区的商业习惯、商品竞争情况、交易数额大小、卖方在销售点是否设有代表机构等因素,以减少风险。

三、国际结算方式的综合运用

在国际贸易中,买卖双方根据交易对方的资信条件、货物状况等因素,必须选择合适的国际结算方式。选择结算方式的最终目的是尽量降低结算的成本、分散结算的风险,从而促使国际货物买卖的顺利进行。根据事实研究,没有任何一种结算方式是完美的,都存在利弊,因此,单纯采用某一种结算方式已经不能满足交易各方的需求。面对不断发展变化的国际市场,出口商在综合考虑各种因素后,必须合理运用不同的结算方式组合,同时采用两种或两种以上的结算方式,确保安全收汇,加速资金周转和达成交易。

（一）采用综合性的新型结算方式

第二次世界大战后,特别是 20 世纪 60 年代以来,国际贸易结算一方面继续采用汇款、托收和信用证等传统的方式;另一方面,又出现了一些新的综合性的新型结算方式,如国际保理服务和福费延业务等。它们的产生在一定程度上弥补了传统结算方式的不足,使国际结算方式不断朝快捷、方便、安全的方向发展。

（二）银行保函与传统国际结算方式结合使用

银行保函的最大特点是其灵活性,它不仅适用范围广,而且还可与各种传统国际结算方式结合使用。

1.银行保函与汇款结合使用

无论是预付货款,还是货到付款,都可使用银行保函来防止不交货或不付款的情况出现。如果进口商预付了货款,就可要求出口商提供银行保函,保证按期交货,否则应退还预付款并支付利息或罚款,如果出口商拒绝,则由担保行付款。如果是货到付款,出口商有权要求进口商提交银行保函,保证进口商在提货后的规定时间内按合同付款,如果进口商拒付,担保行应承担付款责任。

2.银行保函与托收结合使用

为了使出口商收取货款有保障,出口商在采用托收时,可要求进口商提供银行保函。如果进口商拒不赎单或收到单据后未在规定时间内付款,出口商有权凭银行保函向担保行索取出口货款。

3.银行保函与信用证结合使用

成套设备或工程承包的货款一般可以分成两部分,即一般货款和预付或保留款。一般货款数额大,可用信用证方式支取,预付款或保留款的收取可使用银行保函。

（三）传统国际结算方式的结合使用

1.信用证与汇款相结合

信用证与汇款相结合是指主要货款用信用证支付,余额用汇款方式结算。这种结算组合方式,主要适用于初级产品的交易,可规定大部分货款由银行根据信用证的规定在收到单据后先支付,剩下部分待货到目的地后,根据检验的结果,按实际品质或重量计算确切金额,用汇款方式支付。在具体操作中又可以有三种形式:①信用证与装船前汇款相结合;②信用证与预付款结合;③信用证与装船后汇款相结合。

2.跟单托收与汇款相结合

跟单托收与汇款相结合是指在跟单托收方式下,商品出口企业让进口企业先给予一定的保证金或预付款,作为全部货款的保证,以此减少托收中出口商的收款风险。通常在实际贸易中,在货物发货之前要求进口企业先给予出口企业支付 20％～30％ 的货款保证金或预付款,然后进行发货,在发货之后,出口企业将进口企业交付的保证金或预付款以货款的一部分给予扣除,而剩余的货款,则通过银行托收。

这种结算方式的组合给出口商带来了一定的安全性。因为在发货之前进口企业已经交付了一定比例的保证金或预付款,为出口企业的货款收取提供了基础保证,一般情况下进口企业在交付了一定的保证金或预付款之后,不易出现拒收货物的行为,因为拒收会造成已经交付的保证金或预付款的损失。

3.跟单托收与跟单信用证的结合使用

在实际业务中,跟单托收与跟单信用证的结合使用较为常见。

(1)部分托收与部分信用证结合。为使开证申请人减少开证费和押金,可以将合同金额的一部分(通常为合同金额的40%～70%)用信用证支付,其余部分采用托收。为保证货款的全部收回,可在信用证上加注特殊指示,规定开证行只有在收到有关托收款项后,才向进口商交单。这样的组合形式对于商品出口企业来说具有较强的安全性,能够保证货款的及时到付,降低汇付交易风险。

(2)全额托收与全额信用证结合。这是一种用于进料加工业务的结算方式。向国外进料可采用承兑交单(D/A)托收方式付款,成品出口可采用即期信用证收款,然后以出口货款来偿付进口货款。

总之,不同的国际结算方式有各自的比较优势,对于当事人的风险有明显的区别。出口商应在充分了解和掌握不同的国际结算方式的主要特点的基础上,结合自身实际选择国际结算方式。在必要时,也可采用综合支付方式进行结算货款,促进贸易顺利进行,并在一定程度上防范和控制风险。

▷【本章小结】

福费廷业务最早产生于20世纪40年代中后期,由瑞士苏黎世银行协会首先开创。该业务因其英文名称"Forfeiting"而得名,其本质是一种票据包买业务。福费廷业务的四个基本当事人是进口商、出口商、包买商和担保人(行)。福费廷业务的费用包括贴现利息、选择费、承担费、宽限期贴息和担保费等等。福费廷与保理业务都是通过购买出口债权提供风险担保和贸易融资,但保理购买的是消费品出口债权,福费廷购买的是资本品出口债权。债权的性质不同导致债权形式、融资金额、融资期限、使用货币、风险控制与转移手段等不同。在实务中,选择不同国际结算方式要考虑对方信用、货物销路、贸易条件和运输单据等因素。

▷【课后练习】

一、名词解释

福费廷　包买商　担保人　付款宽限期　选择费　二级包买商

二、选择题

1.率先开创福费廷融资业务的是(　　　)。

A.美国的商业银行　　　　　　　　B.瑞士苏黎世银行协会

C.东欧国家的银行　　　　　　　　D.英国的商业银行

2.以下对福费廷业务特点描述正确的是(　　　)。

A.涉及金额大、浮动利率融资　　　B.涉及金额小、浮动利率融资

C.涉及金额大、固定利率融资　　　D.涉及金额小、固定利率融资

3.以下（　　）不是欧洲三大福费廷市场。

A.伦敦　　　　　　　B.鹿特丹　　　　　　C.苏黎世　　　　　　D.法兰克福

4.出口商利用福费廷可预知融资费用和成本,从而可以(　　)。

A.有效地控制交易的成本收益,锁住利润

B.增加贸易竞争优势

C.增强清偿能力,美化财务状况

D.提前实现出口退税

5.保理与福费廷的相同点有(　　)。

A.付款都可以是无追索权的　　　　　　B.提供买方信用担保

C.主要用于大型资本货物或大型项目　　D.卖方可以获得出口融资

6.福费廷业务中的远期汇票应得到(　　)的担保。

A.进口商　　　　　　B.出口商　　　　　　C.进口方银行　　　D.出口方银行

7.福费廷商包买票据时买断的风险不包括(　　)。

A.欺诈风险　　　　　B.市场风险　　　　　C.商业风险　　　　D.汇率风险

8.在(　　)形式下对出口商开立的汇票没有追索权。

A.买方信贷　　　　　B.卖方信贷　　　　　C.福费廷　　　　　D.混合信贷

9.进口方银行为福费廷项下票据提供担保时出具的独立担保文件必须是(　　)。

A.不可撤销的　　　　B.无条件的　　　　　C.可转让的　　　　D.以上都是

10.福费廷主要运用于延期付款的(　　)等贸易中。

A.纺织品、食品、日用品　　　　　　　　B.成套设备、机器、飞机、船舶等

C.煤炭、石油、天然气　　　　　　　　　D.化妆品、奢侈品、药品

二、判断题(对的画"√",错的画"×")

1.福费廷业务适用于采用远期付款条件的贸易结算。　　　　　　　　　　　　(　　)

2.福费廷商只包买基于真实贸易背景开立的票据。　　　　　　　　　　　　　(　　)

3.福费廷业务只能对出口商提供融资作用,对进口商则是毫无融资作用的。　　(　　)

4.出口商使用福费廷业务导致进口商会承担较高的货物交易价格。　　　　　　(　　)

5.福费廷商以无追索权方式买断的是货物发票。　　　　　　　　　　　　　　(　　)

6.由于没有二级市场,所以通过福费廷业务收购的应收债权的流动性较差。　　(　　)

7.福费廷业务与一般贴现业务不同,它所涉及的分期支付票据期限最长可达数年。

(　　)

8.福费廷融资属于长期融资,主要适用于资本型货物贸易的融资需求。　　　　(　　)

9.我国最早办理保理服务的银行是中国银行。　　　　　　　　　　　　　　　(　　)

三、简述题

1.什么是福费廷? 福费廷业务的特点有哪些?

2.简述福费廷业务的一般业务流程。

3.福费廷对各方当事人的利弊如何?

4.福费廷与国际保理的异同体现在哪些方面?

5.国际结算方式选择的影响因素有哪些?

6.国际结算方式的综合应用有哪些组合方式?

四、案例分析题

1.某国 F 银行与 X 公司签订了福费廷协议。某年 10 月,F 银行收到 W 国 A 银行开来的 180 天远期信用证,受益人为该行客户 X 公司,金额为 41.3 万美元,装运期为 11 月 15 日。11 月 4 日,X 公司发货后,通过 F 银行将货运单据寄交开证行,以换取开证行 A 银行担保的远期承兑汇票。12 月 10 日,X 公司将 A 银行承兑汇票提交 F 银行包买。次年 2 月,W 国 A 银行突然倒闭,全部资金被政府冻结,致使 F 银行垫款无法收回,利益严重受损。请从本案中总结教训。

第十章

国际结算单据概述   ≫ ≫ ≫   ≫

【学习目标】
1. 掌握单据的作用和种类。
2. 了解制作单据的基本要求。
3. 学习《UCP600》关于单据的有关规定。

第一节   单据的作用

　　国际贸易是国与国之间商品的买卖,但在国际结算实务中却表现为与商品有关的单据的买卖。单据是贸易结算的核心,在国际结算中具有举足轻重的作用。跟单托收和信用证结算方式中单据分别是进口商和开证行付款的依据,汇款结算方式中单据虽然不是付款的依据,却依然是进口商提货的重要凭证。国际贸易货物的单据化,使商品买卖可以通过单据买卖来实现。出口商的交货通过交单来实现,进口商的付款根据单据来完成。单据代表了货物,单据的交接代表了货物的交接,单据的转让代表了物权的转让。国际结算是以商业银行为中介的间接结算,凭单据付款是现代国际结算的重要特点。商业银行在国际结算中只处理单据不处理货物。

　　国际结算中常见的单据有汇票、商业发票、海运提单、保险单据、原产地证书、检验证书等。不同的单据有不同的作用,例如汇票是支付凭证,发票是价格凭证,装箱单和重量单是计量凭证,海运提单是物权凭证,检验证书是质量凭证,保险单据是索赔凭证。在国际贸易中,出口商无论采用哪种结算方式,都必须向进口商提供相关的单据,通过单据实现收汇的目的。

一、单据体现了不同当事人之间的权责利益关系

　　在进出口交易中,出口商有按合同规定装运货物提交单据的义务,也有凭单据收取货款的权利。进口商有凭单付款的义务,也有凭单提货的权利。双方权利的大小取决于各自承担的责任和义务。具体而言,海运提单是承运人和托运人之间订立的海上货物运输合同的证明,体现了承运人和托运人之间的权利义务关系。保险单据是保险人和被保险人之间保险合同的证明,投保人必须按规定支付保费,保险人承担对合同约定的风险所造成的损失进

行赔偿的责任。因此,不同当事人之间的权利和义务关系通过单据来体现。

二、单据是当事人履行合同或义务的证明

单据是一种书面凭证,贸易合同的执行情况通过单据反映出来。出口商装运货物的品名、数量、规格等体现在商业发票上,质量体现在检验证书上。出口商只有在货物交承运人后才能取得海运提单,只有在为货物办理了保险以后才能取得保险单据,只有在货物经过检验以后才能取得检验证书。进口商只有履行了相关手续后才能取得进口许可证。单据是进出口商履约的证明。

三、单据是办理国际结算的基本工具

单据是出口商收汇和进口商付款的依据,也是银行办理国际结算和贸易融资的重要依据。在不同的国际结算方式中,银行处理单据的方式是不同的。在汇款结算方式下,银行不接触单据,出口商发货后,直接将单据寄给进口商,进口商委托银行将货款支付给出口商,单据是出口商交付货物的基础,也是进口商支付货款和提取货物的依据。在托收结算方式下,出口商将单据交给银行并委托银行代为收取货款,银行负责将收到的单据和托收指示中所列单据进行核对,如发现单据缺失或与托收指示中所列不符,应立即通知向其发出托收指示的一方,除此以外,托收业务中的银行没有审核单据内容的义务。在信用证结算方式下,银行与单据的关系最为密切。银行不仅负责传递单据,还必须审核单据的内容。只要受益人提交了"相符单据",即使实际装运的货物存在瑕疵,开证行仍然必须履行付款义务。开证行审核单据的依据是信用证及其相关的国际惯例。也就是说,单据内容要和信用证内容一致,单据和单据之间也要相互一致,信用证中没有规定的内容还必须符合国际惯例的规定。

第二节　单据的种类

国际结算中涉及的单据很多。每一笔国际结算要求提供的单据的种类取决于交易的性质、交易所涉及的商品和服务、交易双方之间的关系以及交易所涉及的国家。单据可以由出口商出具,如商业发票、装箱单、重量单,也可以由进口商出具,如客检证书,还可以由进出口商以外的第三方出具,如运输单据、保险单据和原产地证书。从不同的角度划分,单据可以有不同的分类。

一、根据单据的性质,单据可以分为金融单据、商业单据和官方单据

金融单据(Financial Documents)指汇票、本票、支票等代表货币的支付凭证,又称票据、资金单据。金融单据代表一种资金请求权,是出口商取得货款支付的重要凭证。

商业单据(Commercial Documents)指由出口商自制或其他与贸易有关的商业性服务企业签发的、说明有关商品情况的单据,如商业发票、装箱单、保险单、运输单据等。

官方单据(Official Documents)指由政府机关、社会团体、民间机构签发的各种证明文件。如领事发票、原产地证书、商检证书、普惠制产地证、出口许可证等。

二、根据单据的作用,单据可以分为基本单据和附属单据

基本单据(Fundamental Documents)是国际贸易结算中最基本的、必不可少的单据,主要指的是汇票、商业发票、运输单据和保险单据。他们是出口商履行合同的证明和收取货款的保证,也是进口商付款的依据和提取货物的保证。

附属单据(Supplementary Documents)是基本单据以外的其他单据,包括海关发票、原产地证书、检验证书、装船通知、装箱单和重量单等。他们根据不同国家、不同商品、不同客户的要求而决定是否需要提交。

第三节　制作单据的基本要求

单据制作的质量不仅反映出口商的制单水平,还关系到出口商能否安全及时地收回货款。单据上任何细小的差错,都可能造成经济上的巨大损失。原则上说单据制作应符合"准确、完整、及时、简明、整洁"的要求。

一、准确

准确是单据制作最基本的要求。一般情况下,单据内容应与合同条款相符。如果是采用信用证结算方式,则应做到与信用证及其相关国际惯例相一致。

二、完整

单据完整包括单据内容完整、份数完整、种类完整。每一种单据都有一定的格式、名称、项目、签章等方面的要求,一些必要项目缺失就会使单据内容不完整,遭到银行拒付。如果信用证要求提交"Signed Commercial Invoice",但受益人提交的商业发票却是没有签章的,或者是空白指示提单(Consigned To Order)未经托运人(Shipper)背书即提交都构成单据内容的不完整。此外,国际结算中提交的单据一般都是成套而不是单一的,单据的份数和种类都必须与合同或信用证要求一致。

三、及时

单据的时间性很强,必须及时制作并提交。所有单据必须在合同或信用证规定的时间内制作完成并提交到银行或直接交给进口商以便对方能及时提取货物。各种单据的签发日期要合理,不能互相矛盾,信用证结算方式下的交单必须掌握在交单期和信用证有效期内。例如运输单据的日期不得晚于信用证规定的最迟装运日期,保险单和检验证书的日期不得晚于运输单据的日期,汇票的出票日期应是全套单据中最迟的日期。如果信用证中规定了交单期,单据必须在规定的交单期和信用证有效期内提交,并以两者中先到的日期为准,如果信用证中没有规定交单期,根据 UCP600 第 14 条的规定,银行将不接受迟于装运日期后21 天提交的单据。对出口商而言,只有及时制单、交单才能及时收汇。

四、简明

单据的制作应力求使用标准化、规范化的格式，文字力求简单明了，内容排列整齐清晰，使人看了一目了然。

五、整洁

这是单据的外在美观度。单据内容应避免随意涂改，杂乱无章。如果要修改的内容较多，最好重新制作打印。当单据必须修改或更正时，应由单据签发人在更改处加盖更正章或简签。有些单据如 FORM A 产地证不允许有任何修改，必须符合相关规定。

第四节　UCP600 关于单据的有关规定

国际商会非常强调信用证业务的独立性，即信用证业务处理单据的原则。信用证是一份自足的文件，它独立于贸易合同；信用证业务处理的对象是单据，单据和货物是相分离的；信用证下开证行承担第一性的付款责任，开证行的付款责任独立于开证申请人的付款能力和付款意愿。《跟单信用证统一惯例》（UCP600）的多个条款反映了这些内容。

UCP600 第 4 条"信用证与合同"a 款指出"信用证就其性质而言是独立于可能作为其依据的销售合同或其他合同的交易。即使信用证中涉及该合同，银行亦与该合同完全无关，且不受其约束。"UCP600 第 5 条"单据与货物、服务或行为"规定："银行仅处理单据，而不是单据所涉及的货物、服务或其他行为。"

UCP600 第 7 条"开证行的责任"a 款规定"如果规定的单据被提交至被指定银行或开证行并构成相符单据，开证行必须付款"。第 8 条"保兑行的责任"a 款也做出了类似的表述："如果规定的单据被提交至保兑行或其他被指定银行并构成相符单据，保兑行必须付款。"UCP600 第 2 条对"相符单据"的定义是"与信用证条款、本惯例中适用的规定及国际标准银行实务相一致的单据"。UCP600 第 14 条 a 款指出："按照指定行事的被指定银行、保兑行（如有），以及开证行必须仅以单据为基础对提示的单据进行审核，并且以此决定单据是否在表面上与信用证条款构成相符交单。"此外，UCP600 第 3 条"解释"对单据的签署等内容做出下列规定："单据可以手签、影本签字、穿孔签字、图章、符号或任何其他的机械或电子证实方法签署；如果信用证要求单据履行某种法定手续、签证、得到某种证明、或类似上面三种情况的要求，那么，只要单据中注明了看似满足这样要求的签字、标记、印戳或者标签，上述要求即视为被满足。"

UCP600 第 34 条"对单据有效性的免责"又做出如下规定：

"银行对任何单据的形式、完整性、准确性、真实性、真伪性或法律效力，或对于单据中规定的或附加的一般性或特殊性条件，概不负责；银行对于任何单据所代表的货物、服务或其他履约行为的描述、数量、重量、质量、状况、包装、交货、价值或存在，或对于发货人、承运人、货运代理人、收货人、保险人或其他任何人的诚信、行为、疏忽、清偿能力、履约能力和信誉状况，也概不负责。"

　　此外,UCP600从第17条至第28条一共用了12个条款全面阐述单据。有关单据的条款占了总条款的30%以上,可见单据在信用证业务中的重要性。

　　总之,在信用证业务流程中,各有关当事人处理的仅仅是单据。只要受益人提交了"相符单据",银行就必须履行付款责任,货物的实际情况并不是银行关心的问题。反之,即使货物完全符合合同的规定,只要单据不符合信用证规定,银行就有权拒绝付款。信用证业务处理单据的原则并不意味出口商可以不按合同规定的品质和数量交货,因为违反合同,进口商还是可以通过法律手段向出口商索赔,维护自己的权益。

　　下面我们以具体的MT700格式的信用证以及该信用证项下提交的单据为例,讲解国际结算中涉及的主要单据的基本内容。首先学习跟单汇票、商业发票和保险单据,其次学习各类运输单据,再次学习各种附属单据,最后学习单据审核的基本方法。

　　信用证项下全套单证(一):

Formatted incoming SWIFT message MT

Own BIC/TID	:II:	ICBKCNBJXXX BIC identified as:
		INDUSTRIAL AND COMMERCIAL BANK OF CHINA, HEAD OFFICE OF BEIJING
		55 FUXINGMENNEIDAJIE BEIJING, CHINA
SWIFT Message Type	:MT:	700 Issue of Documentary Credit
Correspondents BIC/TID	:IO:	MBBTTWTP153 BIC identified as:
		TAIWAN BUSINESS BANK
		NO. 232,TZICHING RD. , SEC. 1,SAN-CHUNG CITY,
		TAIPEI HSIEN SANCHUNG,TAIWAN
Sequence of Total	:27:	1/1
Form of Documentary Credit	:40A:	IRREVOCABLE
Documentary Credit Number	:20:	9AUAN200121MF798
Date of Issue	:31C:	2008. 07. 31
Applicable Rules	:40E:	UCP LATEST VERSION
Date and Place of Expiry	:31D:	2008. 09. 30　IN CHINA
Applicant	:50:	KATO TRADING CO. LTD.
		DANSHUI TOWN, TAIPEI COUNTY, TAIWAN
Beneficiary	:59:	ZHEJIANG BLUESKY IMPORT AND EXPORT CO.
		LTD. 200 HEDONG ROAD, HANGZHOU, CHINA
Currency Code and Amount	:32B:	USD22,078. 00
Percentage Credit Amount Tolerance	:39A:	5/5
Available with…By… BY NEGOTIATION	:41D:	ANY BANK
Drafts at…	:42C:	DRAFT AT SIGHT
		FOR FULL INVOICE VALUE SHOWING THIS

DOCUMENTARY CREDIT NUMBER

Drawee	:42D: TAIWAN BUSINESS BANK
Partial Shipments	:43P: PROHIBITED
Transshipment	:43T: ALLOWED
Loading on Board/Dispatch/from···	:44E: ANY CHINA PORT
For Transportation to···	:44F: KEELUNG, TAIWAN
Latest Date of Shipment	:44C: 2008.09.15
Description of Goods and/or	:45A: CIF KEELUNG, TAIWAN

POLYESTER FILM

332,000 M2 AT USD0.0665/M2

TOTAL INVOICE VALUE USD22,078.00

Documents Required　:46A: +SIGNED COMMERCIAL INVOICE IN SIX COPIES INDICATING THIS CREDIT NUMBER.

+ FULL SET OF CLEAN ON BOARD MARINE BILLS OF LADING MADE OUT TO THE ORDER OF TAIWAN BUSINESS BANK NOTIFY APPLICANT, MARKED 'FREIGHT PREPAID' AND INDICATING THIS CREDIT NUMBER.

+ INSURANCE POLICY OR CERTIFICATE IN DUPLICATE, ENDORSED IN BLANK FOR 110 PERCENT OF INVOICE VALUE, STIPULATING THAT CLAIMS ARE PAYABLE IN TAIWAN IN THE SAME CURRENCY AND INCLUDING:

INSTITUTE CARGO CLAUSES-ALL RISKS

+SIGNED PACKING LIST IN 6 COPIES

+A CERTIFICATE OF ORIGIN ISSUED BY CHAMBER OF COMMERCE

+BENEFICIARY'S CERTIFICATE STATING THAT ONE COMPLETE SET OF NON-NEGOTIABLE DOCUMENTS HAVE BEEN AIRMAILED DIRECTLY TO THE APPLICANT

Additional Conditions　:47A: +CONTAINER SHIPMENT REQUIRED.

+5 PERCENT MORE OR LESS ON QUANTITY AND AMOUNT IS ACCEPTABLE.

+IN THE EVENT THAT DOCUMENTS PRESENTED

HEREUNDER ARE DETERMINED TO BE DISCREPANT, WE MAY SEEK A WAIVER OF SUCH DISCREPANCIES FROM THE APPLICANT. SHOULD SUCH A WAIVER BE OBTAINED, WE MAY RELEASE THE DOCUMENTS AND EFFECT PAYMENT, NOTWITHSTANDING ANY PRIOR COMMUNICATION TO THE PRESENTER THAT WE ARE HOLDING DOCUMENTS AT THE PRESENTER'S DISPOSAL, UNLESS WE HAVE BEEN INSTRUCTED BY THE PRESENTER PRIOR TO OUR RELEASE OF DOCUMENTS.

Charges	:71B: + ALL BANKING CHARGES EXCEPT L/C OPENING CHARGES IF ANY ARE FOR ACCOUNT OF BENEFICIARY.
Period for Presentation	:48: + DOCUMENTS MUST BE PRESENTED FOR NEGOTIATION WITHIN 15 DAYS FROM THE DATE OF SHIPMENT, BUT WITHIN THE VALIDITY OF THIS CREDIT.
Confirmation Instructions	:49: WITHOUT
Inst/Paying/Accpt/Negotiate	:78: + FOR REIMBURSEMENT: ON RECEIPT OF DOCUMENTS CONFORMING TO THE TERMS AND CONDITIONS OF THIS CREDIT, WE UNDERTAKE TO REIMBURSE THE NEGOTIATING BANK AT SIGHT IN ACCORDANCE WITH THEIR INSTRUCTIONS.
	+ NEGOTIATING BANK MUST FORWARD ALL DOCUMENTS TO OUR SOUTH SAN-CHUNG BRANCH NO. 232, TZICHING RD. , SEC. 1, SAN-CHUNG CITY, TAIPEI HSIEN, TAIWAN R. O. C. BY COURIER SERVICE IN ONE COVER.
"Advise Through" Bank	:57D: YOUR HANGZHOU BRANCH 90 QINGCHUN ROAD, HANGZHOU, ZHEJIANG 310003 CHINA
SWIFT	: ICBKCNBJZJP TELEX: 351025

BILL OF EXCHANGE（1）

No.　SJI05201A3　　　　　　　　　　　　Dated　September 12，2008

Exchange for　USD20,974.10　　　　　　　　　　HANGZHOU

At　＊＊＊＊＊＊　Sight of this FIRST of Exchange（SECOND of exchange being

unpaid）

　　pay to the order of the INDUSTRIAL AND COMMERCIAL BANK OF CHINA

　　the sum of U. S. DOLLARS TWENTY THOUSAND NINE HUNDRED SEVENTY

FOUR AND CENTS TEN ONLY

　　Drawn under L/C No. 9AUAN200121MF798　　Dated　July 31,2008

　　Issued by　TAIWAN BUSINESS BANK SANCHUNG

　　Value received　AS PER INV. NO. SJI05201A3

TO TAIWAN BUSINESS BANK

　　SANCHUNG

　　　　　　　　　　　　　　浙江蓝天进出口有限公司

　　　　　　　　　　　ZHEJIANG BLUESKY IMPORT AND EXPORT CO. LTD.

　　　　　　　　　　　　　　　于文龙

　　　　　　　　　　　　　Authorized Signature

浙江蓝天进出口有限公司

ZHEJIANG BLUESKY IMPORT AND EXPORT CO. LTD.

ADD：200 HEDONG ROAD，HANGZHOU，CHINA

COMMERCIAL INVOICE

Invoice No. SJI05201A3

L/C No. 9AUAN200121MF798

Date SEP. 4, 2008

KATO TRADING CO. LTD.

DANSHUI TOWN，TAIPEI COUNTY，TAIWAN

From   SHANGHAI, CHINA   To   KEELUNG，TAIWAN

唛头数量及品名 Marks Quantity and Descriptions	单价 Unit Price	总价 Amount
N/M	CIF KEELUNG，TAIWAN	
POLYESTER FILM		
315,400M2	USD0. 0665/M2	USD20,974. 10

TOTAL N. W. 11012. 00KGS		USD20,974. 10

浙江蓝天进出口有限公司

ZHEJIANG BLUESKY IMPORT AND EXPORT CO. LTD.

于文龙

浙江蓝天进出口有限公司

ZHEJIANG BLUESKY IMPORT AND EXPORT CO. LTD.

ADD：200 HEDONG ROAD，HANGZHOU，CHINA

PACKING LIST

Invoice No. SJI05201A3

L/C No. 9AUAN200121MF798

Date SEP. 4，2008

KATO TRADING CO. LTD.

DANSHUI TOWN，TAIPEI COUNTY，TAIWAN

Commodity： POLYESTER FILM

数量 Quantity	净重 Net Weight	毛重 Gross Weight	尺码 Measurement
315,400M2 (38 ROLLS)	11012.00KGS	11500.00KGS	18CBM

浙江蓝天进出口有限公司

ZHEJIANG BLUESKY IMPORT AND EXPORT CO. LTD.

于文龙

BILL OF LADING FOR COMBINED TRANSPORT AND PORT TO PORT SHIPMENTS

Shipper ZHEJIANG BLUESKY IMPORT AND EXPORT CO.LTD.		Bill of Lading No SITSHKEGL02065
		WSKEE06933037
Consignee TO THE ORDER OF TAIWAN BUSINESS BANK		**WISDOM LOGISTICS CO.,LTD.**
		Combined Transport BILL OF LADING

WISDOM LOGISTICS CO.,LTD.

Combined Transport BILL OF LADING

Received in external apparent good order and condition except as otherwise noted. The total number of packages or units stuffed in the container. the description of the goods and the weights shown in this Bill of Lading are furnished by the shipper and which the carrier has no reasonable means of checking and is not part of this Bill of Lading.
The shipper and the consignee and other merchants agree to be bound by terms and conditions of this Bill of Lading as if each had personally signed this Bill of Lading.

Notify Party KATO TRADING CO.LTD	party to contact for cargo release PRO-IN CO., LTD. TEL:00886 22523 4368 PAX:00886 22521 8994 ATTN:MISS CINDY CHLANG ADDR:3F, NO.88 NANKING E. RD., SEC. 2 TAIPEI, TAIWAN CITY, TAIWAN

Pre-Carriage by		
Vessel SITC SHANGHAI V.307S	Voy. No.	Port of loading, SHANGHAI,CHINA
Port of Discharge KEELUNG,TAIWAN		

Container,Seal No,& Marks & Nos.	Number & Kind of Packages	Kind of Packages; Description of Goods PARTICULARS OF GOODS ARE THOSE DECLARED BY SHIPPER	Gross Weight	Measurement
SITU2979723/1004892/20'GP	38 ROLLS	SHIPPER'S LOAD COUNT AND SEAL	11500.00 KGS	18.000 CBM
N/M		L/C:9AUAN200121MF798 25U POLYESTER FILM 315, 400M2		
		CY-CY　　FREIGHT PREPAID		
TOTAL NUMBER OF CONTAINERS OR PACKAGES OR UNITS(In words)		SAY THIRTY EIGHT ROLLS ONLY.	**ORIGINAL**	

FREIGHT & CHARGES	R/TONS	FRT RATE	PER	M/T CBM	PKG	TEU FEU	Prepaid	Collect
							TOTAL	

Ex.Rate	Prepaid at	Payable at	Place of B(s)/L Issue SHANGHAI	Dated
	Total Prepaid	Number of Original B(s)/L THREE(3)	WISDOM LOGISTICS CO.,LTD.	
Date	SHIPPED ON BOARD BY		for carrier	

10 SEP 2008

NO. A00043653

IN WITNESS where of the number of original Bills of Lading stated left have been signed, one of which being accomplished. the otherls, tobe void

(TERMS CONTINUED ON BACK HEREOF)

PICC 中国人民财产保险股份有限公司
PICC Property and Casualty Company Limited

总公司设于北京　　一九四九年创立
Head Office Beijing　　Established in 1949

货物运输保险单
CARGO TRANSPORTATION INSURANCE POLICY

发票号(INVOICE NO).^{LIAH} SJI05201A3
合同号(CONTRACT.NO.)
信用证号(L/C NO.): 9AUAN200121MF798
被保险人
INSURED: ZHEJIANG BLUESKY INPORT AND EXPORT CO.LTD.

保单号次　　PYIE200633160000022288
POLICY NO.NO.HW38H/

中国人民财产保险股份有限公司(以下简称本公司)根据被保险人的要求,由被保险人向本公司缴付约定的保险费,按照本保险单承保险别和背面所载条款与下列特款承保下述货物运输保险,特立本保险单。

标 记 MARKS & NOS	包装及数量 QUANTITY	保险货物项目 DESCRIPTION OF GOODS	保险金额 AMOUNI NSURED
AS PER INVOICE NO.SJI05201A3	11012 KGS	POL YESTER FILM 38ROLLS,315400M2	USD23072.00

总保险金额:
TOTAL AMOUNT INSURED: USD TWENTY THREE THOUSAND AND SEVENTY TWO ONLY

保费: AS ARRANGED
PREMIUM:

启运日期: AS PER B/L
DATE OF COMMENCEMENT:

装载运输工具: SITC SHANGHAI V.307S
ER CONVEYANCE:

自 SHANGHAI,CHINA
FROM

经
VIA

至 KEELUNG,TAIWAN
TO

承保险别:
CONDITIONS: COVERING INSTITUTE CARGO CLAUSES,ALLRISKS

所保货物,如发生保险单项下可能引起索赔的损失或损坏,应立即通知本公司下述代理人查勘。如有索赔,应向本公司提交保单正本(本保险单共有 2 份正本)及有关文件。如一份正本已用于索赔,其余正本自动失效。
IN THE EVENT OF LOSS OR DAMAGE WHICH MAY RESULT IN A CLAIM UNDER THIS POLICY,IMMEDIATE NOTICE MUST BE GIVEN TO THE COMPANY'S AGENT AS MENTIONED HEREUNDER CLAIMS. IF ANY, ONE OF THE ORIGINAL POLICY WHICH HAS BEEN ISSUED IN ___ TWO ___ ORIGINAL(S)TOGETHER WITH THE RELEVANT DOCUMENTS SHALL BE SURRENDERED TO THE COMPANY IF ONE OF THE ORIGINAL POLICY HAS BEEN ACCOMPLISHED THE OTHERS TO BE VOID:

SURVEY TO BE CARRIRD OUT BY A LOCAL
COMPETENT SURVEYOR.CLAIM DOCUMENTS TO BE
MAILED TO THE UNDERWRITER, WE SHALL BFFECT
PAYMENT BY REMITTANCE TO THE CLAIMANE.

中国人民财产保险股份有限公司 杭州市分公司
PICC Property and Casualty Company Limited,Hangzhou Branch

Authorized Signature

赔款偿付地点:
CLAIM PAYABLE AT TAIWAN IN USD
出单日期:
ISSUING DATE Sep.04,2008

ORIGINAL

1. Exporter ZHEJIANG BLUESKY IMPORT AMD EXPORT CO.LTD.	Certificate No. **CCPIT 051821854** 06C330IB0011/00375* **CERTIFICATE OF ORIGIN** **OF** **THE PEOPLE'S REPUBLIC OF CHINA**
2. Consignee TO THE ORDER OF TAIWAN BUSINESS BANK	
3. Means of transport and route FROM SHANGHAI TO KEELUNG BY SEA	5. For certifying authority use only CHINA COUNCIL FOR THE PROMOTION OF INTERNATIONAL TRADE IS CHINA CHAMBFR OF INTERNATIONAL COMMERCE
4. Country / region of destination TAIWAN PROVINCE OF CHINA	

6. Marks and numbers	7. Number and kind of packages; description of goods	8. H.S.Code	9. Quantity N. WEIGHT	10. Number and date of invoices
N/M	THIRTY EIGHT (38) ROLLS OF POLYESTER FILM 315, 400M2 L/C NO. 9AUAN20012MF798 **	39206200.30	11012.00KGS	SIJ0S201A3 SEP. 4,2008

11. Declaration by the exporter	12. Certification
The undersigned hereby declares that the above details and statements are correct, that all the goods were produced in China and that they comply with the Rules of Origin of the People's Republic of China. 浙江蓝天进出口有限公司 于文龙 ZHEJIANG BLUESKY IMPORT AND EXPORT CO. LTD. HANGZHOU CHINA SEP.7,2008 --- Place and date, signature and stamp of authorized signatory	It is hereby certified that the declaration by the exporter is correct. HANGZHOU CHINA SEP.7,2008 --- Place and date, signature and stamp of certifying authority

浙江蓝天进出口有限公司

ZHEJIANG BLUESKY IMPORT AND EXPORT CO. LTD.

ADD：200 HEDONG ROAD，HANGZHOU，CHINA

Invoice No. SJI05201A3

L/C No. 9AUAN200121MF798

Date SEP. 4，2008

BENEFICIARY'S CERTIFICATE

ONE COMPLETE SET OF NON-NEGOTIABLE DOCUMENTS HAVE BEEN

AIRMAILED DIRECTLY TO THE APPLICANT.

浙江蓝天进出口有限公司

ZHEJIANG BLUESKY IMPORT AND EXPORT CO. LTD.

于文龙

信用证项下全套单证(二):

OUR REFERENCE NO. AV332251300078

Sent	:ID:	2013.01.07 16:56
Reveived	:OD:	2013.01.07 23:56
Own BIC / TID	:II:	ICBKCNBJAZJP
SWIFT Message Type	:MT:	700 Issue of Documentary Credit
Correspondents BIC / TID	:IO:	BAPPIT22AXXX
:SN:	:SN:	2423793569
Optional Message User Reference	:108:	H1301072272205700
Sequence of Total	:27:	1/1
Form of Documentary Credit	:40A:	IRREVOCABLE TRANSFERABLE
Documentary Credit Number	:20:	H4734CI000900/13
Date of Issue	:31C:	2013.01.07
Applicable Rules	:40E:	UCP LATEST VERSION
Date and Place of Expiry	:31D:	2013.01.29 ROMA, ITALY
Applicant	:50:	TROPHEE S.R.L.
		VIA MONTELEONE DI FERMO 23
		00156 ROMA
Beneficiary Customer	:59:	/1202 0211 09 814503622
		HARBOUR STAR LIMITED
		22/B HUA MIN EMPIRE PLAZA
		N. 726, YAN AN BD (W)
		200050 SHANGHAI CITY (CHINA)
Currency Code, Amount	:32B:	USD 85,355.00
Percentage Credit Amount Tolerance	:39A:	5/5
Available with ... By ...	:41A:	BAPPIT22
		BY DEF PAYMENT
Deferred Payment Details	:42P:	AT 60 DAYS AFTER BILL OF LADING
		'ON BOARD' DATE
Partial Shipments	:43P:	PERMITTED
Transshipment	:43T:	NOT PERMITTED
Port of Loading/Airport of Departure	:44E:	SHANGHAI PORT AND/OR AIRPORT
Port of Discharge/Airport of Destination	:44F:	NAPLES PORT AND ROMA/FIUMICINO AIRPORT
Latest Date of Shipment	:44C:	2013.01.08
Description of Goods and/or Services	:45A:	

```
4250 PCS (+/- 5 PCT.) OF  MEN'S LONG AND SHORT PANTS MARKS PAUL
TAYLOR AS PER FOLLOWING DETAILS:
ART. PCPS13 00004 FABRIC 5028/T   1700 PCS AT USD 18,20/PC
ART. PCPS13 00005 FABRIC B10095/T  400 PCS AT USD 18,40/PC
ART. PCPS13 00006 FABRIC 6011      1000 PCS AT USD 17,50/PC
ART. BCPS13 00001 FABRIC 216       1150 PCS AT USD 16,10/PC
AS PER PROFORMA INVOICE NO. ARCO/2012/038 DATED 2012-12-20
```

```
 600 PCS (+/- 5 PCT.) OF MEN'S LONG PANTS MARK PAUL TAYLOR AS PER
FOLLOWING DETAILS:
ART. PCPS13 00005 FABRIC B10095/ AT USD 18,40/PC
AS PER PROFORMA INVOICE NO. ARCO/2012/062 DATED 2012-12-21
```

Formatted incoming message MT 700 H4734CI000900/13 1/1 BAPPIT22AXXX /
SWIFT

Viewer

GOODS DELIVERED FOB SHANGHAI PORT AND/OR AIRPOR (INCOTERMS 2010)

Documents Required : 46A:

1) HAND SIGNED AND DATED COMMERCIAL INVOICE
2) WEIGHT/MEASUREMENT LIST
3) PACKING LIST
4) FOR SHIPMENT BY SEA:
   FULL SET CLEAN ON BOARD NEGOTIABLE MARINE/OCEAN BILL OF
   LADING MADE OUT TO ORDER, BLANK ENDORSED, MARKED FREIGHT
   COLLECT AND NOTIFY:
   TROPHEE SRL, VIA MONTELEONE DI FERMO 23, ROMA ITALY
5) FOR SHIPMENT BY AIR:
   AIR WAYBILL (AWB) (ORIGINAL NO.3 FOR SHIPPER), EVIDENCING:
. - FREIGHT COLLECT
. - CONSIGNEE: TROPHEE S.R.L.
                VIA MONTELEONE DI FERMO N.23 - ROMA
. - FLIGHT NUMBER AND DATE.
6) COPY OF CERTIFICATE OF CHINA ORIGIN ISSUED BY COMPETENT
   AUTHORITIES
7) FOR SHIPMENT BY AIR:
   BENEFICIARY'S SIGNED DECLARATION STATING THAT ORIGINAL OF
   CERTIFICATE OF ORIGIN, OF COMMERCIAL INVOICE AND OF PACKING
   LIST ACCOMPANY THE GOODS
8) BENEFICIARY'S SIGNED DECLARATION STATING THAT PRE-SHIPPING
   SAMPLES IN SIZE 46 FOR EACH MODEL AND COLOR AS PER PROFORMA
   INVOICES NO. ARCO/2012/038 DTD. 20/12/2012 AND
   NO. ARCO/2012/062 DTD. 21/12/2012 HEV BEEN SENT TO TROPHEE
   S.R.L. BY DHL COURIER WITHIN ONE WEEK BEFORE SHIPMENT DATE/S
   AND THAT THE SAME HAVE BEEN ACCEPTED BY THEM

Additional Conditions : 47A:

A) IF DOCUMENTS ARE PRESENTED WITH DISCREPANCY/IES, A
   DISCREPANCY/IES FEE OF USD 130 WILL BE DEDUCTED FROM PROCEEDS
B) TOLERANCE OF FIVE PERCENT MORE OR LESS IN QUANTITY AND AMOUNT
   ACCEPTABLE
C) ONLY TWO PARTIAL SHIPMENT ALLOWED

Details of Charges : 71B: ALL COMMISSION AND CHARGES OUTSIDE
                             ITALY ARE FOR BENEFICIARY'S ACCOUNT

Period for Presentation : 48: 21 DAYS

Confirmation Instructions : 49: WITHOUT

Inst/Paying/Accpt/Negotiate Bank : 78:

AT MATURITY, PROVIDED THAT ALL CREDIT TERMS AND CONDITIONS HAVE
BEEN COMPLIED WITH, WE SHALL CREDIT REMITTING BANK ACCORDING TO
THEIR INSTRUCTIONS WITH VALUE TWO WORKING BANKING DAYS.
IF MATURITY IS A NON WORKING BANKING DAY THE PAYMENT WILL BE
POSTPONED TO THE NEXT DAY AVAILABLE
. --- ++ ---
DOCUMENTS TO BE SENT BY DHL OR SIMILAR SPECIAL COURIER TO:
BANCO POPOLARE - DIVISIONE BPN
VIA NEGRONI 12 - 28100 NOVARA (NO) ITALY

Sender to Receiver Information : 72: /REC/PLS.ACK.RCPT.BY MT730

Trailer : -: -

MAC : MAC: 00000000

HARBOUR STAR LIMITED

22/B HUA MIN EMPIRE PLAZA,726 YAN AN RD(W)

200050 SHANGHAI CITY CHINA

Messers :
Trophee S.r.l

Via monteleone di Fermo,23

00156 Roma

Commercial invoice

invoice number	HS13-025
date	2013-1-12
Page	1/1
L/C NO.	H4734CI000900/13
Ref. Proform n°	ARCO/2012/038

Shipped by	BY SEA
From	SHANGHAI PORT
To	ITALY
Terms shipment	FOB SHANGHAI
Origin of goods	CHINA

Description of goods	Articolo	fabric	composiztion	Unit pcs.		Unit price	curren	Amount
MEN'S LONG PANTS	PCPS13 00004	5028/T	97%COTTON3%ELASTANE	1429	PCS	18.20	US$	26,007.80
MEN'S LONG PANTS	PCPS13 00005	B10095/T	97%COTTON3%ELASTANE	398	PCS	18.40	US$	7,323.20
MEN'S LONG PANTS	PCPS13 00006	6011	45%COTTON55%LINE	992	PCS	17.50	US$	17,360.00
MEN'S SHORT PANTS	BCPS13 00001	216	100%COTTON	1191	PCS	16.10	US$	19,175.10
shipment samples style PCPS13 00004 6pcs price:18.20total=							US$	109.20
shipment samples style PCPS13 00005 4pcs price:18.40total=							US$	73.60
shipment samples style PCPS13 00006 4pcs price:17.50total=							US$	70.00
shipment samples style BCPS13 00001 5pcs price:16.10total=							US$	80.50

DHL 77 4109 4174

For and on behalf of
HARBOUR STAR LIMITED
港 星 有 限 公 司

Authorised Signature(s)

AS PER PROFORMA INVOICE NO. ARCO/2012/038 DATED 2012-12-20

GOODS DELIVERED FOB SHANGHAI PORT AND/OR AIRPOR (INCOTERMS 2010)

MADE IN CHINA

Total pcs :	4010 PCS	Total box :	235 CNTS	Amount invoice :	US$70,199.40
				Currency : US$	

Terms of Payment

Our bank refore Bank swift code ICBKCNBJZJP
Bank : Icbc hangzhou branch
ADD Industrial and Commercial Bank of China,90 Qingchun
Road,Hangzhou,Zhejiang 310003 P.R.China
Account 1202 0211 09 814503622(usd settlement account
Account 1202 0211 09 838500687(eur settlement account

note:Please check the goods at once,if no problem is reported within 14 days from the shipment date for delivery by air
and 40 days from the shipment day for delivery by sea,all goods will be considered correct and any complaints will be accepted

HARBOUR STAR LIMITED

22/B HUA MIN EMPIRE PLAZA,726 YAN AN RD(W)

200050 SHANGHAI CITY CHINA

Messers :

Trophee S.r.l

Via monteleone di Fermo,23

00156 Roma

PACKING LIST

invoice number	HS13-025
date	2013-1-12
Page	1/1
TOT. CTNS	235 CTNS
tot mesurements	15 CBM

Shipped by	BY SEA
From	SHANGHAI PORT
To	ITALY
Terms shipment	FOB SHANGHAI
Origin of goods	CHINA

Marks	Description	Articolo	fabric	composition	quantity ctns	mesurements CM	G.W kg	N.W kg
N/M	MEN'S LONG PANTS	PCPS13 00004	5028/T	97%COTTON3%ELASTANE	92	57*37*30	1030	938
N/M	MEN'S LONG PANTS	PCPS13 00005	B10095/T	97%COTTON3%ELASTANE	25	57*37*30	287	262
N/M	MEN'S LONG PANTS	PCPS13 00006	6011	45%COTTON55%LINE	54	57*37*30	672	618
N/M	MEN'S SHORT PANTS	BCPS13 00001	216	100%COTTON	64	57*37*30	479	415

For and on behalf of

HARBOUR STAR LIMITED

港　星　有　限　公　司

Authorised signature(s)

note :

For account and risk of messrs

L/C NO:H4734CI000900/13

total box:	235	CTNS	Total kg :	2468	KG

HARBOUR STAR LIMITED

22/B HUA MIN EMPIRE PLAZA,726 YAN AN RD(W)

200050 SHANGHAI CITY CHINA

Messers

Trophee S.r.l

Via monteleone di Fermo,23

00156 Roma

WEIGHT LIST

invoice number	HS13-025
date	2013-1-12
Page	1/1
TOT. CTNS	235 CTNS
tot mesurements	15 CBM

Shipped by	BY SEA
From	SHANGHAI PORT
To	ITALY
Terms shipment	FOB SHANGHAI
Origin of goods	CHINA

Marks	Description	Articolo	fabric	composition	quantity ctns	mesurements CM	G.W kg	N.W kg
N/M	MEN'S LONG PANTS	PCPS13 00004	5028/T	97%COTTON3%ELASTANE	92	57*37*30	1030	938
N/M	MEN'S LONG PANTS	PCPS13 00005	B10095/T	97%COTTON3%ELASTANE	25	57*37*30	287	262
N/M	MEN'S LONG PANTS	PCPS13 00006	6011	45%COTTON55%LINE	54	57*37*30	672	618
N/M	MEN'S SHORT PANTS	BCPS13 00001	216	100%COTTON	64	57*37*30	479	415

For and on behalf of

HARBOUR STAR LIMITED

港　星　有　限　公　司

Authorised Signature(s)

note :

For account and risk of messrs

L/C NO:H4734CI000900/13

total box:		Total kg :	
235	CTNS	2468	KG

Consignor JIAXING ZHENZHOU GARMENTS CO.,LTD NO.1388 XING PING ER ROAD PING HU ECONOMIC DEVELOPMENT ZONE TEL:86-573-85630995 FAX:86-573-85631888	B/L No.　SMFS13-00055 NEGOTIABLE COMBINED TRANSPORT BILL OF LADING issued subject to ICC Uniform Rules for a Combined Transport Document (ICC publication 298)

Consigned to order of
TO ORDER

Notify address
TROPHEE SRL,VIA MONTELEONE DI FERMO 23,ROMA ITALY

Multifreight (China) Ltd.
Room 23/F.D Qianjiang Tower,
No. 971 Dongfang Road. Pudong. Shanghai 200122 China
Tel: (21) 3126 5230 Fax : (21) 63809009

	Place of receipt	
Ocean vessel　v.FD301R MSC BETTINA	Port of loading SHANGHAI	
Port of discharge NAPLES	Place of delivery NAPLES	

Marks and numbers	Number and kind of packages	Description of goods	Gross weight	Measurement

PART OF MEDU3901495/FEX4028162/20'/CY/CY

| N/M | 235
CARTON(S) | SAID TO CONTAIN : -
MEN'S LONG PANTS
MEN'S SHORT PANTS | 2468.000 | 15.000 |

L/C:H4734CI000900/13

177MLHLHS41368

ORIGINAL

SHIPPED ON BOARD

MULTIFREIGHT(CHINA).LTD

"FREIGHT COLLECT"　　　　　SHIPPED ON BOARD :Jan 14,2013

TOTAL : TWO HUNDRED THIRTY-FIVE(235) CARTON(S) ONLY

according to the declaration of the consignor

The goods and instructions are accepted and dealt with subject to the Standard Conditions printed overleaf.
Taken in charge in apparent good order and condition, unless otherwise noted herein, at the place of receipt for transport and delivery as mentioned above.
One of these Combined Transport Bills of Lading must be surrendered duly endorsed in exchange for the goods. In Witness whereof the original Combined Transport
Bills of Lading all of this tenor and date have been signed in the number stated below, one of which being accomplished the other(s) to be void.

Freight amount	Freight payable at DESTINATION	Place and date of issue Jan 14,2013
Cargo Insurance throught the undersigned ☐ not covered ☐ Covered according to attached Policy	Number of Original BL's THREE (3)	Stamp and signature For and on behalf of MULTIFREIGHT (CHINA)LTD
For delivery of goods please apply to: BARBARINI & FOGLIA S.R.L. VIA PORTUENSE, 1555 - COMMERCITY N48/50 00148 PONTE GALERIA, ROME ATTN.MR. UMBERTO VACCARO TEL:3906658611 FAX:39066586130	MSC	Agent For The Carrier

COPY

1. Exporter JIA XING ZHEN ZHOU GARMENTS CO.,LTD NO. 1388. XINGPING ER ROAD,PINGHU ECONOMIC DEVELOPMENT ZONE ZHEJIANG CHINA	Certificate No.　C133307109220033
2. Consignee TROPHEE SRL VIA MONTELEONE DI FERMO 21/23 ROMA 00156(ITALY)	**CERTIFICATE OF ORIGIN** **OF** **THE PEOPLE'S REPUBLIC OF CHINA**
3. Means of transport and route FROM SHANGHAI CHINA TO NAPLES ITALY BY SEA	5. For certifying authority use only
4. Country / region of destination ITALY	

6. Marks and numbers N/M	7. Number and kind of packages;description of goods	8. H.S.Code	9. Quantity	10. Number and date of invoices
	ONE HUNDRED AND SEVENTEEN (117) CTNS OF MEN'S LONG PANTS	62.03	1827PCS	HS13-025 JAN. 12,2013
	FIFTY FOUR (54) CTNS OF MEN'S LONG PANTS	62.03	992PCS	
	SIXTY FOUR (64) CTNS OF MEN'S SHORT PANTS *** *** *** *** *** REMARKS:L/C:H4734CI000900/13	62.03	1191PCS	

| 11: Declaration by the exporter
　The undersigned hereby declares that the above details and statements are correct, that all the goods were produced in China and that they comply with the Rules of Origin of the People's Republic of China.

嘉兴震洲服装有限公司
JIAXING ZHENZHOU GARMENTS CO.,LTD

JIAXING CHINA. JAN. 12,2013
0000083677129
‐‐‐
Place and date, signature and stamp of authorized signatory | 12. Certification
　It is hereby certified that the declaration by the exporter is correct.

JIAXING, CHINA.JAN. 12,2013
‐‐
Place and date, signature and stamp of certifying authority |

AQSIQ 120131131

HARBOUR STAR LIMITED

22/B HUA MIN EMPIRE PLAZA,726 YAN AN RD(W)
200050 SHANGHAI CITY CHINA

DECLARATION

WE CERTIFYING THAT PRE-SHIPPING

SAMPLES IN SIZE 46 FOR EACH MODEL AND COLOR AS PER

PROFORMA

INVOICES NO. ARCO/2012/038 DTD. 20/12/2012 AND

NO. ARCO/2012/062 DTD. 21/12/2012 HEV BEEN SENT TO

TROPHEE S.R.L. BY DHL COURIER WITHIN ONE WEEK

BEFORE SHIPMENT DATE/S AND THAT THE SAME HAVE

BEEN ACCEPTED BY THEM

L/C: H4734CI000900/13

For and on behalf of
HARBOUR STAR LIMITED
港 星 有 限 公 司

Authorised Signature(s)

HARBOUR STAR LIMITED

DATE: JAN.12.2013

ANTI-MOULD DECLARATION

RE:INVOICE NO.: HS13-025
RE L/C NO: H4734CI000900/13

WE HEREBY CERTIFY THAT THE SHPMENT COVERED BY THE
CAPTIONED INVOICE DOES NOT CONTAIN ANY ANTI MOULD
BAGS.

For and on behalf of
HARBOUR STAR LIMITED
港 星 有 限 公 司

....
Authorised Signature(s)

⌂▷【案例 10.1】 货物与合同不符案

案情介绍

出口商 A 向进口商 B 出口一批货物,分两批交付,分别开立两份信用证,其中合同中的检验条款规定如下:进口商 B 有权在货到目的港后对货物进行复验,如所交货物与合同规定不符,买方凭商检机构出具的检验证书向出口商 A 索赔。这笔交易开始时非常顺利。进口商 B 向开证行 C 为第一批货物申请开证,出口商发货。在第一批货物到达目的港之前,进口商 B 又根据合同的规定开立第二份信用证。但是当第一批货物到港后,进口商 B 发现此批货物与合同严重不符,随即要求开证行拒付第二张信用证项下的款项,但是遭到了开证行的拒绝。开证行在审议议付行提交的单据与信用证规定无误后,将款项支付给议付行。当开证行向进口商 B 提示付款时,遭到了他的拒绝。试问:进口商 B 有无理由拒付?

案情分析

本案例中,进口商 B 没有理由拒付。案例的重点在于必须明确认识开证行的主要职责以及合同与信用证之间的关系。首先,根据 UCP600 中对开证行责任的描述,开证行仅对信用证表面做到单单一致和单证一致,而不对货物进行处理。只要出口商提供了符合信用证要求的单据,开证行就必须向出口商履行付款责任。其次,信用证以合同为基础开立,但一经开立就独立于原合同,银行按照信用证的规定行事,而对于交货品质方面的争议应由进口商根据合同相关条款的规定向出口商进行索赔。因此进口商没有理由向开证行拒付。

(选自石玉川、徐进亮主编的《进出口交易惯例与案例》,中国纺织出版社,2008)

⌂▷【本章小结】

现代国际结算是凭单付款,单据在国际结算中起着重要作用,对进出口商和银行来说都具有特殊的意义。单据体现了不同当事人之间的权责利益关系;单据是当事人履行合同或义务的证明;单据是办理国际结算的基本工具。根据单据的性质,单据可以分为金融单据、商业单据和官方单据;根据单据的作用,单据可以分为基本单据和附属单据。

单据制作必须符合"准确、完整、及时、简明、整洁"的要求。UCP600 关于单据有很多相关规定,并首次提出"相符单据"这一概念,它指的是"与信用证条款、本惯例中适用的规定及国际标准银行实务相一致的单据"。受益人获得信用证项下款项的前提是向银行提交"相符单据"。

⌂▷【课后练习】

一、名词解释

金融单据 商业单据 官方单据

二、选择题

1.单证缮制必须做到正确、完整、及时、简明和整洁,其中(　　)是单证工作的前提。

A.正确 B.完整 C.及时 D.简明

2.在信用证项业务中,各有关方面当事人处理的是( )。

A.单据　　　　B.货物　　　　C.服务　　　　D.其他行为

3.非信用证支付方式下制单和审单的首要依据是( )。

A.信用证　　　　　　　　B.贸易合同

C.相关国际惯例　　　　　D.货物

4.国际贸易单证工作的基本环节包括( )。

A.审证　　　　B.制单　　　　C.审单　　　　D.交单

E.归档

5.制作国际贸易单证的基本要求是( )。

A.正确　　　　B.完整　　　　C.及时　　　　D.简明

E.整洁

6.信用证业务中,银行处理单据时主要关注( )。

A.单据与货物相符　　　　　　B.单据与贸易合同相符

C.单据与单据相符　　　　　　D.单据与信用证相符

E.单据与有关国际惯例相符

7.国外开来的不可撤销信用证规定,汇票的付款人为开证行,货物装船完毕,受益人闻悉申请人已破产倒闭,则( )。

A.由于申请人破产,货款将落空

B.开证行得悉申请人破产后,即使货已装船,仍可撤回信用证,受益人未能取得货款

C.只要单证相符,受益人仍可从开证行取得货款

D.待申请人财产清算后方可收回货款

8.在托收方式下,单据的制作通常以( )为依据。

A.贸易合同　　　　B.信用证　　　　C.发票　　　　D.提单

9.根据单证的用途划分,下列属于官方单据的是( )。

A.商业发票　　　　B.报关单　　　　C.产地证　　　　D.保险单

10.以下关于单证清晰要求的表述中,错误的是( )。

A.必须注明合同和信用证号码　　　B.内容记载清楚、简洁、明了

C.单证表面清洁、美观、大方　　　　D.单证格式力求标准化和规范化

三、判断题

1.在跟单托收结算方式中,银行不仅负责传递单据,还必须审核单据的内容。 ( )

2.在信用证结算方式中,银行和单据之间的关系最为密切。银行不仅负责传递单据,审核单据,还要凭单付款。 ( )

3.在国际结算中,货物是贸易双方进行结算的基础和依据。 ( )

4.除交单到期日以外,每个要求运输单据的信用证还应规定一个运输单据出单日期后必须交单付款、承兑的特定期限,银行一般拒收迟于运输单据出单日期21天提交的单据。 ( )

5.信用证项下单证不符,开证行可以拒付货款;托收项下单据不符,买方可以拒付货款。 ( )

6.信用证业务中,银行既处理单据,也处理与单据有关的货物、服务或履约行为。

　　　　　　　　　　　　　　　　　　　　　　　　　　　　　　　(　)

7. 银行对于信用证未规定的单据将不予审核。　　　　　　　　(　)

四、案例题

　　美国一家银行开出了一份总额为 50 万美元的不可撤销信用证,受益人为我国一家进出口公司。付款条件是 75% 即期付款,25% 货到后 45 天付款。我公司交单后,单证相符,开证行付了 75% 的货款(计 37.5 万美元),货到 45 天后,开证行以开证申请人声称货物质量欠佳为由拒付其余 25% 的货款。请问开证行的拒付是否合理?

五、简答题

　　1.单据在国际贸易结算中有哪些作用?

　　2.单据制作有哪些基本要求?

　　3.国际结算中使用的单据有哪些不同的种类?

　　4.UCP600 对单据做了哪些相关规定?

　　5.什么是"相符单据"?

　　6.简述在不同的国际结算方式下银行和单据之间的关系。

第十一章

国际结算单据(一)

>>>　>

【学习目标】

1. 了解信用证方式下的汇票、商业发票和保险单据的主要内容。

2. 掌握跟单汇票、商业发票和保险单据的缮制方法。

第一节　跟单信用证下的汇票

一、跟单信用证下汇票的性质

汇票属于票据范畴,是一种金融单据,它是国际结算中使用最广泛的票据,也是信用证业务中使用的唯一票据。跟单信用证中使用的汇票属于商业汇票,是由受益人签发的要求开证行或被指定银行在见票时或在一定时期内支付一定金额的无条件书面支付命令。该汇票连同货运单据一起提交到被指定银行,因而又属于跟单汇票。

但是,并不是所有的信用证都要求受益人提交汇票,一般情况下,即期付款信用证和延期付款信用证是不要求提交汇票的,因为欧洲有些国家的法律规定签发或支付汇票等流通票据要缴纳印花税(stamp duty),出于免交印花税的考虑,这些国家的银行开出的付款信用证一般不要求提交汇票,付款行直接凭单据付款。议付信用证可以要求提交汇票,也可以不要求汇票,实务中绝大多数的议付信用证要求受益人提交汇票。议付信用证中的议付行议付了受益人提交的汇票后成为正当持票人。正当持票人受票据法的保护,即使事后发现受益人存在欺诈行为,开证行仍然必须对议付行进行偿付。承兑信用证要求受益人必须提交远期汇票,承兑信用证中受益人需将远期汇票连同单据一起提示给承兑行,由承兑行先对远期汇票进行承兑,然后付款。如果受益人获得了开证行对远期汇票的承兑,开证行在到期日付款,但受益人可以持承兑汇票到其他银行或贴现市场办理贴现,获得票面金额扣除贴现利息和费用后的净额,提前收回信用证项下的款项。如果承兑行是开证行以外的被指定银行,根据最新修订的《跟单信用证统一惯例》(UCP600)的规定,受益人可直接从被指定银行获得提前收款的便利,开证行则在到期日偿付被指定银行。除承兑信用证外,开证行还授权议付信用证和延期付款信用证中的被指定银行在获得开证行的偿付前向受益人提前支付信用证下的款项,付款的前提是受益人提交了"相符单据"。因此,议付信用证中的议付行除了受票据法的保护,还受到了国际惯例的保护。

二、跟单信用证下汇票的内容及其缮制

跟单信用证中使用的汇票虽然没有统一的格式,各家银行提供的汇票的样式也不尽相同,但汇票需要记载的内容却是基本一致的,既要符合票据法的规定,又要符合信用证的规定。信用证项下汇票的内容包括以下几种。

1. 出票条款(Drawn under Clause):这是受益人开立汇票的依据或原因。出票条款中应包括开证行的名称、信用证号码和开证日期。例如:Drawn Under L/C NO. 9AUAN200121MF798 DATED JULY 31, 2008 ISSUED BY TAIWAN BUSINESS BANK SANCHUNG。

2. 汇票号码(No.):通常以商业发票号码作为汇票号码,因为商业发票是全套单据的核心,二者一致便于查询和核对。

3. 汇票签发地点和日期(Place and Date):出票地点关系到汇票的法律适用问题,信用证项下汇票的出票地点是受益人和议付行所在地,一般事先印就,和出票日期相连,位于汇票的右上方。汇票的出票日期是受益人向银行交单议付的日期,应是全套单据中最晚的日期,它既不能早于提单等其他单据的日期,也不能晚于信用证有效期和规定的交单期。

4. 汇票金额(Amount):要同时填写大、小写金额,二者必须一致,且不得涂改,大写金额的结尾要写上"only"以表示结束。汇票的币种必须与商业发票和信用证中的币种相一致。汇票金额必须根据信用证规定填写,不得超过信用证规定的总金额或增减幅度,通常为发票金额的100%,但有时可能小于发票金额,是发票金额的百分之几,这种情况下往往是一笔出口收汇采用部分信用证,部分托收或汇款方式结算,有时是因为受益人要支付佣金,不能收回100%的发票金额,具体比例由进出口双方在贸易合同中商定,并在信用证中做出规定。

5. 付款期限(Tenor):分为即期和远期,即期汇票在"At … Sight"之间打上"×"或"—",如 At ××× Sight,At ——— Sight。信用证下远期汇票的付款期限主要有两种表示方法,一种是见票后若干天付款,如"At 90 days after Sight";一种是提单签发日或交单日后若干天付款,如"At 90 days after B/L date""At 90 days after Presentation of Documents",采用这种远期表示方法,汇票的到期日必须从汇票本身可以推算出来,也就是说汇票上必须注明提单日或交单日。

国际结算中使用的汇票通常一式两份,除了在付款期限后的一句话不同外,其余内容完全相同,一般在这两份汇票的正面中间分别标注阿拉伯数字 1 和 2。第一份汇票写明"At … Sight of this FIRST OF Exchange (SECOND being unpaid)",第二份汇票写明"At … Sight of this SECOND OF Exchange (FIRST being unpaid)",这指的是汇票"付一不付二、付二不付一"。在信用证要求单据分两次寄送的情况下,可以分别邮寄,开证行或被指定银行对其中的一份汇票付款或承兑后,另一份即告作废。

6. 收款人(Payee):又称汇票抬头。信用证项下的汇票,一般做成指示性抬头,而且以议付行为收款人,也有以受益人为收款人的。汇票上一般事先印就"Pay to the order of …"。

7. 付款人(Drawee):又称受票人,位于汇票的左下角,一般用"To"表示。信用证项下汇票的付款人为开证行或被指定银行,以信用证规定为准。根据 UCP600 第 6 条 c 款规定"信

用证一定不能开立以申请人为付款人的汇票"。

8. 出票人(Drawer):在汇票的右下角,是信用证中的受益人。出票人处必须有企业全称和有权签字人的盖章签字。汇票上的签章必须与其他单据上的签章保持一致。

信用证项下的汇票必须严格按照信用证条款制作,有的信用证要求所有单据上必须显示信用证号码和合同号码,汇票也必须体现信用证的这一要求。有些国家不允许汇票上的内容有更改,即使这些更改已经过受益人的证实,如果信用证中有这方面的要求,必须满足。

第二节　商业发票

商业发票是国际结算中不可或缺的单据,在全套单据中起核心作用,任何结算方式下的单据中都必须包括商业发票,其他单据在内容上要和它保持一致。广义的发票指所有带有发票字样的单据,如商业发票、海关发票、领事发票、形式发票、厂商发票等,狭义的发票仅指商业发票。

一、发票的种类

1. 商业发票（Commercial Invoice）

商业发票简称发票,是出口商向进口商开立的对销售货物整体情况的说明,既是货物描述又是价目清单,记载货物的品名、数量、包装和价格等内容。商业发票是国际结算中不可或缺的单据,在全套单据中起核心作用,任何结算方式下的单据中都必须包括商业发票,其他单据在内容上要和它保持一致。

2. 海关发票(Customs Invoice)

海关发票是出口商根据进口国海关提供的固定格式填制的一种发票,供进口商进口报关时使用。由于各国海关规定不同,各国和各地区都有自己不同格式的海关发票,不能混用。要求提供海关发票的国家和地区主要有加拿大、美国、新西兰、西非、东非和中南美洲等国家。

海关发票是进口国海关核定进口货物原产地、征收关税以及海关统计的依据,也是进口国海关核对商品是否倾销的依据。

海关发票除了与商业发票相同的内容外,还包括产地证明(Origin)和价值证明(Value)两项内容。产地证明应注明货物的原产地和制造地,这是进口国海关征收关税的依据。价值证明应注明货物的 FOB 价,该价格不能低于国内市场价,否则可能被视为倾销,如果是CIF 价格,应正确计算运费和保险费,三者的总和应与 CIF 价格相等。

3. 形式发票(Proforma Invoice)

形式发票是出口商在货物出运前向进口商开立的一种非正式发票,上面列明了拟出售货物的名称、规格、单价等,供进口商申请进口许可证用。形式发票不是正式发票,出口商不能凭形式发票办理托收或在信用证下议付货款。正式成交时,出口商需另行开具商业发票。

4. 领事发票(Consular Invoice)

领事发票是由进口国驻出口国的领事馆认证或出具的发票。领事发票的主要作用是核定出口价格是否公道或有无倾销,作为对进口商品征税的依据,充当进口许可证,增加领事馆收入等。

5. 厂商发票（Manufacturer's Invoice）

厂商发票是由出口商品的生产厂商出具的以本国货币计价的发票,用来证明出口国国内市场出厂价格。厂商发票的主要目的是核查出口交易中是否存在倾销,以便确定是否征收"反倾销税"。

二、商业发票的作用

1. 商业发票是出口商履约的证明

发票是对一笔交易的全面描述,详细记载了货物的品名、数量、单价、总金额等内容。出口商提交发票说明实际交付货物的情况,进口商根据出口商提供的发票,了解合同的履行情况。

2. 商业发票是进出口商收付货款和记账的依据

出口商通过发票表明合同的履行和交易的总体情况,并凭以收取货款,进口商通过发票了解货物是否符合合同条款的规定,并凭以付款。在不用汇票的情况下,发票代替汇票作为收付货款的依据。

发票是出口商的销售凭证和进口商的购货凭证,进出口商都需要根据发票内容记账、核算盈亏。

3. 商业发票是进出口商报关纳税的依据

商业发票是进出口商办理进出口报关、申请货物出入境的凭证,也是海关征税和验关放行的依据。

4. 商业发票是出口商缮制其他出口单据的依据

商业发票较全面地反映交易的细节,在所有单据中起着中心作用,其他单据如运输单据、保险单据和商检证书等都只是反映交易某一方面的细节,这些单据在制作时要以发票为中心,在内容上和它保持一致。

此外,商业发票还常用于投保、理赔、海关统计、支付佣金等环节,用途广泛。

三、商业发票的内容及缮制

商业发票没有统一、固定的格式,一般由出口商自行制定。虽然出口商有各自固定的格式,但基本栏目大致相同。发票的内容要符合合同的规定,是出口商履约的证明,如果是信用证结算方式,又要符合信用证的规定。一份商业发票应包括以下几个方面的内容。

1. 出口商名称和地址（Exporter's Name and Address）

出现在发票的正上方,一般事先印就,与合同中出口商的名称地址一致。如果是信用证结算方式,应与受益人的名称和地址一致(转让信用证除外)。我国的出口发票中通常同时显示出口商的中英文名称。

2. "发票"字样（Name of Invoice）

在出口商名称地址下方或其他明显位置,用粗体字显示"COMMERCIAL INVOICE"或"INVOICE",以区别于其他单据。

3. 发票抬头人（Accountee）

发票一般做成以合同中的进口商或信用证中的开证申请人为抬头人（转让信用证除外）。有时信用证或合同规定以进口商以外的第三者作为发票的抬头人，则应按规定填写。在转让信用证的情况下，第二受益人出具的发票一般以第一受益人为抬头，第一受益人收到第二受益人提交的全套单据后，会用自己的发票、汇票替换第二受益人的单据，这时第一受益人出具的发票是以开证申请人为抬头的。

4. 发票编号和日期（Invoice No. and Date）

发票号码由出口商自行编制，没有统一的规则，同一出口商一般采用顺序号，便于查询。发票是出口单据的核心，发票号码往往用来代替整套单据的号码。

发票的日期应在合同签订之后，但不能晚于汇票的日期。在全套单据中，发票可以是签发日期最早的单据，甚至可以早于信用证开证日期。UCP600 第 14 条 i 款规定"单据的出单日期可以早于信用证开立日期，但不得迟于信用证规定的交单日期"。

5. 合同号或信用证号码（Contract No. or Credit No.）

信用证下的发票应注明信用证号，其他结算方式注明合同号。

6. 起运地和目的地（Transport Route）

起运地和目的地应明确具体，要与运输单据上的表述一致。如果是海运，填写起运港和目的港，一般还应在港口名称后打上国家或地区，如"KEELUNG, TAIWAN"。

7. 货物描述（Description of Goods）

货物描述是发票中的主要项目，包括货物的品名、规格、数量、重量、包装等内容，必须与合同或信用证严格一致。

根据 UCP600 第 18 条 c 款的规定，"商业发票上的货物、服务或履约行为的描述必须与信用证中的描述一致"。省略或添加信用证未规定的字词句都可能造成单证不符，遭到开证行的拒付。UCP600 第 14 条 e 款又规定"除商业发票外，其他单据中的货物、服务或履约行为的描述，可使用与信用证中的描述不矛盾的概括性用语"。

8. 单价和总值（Unit Price and Total Value）

单价和总值也是发票中的主要项目，必须准确计算，通常情况下，发票总金额不能超过合同或信用证所允许的金额。信用证结算方式下，银行可拒绝接受金额超过信用证所允许金额的商业发票。如果一份信用证的金额为 1.5 万美元，货物描述为牛仔裤 3000 条，没有具体规定每个规格的单价。出口商按照合同将货物装船之后发现，合同和信用证上的总金额都错了，5 个规格的牛仔裤加起来总共应该是 15030 美元，超出了信用证的金额。这时商业发票上的金额应为多少？最好的办法是修改信用证，如果时间来不及，为确保安全收汇，发票上的金额应以信用证金额 1.5 万美元为准，因为开证行付款的依据是单据表面看来是否与信用证相符，而不管实际金额计算是否有误。如果受益人提交的发票金额为 15030 美元，就有可能因为单证不符遭到开证行的拒付。根据 UCP600 第 18 条 b 款的规定，银行可以接受金额超过信用证允许金额的商业发票，但前提是对超过信用证允许金额的部分不做承付或者议付。

如果货物有各种不同的规格，且各规格价格不同，一般应分别注明单价。国际贸易中货物的价格由货币名称、单位金额、计价单位和价格术语四个部分组成，如 USD20/PC CFR BUSAN KOREA 是一个完整的价格。价格术语在单价的构成中非常重要，因为它涉及进出口双方责任、费用和风险的划分问题。

UCP600 第 30 条 a 款规定:"约"或"大约"用于信用证金额、数量或单价时,应解释为允许有关金额、数量或单价有不超过 10%的增减幅度。如果货物有多种规格,那么这个溢短装比例是针对每一种规格的,而不是指总的数量的增减。

有时候发票中会显示佣金或者是销售折扣。如果一份信用证有如下规定:"less 5% commission and 10% discount",这样在货款总金额中既要扣除佣金,又要扣除销售折扣,那么应该先扣除哪个? 折扣是出口商给予进口商的优惠,佣金是出口商支付给中间商的。因为折扣的那部分金额,出口商实际上并没有收到而且也不可能收到,所以折扣部分是不应该支付佣金的。因此在缮制商业发票的时候,我们应该先在总额中扣除折扣,然后再在扣除折扣的金额中计算应支付的佣金,最后计算出发票净额。

9. 唛头(Shipping Marks)

又称运输标志,主要是便于承运人、收货人识别货物。如合同或信用证中指定唛头的,按规定填写,如果没有指定,出口商可自行设计唛头。唛头由客户名称缩写、合同号或发票号、目的港、件号等几部分内容组成。单据之间的唛头要相互一致。如果没有唛头,应填写"N/M"(无唛头)字样。如果是集装箱运输,应注明集装箱号和封号(Container No. and Seal No.)。

10. 声明文句(Declaration)

主要是根据合同或信用证的要求,对一些特殊事项加以注明,如加注进口许可证号码(Import Licence No.)、声明发票内容正确真实、证明货物的原产地,如:We hereby certify that the invoice is true and correct and that the goods are of China origin. 还有的发票上要求加注货物与合同或形式发票上规定的一致:Goods as per Contract No. ×××/ Proforma Invoice No. ×××. 这部分内容一般出现在货物品名、数量及金额以下的空白处。

11. 出单人签章(Exporter's Stamp and Signature)

一般由出口商签章,包括出口企业全称和有权签字人的签字,信用证结算方式下由受益人签发商业发票,其他单据上的签章要与发票保持一致。虽然 UCP600 第 18 条规定商业发票无须签字,但大部分的信用证均要求受益人提交"Signed Commercial Invoice",在这种情况下,发票必须有签章。有的信用证还要求受益人提交"Manually Signed Commercial Invoice",这时有权签字人必须对发票手签(出口商名称可以盖章)。即使信用证没有要求签章,目前一般做法发票都签章。如果信用证没有特别要求发票必须签章,而且受益人提交的发票也没有签章,却遭到了开证行的拒付,那么根据 UCP600,这一不符点是不成立的。UCP600 第 18 条对商业发票做出如下规定。

a. 商业发票:

ⅰ. 必须看似由受益人出具(第 38 条规定的情形除外);

ⅱ. 必须做成以申请人的名称为抬头(第 38 条 g 款规定的情形除外);

ⅲ. 必须与信用证的货币相同;且

ⅳ. 无须签名。

b. 按指定行事的被指定银行、保兑行(如有)和开证行可以接受金额超过信用证允许金额的商业发票,其决定对有关各方均有约束力,只要该银行对超过信用证允许金额的部分未作承付或者议付。

c.商业发票上的货物、服务或履约行为的描述必须与信用证中的描述一致。

第三节　保险单据

保险是对偶然事件造成的损失提供经济补偿的行为。根据保险标的的不同,保险可以分为货运保险、财产保险、人寿保险等几大类。货物运输保险是国际贸易中不可缺少的环节,在货物的长途跨国运输中,各种自然灾害、意外事故或外来因素都可能使货物遭受损失。为了在货物受损后获得经济补偿,货主在货物出运前就必须及时向保险公司投保。根据不同的运输方式,货运保险可以分为海洋运输货物保险、航空运输货物保险和陆上运输货物保险等。海运是国际货物运输中最主要的运输方式,而且货物在海运中遭遇风险的可能性最大,我们主要讲述海洋运输货物保险。

一、海上运输保险的保障范围

海上运输保险又称水险,是以海上运输中的各种货物作为保险标的,保险人根据保险合同的约定,对货物遭受承保责任范围内的风险所造成的损失提供风险保障。

（一）海上运输风险

海上货物运输保险的保险人主要承保两类风险,分别是海上风险和外来风险。

1.海上风险

海上风险指船舶、货物在海运中所遭受的自然灾害和意外事故。

（1）自然灾害

指由于人力不可抗拒的自然力量所造成的灾害,如恶劣气候、雷电、地震、海啸、洪水、火山爆发等。但海上自然灾害并非指一切自然力量所造成的灾害,我国的海洋运输货物保险条款和英国的协会货物保险条款对自然灾害的范围均有明确的界定。

（2）意外事故

指运输工具由于偶然的、非意料中的原因所引起的事故,如船舶搁浅、触礁、沉没、失踪、互撞、失火等。

2.外来风险

外来风险指海上风险以外的,由于外来原因造成船舶、货物遭受的损失。分为一般外来风险和特殊外来风险。

（1）一般外来风险

指一般外来原因引起的风险,是造成损失相对较轻的外来风险,如货物在运输途中被偷窃、雨淋、短量、玷污、渗漏等风险。

（2）特殊外来风险

指特殊外来原因引起的风险,是造成损失较为严重的外来风险,如战争、罢工、交货不到、拒收货物等风险。

（二）海上货物损失

海上损失又称海损（Average）,指货物或船舶在海运中由于海上风险和外来风险所造成的损失或灭失。保险人承保的损失按程度分为全部损失和部分损失,按性质分为共同海损和单独海损。

1.全部损失(Total Loss)

又称全损,指整批货物或不可分割的一批货物全部损失。全部损失分为实际全损和推定全损。

(1)实际全损(Actual Total Loss)

货物全部灭失或失去原有的性质和用途。如焚毁,落入深海无法打捞、水泥结块、茶叶浸水等。

(2)推定全损(Constructive Total Loss)

货物受损程度虽未构成全损,存在一定的残值,但对其维修并运至目的地的费用将超过其完好价值。

2.部分损失(Partial Loss)

指货物损失没有达到全部损失的程度。部分损失分为共同海损和单独海损。

(1)共同海损(General Average)

指船舶在航行途中遭遇风险,威胁到船舶和货物的共同安全时,为了维护各方利益,或使航程得以继续,由船方采取的有意识、合理的措施而造成的损失。共同海损是为了使船舶货物免于遭受更大的损失而做出的牺牲,这部分损失由船方、货方等利害关系方或他们各自的保险人根据获救价值的大小按比例分摊。如在紧急情况下抛弃船上货物(Jettison)造成的损失属于共同海损。

(2)单独海损(Particular Average)

指共同海损以外的部分损失,是由于自然灾害、意外事故或不可抗力直接造成的船舶或货物的损失,其损失针对单独的当事人,只能由该当事人或承保此类损失的保险人承担,不能要求其他当事人(船东、其他货主)分摊。

二、海上运输保险险别与保险条款

保险险别是确定保险人(即保险公司)和被保险人(即投保人)权利义务的条款,也是保险人承保责任范围和被保险人交纳保费的依据。不同的保险险别下,保险人承担的责任不同,被保险人在货物受损时得到的补偿也不同。保险人承担的保险责任是通过保险条款加以规定的,各国保险公司都会制定相应的保险条款或采用国际保险市场上通用的保险条款。

(一)保险险别

根据1981年1月1日生效的《中国保险条款》(China Insurance Clause-CIC)的规定,海洋运输货物保险的险别可分为基本险和附加险两大类。

1.基本险

基本险是保险人对承保货物承担最基本保险责任的险别,是投保人必须投保而且可以单独投保的险别。基本险有三种:平安险、水渍险和一切险。

(1)平安险(Free From Particular Average, F. P. A.):又称单独海损不赔险,是保险人承保责任最小的一种基本险。平安险承保范围包括:海上风险造成的全损;海上风险造成的共同海损;意外事故造成的单独海损。

(2)水渍险(With Particular Average, W. P. A.或W. A.):又称单独海损要赔偿险,保

险人的承保责任要大于平安险。水渍险包含了平安险的承保范围。水渍险的承保范围包括:海上风险造成的全损;海上风险造成的共同海损;意外事故造成的单独海损;自然灾害所造成的单独海损。

(3)一切险(All Risks,A.R.):保险人的承保责任要大于水渍险,是保险人承保责任最大的一种基本险。一切险的承保范围包括:海上风险造成的全损;海上风险造成的共同海损;意外事故造成的单独海损;自然灾害所造成的单独海损;一般外来原因所造成的损失。一切险包含了水渍险、平安险的承保范围,还包括下列一般附加险。

我国的"海洋运输货物保险条款"对上述险别的责任范围做出了明确的规定。

2.附加险

附加险是对基本险的补充,是投保人投保基本险之后,又增加投保的险别。附加险不能离开基本险而单独投保。附加险分为一般附加险和特殊附加险。

如果已经投保了"一切险"就不需要再投保一般附加险,因为"一切险"的范围已经包括一般附加险了。但"一切险"并非承保一切风险造成的损失,特殊附加险不属于"一切险"的责任范围,如有必要,需另行投保并支付保费。投保水渍险或平安险不包含任何附加险,根据需要,投保人可再加保某种或某几种一般附加险,并要加付保费。根据我国海上运输货物保险条款,附加险可分为一般附加险和特殊附加险。

(1)一般附加险有 11 种

A.偷窃提货不着险(Theft,Pilferage and Non-Delivery Risk,TPND)

B.淡水雨淋险(Risk of Fresh Water and /or Rain Damage,FWRD)

C.碰损破碎险(Risk of Clash and Breakage)

D.渗漏险(Risk of Leakage)

E.钩损险(Risk of Hook Damage)

F.混杂玷污险(Risk of Intermixture and Contamination)

G.生锈险(Risk of Rusting)

H.短量险(Risk of Shortage)

I.串味险(Risk of Odor)

J.包装破损险(Risk of Damage Caused by Breakage of Packing)

K.受潮受热险(Risk of Damage Caused by Sweating and / or Heating)

(2)特殊附加险主要有 8 种

A.战争险(War Risk)

B.罢工暴动民变险(Risk of Strikes,Riots and Civil Commotions,SRCC)

C.交货不到险(Risk of Failure to Delivery)

D.舱面险(On Deck Risk)

E.拒收险(Rejection Risk)

F.黄曲霉素险(Aflatoxin Risk)

G.进口关税险(Import Duty Risk)

H.出口货物到港澳(包括九龙在内)存仓火险责任扩展条款(Fire Risk Extension Clause for Shortage of Cargo at Destination Hongkong,Including Kowloon ,or Macao)。

UCP600 第 28 条 g 款规定"信用证应规定所需投保的险别及附加险(如有)。如果信用证使用诸如'通常险别'(usual risks)或'惯常险别'(customary risks)等含义不明确的用语,则无论是否有漏保之风险,保险单据将被照样接受"。该条 h 款规定"当信用证要求投保'一切险'时,只要保险单据含有任何'一切险'批注或条款,不论其是否有'一切险'标题,甚至表明不包括某些险别,保险单据均将被接受"。该条 i 款又规定"保险单据可以援引任何免责条款"。同时,该条还规定"保险单据可以注明保险受免赔率或免赔额(减除额)约束"。有些保险单据规定对指定的最低金额以下的索赔或该金额以下的损失不承担责任,这样做的主要目的是在收取较低的保费的同时由被保险人自己承担一部分风险。

(1)免赔率(Franchise):损失超过一定比例后,保险公司赔全部损失,如未超过则不赔。如果免赔率为5%,投保金额为100美元,那么5美元以下的损失由被保险人承担,5美元及以上损失由保险人承担全部责任。

(2)免赔额(Excess):又称扣减免赔额(Deductible),保险公司赔偿超过的部分,即赔偿受损额减去免赔额后的部分。根据免赔额条款,上例中5美元及以下损失由被保险人承担,保险人承担的损失最大为95美元。

(3)不计免赔率(IOP-Irrespective of Percentage):货物受损后不论程度多少,损失多少赔多少。适用于一些易碎商品,如瓷器、玻璃制品等。对该条款的保险费较高。

(二)保险条款

在我国的对外贸易实务中使用较多且在国际上具有一定影响和权威性的保险条款主要有下列两种:

1.《伦敦保险商协会货物条款》(*The Institute of London Underwriters Cargo Clauses*,1982,ICC),该条款是国际货运保险市场上影响力最大的保险条款,被世界各国广泛采用。现行条款是1982年1月1日修订的,是对1963年的文本进行的修订。据统计,目前世界上2/3的国家或地区在海上保险业务中采用这一条款。ICC条款包括:

(1)协会货物(A)险条款(Institute Cargo Clauses A),简称 ICC(A)

(2)协会货物(B)险条款(Institute Cargo Clauses B),简称 ICC(B)

(3)协会货物(C)险条款(Institute Cargo Clauses C),简称 ICC(C)

(4)协会战争险条款(货物)(Institute War Clauses-Cargo)

(5)协会罢工险条款(货物)(Institute Strikes Clauses-Cargo)

(6)恶意损害险条款(Malicious Damage Clauses)

ICC(A)相当于一切险,ICC(B)相当于水渍险,ICC(C)相当于平安险。ICC(A)款承保范围最大,ICC(B)款次之,ICC(C)款承保范围最小。

2.《中国人民保险公司海洋运输货物保险条款》

《中国人民保险公司海洋运输货物保险条款》即中国人民保险公司制定的《中国保险条款》(*China Insurance Clauses*,简称 CIC),目前使用的是1981年的修订条款。险别分为基本险和附加险。投保人在投保基本险的同时,可根据需要加保一种或几种附加险,但如果投保了一切险,就已包含一般附加险的内容。

三、保险单据的定义与作用

保险单据是保险人对被保险人承担保险责任的书面证明。它是进出口结算中常见的单据之一。出口货物保险是由出口商还是进口商办理取决于贸易术语的使用。以 FOB,

CFR,FCA 或 CPT 价格成交的货物由进口商办理保险,以 CIF 或 CIP 条件成交的货物由出口商办理保险,是出口商必须向进口商提供的出口单据之一。

1.保险单据是保险合同的证明

保险单据是保险人和被保险人之间签订的保险合同的证明,反映保险人和被保险人之间的权利义务关系。保险人有收取保费的权利,当被保险货物遭受损失时,保险人对承保责任范围内的损失承担赔偿责任。被保险人有支付保费的义务,在货物遭受损失时,有权根据保险合同获得赔偿。

2.保险单据是保险公司理赔和被保险人索赔的主要依据

保险单据是货物在运输途中出险后保险公司向被保险人承担赔偿责任的主要依据。被保险人及其受让人在索赔时必须出示保险单据以证明其保险权益。

四、保险单据的种类

1.保险单(Insurance Policy)

保险单又称大保单,是最正式、最常用的保险单据,正反两面都有详细内容的记载,正面主要记载被保险人名称、被保险货物名称、承保险别、保险金额等内容,背面是保险合同,列有保险人的责任范围以及合同双方权利与义务等方面的详细条款。我国国内保险公司出具的均是保险单。

2.保险凭证(Insurance Certificate)

保险凭证又称小保单,是简化了的保险单,除了背面没有印定合同条款外,其余内容均和保险单相同,与保险单具有同等效力。实务中使用不多。UCP600 第 28 条 d 款规定"保险单可以取代保险凭证或预约保险单下的保险声明被接受"。

3.预约保单(Open Cover)

预约保单又称开口保险单,是一种长期性的货物运输保险合同,保险公司对约定的最高金额以内的货物在合同有效期内自动承保。预约保单可以简化保险手续,减免逐笔投保逐笔签订保险合同的手续,还可以防止货物因漏保或迟保所造成的损失,适合有长期国际贸易业务的进出口商。在货物每次出运以后保险公司不再另行签发保险单据。为了满足出口商向银行交单结汇的需要,保险公司会预签预约保单下的保险证明或保险声明。

4.联合保险凭证(Combined Insurance Certificate)

联合保险凭证又称承保证明,是一种更为简化了的保险凭证。保险公司在商业发票的空白处加列保险编号、险别、保险金额、运输工具、起运日期等,并加盖保险公司印章。这种保险凭证不能转让,在实务中很少使用,也不符合国际结算中单据——一对应的要求,特别是信用证中有时会规定不接受联合单据(Combined documents are not acceptable.)。

5.暂保单(Cover Note)

暂保单是保险经纪人签发的一种单据。投保人除了直接向保险公司投保外,还可以通过保险经纪人投保。保险经纪人接受投保人的委托后向其签发暂保单。暂保单不具有保险单的作用,被保险人不能凭以向保险公司索赔,保险公司对保险经纪人签发的暂保单不承担任何责任。在大部分情况下保险经纪人是作为被保险人的代理人向保险公司投保,只有在保险公司出具正式的保险单据的情况下保险才生效。UCP600 第 28 条 c 款规定"暂保单将不被接受"(Cover notes will not be accepted.)。

五、保险单的内容

保险单各项内容必须和商业发票及其他单据相关内容一致。在 CIF 或 CIP 条件下,保险单的形式和内容必须符合合同的要求,在信用证方式下,还必须符合信用证的有关规定。一份正本的保险单(Insurance Policy)包括正面和背面两部分内容。正面是关于某一笔保险交易的细节性内容,背面事先印就的内容是保险合同条款,列有保险人的责任范围、免责事项,以及合同双方权利和义务等方面的详细内容。保险单正面记载内容如下。

1.保险公司名称(Insurance Company)

出现在保单的正上方,各家保险公司均在保单上事先印就本公司名称地址。

2.保险单名称(Name of Document)

如"货物运输保险单"(Cargo Transportation Insurance Policy)。

3.保险单号码(Policy No.)

指保险单的编号,一般由保险公司按顺序编号。

4.被保险人(The Insured)

CIF 或 CIP 条件下为出口商,FOB,CFR 条件下为进口商。如果是出口商,在交单前要在保单背面背书,以转让保险权益(见下面保险单的转让)。如果合同或信用证对被保险人有特别的规定,则按要求填写。

5.标记(Marks and Numbers)

指货物的唛头,应与提单、发票一致。有的打上"AS PER INVOICE NO. XXX"。

6.包装及数量(Packing and Quantity)

填写重量或件数及包装单位。有包装但以重量计价的应同时填写件数和重量。

7.保险货物名称(Description of Goods)

按发票中货物的品名填写,如果发票品名繁多,保单可填写统称或简称,只要不与发票中的品名相抵触即可。

8.保险金额(Amount Insured)

一般为发票 CIF 或 CIP 金额的 110%,这加成的 10% 是补偿进口商的费用和预期利润的。具体的投保比例可由进出口双方约定,但一般不宜超过 30%,否则应征求保险公司的同意。保单上的金额应同时用大小写表示,币种要与其他单据一致。如果发票上显示预付款、佣金或折扣,应按扣除预付款、佣金或折扣前的金额投保。UCP600 第 28 条 f 款规定:

ⅰ.保险单据必须注明投保金额并使用与信用证相同的货币出具。

ⅱ.信用证中关于投保金额为货物价值、发票金额或类似金额的一定比例的要求,应视为对最低保险金额的要求。

如果信用证中未规定投保金额,则投保金额至少为货物 CIF 或 CIP 价格的 110%。

如果从单据中不能确定 CIF 或 CIP 价格,投保金额必须基于信用证要求付款或议付的金额,或者发票上显示的货物总值来计算,两者之中取金额较高者。

9.保费(Premium)

一般不直接注明,填写"As Arranged(按约定)"。

10.发票号或提单号

根据发票或提单填写。保险索赔时一般需提供发票,这两种单据要互相照应。

11. 运输工具(Per Conveyance)

海运必须注明船名和航次,与提单一致。船名前有时会出现"S. S."字样,是"Steamship"的缩写。其他运输方式可表示为"By Air""By Train""By Truck"等。

12. 起运日期(Date of Commencement)

应填写运输单据上的实际装运日期,如在缮制保险单时,提单尚未签发,可填写"As Per B/L"。

13. 运输起讫地(From… To…)

应与运输单据记载一致。UCP600 第 28 条 f 款 iii 规定"保险单据注明的保险责任范围应至少包括从信用证规定的货物监管地或装运地开始到卸货地或最终目的地为止"。

14. 承保险别(Terms and Conditions)

应严格按合同或信用证规定的险别投保。这是保单的核心内容,也是发生货损时确定保险人责任范围的主要依据。除注明险别外,最好还应注明险别适用的保险条款,如"Covering All Risks and War Risks as per Ocean Marine Cargo Clauses & Ocean Marine Cargo War Risks Clauses of The People's Insurance Company of China dated 1/1/1981"(按照中国人民保险公司 1981 年 1 月 1 日海运货物条款和海运货物战争险条款承保一切险和战争险)或"Covering Marine Risks Clause (A) as per Institute Cargo Clause (A) dated 1/1/1982"(按照伦敦协会 1982 年 1 月 1 日货物 A 条款承保海运险 A 条款)。

15. 保单份数(No. of Originals Issued)

如果保险单据上显示签发的正本在一份以上,所有正本必须提交给银行。保险单据可以签发一份正本,但实务中以签发两份正本居多。

16. 保险代理人(Claims Settling Agent)

受保险人委托在货物出险后处理理赔事宜的代理人,一般为目的地的代理人。保险单上会详细注明代理人的名称地址,以便收货人联系查找。

17. 赔付地点(Claim Payable at)

一般选择目的地,如果合同或信用证中另有规定,按要求填写。

18. 保单签发日期(Date of Issue)

这是保险公司责任生效的日期,因此不能晚于运输单据所记载的货物装船、发运或接受监管日。《UCP600》第二十八条 e 款规定"除非保险单据表明保险责任不迟于装运日生效,否则保险单据签发日期不得晚于装运日期"。

19. 保险人签章(Authorized Signature)

由签发保险单的保险公司、保险商或他们的代理人或代表签字盖章。UCP600 第 28 条 a 款规定"保险单据,如保险单、保险凭证或预约保险单下的保险声明,必须在表面看来由保险公司、承保人或他们的代理或代表出具。代理或代表的签字必须表明其是代表保险公司或承保人出具并签署。"

六、保险单的转让

保险单是一种权利凭证,保险单所代表的保险权益可以通过背书或其他方式进行转让。但是保险单所代表的保险权益只是一种潜在的权益,只有在货物发生实际损失时,被保险人才享有保险权益。保险单的转让无须征得保险人的同意,也无须通知保险人。

在出口货运保险中,被保险人一般为投保人,即出口商。但发生货损时,实际索赔的往往是买方,所以出口商在向银行或进口商交单前要在保险单的背面签字盖章进行背书,表示将保险索赔权益转让给保险单的持有人。但当被保险人不是出口商而是进口商时(根据合同或信用证的规定),出口商交单时则无须背书。保单一经背书,就随被保险货物权利的转移而自动转让给受让人。背书只在正本保险单的背面背书,主要有两种方式。

1. 空白背书:在正本保险单的背面加上出口商的签章,该签章必须与所有其他单据上的签章一致。如果合同或信用证要求保险单"Blank Endorsed"或"Endorsed in Blank",或者对背书没有特别规定时,应做成空白背书。

2. 记名背书:在正本保险单的背面打上"To the order of xxx",然后在下面加上出口商的签章,该保单就转让给指定的当事人"xxx"-可以是银行,也可以是进口商,根据双方的约定。记名背书在实务中使用不多。

⇨【案例 11.1】 价格条款是否是跟单信用证货物描述的一部分

案情介绍

开证行开立了一份金额为 2 万美元的不可撤销信用证,要求提交商业发票,表明货物从中国港口运至 Vancouver,WA,USA port,在 SWIFT 45A 货物描述一栏包含的价格条款是"CFR Vancouver,WA,USA port"。

货物装运以后,开证行收到全套单据。由于发票显示"CFR Vancouver,WA"与信用证规定的"CFR Vancouver,WA,USA port"不完全相同,开证行以此拒付单据。

案情分析

国际商会专家小组认为价格条款是经双方同意作为信用证货物描述的一部分,在商业发票中体现。"CFR Vancouver,WA"后面加上"USA port"是为了区分于其他地方的"Vancouver",然而还有"WA"(华盛顿州)似乎已经提供了区别,因此这不是一个不符点。但是为了避免潜在的纠纷,如果价格条款出现在信用证的基本货物描述范围内,做到完全一致对受益人是有利的。

(选自国际商会出版物第 613 号 R362)

⇨【案例 11.2】 发票不符遭拒付,遵守规则很重要

案情介绍

某信用证的货物描述为:"SPARE PARTS AS PER PROFORMA INVOICE NO. ×××"。信用证同时规定发票须经贸促会认证。发运货物后,受益人 A 公司向 Y 银行提交了全套单据。经审核,Y 银行发现发票未显示"SPARE PARTS AS PER PROFORMA INVOICE NO. ×××"字样。

Y 银行立即将上述问题反馈给 A 公司,同时告知若对发票进行修改,其必须到贸促会重新办理发票认证。但 A 公司认为,发票上虽然未显示信用证规定的货物描述,但发票的格式确实按照×××号形式发票制作,内容明细都与形式发票一致。而且 A 公司认为重新办理贸促会发票认证手续复杂,未接受 Y 银行的建议,要求 Y 银行将单据寄给开证行。开

证行收到单据后以上述不符点为由提出拒付。

案情分析

UCP600 第 18 条 C 款规定,商业发票上的货物、服务或履约行为的描述应与信用证中的描述一致。本案中,信用证规定了货物描述为"SPARE PARTS AS PER PROFORMA INVOICE NO. ×××",那么发票中的货物描述应该以与前者一致的形式显示。这是银行审核发票中货物描述与信用证是否一致的关键,而不是看发票上货物是否实际上与××× 号形式发票一致。该发票货物描述未体现信用证规定的描述,构成不符点。

（选自刘阳主编的《国际结算实务案例精析（2016）》,上海远东出版社,2016）

【本章小结】

本章我们学习了跟单汇票、商业发票和保险单据,这些都属于国际结算中的基本单据。

汇票是一种重要的结算工具,也是跟单信用证中使用的唯一金融单据。信用证项下汇票的内容既要符合票据法的规定,又要符合信用证条款和国际惯例的相关规定。

商业发票是全套单据中的核心单据,是对货物总体情况的说明。它是进出口商收付货款、报关纳税的依据,也是制作其他单据的基础。

保险单据既是保险合同的证明,也是索赔权利的证明。虽然不是每一笔结算业务都需要提交保险单据,但保险是每一笔进出口贸易都不可缺少的环节。实务中最常用的保险单据是正式保险单,又称大保单。

【课后练习】

一、名词解释

跟单汇票　商业发票　海关发票　形式发票　保险单据

二、选择题

1. 以下关于保险单据作用的正确选项是（　　　）。

A. 物权凭证　　　　　B. 索赔证明　　　　　C. 保险合同证明　　　　D. 货物收据

2. 贸易结算单据中最重要的单据,能让有关当事人了解一笔交易的全貌。其他单据都是以其为依据的是（　　　）。

A. 商业发票　　　　　B. 保险单据　　　　　C. 装箱单　　　　　　　D. 产地证

3. 国际贸易中使用的金融票据主要有汇票、本票和支票。其中（　　　）使用最多。

A. 汇票　　　　　　　B. 本票　　　　　　　C. 支票　　　　　　　　D. 以上都对

4. 若信用证未规定汇票付款人名称,则可理解为付款人是（　　　）。

A. 开证行　　　　　　B. 议付行　　　　　　C. 偿付行　　　　　　　D. 开证申请人

5. 进口商在审核信用证项下商业发票时应注意的要点有（　　　）。

A. 发票的出票人应是信用证受益人（可转让信用证除外）,与汇票的出票人应为同一人

B. 发票的抬头人应是信用证开证申请人

C. 发票的出票日期不应迟于汇票的出票日期,亦不应迟于信用证的议付有效期

D. 商品名称、数量、规格、单价、包装、价格条款、合同号码等及货物描述必须与信用证

的规定相符,单价乘以数量必须与发票总金额相符

E. 除非信用证另有规定,发票金额应与汇票金额一致,且不得超过信用证金额

6. 根据 UCP 600 的分类,保险单据包括(　　)。

A. 保险单　　　　　　　　　　　　B. 保险凭证

C. 预约保险单　　　　　　　　　　D. 投保声明

E. 保费收据

7. "仓至仓"条款是(　　)。

A. 承运人负责运输起讫的条款　　　B. 保险人负责保险责任起讫的条款

C. 出口商负责交货责任起讫的条款　D. 进口商负责付款责任起讫的条款

8. 如信用证无明确规定保险单的份数,保险公司一般出具一套(　　)份正本的保险单。

A. 1　　　　　　　B. 2　　　　　　　C. 3　　　　　　　D. 4

9. 跟单信用证统一惯例规定,商业发票必须由信用证受益人开具,必须以(　　)为抬头。

A. 开证行　　　　B. 开证申请人　　　C. 指定付款行　　　D. 议付行

10. 单证缮制必须做到正确、完整、及时、简明和整洁,其中(　　)是单证工作的前提。

A. 正确　　　　　B. 完整　　　　　　C. 及时　　　　　　D. 简明

11. 非信用证支付方式下制单和审单的首要依据是(　　)。

A. 信用证　　　　B. 贸易合同　　　　C. 相关国际惯例　　D. 货物

12. 在信用证方式下,发票签章人必须是(　　)。

A. 开证行　　　　B. 开证申请人　　　C. 受益人　　　　　D. 议付行

13. 基本单据主要包括运输单据、保险单据和(　　)。

A. 商业发票　　　B. 形式发票　　　　C. 海关发票　　　　D. 领事发票

14. 下面关于海关发票的描述中,错误的是(　　)。

A. 由出口商填写

B. 进口商向进口地海关报关时提供的单据

C. 由进口商填写

D. 进口地海关进行估价定税,征收差别关税或反倾销税的依据

15. 信用证汇票的付款人可以是(　　)。

A. 付款行　　　　B. 申请人　　　　　C. 承兑行　　　　　D. 开证行

三、判断题

1. 在贸易结算中,托收是商业信用,信用证是银行信用。因此托收使用的汇票是商业汇票,信用证使用的汇票是银行汇票。　　　　　　　　　　　　　　　　　　(　　)

2. 银行不接受出单日期迟于装船或发运或接受监管之日的保险单据。　　　(　　)

3. 在国际贸易中,向保险公司投保一切险后,在运输途中任何外来原因造成的一切货损,均可向保险公司索赔。　　　　　　　　　　　　　　　　　　　　　　　　(　　)

4. 形式发票是一种正式发票,能用于托收和议付。　　　　　　　　　　　　(　　)

5. 保险凭证又称小保单,是一种简化了的保险单,正面内容与保险单一样,但背面空白,与保险单具有同等的法律效力。　　　　　　　　　　　　　　　　　　　　　(　　)

6. 保险单是一种权力凭证,和提单一样可以背书转让。　　　　　　　　　　(　　)

7. 除非信用证另有规定,商业发票必须由信用证的受益人开立。　　　　　（　　）

8. 发票的开立日期,不能早于信用证的开证日期,也不能迟于信用证的最迟交单日期。

　　　　　　　　　　　　　　　　　　　　　　　　　　　　　　（　　）

9. 延期付款信用证不需汇票,交单后在签发提单后的一个固定日期付款。　（　　）

10. 商业发票中的货物描述要求必须与信用证的描述逐字对应。　　　　　（　　）

四、案例题

外商订购玻璃花瓶(glass vase)和玻璃烛台(glass candlestick),并以此名订立合同。信用证 45A 中品名统称玻璃日用品(glass housewares)。制作商业发票时,业务员没有用笼统的日用品(housewares),而是按照实际情况列明花瓶和烛台,单据寄到开证行,遭到开证行的拒付。请问开证行的拒付合理吗?

五、简答题

1. 信用证项下的汇票必须以谁为付款人? 哪一种类型的信用证不要求受益人提交汇票? 哪一种类型的信用证受益人必须提交汇票?

2. 发票的种类有哪些?

3. 商业发票有哪些作用?

4. UCP600 对商业发票做了哪些规定?

5. 保险单据有哪些种类?

6. 货物的保险险别有哪些?

7. 保险单如何进行转让?

第十二章

国际结算单据(二) ≫ ≫ ≫ ≫

【学习目标】

1. 学习不同运输方式下的各种运输单据。

2. 了解运输单据的基本内容,特别是海运提单的特点、内容和种类。

第一节 海运提单

随着世界贸易的发展和运输条件的改善,国际货物运输出现了多种运输方式,如海运、空运、公路、铁路、内河运输、特快专递、邮寄运输以及多式联运等,其中海洋运输在国际货物运输中占据重要地位,是国际贸易中使用最多的运输方式,这是因为海运具有运量大、运费低、对货物的适应性强等特点。我国对外贸易中 80% 以上的货物运输是通过海运完成的。不同的运输方式产生了各种不同的运输单据。

一、UCP600 关于运输单据的分类

UCP600 第 19—25 条将运输单据分为七类,他们分别是:

1. 多式运输单据(Transport Document Covering at least Two Different Modes of Transport);

2. 提单(Bill of Lading);

3. 不可转让海运单(Non-Negotiable Sea Waybill);

4. 租船提单(Charter Party Bill of Lading);

5. 空运单据(Air Transport Document);

6. 公路、铁路或内陆水运单据(Road, Rail or Inland Waterway Transport Documents);

7. 快邮收据、邮政收据或投递证明(Courier Receipt, Post Receipt or Certificate of Posting)。

二、海运提单

(一)海运提单的概念及作用

1. 海运提单的概念

海运提单(Bill of Lading)简称提单(B/L),是承运人或其代理人收到货物后签发给托运人的,承诺将货物运至指定目的港交付给收货人的书面凭证。承运人(Carrier)是指任何在运输合同中承诺通过公路、铁路、空运、海运、内河运输或上述运输的联合方式履行运输的人。

2. 海运提单的作用

(1)货物收据(Receipt for the Goods)

承运人或其代理人签发提单,表明他已按提单上所列内容收到货物,提单是承运人或其代理人收到托运货物后签发给托运人的货物收据。

(2)海上货物运输合同的证明(Evidence of the Contract of Carriage)

托运人向承运人或其代理人租船订舱办理托运,承运人和托运人之间的运输合同即告成立,提单是运输合同成立的证明。一份标准格式的提单背面印有运输合同条款,规定了承运人、托运人、收货人和提单持有人之间的权利和义务关系。

(3)物权凭证(Document of Title to Goods)

承运人或其代理人在目的港交付货物时,必须凭正本提单才能把货物交给收货人。提单持有人必须凭正本提单才能向承运人提货,谁拥有提单,谁就拥有货物的所有权。即使是真正的收货人,如果不能出示正本提单,承运人也可拒绝其提货请求。作为一种物权凭证,提单可以转让,提单的转让代表提单上所记载的货物的转让。

(二)海运提单的主要内容

海运提单是出口结算中最基本的单据之一,一般船公司都印有自己固定格式的提单,虽然各家船公司格式不一,但其具体内容和项目基本一致。UCP600第20条对海运提单的内容做出了具体规定。一份正本海运提单的内容分为正面内容和背面内容。正面内容包括以下几种。

1. 托运人(Shipper/Consignor)

又称发货人,一般为出口商,也可以是进口商或其他第三方作为托运人。UCP600第14条k款规定"在任何单据上显示的货物托运人或发货人不必是信用证的受益人"。

2. 收货人(Consignee)

又称提单的抬头,有三种不同的填写方法,分别为记名收货人、空白抬头和指示性抬头。记名收货人提单上填写实际收货人的名称地址,空白抬头提单收货人一栏空白,指示性抬头提单带有"To order"或"To order of a named party"字样。收货人的记载方式不同,提单的可转让性和转让方式也不同。

3. 被通知人(Notify Party)

即收货人或其代理人,是货物到达目的港后船公司向其发出到货通知的人。

4. 船名和航次(Vessel and Voyage No.)

提单上有时会在船名前出现"intended"字样,这是因为承运人在内陆收到货物时往往还无法确定货物将装上哪一艘船只,同时也为了给自己的货运安排留有一定的余地。根据

UCP600 第 20 条的规定,如果船名显示"预期船只"(intended vessel),则提单上的装船批注必须注明装船日期和实际的装运船只。

5.装货港(Port of Loading)和卸货港(Port of Discharge)

海运提单的运输方式为港至港运输(Port-to-port shipment),信用证项下的海运提单必须注明信用证指定的装货港和卸货港。根据 UCP600 第 20 条的规定,如果提单没有表明信用证规定的装货港,或显示"预期"字样,则装船批注上除了有装运日期以外,还必须注明信用证中规定的装货港和实际的装运船只。

6.表明货物已装船的文字或批注

提单上必须注明货物已经装上指定的船只,它可以由提单上印就的文字(Pre-printed Wording)表明,也可以由装船批注(On Board Notation)表明。

7.唛头(Shipping Marks)

所有单据上的唛头都必须互相一致。

8.货物描述(Goods Description)

提单上的货物描述可使用概括性用语,只要与发票中的货物描述不矛盾即可。

9.件数(Pieces)、毛重(Gross Weight)和体积(Measurement)

件数、毛重和体积应与装箱单保持一致。

10.正本份数(No. of Original B/L[s] Issued)

实务中正本提单通常签发一式三份,UCP600 第 20 条规定全套提单可以是一份或一份以上的正本。由于提单是物权凭证,在提单上注明所签发的正本份数可以使提单受让人了解全套正本提单的份数,保护受让人的权益。但即使是签发了一份以上的正本,承运人只需凭一份正本即可交付货物,收货人无须出示全套正本提单。

11.运费交付情况(Freight)

提单上一般不填写运费的实际金额(Freight as Arranged),而是表明运费是否已经支付,常见的有"Freight Prepaid""Freight to Collect"。提单上运费是预付还是到付取决于商业发票中价格术语的使用,如果发票中显示 CFR 或 CIF 价,运输单据上却显示 Freight Collect 是不能接受的。

12.海运提单签发地点和日期(Place and Date of Issue)

海运提单签发地点和日期是承运人接管或装运货物的地点和日期。

13.签章(Stamp and Signature)

提单只有经过签章才能生效。UCP600 第 20 条规定,提单正面要注明承运人的名称,并由承运人、船长或他们的代理人签字或证实。常见的证实方法有:"As Carrier;As Agent for the Carrier ×××;As Master;As agent for Master ×××"。

UCP600 第 14 条 l 款规定"除承运人、船东、船长或者租船人以外,运输单据可以由任何人出具,只要运输单据满足第 19—24 条的要求。"。

除了上述正面记载的内容外,一份正本海运提单还有背面内容。提单背面是事先印就的运输条款,对承运人和提单关系人之间的权利义务有详细的规定。主要内容包括:定义条款、管辖权条款、提单适用的国际公约、责任范围条款、运费条款、转船条款、共同海损条款和碰撞条款等。

（三）海运提单的主要种类

海运提单可以从不同的角度进行分类：

1. 根据货物是否已装船区分

（1）已装船提单（Shipped On Board B/L）

货物装上指定船只后承运人或其代理人向托运人签发的提单，提单上有具体的船名、航次和装船日期。承运人签发已装船提单表明他确认货物已装上船。已装船提单可以由提单上印就的"已装船"字样表明："SHIPPED on board in apparent good order and condition（unless otherwise indicated）…"，也可以由装船批注说明。信用证项下受益人提交的提单必须是已装船提单，否则，银行不予接受。如果是一份印就的已装船提单，提单签发日就是货物的装运日期。

（2）收妥待运提单（Received for Shipment B/L）

又称"备运提单"，承运人收到货物等待装船或装船尚未完毕期间，向托运人签发的提单。当货物装船后，经过有效的"装船批注（On Board Notation）"，收妥待运提单可转化为已装船提单。收妥待运提单广泛地应用于集装箱运输，承运人在内陆集装箱收货站收到货物后，只能签发收妥待运提单，因为此时货物尚未装上指定船只。提单上印就的文字为：RECEIVED in apparent good order and condition except as otherwise noted…，收妥待运提单上必须有两个日期，一个是提单签发日期，另一个是货物的实际装船日期，该日期即为货物的装运日期（date of shipment）。

2. 根据提单上是否有不良批注区分

（1）清洁提单（Clean B/L）

托运的货物表面状况良好的提单。提单一般都有印就的条款，表明货物"in apparent good order and condition"，只要承运人在提单上没有做出任何相反的批注（如货物污损、包装残缺等），该提单就是清洁提单。信用证项下要求受益人提交的海运提单一般是："Clean on board Bill of Lading…"。所以，运输单据必须是"清洁的"，否则，银行不予接受。

UCP600 第 27 条对清洁单据做出特别规定：

银行只接受清洁运输单据。清洁运输单据指未载有明确宣传货物或包装有缺陷的条款或批注的运输单据。"清洁"一词并不需要在运输单据上出现，即使信用证要求运输单据为"清洁已装船"的。

（2）不清洁提单（Unclean B/L；Foul B/L）

承运人在提单上加注货物或包装表面存在缺陷的提单。表面状况是指货物的外包装或外观，不涉及货物的内在质量。常见的不清洁批注有：包装不坚固、包装破裂、货物渗漏等。一般情况下进口商不愿意接受不清洁提单。承运人签发不清洁提单主要是为了明确自己的责任，表明货物是在表面状况不良的情况下装运的。不清洁提单在实务中不多见，因为在货物装船时如发现货物或包装破损，为确保安全收汇，出口商通常会采取措施及时更换货物和包装。

3. 根据提单收货人区分

（1）记名提单（Straight B/L）

指提单上的收货人（Consignee）栏内有记名收货人且只能由该记名收货人提货的提单。承运人只能将货物交给提单上指定的收货人。此类提单是不可流通转让的，因而可以避免提单转让带来的风险，但同时也失去了通过转让提单来转让货物的便利性。记名提单通常不凭正本提单提货，而是凭承运人的到货通知提货，提单失去了作为物权凭证的作用，在实务中很少使用。

(2)不记名提单(Open B/L;Blank B/L;Bearer B/L)

又称来人提单,提单收货人栏内没有指定任何收货人的提单。不记名提单无须背书即可转让,任何持有提单的人均可以提货。由于提单凭交付即可转让,手续简便,但提单一旦遗失或被窃,风险很大,在国际贸易结算中一般不使用。

(3)指示提单(Order B/L)

指抬头带有"Order"字样的提单。指示提单通过背书可以转让,分为记名指示和不记名指示两种。记名指示为"To order of+出口商或进口商或XXX银行",转让提单时指示人即"出口商、进口商或XXX银行"必须背书。不记名指示为"To order",其含义是"To order of shipper",这种提单的转让必须经过托运人(Shipper)背书。提单背书可以是记名背书,也可以是空白背书。指示提单经背书可以转让给第三方,该受让人可凭以提货。在实务中使用最多的指示提单是 To order 或者 To order of shipper。

4.根据提单内容的完整性区分

(1)全式提单(Long Form B/L)

又称繁式提单,提单正反两面都有详细内容记载的提单。正面记载货物的装运细节,如品名、数量、毛重、船名、航次、起运港、目的港等内容。背面记载承运人和提单关系人之间的权利和义务的条款,一般事先印就。实务中使用的提单通常是全式提单。

(2)简式提单(Short Form B/L)

又称短式提单,只有正面内容的记载而无背面详细运输条款的提单。这种提单多见于租船提单,受租船合约的约束。

5.根据船舶营运方式区分

(1)班轮提单(Liner B/L)

班轮运输方式下承运人或其代理人签发的提单。班轮提单有印就的格式,合同条款相对固定。班轮运输有固定的航线、固定的停靠港口、固定的船期以及固定的费率。实务中使用的港至港提单通常是班轮提单。

(2)租船提单(Charter Party B/L)

租船合同下承运人或其代理人签发的提单。租船提单是一份简式提单,租船运输没有固定的航线、停靠港口、船期及运费,租船合同需由承租人(托运人)和出租人(承运人)另行签订,在租船提单正面一般注明:"所有条件和条款根据某年某月某日签订的租船合同"(All terms and conditions as per charter party dated…)。

6.根据提单有关时间区分

(1)预借提单(Advanced B/L)

承运人应托运人的要求,在货物尚未装船或装船尚未完毕的情况下,预先签发的"已装船"提单。托运人在未能按时装运货物的情况下从承运人处"预借"提单,以便在合同或信用证规定的期限内交单取款。承运人签发预借提单承担了较大的风险,因为在货物尚未装船的情况下,承运人却已提前签发已装船清洁提单,一旦货物在装船前或装船过程中发生损失或灭失,收货人提不到货物,承运人要负责赔偿。

(2)倒签提单(Anti-dated B/L)

承运人应托运人的要求,在货物装船以后以早于货物实际装船的日期作为提单签发日期的提单。托运人要求"倒填日期"签发提单,也是为了赶上合同或信用证规定的最迟装运日期。预借提单和倒签提单都掩盖了提单签发时的真实情况,带有一定的欺骗性,承运人要承担由此而产生的风险。

(3)过期提单(Stale B/L)

迟于货物到达目的港才抵达收货人的提单或迟于提单签发日后 21 天才交到银行的提单。一般情况下,进口商不愿意接受过期提单,因为由于不能及时提货往往要多支付仓储费和滞港费。但是在邻近国家之间的贸易中,由于航线短,经常会出现提单过期的情况,因此有的信用证中会规定过期提单可以接受(Stale B/L is acceptable.)。

(4)正常提单(Fresh B/L)

承运人在正常情况下签发的,且在货物运达目的港之前已交给收货人的提单。这是受益人向银行交单议付和银行凭以付款的重要单据。

7.根据是否转运区分

(1)直达提单(Direct B/L)

又称直运提单,货物在起运港装上指定船只后,中途不转船直接运抵目的港卸货的提单。

(2)转运提单(Transhipment B/L)

又称转船提单,货物在起运港装上指定船只后,不直接运抵目的港,而需在中转港卸下原装船只再装上另一船只运抵目的港的提单。转运会增加货物受损的风险与装卸费用,延长货物在途时间,有的信用证明确规定不允许转运(Transhipment not allowed)。

(3)联运提单(Through B/L)

货物在中转港转船或转用其他运输工具运抵最终目的地的提单。联运包括海海、海陆、海空、海河等多种方式。如果是海海联运,该提单就是转运提单。

8.其他种类的提单

除以上分类外,实务中还使用下列提单。

(1)集装箱提单(Container B/L)

使用集装箱装运货物所签发的提单。集装箱运输是适应货物成组化运输的需要而产生的运输方式,它大大提高了货物的装卸速度,而且可以实现门到门的服务,已成为国际货物运输中不可缺少的一种运输方式。

除了提单上应有的内容外,集装箱提单上会显示"集装箱号"(Container No.)和"封箱号"(Seal No.),以及箱内所装货物的件数。在整箱货的情况下,箱内的货物由托运人自行装箱封箱后交集装箱堆场办理装运,承运人无法检查箱内货物,货物情况只能是"据托运人所述"。为了分清责任,承运人在提单上加注"Shipper's Load and Count"(托运人装货并清点)或"Said to Contain"(据说含有),以此表明自己对箱内的货物及其数量不负责任。

集装箱提单上常见的术语有。

FCL(Full Container Load):整箱货,指箱内货物是同一个托运人和收货人的。

LCL(Less than Container Load):拼箱货,当一个托运人的货不够装一整箱时,与其他托运人的货拼凑在一起,装一整箱,箱内货物不属于同一货主。

CY(Container Yard):集装箱堆场,指专门堆放集装箱而不办理装拆箱业务的场所,是整箱货办理收付的场所。

CFS(Container Freight Station):集装箱货运站,指办理集装箱货物装拆业务的场所,由承运人装箱或拆箱的拼箱货,在货站办理收付。

（2）运输代理行提单（House B/L；Freight Forwarder's B/L）

又称货代提单、无船承运人提单，由运输代理行（又称货运代理人）出具的提单。货运代理人将不同托运人的货物承揽后向船公司订舱，由承运人向其签发主提单（Master B/L），即船公司的海运提单，他再以自己的名义签发分提单（House B/L）给不同的托运人。船公司出给货代的主提单（Master B/L）上的发货人（Shipper）和收货人（Consignee）分别是货代自己和货代在目的港的代理人，而货代出给客户的分提单（House B/L）上的发货人和收货人是实际的托运人和收货人。如果是拼箱业务，目的港货代凭 Master B/L 向船公司提货，收货人再凭 House B/L 向货代提货。整箱业务中收货人凭货代提单向目的港货代的代理人换取船公司提单，然后再凭该提单去提货。货代提单不具有海运提单所具有的物权凭证的作用，收货人凭货代提单无法在目的港向船公司提货，真正控制物权的是货代公司，货代公司的信誉一般不如船公司，因此货代提单存在一定的风险。货运代理人不办理运输，也不对货物在运输途中发生的风险承担责任，如果发生货损，托运人需直接要求承运人赔偿损失。

通常情况下，运输单据应由承运人或其代理人签发。有的信用证明确规定："House B/L is not acceptable."这时受益人向银行交单议付的必须是船公司或其代理出具的"Ocean B/L"。如果信用证规定："House B/L is acceptable."那么银行接受货运代理人以自身名义（B/L issued in the capacity of a freight forwarder）签发的运输单据。

（3）电子提单（Electronic B/L）

电子提单相对于"纸质提单"而言，是适应电子数据交换（EDI）技术的发展而产生的通过电子计算机传送海上货物运输电子数据的单据。通过计算机，提单信息被转换为电子信息在网络中传递，接受方计算机收到该电子信息后又将其重新转换为提单信息。提单的签发、修改、转让、传递都是通过特定的密码在计算机中进行。电子提单具有安全、正确、效率高、速度快等优点，但其推广使用涉及网络技术问题、人员培训问题和管理水平问题。在我国电子提单尚未得到应用。1990 年 6 月 29 日国际海事委员会第三十四次大会通过了《国际海事委员会电子提单规则》，对电子提单的使用进行规范。

（四）海运提单的转让

如前所述，海运提单是一种物权凭证，提单的转让可以带来物权的转让，提单持有人通过转让提单转卖货物。但并不是所有的海运提单都可以转让。海运提单能否转让以及如何转让取决于提单的抬头，即提单收货人一栏。根据收货人的不同，提单可以分为记名提单、不记名提单和指示提单。记名提单不能转让；不记名提单无须背书凭交付即可转让；指示提单通过背书和交付进行转让。提单的转让无须征得承运人的同意，也无须通知承运人。提单转让的权利包括提单下货物的所有权和提单所体现的运输合同下托运人对承运人享有的权利。

提单的背书有两种，一种是空白背书，一种是记名背书。

1. 空白背书：在正本提单的背面加上出口商的签章，该签章必须与所有其他单据上的签章一致。如果合同或信用证要求提单"Blank Endorsed"或"Endorsed in Blank"，或者对背书没有特别规定时，应做成空白背书。空白背书表明托运人将提货权利转让给任何持有提单的人。

2. 记名背书：在正本提单的背面打上"To the order of ×××"，然后在下面加上出口商的签章，该提单就转让给指定的当事人"×××"——它可以是银行，也可以是进口商，根据双方的约定。记名背书必须连续完整才能构成有效的转让。记名背书表明托运人将提货权利转让给指定人。

第二节　其他运输单据

除了海洋运输,货物还有多种不同的运输方式,如空运、水运、公路运输、多式运输等。不同的运输方式有其自身的特点,如空运具有速度快的优点;水运具有运量大、成本低的优点;公路运输具有机动灵活的优点,可实现门到门的运输;铁路运输的优点是不受气候的影响,可以横贯大陆实现长距离的运输;多式运输是两种以上运输方式的联运,可以综合利用各种运输方式的优点,具有单一运输方式无法比拟的优越性。

一、多式运输单据(Transport Document Covering at least Two Different Modes of Transport)

由于集装箱运输的快速发展和广泛运用,多式运输得到了普及并已成为目前最主要的一种运输方式。UCP600 将多式运输单据列为各运输单据之首。

多式运输是使用集装箱,通过海、陆、空等两种或两种以上的运输方式完成的国际货物运输。多式运输以集装箱为运输单元,将不同的运输方式有机地结合起来,可以减少货物运输时间,提高货物运输质量,与传统的单一的运输方式有很大的不同。多式运输承运人对从起运地至目的地的全程运输负责,提供门至门(door to door)的服务,其责任从接收货物开始至交付货物为止。对托运人而言,无论货物运输途中要经过几次转运,托运人只需办理一次托运,签订一份运输合同,并一次性支付运费,这样可以大大简化托运手续,节省人力、物力和财力。多式运输承运人虽然对全程运输负责,但其自身并不一定承运货物,它可以将全程运输分段委托给不同的承运人办理运输,并与这些承运人签订运输合同,因此多式运输承运人又被称为“合约承运人”(Contractual Carrier),区别于“实际承运人”(Actual Carrier)。承运人(Carrier)是指任何在运输合同中承诺通过公路、铁路、空运、海运、内河运输或上述运输的联合方式履行运输的人。

多式运输单据可分为两种,一种“不可转让”(non-negotiable),另一种“可转让”(negotiable)。如果以不可转让方式签发多式运输单据,单据的收货人一栏必须记载具体收货人的名称,承运人必须向单据上记名的收货人凭其身份证明交付货物,它是多式运输承运人接管货物后签发的单据,属于收妥备运单据。如果多式运输是海运和其他运输方式组成的联合运输,如陆运—海运—陆运,那么多式运输承运人通常签发多式运输提单(Multimodal Transport B/L),该单据可背书转让,经有效“装船批注”后,单据从收妥备运单据转化为已装船提单,多式运输承运人必须凭正本提单交付货物。有的船公司印制的提单既可以用于多式运输,又可以用于港至港的单一运输(Port to Port or Combined Transport Bill of Lading)。

联运提单和多式运输单据都包含两种或两种以上的运输方式,但这两种单据还是存在较大的区别。

1.运输的组成方式不同

联运提单是海运和其他运输方式组成的联合运输,其第一程运输一定是海运;而多式运输单据是各种不同运输方式组成的联合运输,其第一程运输可以是海运,也可以不是海运,而且其整个运输过程中可以不包括海运,如陆空联运、公路铁路联运等。

2.单据签发人的责任不同

联运提单中不同的承运人分段负责各自的运输,第一程运输的承运人签发的提单包括全程运输,收货人可凭该提单在目的地提货,但提单的签发人只对第一程的海运负责,对后续的运输不承担任何责任;多式运输单据的签发人对货物运输的全程负责,无论货物在哪一程运输中发生承运人责任范围内的损失,多式运输承运人都要对托运人负责。多式运输经营人可以将全部或部分运输分段委托给不同的承运人完成,这些承运人与多式运输承运人签订运输合同,与托运人没有直接的联系。

二、不可转让海运单(Non-negotiable Sea Waybill)

海运单最大的特点是"不可转让"(non-negotiable),货物只能交给海运单上指定的"收货人"(consignee),收货人不能凭海运单再次转让或出售货物。和海运提单一样,海运单是海洋运输中承运人出具的货物收据,也是海上货物运输合同的证明,但两者有着本质上的区别,海运单不是物权凭证,不能流通转让,也不能凭以提取货物(类似的还有空运单据、公路、铁路或内河运输单据)。收货人提货时无须出示海运单,只需证明其为海运单上指定的收货人,承运人即交付货物,其他人即使持有提单也无法提货,因此海运单不会像提单那样因被窃、遗失而使当事人遭受损失,也可以在一定程度上减少以假提单欺诈的风险。

海运单用于海上运输兴起于近几年,随着集装箱运输的普及,货物在港口的装卸速度提高,加上运输条件的改善和航速的提高,常常出现船舶已到达卸货港而收货人尚未收到提单的情况,没有正本提单,船公司就无法交付货物。另一方面,出口商在货物装运后制作全套单据办理结汇往往需要一定的时间,如果采用信用证结算则单据周转时间更长,必须先交到出口地银行审单,再寄到开证行,经开证行审单后交给进口商,因此单据常常晚于货物到达目的地。这种情况在近距离海运中尤为明显,如我国到日本、韩国的出口运输,货到单不到的情况比较普遍,影响了收货人的及时提货。如果不及时提货,收货人面临着货物市场行情下跌或货物损坏变质的风险,还需要承担额外的滞期费、仓储费等。如果凭银行保函向船公司提货,需要支付提货担保手续费,这些都增加了进口商的费用。

为解决这一问题,"不可转让海运单"应运而生,承运人在向收货人交货时可以不必要求出示该单据,货物一到卸货港就可通知收货人前来提货,既方便快捷,又节省费用。由于"不可转让海运单"不是物权凭证,开证行开立信用证后无法获得物权保障,受益人交单后也难以凭这种单据向银行办理融资,而且存在进口商收到货物后,却以信用证项下的单据存在不符点为由拒付货款的可能,使受益人面临着既收不到货款,又失去货物的风险。信用证下的开证行可以通过要求将单据做成以开证行为收货人获得"不可转让海运单"下货物的控制权。在我国这种单据尚未得到普遍使用。海运单适用于有长期贸易合作伙伴关系且互相信任、关系密切的交易双方之间的业务或者是跨国公司的母公司和子公司、总公司和分公司之间的业务。

实务中使用的海运单表面上看起来和海运提单非常相似,只是在单据的显著位置注明"不可转让"(Non-negotiable)和"海运单"(Sea Waybill)字样。海运单上的收货人一栏,只能是实际收货人(与海运提单中的记名提单 Straight B/L 类似),不能做成可转让形式的指示性抬头(To Order / To Order of ×××),其他各项内容与海运提单基本相同。

三、空运单据(Air Waybill)

详见图 12-1。

图 12-1　空运单据样例

空运单据又称航空运单(Air Consignment Note)。航空运输由于速度快,货物在途时间短,货物损坏率低等优点,特别适用于鲜活易腐商品、季节性商品、贵重物品以及一些急需物资的运送,但航空运输运量小,运输成本及费用高。

空运单据有货物收据和证明运输合同的作用,但它不是物权凭证,不能转让也不能凭以提货,正本空运单上均注明"不可转让"(NOT NEGOTIABLE)。承运人在空运单条件下只是把货物交给空运单上写明的收货人。货物到达目的地后,收货人不是凭空运单提货,而是凭承运人或其代理人签发的到货通知单提货,确切地说,这份空运提货通知单才是物权凭证。所以空运单的"Consignee"一栏不能做成"To order of shipper"或"To order of a named party",通常是以指定进口商为收货人。和"不可转让海运单"一样,空运单据条件下,出口商和开证行难以取得货物控制权,以空运单据作为结算的基本单据之一,对出口商和银行来说存在一定的风险。为了控制风险,出口商有时将收货人一栏做成以银行为收货人(信用证项下为开证行,托收项下为代收行),这样在一定程度上可以控制货权,使出口商不至于既收不到货款又失去物权。但是多数银行不愿意运输单据做成以自己为收货人,因为银行在国际结算业务中只负责处理单据,一般不愿意卷入进出口商之间的贸易中,如果非要做成以银行为收货人,最好事先征得进口地银行的同意,但这在实务中有一定的难度。

(一)空运单据的种类

根据出单人的不同,空运单据分为以下两种。

1.航空总运单——Master Air Waybill(MAWB)

由航空公司签发(Air carrier)的航空运单,又称航空主运单。它是航空公司(作为承运人)和托运人或航空货运代理公司(作为托运人)之间订立的运输契约,是航空公司接受和发运货物的依据。

2.航空分运单——House Air Waybill(HAWB)

由航空货运代理公司(Freight forwarder)签发的航空运单,是航空货运代理公司办理集中托运业务时签发给每一个托运人的收货凭证。它是航空货运代理公司和托运人(真正的货主)之间订立的运输契约。集中托运业务是指航空货运代理公司将若干批不同货主、发往同一地点的货物集中起来作为一批货物交付航空公司办理托运,由航空公司向其签发航空总运单,航空货运代理公司则向不同的货主签发航空运输分运单。一个总运单下可以是一个分运单,也可以是多个分运单,如果一个MAWB下有10个HAWB,说明该总运单下的货物发给10个不同的收货人。航空分运单中通常会显示HAWB No.和MAWB No.。

在"总运单"和"分运单"情况下,实际发货人和收货人与航空公司不直接联系。货物到达目的地后,航空货运代理公司在当地的分公司凭总运单向航空公司提取货物,然后按分运单将货物交付收货人。

(二)空运单据的正副本

正本空运单据一式三份,每份背面都有印定的运输合同条款。和海运提单不同的是,这三份正本不是全部签发给托运人的,而是各有各的用处。一份正本由航空公司留存,作为记账凭证;一份正本随货同行,在货物到达目的地时交给收货人;第三联蓝色的正本"ORIGINAL 3(FOR SHIPPER)",交给托运人,是承运人或其代理人签发给托运人表明已收妥货物并接受托运的凭证,这也是出口商向银行交单的唯一正本。由于托运人在货物交付收货人之前都有权更改空运单上的收货人,开证行为了控制货物在运输途中变更收货人而出现的风险,通常要求信用证项下提交第三联正本作为交单议付的单据之一。副本空运单份数根据需要决定,分别用作报关、代理、财务结算、中转分拨等用途。

四、公路、铁路或内河运输单据(Road, Rail or Inland Waterway Transport Documents)

公路、铁路、内河运输三种方式在国际贸易中所占份额较少。随着集装箱运输的普及,国际铁路货物运输和公路运输得到了一定的发展,内河运输在国际贸易中仍然不多见。和空运单据类似,这三种单据都是承运人收到货物后签发的货物收据,也是托运人和承运人之间运输合同的证明,记载了双方在货物运输中的权利、义务和责任,但它们不代表货物所有权,不能流通转让,也不能凭以提货。

国际铁路运输适用于内陆相连国家之间的货物运输,如我国和东欧、蒙古、朝鲜、俄罗斯等国的贸易。公路运输在我国集中在深圳对香港的出口。铁路和公路运单通常签发一式数份,其中一份交发货人凭以向收货人办理货款结算。

五、快递收据、邮政收据或投递证明(Courier Receipt, Post Receipt or Certificate of Posting)

1. 快递收据

快递收据是快递公司收到寄件人的邮件后签发的凭证。特快专递由专人负责寄送邮件,具有安全、准确、迅速的优点,比普通航邮更为快捷,一般到我国香港仅需一天,到美国也只需两三天。快递公司出具专门格式的快递收据。根据UCP600第25条的规定,快递收据上必须有快递公司的签章,注明收件日期以及信用证规定的货物发运地点。国内经营快递业务的机构有以下几个。

(1)DHL(DHL Courier Service):中外运—敦豪国际航空快件有限公司是敦豪公司(美国)在中国成立的一家合资公司,开办的 DHL 快递业务在我国的航空快递业中占据领先地位。

(2)UPS(United Parcel Service):联合包裹服务公司(美国)是世界上最大的快递承运商和包裹递送公司,1998 年 UPS 进入中国市场。

(3)FEDEX(FEDEX Express):联邦快递(美国)是全球最具规模的快递运输公司,为全球超过 220 个国家及地区提供快捷、可靠的快递服务。

(4)TNT (Thomas Nationwide Transport):天地快运(荷兰)为全世界 200 多个国家的客户提供快捷可靠的门到门快递服务。TNT 中国是 TNT 集团在中国的分支机构,服务范围覆盖中国 600 多个城市。

(5)EMS(International Express Mail Service):"国际特快专递"是我国邮政部门开办的快递业务。EMS 使用最快捷的交通运输工具由专人专车将邮件投递到用户手中。目前我国的国际特快专递业务已与世界上 200 多个国家和地区建立了业务关系,国内已有近 2000 个大、中、小城市办理 EMS 业务。

2. 邮政收据或投递证明

邮政收据或投递证明是邮政部门收到寄件人的邮件后签发的凭证。邮政收据上必须有发运地的戳记并加注日期,该日戳是出口商的实际交货日期,不能晚于合同或信用证规定的最迟装运期。根据 UCP600 第 25 条的规定,邮政收据或投递证明必须在表面看来由信用证规定的货物装运地点盖章或签署并注明日期,该日期将被视为装运日期。

⇨【案例 12.1】　在货物包装有缺陷时签发清洁提单

案情介绍

有一批橘汁 100 桶,出口装运时,船方发现收货单上理货员已批注包装桶"破旧易损",并有几处渗漏,船方要在提单上加批注,后来,托运人提供了保函,才获取了清洁提单。承运人、托运人早就清楚装船货物包装破损。结果,买方受领货物时,提出索赔,承运人赔付后,无法追偿,争议持续很久,交易托运人借保函无约束力而赖账。影响了各当事人之间的关系,不利于交易进一步开展。

案情分析

当货物外包装出现破损渗漏等不良状况时,承运人为了分清责任,要在提单上加批注,以表明货物包装不良状况并非运输过程造成,而是交货时就已经存在。但出口商为了向银行交单议付,必须取得清洁提单。这时承运人考虑到和托运人的业务关系,凭对方出具的保函签发清洁提单。但这种行为给承运人带来了很大的隐患,因为收货人提货时发现货物包装破损渗漏会向承运人提出索赔,承运人赔付后向托运人追偿。如果托运人赖账,承运人将承担损失。虽然有托运人向承运人出具的保函,但因为在货物包装存在破损渗漏的情况下仍然签发清洁提单,属于欺诈行为,即使向法院提起诉讼,也得不到法院的支持。

(选自顾民著《最新信用证 UCP600 操作指南》,对外经济贸易大学出版社,2007)

⇨【案例 12.2】　运输方式和运输单据自相矛盾的信用证条款

案情介绍

某公司向银行提交信用证项下的全套单据,开证行为纽约的 R 银行,金额为 25 万美元。信用证规定货物由中国运往纽约,价格条件为 CFR New York,要求提交全套正本的已装船清洁海运提单,同时信用证附加条款又规定:货物运输必须经任何一艘 SEALAND 公司的船舶运至美国西海岸再经小陆桥运抵纽约(Shipment must be effected via any vessel of Sealand to the west coast via miniland bridge to New York)。

案情分析

这是典型的运输方式和运输单据要求自相矛盾的条款。按中美贸易运输路线,去美国的东海岸如用直达单式海运肯定要比西海岸港口卸货后再以陆运方式运到东海岸所花时间长。一般来说,客户希望早日提到货物而采用海陆联运的多种运输方式。此信用证中的附加条款就反映了申请人的本意。然而,信用证中的运输单据却错误地用了单式海洋运输的"港至港单式海洋运输提单"(CLEAN ON BOARD B/L)。如果将单据条款修改为"已装船清洁多式运输提单"(CLEAN ON BOARD MULTIMODAL TRANSPORT B/L),就解决了运输方式和运输单据不配套的问题。

运输方式、运输单据和价格条款是三个相关的内容。运输方式如为港至港的海运(单式海洋运输),则运输单据必须为 CLEAN ON BOARD OCEAN B/L,其相对应的价格条款也必须是 FOB,CFR,CIF。如运输方式是陆—海、陆—海—陆—空、海—陆、海—陆—空等将各种单式运输方式组合使用于同一批货物运输的,那就是多式联运方式了,所匹配的运输单据就应是多式运输单据(MULTIMODAL TRANSPORT DOCUMENTS)或多式运输提单,其首程为海运(MULTIMODAL B/L),价格条款应是 FCA,CPT,CIP,这三种价格条款均适用于任何运输方式,在多式联运时更显现出其长处。

(选自上海对外贸易协会编著的《进出口单证实务(修订本)》,对外经济贸易大学出版社,2003)

➡【案例 12.3】　三分之一提单直寄,信用证交单被拒

案情介绍

我国某外贸公司(受益人 B 公司)出口海泡石到韩国,采用即期信用证方式结算,信用证条款要求 B 公司将 2/3 正本提单寄给开证行 I 银行,另外 1/3 正本提单直接寄给进口商(申请人 A 公司)。B 公司按照信用证要求将单据交至国内的指定银行 N 银行,N 银行审核了相关单据后告知 B 公司,提单的装货港为天津而不是信用证所要求的上海,单据有不符点。

鉴于该订单是在互联网上取得,为双方初次贸易,N 银行建议最好要求申请人修改信用证的装货港,但受益人对交单行的提醒没有给予充分重视,又因为申请人急着提货,受益人已将 1/3 正本提单直接寄给了申请人,现在只是希望银行尽快处理单据,于是单据被寄往开证行。

开证行提出不符点:提单的装货港与信用证的规定不一致。受益人与开证申请人交涉,请其放弃不符点付款,但遭到拒绝,而开证行在等待申请人付款无果的情况下,将不符点单据退回 N 银行。但此时开证申请人已将货物提走,受益人再也联系不上开证申请人。受益人陷入钱货两空的境地。

案情分析

含 2/3 正本提单条款的信用证,既给出口商以一旦单证相符开证行确定的付款承诺,又给进口商提供了快捷的提货方式,在其他单据仍在银行体系流转的情况下,代表货权的一份提单已由受益人直接寄给了开证申请人。由于进口商可以在付款前先行提货,有利于进口商检查货物是否符合买卖合同的要求,这样就在一定程度上防止了受益人的诈骗行为,一旦申请人发现受益人欺诈,进口商可以在付款之前向当地法院申请止付令,运用欺诈例外原则保护自身权益。从这个意义上说,2/3 正本提单在一定程度上解决了信用证抽象性的缺陷。另一方面,这种做法在近洋贸易以及银行办事效率低下的国家,能够解决货物已到而单据未到所带来的因货物清关延迟、申请人承受较高港口费用以及市场变化的风险。

但 2/3 提单带给出口商的后果是:在未收到货款之前丧失货权。由于丧失了货权,出口商必须做到单证相符,否则就会导致钱货两空。对开证行而言,因货权在申请人手中,一方面申请人凭 1/3 正本提单提货又不向开证行赎单;另一方面,受益人又提交了相符单据,在非全额保证金开证的情况下,开证行不得不垫付资金。

(选自刘阳主编的《国际结算实务案例精析(2016)》,上海远东出版社,2016)

☞【本章小结】

不同的运输方式产生不同的运输单据。本章我们学习了海运、空运、多式运输、公路铁路内河运输和快递邮政运输方式下的各种运输单据,其中海运提单是最常见、也是最重要的运输单据。海运提单的种类很多,实务中常见的提单一般是已装船提单、清洁提单、指示性抬头提单、全式提单和班轮提单。由于集装箱运输的推广,多式运输单据的使用也日益普及。

除海运提单和多式运输单据(包含海运时)可以是物权凭证外,其他运输单据都不具有物权凭证的作用。

☞【课后练习】

一、名词解释

海运提单 清洁提单 指示提单 班轮提单 不可转让海运单 空运单据

二、选择题

1. 以下单据中( )必须有签发者授权签字或盖章。

A. 跟单汇票 B. 海运提单 C. 商业发票 D. 保险单

2. 以下关于海运提单说法正确的是( )。

A. 是货物收据 B. 是运输合同证明

C. 是无条件支付命令 D. 是物权凭证

E. 是无条件支付承诺

3. 贸易结算中常用的运输单据有( )。

A. 海运提单 B. 海关发票 C. 银行汇票 D. 保险凭证

E. 空运单

4. 经过背书才能转让的提单是( )。

A. 指示提单 B. 不记名提单 C. 记名提单 D. 清洁提单

5. 海运提单的抬头是指提单的( )。

A. Shipper B. Consignee C. Notify Party D. Voyage No.

6. 清洁提单是指( )。

A. 承运人未加有关货物或包装不良之类批注的提单

B. 不载有任何批注的提单

C. 表面整洁无涂改痕迹的提单

D. 提单收货人栏内没有指明任何收货人的提单

7. 不是物权凭证的运输单据是( )。

A. 海运提单 B. 空运单据 C. 快递收据 D. 不可转让海运单

E. 铁路运单

8. 买方和银行通常不接受的提单有( )。

A. 已装船提单 B. 备运提单 C. 不清洁提单 D. 过期提单

E. 指示提单

9.关于不可转让海运单说法正确的是(　　　)。

A.是物权凭证　　　B.能背书转让　　　C.不能凭单提货　　　D.没有背面内容

10.联运提单(THROUGH B/L)的签发人(　　　)。

A.对运输的全程负责

B.只对第一程运输负责

C.接受第二程运输承运人的委托向原货主负责

D.只对第二程运输负责

11.以下(　　　)为物权凭证。

A.商业发票　　　　B.指示提单　　　　C.保险单　　　　D.记名提单

12.通常开证行可以接受的货运单据是(　　　)。

A.租船提单　　　　B.倒签提单　　　　C.清洁提单　　　　D.备运提单

三、判断题

1.汇票、提单和保险单的抬头人通常各是付款人、收货人、被保险人。　　　　　　(　　)

2.在信用证支付方式的情况下,卖方凭以向客户收取货款的,不是实际货物,而是与来证要求完全相符的全套单据。　　　　　　　　　　　　　　　　　　　　　(　　)

3.海运提单的签发日期应早于保险单据的签发日期。　　　　　　　　　　　　(　　)

4.不清洁提单是指承运人在签发提单时,对货物的包装等状况加注不良批注的提单。
　　　　　　　　　　　　　　　　　　　　　　　　　　　　　　　　　　　(　　)

5.海运提单的收货人填写为"To order of shipper",提单应经背书才能转让。　(　　)

6.因为运输单据是承运人签发给托运人的收货凭证,所以运输单据都是物权凭证。
　　　　　　　　　　　　　　　　　　　　　　　　　　　　　　　　　　　(　　)

7.记名提单和指示提单同样可以背书转让。　　　　　　　　　　　　　　　　(　　)

8.多式运输承运人对货物运输的全程负责。　　　　　　　　　　　　　　　　(　　)

9.信用证规定装运港为 Chinese Port,缮制提单时,装运港一栏应照样填 Chinese Port以免单证不符。　　　　　　　　　　　　　　　　　　　　　　　　　　　　(　　)

10.记名提单不能转让,不记名提单和指示提单可以转让,但必须通过背书方式。
　　　　　　　　　　　　　　　　　　　　　　　　　　　　　　　　　　　(　　)

四、案例题

某开证行按照自己所开出的信用证的规定,对受益人提交的,经审查符合要求的单据履行了付款责任。但在进口商向开证行赎单后发现单据中提单是倒签的,于是进口商立即要求开证行退回货款并赔偿其他损失,请问进口商的要求合理吗?

五、简答题

1.UCP600 规定的运输单据有哪些?

2.海运提单和海运单有何区别和联系?

3.什么是"清洁运输单据"?

4.根据收货人的不同,提单有几种转让方式?

5.如果一份提单的日期为 8 月 15 日,信用证的有效期为 9 月 15 日,根据 UCP600 的规定,受益人最迟必须在哪一天向银行交单?

第十三章

国际结算单据(三) ≫ ≫ ≫ ≫

【学习目标】

1.了解海关发票、产地证、检验证等一些附属单据的主要内容。

2.掌握海关发票、产地证、检验证等一些附属单据的缮制方法。

附属单据是基本单据以外的其他单据,根据合同或信用证条款的规定提交,有的由出口商出具,有的则需由指定的当事人出具。是否要求提交这些单据取决于进口商的需要以及进口国的有关规定。

第一节 海关发票

海关发票(Customs Invoice)是出口商根据进口国海关提供的固定格式填制的一种发票,供进口商进口报关时使用。由于各国海关规定不同,各国和各地区都有自己不同格式的海关发票。要求提供海关发票的国家和地区主要有加拿大、美国、新西兰、西非、东非和中南美洲等国家。

海关发票是进口国海关核定进口货物原产地、征收关税以及海关统计的依据,也是进口国海关核对商品是否倾销的依据。

海关发票除了与商业发票相同的内容外,还包括产地证明(Origin)和价值证明(Value)两项内容。产地证明应注明货物的原产地和制造地,这是进口国海关征收关税的依据。价值证明应注明货物的 FOB 价,该价格不能低于国内市场价,否则可能被视为倾销,如果是CIF 价格,应正确计算运费和保险费。

海关发票样本,见图 13-1。

Revenue Canada Customs and Excise	Revenu Canada Douanes et Accise	CANADA CUSTOMS INVOICE FACTURE DES DOUANES CANADIENNES		Page de	of

1. Vendor (Name and Address)/Vendeur (Nom et adresse) HANGZHOU WANSHILI IMP AND EXP CO. LTD., NO.195 JICHANG ROAD, HANGZHOU, P.R. CHINA	2. Date of Direct Shipment to Canada/Date d'expédition directe vers le Canada OCT.03,2000
	3. Other References (include Purchaser's Order No.) Autres références (Inclure le n° de commande de l'acheteur) P.O.:13299 13390 COMMERCIAL INVOICE NO.20WSL0925

4. Consignee (Name and Address)/Destinataire (Nom et adresse) TRIO SELECTION INC. 353 CHABANEL WEST MONTREAL, QUEBEC CANADA H2N 2G1	5. Purchaser's Name and Address (if other than Consignee) Nom et adresse de l'acheteur (S'il diffère du destinataire) FRANCIS INTERNATIONAL TRADING (CANADA) INC., 555 CHABANEL W SUITE 1502, MONTREAL QC. CANADA H2N-2J2 CANADA
	6. Country of Transhipment/Pays de transbordement N/A
	7. Country of Origin of Goods Pays d'origine des marchandises CHINA / IF SHIPMENT INCLUDES GOODS OF DIFFERENT ORIGINS ENTER ORIGINS AGAINST ITEMS IN 12 SI L'EXPEDITION COMPREND DES MARCHANDISES D'ORIGINES DIFFERENTES, PRECISER LEUR PROVENANCE EN 12

8. Transportation: Give Mode and Place of Direct Shipment to Canada Transport: Préciser mode et point d'expédition directe vers le Canada FROM SHANGHAI TO MONTREAL BY SEA	9. Conditions of Sale and Terms of Payment (i.e. Sale, Consignment Shipment, Leased Goods, etc.) Conditions de vente et modalités de paiement (p. ex. vente, expédition en consignation, location de marchandises, etc.) FOB/FCA SHANGHAI PORT OR AIR PORT PAYMENT AGAINST L/C AT SIGHT
	10. Currency of Settlement/Devises du paiement US DOLLARS

11. No. of Pkgs Nbre de colis	12. Specification of Commodities (Kind of Packages, Marks and Numbers, General Description and Characteristics, i.e. Grade, Quality) Désignation des articles (Nature des colis, marques et numéros, description générale et caractéristiques, p. ex. classe, qualité)		13. Quantity (State Unit) Quantité (Préciser l'unité)	Selling Price/Prix de vente	
				14. Unit Price Prix unitaire	15. Total
124 CARTONS	SUPPLIER#: CARTON#: STYLE#: SIZE: COLOUR: QUANTITY: LABEL: P.O.#:	READYMADE GARMENTS P.O.:13299 13390 STYLE:2571Z 2571HT	4230PCS	USD3.60/PC	USD15228.00

18. If any of fields 1 to 17 are included on an attached commercial invoice, check this box Si les renseignements des zones 1 à 17 figurent sur la facture commerciale, cocher cette boîte　[X] Commercial Invoice No./N° de la facture commerciale　20WSL0925	16. Total Weight/Poids Total		17. Invoice Total Total de la facture
	Net 1550KGS	Gross/Brut 1922KGS	USD15228.00

19. Exporter's Name and Address (if other than Vendor) Nom et adresse de l'exportateur (S'il diffère du vendeur) THE SAME AS NO.1, VENDOR	20. Originator (Name and Address)/Expéditeur d'origine (Nom et adresse) ZHAO RONGLIN, GENERAL MANAGER OF HANGZHOU WANSHILI IMP AND EXP CO. LTD., NO.195 JICHANG ROAD, HANGZHOU P.R. CHINA 杭州万事利进出口有限公司 HANGZHOU WANSHILI IMP.&EXP.CO.LTD.
21. Departmental Ruling (if applicable)/Décision du Ministère (S'il y a lieu) N/A	22. If fields 23 to 25 are not applicable, check this box Si les zones 23 à 25 sont sans objet, cocher cette boîte　[X]

23. If included in field 17 indicate amount: Si compris dans le total à la zone 17, préciser:	24. If not included in field 17 indicate amount: Si non compris dans le total à la zone 17, préciser:	25. Check (if applicable): Cocher (S'il y a lieu):
(i) Transportation charges, expenses and insurance from the place of direct shipment to Canada Les frais de transport, dépenses et assurances à partir du point d'expédition directe vers le Canada $ N/A	(i) Transportation charges, expenses and insurance to the place of direct shipment to Canada Les frais de transport, dépenses et assurances jusqu'au point d'expédition directe vers le Canada $ N/A	(i) Royalty payments or subsequent proceeds are paid or payable by the purchaser Des redevances ou produits ont été ou seront versés par l'acheteur N/A
(ii) Costs for construction, erection and assembly incurred after importation into Canada Les coûts de construction, d'érection et d'assemblage après importation au Canada $ N/A	(ii) Amounts for commissions other than buying commissions Les commissions autres que celles versées pour l'achat $ N/A	(ii) The purchaser has supplied goods or services for use in the production of these goods L'acheteur a fourni des marchandises ou des services pour la production des marchandises N/A
(iii) Export packing Le coût de l'emballage d'exportation $ N/A	(iii) Export packing Le coût de l'emballage d'exportation $ N/A	

DEPARTMENT OF NATIONAL REVENUE — CUSTOMS AND EXCISE　　　　　　　　　　MINISTERE DU REVENU NATIONAL — DOUANES ET ACCISE

图 13-1　海关发票样本

第二节 产地证明书

简称产地证(Certificate of Origin—C/O),是证明出口货物的原产地或制造地的书面文件,供进口国海关采取不同的进口管制政策和关税待遇。根据签发人的不同,产地证分为以下几种。

一、普惠制原产地证

普惠制原产地证又称 FORM A 产地证,全称为 GENERALIZED SYSTEM OF PREFERENCES (GSP)FORM A。普惠制即普遍优惠制,是发达国家(给惠国)对发展中国家(受惠国)给予单方面关税优惠的一种普遍的、非歧视的和非互惠的国际性制度。受惠国向给惠国出口规定的商品时,必须出具普惠制产地证才能享受约定的关税优惠待遇。目前世界上有 31 个给惠国,受惠国家和地区达 170 多个。我国是发展中国家,已有英国、法国、德国、意大利、荷兰、卢森堡、比利时、爱尔兰、丹麦、希腊、葡萄牙、西班牙、日本、挪威、新西兰、澳大利亚、瑞士、瑞典、芬兰、奥地利、加拿大和波兰等 22 个国家对我国实行普惠制。

FORM A 产地证相关内容必须与其他单据相符外,还应注意以下几点。

(1)第 2 栏收货人应填写给惠国最终收货人名称,不能填中间转口商的名称。更不能和提单一样做成指示性抬头。

(2)第 4 栏由商检机构根据需要填写。如果出口商在装运货物后申请签发,则只能签发"后发"证书,由签发机构加盖"ISSUED RETROSPECTIVELY"印章,日本一般不接受"后发"证书。如果证书因遗失或损毁签发"复本",需加盖"DUPLICATE"印章,并声明原证书作废。

(3)第 8 栏为原产地标准,用字母表示。"P"代表完全原产,无进口成分。"W"表示含有进口成分,但符合原产地标准。"F"是对加拿大出口商品,含有进口成分。

(4)第 10 栏为发票号码和日期,必须填写,不能留空。有的信用证在附加条款中规定:"除汇票和发票外的所有单据不能显示信用证号码和发票号码"(All documents except draft and invoice must not show the credit number and invoice number.),这种情况下,受益人收到信用证后必须及时修改这一条款,否则无法做到单证一致,因为商检机构不会签发无发票号码的普惠制产地证。

(5)第 11 栏为签发机构的签章,由签发机构的印章和有权签发人的手签组成。签发日期不能早于发票日期(第 10 栏)和出口商的申报日期(第 12 栏),也不能晚于提单日期,不然要在第四栏盖"后发"章。在我国唯一的授权签发机构是各地的出入境检验检疫局。

FORM A 上的内容不允许有更改,出现错误应重新填制。出口商填制 FORM A 无误后由商检局审核后签署。

普惠制原产地证样本,见图 13-2。

ORIGINAL

1. Goods consigned from (Exporter's business name, address, country) ZHEJIANG PROVINCIAL LIGHT AND TEXTILE INDUSTRY GROUP IMP. AND EXP. CO., LTD. 15/F, BLDG 8, UNITED PLAZA, NO. 58 QIAN JIANG ROAD, HANGZHOU, CHINA	Reference No.　G133333339220024 GENERALIZED SYSTEM OF PREFERENCES CERTIFICATE OF ORIGIN (Combined declaration and certificate) FORM A Issued in. THE PEOPLE'S REPUBLIC OF CHINA (country) See Notes. overleaf
2. Goods consigned to (Consignee's name, address, country) HUSKY CZ, S.R.O. NA JAROVE 2, 130 00 PRAHA 3, CZECH REPUBLIC	
3. Means of transport and route (as far as known) FROM SHANGHAI SEAPORT, CHINA TO PRAHA, CZECH REPUBLIC VIA HAMBURG SEAPORT, GERMANY BY SEA	4. For official use ISSUED RETROSPECTIVELY

5. Item number	6. Marks and numbers of packages	7. Number and kind of packages; description of goods	8. Origin criterion (see Notes overleaf)	9. Gross weight or other quantity	10. Number and date of invoices
1		FORTY (40) CTNS OF MENS SOFTSHELL JACKET APROS	"P"	785PCS	13136001 JAN. 04, 2013
2		FORTY TWO (42) CTNS OF LADIES SOFTSHELL JACKET BECKA	"P"	826PCS	
3		TWENTY ONE (21) CTNS OF LADIES SOFTSHELL JACKET AKARA *** *** *** *** *** ***	"P"	405PCS	
	HUSKY CZ STYLE NAME : COLOR: SIZE: NO. OF CARTON:　OF GROSS WEIGHT: NET WEIGHT:				

11. Certification It is hereby certified, on the basis of control carried out, that the declaration by the exporter is correct. HANGZHOU, CHINA, JAN. 14, 2013 0000033709810 Place and date, signature and stamp of certifying authority	12. Declaration by the exporter The undersigned hereby declares that the above details and statements are correct; that all the goods were produced in　CHINA (country) and that they comply with the origin requirements specified for those goods in the Generalized System of Preferences for goods exported to HANGZHOU, CHINA, JAN. 14, 2013 (importing country) Place and date, signature of authorized signatory

S 121013350

图 13-2　普惠制原产地证样本

二、贸促会产地证

由各地出入境检验检疫局或中国国际贸易促进委员会(简称贸促会)出具,证书全称为 "CERTIFICATE OF ORIGIN OF THE PEOPLE'S REPUBLIC OF CHINA"。中国国际 贸易促进委员会(China Council for the Promotion of International Trade,CCPIT)是对外 的中国商会。

一般原产地证的填制内容与 FORM A 基本一致,其中第 8 栏 H. S. Code 为商品 H. S. 编码栏。H. S. 是"The Harmonized Commodity Description and Coding System"的缩写,即 "商品名称及编码协调制度",每个商品由 8 位数的代码来表示。如果同时涉及不同的商 品,应将编码分别填入。第 10 栏为发票号码和日期,不能留空。第 11 栏和第 12 栏与 FORM A 有关栏目的位置编排正好相反。这两种单据均需有权签字人手签。

贸促会产地证样本,见图 13-3。

ORIGINAL

1. Exporter	Certificate No.
JIA XING ZHEN ZHOU GARMENTS CO., LTD NO. 1188 YINPING CR ROAD, PINGHU ECONOMIC DEVELOPMENT ZONE ZHEJIANG CHINA	**CERTIFICATE OF ORIGIN OF THE PEOPLE' S REPUBLIC OF CHINA**
2. Consignee PROPHES, SPA VIA MONTELSORD DI FERMO 21/23 ROMA 00199 ITALY	

| 3. Means of transport and route

FROM SHANGHAI CHINA TO NAPLES ITALY BY SEA | 5. For certifying authority use only |
| 4. Country / region of destination

ITALY | |

6. Marks and numbers	7. Number and kind of packages; description of goods	8. H.S.Code	9. Quantity	10. Number and date of invoices
N/M	ONE HUNDRED AND SEVENTEEN (117) CTNS OF MEN'S LONG PANTS	62.03	807PCS	NS13-024 JAN. 12, 2013
	FORTY FOUR (54) CTNS OF MEN'S LONG PANTS	62.03	352PCS	
	SIXTY FOUR (64) CTNS OF MEN'S SHORT PANTS	62.03	1191PCS	
	REMARKS: L/C: NAPZ401000500C/13			

| 11. Declaration by the exporter
The undersigned hereby declares that the above details and statements are correct, that all the goods were produced in China and that they comply with the Rules of Origin of the People's Republic of China.

JIAXING ZHENZHOU GARMENTS CO.,LT

JIAXING CHINA, JAN. 12, 2013
0000083677129
Place and date, signature and stamp of authorized signatory | 12. Certification
It is hereby certified that the declaration by the exporter is correct.

JIAXING, CHINA, JAN. 12, 2013
Place and date, signature and stamp of certifying authority |

AQSIQ 120131131

图 13-3　贸促会产地证样本

三、出口商原产地证

由出口商自行签发的产地证。如果合同或信用证没有具体规定由谁来签发产地证时，出口商可以自己出具产地证，也可以直接在商业发票上加注原产地证明的文句（This is to certify that the goods are produced in China.）。有些国家和地区不允许产地证联合在商业发票上，应单独出具产地证。

第三节　检验证书

检验证书（Inspection Certificate）是商检机构对进出口商品的品质、数量、重量、卫生、等级、性能、技术指标等进行检验或鉴定后，根据实际检验结果出具的证明文件。进出口商品检验是国际贸易中的一个重要环节，也是一个国家为维护国家安全、国民健康，保护自然环境而采取的一项措施。世界各国一般都设有专门的检验检疫机构，也产生了一些著名的、被许多国家认可的检验机构，如美国食品药物管理局（FDA）、瑞士日内瓦通用鉴定公司（SGS）等，他们的鉴定结果是商品进入国际市场的通行证。我国的官方检验机构是国家出入境检验检疫局。

在国际贸易中，检验证书是进出口商品通关验收、合同履行、货款结算、征收关税、诉讼理赔的重要证明文件。检验证书应由信用证或合同规定的检验机构出具，如果没有特别规定，该证书可以由商检机构、进出口商或生产厂商出具。证书内容除与合同或信用证相符外，还必须和其他单据保持一致，商品的检验或鉴定结果及评定意见是证书最主要的内容，措辞上应与合同或信用证一致。检验证书的签发日期必须早于运输单据的日期，证书上必须有签发人的印章和有权签字人的签字。

商品检验证书种类繁多，常见的有以下几种：

1. 品质检验证书（Inspection Certificate of Quality）

2. 重量检验证书（Inspection Certificate of Weight）

3. 数量检验证书（Inspection Certificate of Quantity）

4. 卫生检验证书（Sanitary Inspection Certificate）

5. 兽医检验证书（Veterinary Inspection Certificate ）

6. 消毒检验证书（Inspection Certificate of Disinfection）

7. 植物检疫证书（Phytosanitary Certificate）

8. 熏蒸证书（Inspection Certificate of Fumigation）

9. 分析证书（Inspection Certificate of Analysis）

10. 健康证书（Inspection Certificate of Health）

检验证书样本，见图 13-4。

中华人民共和国出入境检验检疫
ENTRY-EXIT INSPECTION AND QUARANTINE
OF THE PEOPLE'S REPUBLIC OF CHINA

第 联
ORIGINAL

卫生证书
SANITARY CERTIFICATE

编号 No.: 442910109000797

收货人名称及地址 Name and Address of Consignee	VION (广东) 明胶有限公司
发货人名称及地址 Name and Address of Consignor	VION (GUANGDONG) GELATIN CO.,LTD
品名 Description of Goods	胶原蛋白/胶原蛋白/胶原蛋白

报检数量/重量 Quantity /Weight Declared	**1500 千克/**1500 千克/**11985 千克
包装种类及数量 Number and Type of Packages	**100 纸袋/**100 纸袋/**799 纸袋

标记及号码
Mark & No.
N/M

产地
Place of Origin   法国

合同号
Contract No.   KPAN-002

到货地点 Place of Arrival 江门市开平市	到货日期 Date of Arrival 2009.04.28
启运地 Place of Despatch 法国	卸毕日期 Date of Completion of Discharge 2009.04.28
运输工具 Means of Conveyance 船舶	检验日期 Date of Inspection 2009.05.22

检测结果:
　　该批进口胶原蛋白(生产批号：1046672、1049897、1047804、1047803、1047802)所检项目符合中华人民共和国食品原料卫生要求。

本证书印刷号：A0062088

签证地点 Place of Issue   开平   签证日期 Date of Issue   2009-5-25

授权签字人 Authorized Officer   张文磊   签　名 Signature

中华人民共和国出入境检验检疫机构及其官员或代表不承担该证本正本的任何财经责任。No financial liability with respect to this certificate shall attach to the entry-exit inspection and quarantine authorities of the P. R. of China or to any of its officers or representatives.

A 0062088

[e 9-2(2000.1.1)]

图 13-4　检验证书样本

第四节　装箱单、重量单、寄单证明、寄样证明与受益人证明

一、装箱单(Packing List)

装箱单是说明货物包装情况的单据,记载货物的名称、规格、数量、唛头、件数、毛重、净重和尺码等内容。出口货物除散装货外,一般都要求提供装箱单。装箱单上不应显示商品的单价和总值。

二、重量单(Weight List / Memo)

重量单是说明货物重量情况的单据。以重量为计价单位的货物需要出具重量单,除装箱单上的内容外,还应列明每件货物的毛重、净重以及货物总的毛重和净重。

装箱单和重量单是对商业发票的补充说明,是海关、检验机构和进口商核对货物的依据,是商业单据中的重要单据。

三、寄单证明(Beneficiary's certificate for dispatch of documents)

寄单证明是出口商在货物装运后的一定期限内,将全套或部分副本单据(有时包含正本单据)寄给进口商后出具的证明。很多信用证都会做出如下规定:"One full set of non-negotiable documents should be sent to the applicant by registered airmail within 24 hours after shipment and beneficiary's certificate to this effect is required."

单据格式如下:

Beneficiary's Certificate

Invoice no. ×××
L/C NO. ×××
Date: ×××

We hereby certify that one full set of non-negotiable documents has been sent to the applicant by registered airmail within 24 hours after shipment.

ABC CO.
(Signature)

四、寄样证明(Beneficiary's certificate for dispatch of shipment samples)

寄样证明是出口商将即将装运的货物样品寄给进口商以后出具的证明。

Beneficiary's Certificate

Invoice no. ×××

L/C NO. ×××

Date：×××

We hereby certify that shipment samples have been sent to the applicant by registered airmail before shipment.

ABC CO.

....

(Signature)

五、受益人证明(Beneficiary's Certificate)

受益人证明,又称"受益人声明(Beneficiary's Statement)",由信用证项下受益人根据信用证的要求出具的证明,表明自己已经按照信用证的要求履行相关义务。受益人证明的内容可以非常广泛,上面提到的"寄单证明""寄样证明"都属于受益人证明。除此之外,还包括货物符合合同要求,已发装运通知等证明。

第五节　船公司证明

船公司证明(Shipping Company's Certificate)是由船公司或承运人出具的,证明船舶的国籍、船级、船龄等内容的单据。根据业务需要,有不同的种类。常见的有:

一、船籍证明(Certificate of Vessel's Nationality)

阿拉伯国家开来的信用证中,往往规定禁装以色列籍船只,其航程不得停泊以色列港口。如:

Certificate

B /L Lading No. ×××

Per S. S. ×××

Date：×××

To whom it may concern：

We certify that the above-mentioned steamer is not Israeli vessel and will not call at any Israeli port or water.

ABC Shipping Co.

....

Signature

二、船龄证明(Certificate of Vessel's Age)

进口商为了保障船只及货物在运输途中的安全,会要求出口商装运货物的船只不超过15 年船龄,并提供相应的证明。此外,有些国家要求到达卸货港的船舶船龄不超过 15 年,许多保险公司对 15 年以上的超龄船不予承保。

Certificate

B /L Lading No. ×××
Per S. S. ×××
Date:×××

To whom it may concern:

We evidence that the carrying vessel is not more than 15 years old.

ABC Shipping Co.
Signature

三、班轮公会船只证明(Conference Line Certificate)

班轮公会是一些班轮公司为达到航线垄断、控制运价的目的建立的联盟。为了维持自己的利润,在同一航线上或相关航线上经营班轮运输的公司自愿组合成班轮公会。公会成员共同制定船期表、运价,并在成员之间分配载货比例。这种机制通过避免航线过于拥挤和激烈的价格竞争来确保船公司的盈利。

Shipping Company's Certificate

Invoice no. ×××
L/C NO. ×××
Date:×××

To whom it may concern:

This is to certify that shipment has been effected by Conference Line vessel covered by Institute Classification Clause.

ABC Shipping Co.
Signature

四、船级证明(Certificate of Classification)

说明载货船舶符合一定船级标准的证明。该证明由船舶检验机构出具,反映船舶的技术状况和营运性能,关系到船舶保险的保费和租金的高低。例如,某信用证要求伦敦劳埃德船级协会出具一张证明,证明货物系由一流、非超龄船只装运:

Certificate

B /L Lading No. ×××

Date：×××

To whom it may concern：

We certify that shipment is made by first class non-overage vessel.

Lloyds，London
Signature

第六节　装船通知

　　装船通知(Shipping Advice)是出口商装运货物后在规定时间内将装运情况通知进口商的书面文件。该通知一般以电信方式发出,主要目的是便于进口商安排卸货、租仓和保险等事宜。在 FCA,FOB,CFR,CPT 价格条件下,出口商必须及时向进口商发出装船通知,也可以根据进口商的要求直接将装船通知发给保险公司。如果进口商办理的是预约保险单,保险人和被保险人签订的保险合同只规定总的保险范围、货物种类、运输方式、险别和费率等内容,进口商在货物起运后应立即将装运细节通知保险公司。装船通知中应包括货物的品名、船名、航次、起运港、目的港、装运日期、预计到达时间、提单号码、发票号码和金额等内容。

浙江省机械设备进出口有限责任公司
ZHEJIANG MACHINERY & EQUIPMENT IMPORT & EXPORT CO.,LTD.

致 To:	JIN QIAN BUILDING，111 JIEFANG ROAD HANGZHOU ，CHINA FAX：86571（85058830）

OMAN INSURANCE
CO.PSC,P.O.BOX 3335,ABU
DHABL, U.A.E., FAX:02-6268007

发票编号 916PU089017
Invoice
日期ber
Date   3 1 AUG 2006

SHIPPING ADVICE
FOR INSURANCE PURPOSES

售货合约号数   06TU11MEZU08904
Sales Contract No.

装由 shipped per s.s.:IBN KHALDOUN V.0006W	装船口岸 SHANGHAI From	目的地 KUMPORT To	约于 on or about 3 1 AUG 2006
数量及品名 Quantities and Descriptions			总价 Amount
	TOOLS	FOB SHANGHAI	
	61,380PCS	USD27,357.07	
		===============	

SHIPPING MARKS:

N/M

PACKED IN : 530 CARTONS

To:

Please note insurance for the above shipment under
your Open Policy No.   AMOC/1998/000132

for account of M/s.(as
below)

KARADAG OTOMTOIV GAZ BOYA VE GIDA
ITH.IHR. DIS TIC.LTD.STI

浙江省机械设备进出口有限责任公司
ZHEJIANG MACHINERY EQUIPMENT IMPORT EXPORT CO.,LTD.

浙江省机械设备进出口有限责任公司
ZHEJIANG MACHINERY & EQUIPMENT
IMP.& EXP.CO.,LTD.

⇨【本章小结】

附属单据中的海关发票、产地证、检验证书、装箱单、重量单、受益人证明、船公司证明和装船通知等是对货物或交易的某个方面的说明,应根据交易的不同需要和进出口国家的相关规定提交。

⇨【课后练习】

一、名词解释

海关发票   普惠制产地证   检验证书   装箱单   受益人证明

二、选择题

1.下面关于海关发票的描述中,正确的是(   )。

A.出口商填写的

B.由进口商填写

C.出口商向出口地海关报关时提供的单据

D.进口商向进口地海关报关时提供的单据

E.进口地海关进行估价定税,征收差别关税或反倾销税的依据

2.普惠制产地证中的 Origin criterion(原产地标准)一栏,应根据货物原料进口成分的比例填制,"P"表示(   )。

A.含进口成分   B.无进口成分

C.进口成分要在 40%以下   D.进口成分要在 20%以下

3.GSP FORM A 是一种(   )。

A.品质证明书   B.动植物检疫证明书

C.重量证明书   D.普惠制产地证明书

三、判断题

1.不管信用证有无规定,装箱单必须标明签发日期。   (   )

2.装箱单和产地证明书都是商业发票的补充单据。   (   )

3.检验证书的签发日期必须早于运输单据的日期,证书上必须有签发人的印章和有权签字人的签字。   (   )

四、简答题

1.在哪些国家和地区需要使用海关发票?

2.商品检验证书有哪些不同种类?

3.产地证的种类及作用是什么?

第十四章

跟单信用证方式下单据的审核　≫ ≫ ≫　≫

【学习目标】
1. 学习信用证项下单据的审核。
2. 掌握汇票、发票、保险单据和运输单据等一些主要单据的审核要点。
3. 熟悉单据中常见的一些不符点。

第一节　审单原则、方法及要点清单

跟单信用证方式下单据的审核是对已经缮制、备妥的单据对照信用证的有关内容进行检查和核对。国际结算业务处理的对象是单据，单据制作的正确与否直接关系到出口商能否安全及时地收汇，实务中，单据上任何细微的差错都有可能作为不符点，成为银行拒付的理由，影响出口商的安全收汇。因此单据的审核是国际结算业务的一项重要内容。跟单信用证方式下的单据既要符合信用证的要求，又要符合相关的国际惯例和某些单据的特殊规定。

单据的审核是一项原则性和技术性很强的工作，审单人员除了具备国际结算专业知识以外，还必须具备较强的工作责任心和严谨细致的工作作风。在整个信用证业务流程中，同一套单据需要经过不同的当事人审核。受益人在向银行提交全套单据之前需要预先审核单据，以确定单据的种类份数是否齐全、内容是否符合信用证的规定。被指定银行收到受益人提交的单据后需要进行审核，以确定单据的表面状况是否符合信用证的规定。保兑行收到被指定银行寄来的单据后进行审核，决定是否承担付款责任。开证行收到单据后的首要任务也是审核单据，以确定单据中是否存在不符点，并最终决定是付款还是拒付。

一、审单原则

长期以来，信用证项下单据审核的原则是"单证一致、单单一致"。根据 UCP600 第 14 条 d 款的规定，单据中的内容不能与该单据、其他规定的单据或信用证中的内容互相矛盾（Data in a document…must not conflict with, data in that document, any other stipulated document or the credit.）。因此，严格意义上说，除了"单证一致、单单一致"外，还应"单内一致"。"单内一致"是指同一单据中出现的内容不得互相矛盾。"单证一致"是指单据的内容必须符合信用证的要求。为确保单证一致，受益人在收到信用证的时候就应首先审核并正确理解信用证条款，核对其是否符合合同条款。如果有些条款不符合合同规定，受益人是否能够和愿意接受这些条款。对那些既不符合合同的规定，又无法履行的条款，受益人必须及时要求修改信用证，不然等到交单时才发现某些条款无法满足就为时已晚，不符点就会不可避免。我们在讲到 FORM A 产地证的时候，曾经说过如果信用证要求"所有单据除了发票和汇票不能注明发票号码"，受益人收到这样的信用证后就必须及时修改该条款，因为 FORM A 上必须显示发票号码。所以信用证条款的审核是一项基础性工作，是确保单据制作质量的前提。信用证项下需要审核的单据应是信用证明确要求提交的单据。UCP600 第 14 条 g 款规定对于信用证没有要求的单据，银行可不予置理并退还交单人。

除了"单内一致""单证一致"，单据之间还应做到"单单一致"，即单据之间要相互一致，不能互相矛盾。例如，单据之间的唛头、数量、毛重、净重、信用证号码等必须一致。当发票中显示的价格条款为 FOB 时，如果提单上却注明"Freight Prepaid"，即构成单单不一致。

"单内一致、单证一致、单单一致"并非是说所有单据中的所有项目都必须一字不差，有些内容必须完全相符，有些内容只需要做到互不矛盾即可。UCP600 第 18 条 c 款规定"发票中货物、服务或行为的描述必须与信用证规定的内容一致"。UCP600 第 14 条 e 款又规定"除商业发票外，其他单据中的货物、服务或履约行为的描述，可使用与信用证中的描述不矛盾的概括性用语"。

长期以来，人们对不符点的认定存在较大的差异，如对"拼写错误、字母遗漏"等轻微的不符能否构成足以拒付的不符点存在不一致的看法。单证之间和单单之间相符到何种程度才算一致没有一个统一的标准。关于单据的审核形成了两个标准，一个是"严格相符"（Strict Compliance），一个是"实质相符"（Substantial Compliance）。"严格相符"要求单据和信用证之间逐字逐句完全相同，然而实务中完全相符的单证的比例并不高。"实质相符"是指实质性问题相符即可，只要单据中的不一致不会对开证申请人造成损害就不构成不符点，但"实质相符"的标准难以掌握。在贸易实务中，当信用证项下进口的货物价格下跌，开证申请人认为已无利可图，甚至亏损时，会极力要求开证行对外拒付。如果开证行应申请人的要求找出细微的非实质性的不符点对外拒付，不仅会损害开证行的声誉，也极易给申请人以可乘之机，使银行卷入商务纠纷，违背信用证的独立性原则。

由于各国对《跟单信用证统一惯例》条款理解上的不同及各国银行审单标准的不统一，近年来信用证纠纷案不断增多。据统计，60%～70%的信用证在第一次交单时被认为存在不符点而遭到拒付。为解决这一问题，国际商会在意大利罗马召开的 2002 年秋季年会上通过了《关于审核跟单信用证项下单据的国际标准银行实务》，即 ISBP-International Standard Banking Practice for the Examination of Documents under Documentary Credits，是国际商会（ICC）第 645 号出版物。ISBP 统一和规范了信用证项下单据的审核实务，是对《跟单信用证统一惯例》的补充和细化，而不是修订。随着统一惯例的修订，ISBP 也同步更新，成为国际商会第 681 号出版物。2009 年国际商会又开启对 ISBP681 的修订工作。2013 年 4 月 17 日，新版 ISBP 在国际商会的里斯本会议上顺利通过，并作为第 745 号出版物发布。ISBP745 在 Para A23"拼写或打印错误"（Misspellings or typing errors）条款中指出"如果拼写或打印错误并不影响单词或其所在句子的含义，则不构成单据不符"。例如，在货物描述中用"mashine"表示"machine"（机器），用"fountan pen"表示"fountain pen"（钢笔）或用

"modle"表示"model"(型号)都不会导致单据不符。但是,将"model 321"(型号 321)写成"model 123"(型号 123)则不应视为打印错误,而应是不符点。ISBP 对信用证项下单据的审核具有重要的指导意义。

二、审单工作方法

银行审单工作的时效性非常强。对受益人来说,单据必须在信用证规定的有效期和交单期内制作并审核完毕后提交。对银行来说,UCP600 第 14 条规定的各家银行审核单据的时间最多不超过 5 个银行工作日。目前国内许多银行为了提高服务质量承诺 24 小时内完成出口单据的审核。及时审核单据就能及时发现问题,使受益人能及时改正单据上的差错,从而保证及时寄单收汇。单据的审核,除了必须具备相关的专业知识、耐心细致的工作态度,还必须掌握一定的方法,只有这样才能达到事半功倍的效果。信用证项下单据的审核要做到以下几步。

1.将全套单据和信用证及修改(如有)进行核对

以信用证为中心,将商业发票等全套出口单据与信用证中的有关条款逐一核对,做到单证相符。如果信用证有修改,还必须将单据和修改后的条款进行核对,除非受益人已发出拒绝接受修改的通知。通过 SWIFT 开立的信用证通常采用 MT700 和 MT701 格式,每一个栏目的内容比较固定。如果信用证是通过电传或信函方式开立的,其内容在格式上是不固定的。因此审单过程中应对信用证所有条款仔细阅读,因为即使是 SWIFT 格式的信用证有些条款也有可能没有出现在指定的栏目。

2.将单据和 UCP600 及国际标准银行实务进行核对

信用证中没有明确规定的条款,应根据 UCP600 办理,如关于最迟交单日期的计算,关于海运提单的签署,关于装船批注,关于非单据化条款等内容,在 UCP600 中都有明确的规定。国际标准银行实务是 UCP600 的重要补充,既包括 ISBP681 的相关规定,也包括国际商会发表的各类意见和决定。它们都是审核单据的重要依据。UCP600 第 14 条 h 款规定如果信用证包含某项条件而未规定与之相符的单据,银行对此条件可不予置理。

3.对单据本身以及不同单据之间的内容相互进行核对

以商业发票为中心,将其他单据与发票中的相关内容进行核对,做到单内相符、单单相符。UCP600 第 14 条 d 款规定单据和单据之间的内容不得互相冲突,f 款又规定单据应满足其功能。如果重量单不显示重量,产地证不显示货物的原产地,那么单据即失去了其功能。

三、单据审核要点清单

国际商会出版物 515 号"跟单信用证操作指南",对单据审核列出了详细的清单,供大家参考。但该清单是对单据制作和审核提供一般性的指导,并不涵盖所有的内容。

1.跟单汇票

(1)显示正确的信用证号码;

(2)显示当前的日期;

(3)出票人与受益人的名称一致;

(4)付款人正确;

(5)大小写金额一致;

(6)期限符合信用证要求;

(7)收款人明确;

(8)如果需要背书,已正确背书;

(9)无限制性背书;

(10)包含信用证要求的必要条款;

(11)汇票支取的金额没有超过信用证的可用余额;

(12)汇票金额和发票一致。

2.商业发票

(1)由信用证中的受益人签发;

(2)开证申请人是汇票上的抬头人,除非信用证另有规定;

(3)货物描述和信用证中的货物描述一致;

(4)信用证中规定的有关货物、价格和条款的细节都在发票中体现;

(5)发票中出现的唛头和装运情况等信息与其他单据一致;

(6)发票币种与信用证相同;

(7)发票金额与汇票一致;

(8)发票金额没有超过信用证的可用余额;

(9)如果信用证不允许分批装运,发票显示信用证要求的全部货物;

(10)发票已按信用证要求,签署、公证、证实等;

(11)有关装运、包装、重量、运费或其他相关的运输费用与其他单据上显示的内容一致;

(12)提交的正本和副本份数正确。

3.保险单据

(1)根据信用证的要求提交了保险单/保险凭证/保险声明/暂保单;

(2)提交了签发的全套保险单据;

(3)由保险公司或保险商或他们的代理签发并签署,并且有被保险人的签字,如果保险单据这样要求;

(4)保险单据签发日期或保险生效日期最迟为已装船、发运或接管货物的日期;

(5)货物保险金额符合信用证的要求或符合 UCP600 第 28 条 f 款的规定;

(6)币种与信用证相同,除非信用证另有规定;

(7)货物描述与发票一致;

(8)承保货物从指定装运港或接受接管地到卸货港或交货地点的运输;

(9)投保了信用证规定的险种,并且这些险种有明确的界定;

(10)唛头等内容与运输单据一致;

(11)如果被保险人的名称不是保兑行、开证行或买方,保险单必须背书;

(12)单据上显示的所有其他信息与其他单据一致;

(13)如果单据中有修改必须是经过证实的。

4.运输单据

(1)签发的全套正本已提交;

(2)不是租船合约运输单据,除非信用证授权;

（3）不是运输行出具的运输单据，除非信用证中授权；

（4）收货人符合信用证要求；

（5）如果运输单据要求背书，已做适当背书；

（6）显示托运人或其代理人的名称；

（7）被通知人的名称和地址（如有）符合信用证的要求；

（8）货物描述与信用证规定基本一致，唛头等内容与其他单据上出现的一致；

（9）根据信用证条款的规定，已付或代收的运费在单据上显示；

（10）运输单据上没有出现使单据不清洁的条款；

（11）UCP600 相关运输条款中规定的所有其他条件都已符合。

5. 原产地证

（1）一份独立的单据，没有和其他单据联合制作；

（2）已根据信用证的要求签署、公证、认证；

（3）内容与其他单据一致；

（4）已注明产地，并且符合信用证的要求。

6. 检验证书

（1）如果信用证指定了检验机构，由信用证中指定的检验机构出具证书；

（2）已签署；

（3）证书符合信用证的检验要求；

（4）除非信用证授权，不含有对货物、规格、质量、包装等的不良陈述。

7. 装箱单

（1）一份独立的单据，没有和其他单据联合制作；

（2）符合信用证的要求，一份详细的装箱单要求列明每一个包装、每一箱的内容及其他相关信息；

（3）内容与其他单据一致。

第二节　常见的单据不符点

不符点（Discrepancy）是指信用证项下受益人所提交的单据表面出现不符合信用证条款的错误。当单据出现不符点后，信用证开证行就可以免除付款责任。信用证项下常见的不符点有：

（1）迟装运（Late shipment）；

（2）迟交单（Late presentation）；

（3）信用证过效期（L/C expired）；

（4）汇票上金额大小写不符（Words and figures on the drafts do not agree）；

（5）超装/超信用证金额支取（Overshipment / L/C overdrawn）；

（6）短装/信用证金额少支取（Shortshipment / L/C underdrawn）；

（7）发票上的货物描述与信用证不符（Description of goods on invoice does not

correspond with the description of goods shown on Credit)；

(8)当信用证禁止分批装运时,分批装运(Partial shipment effected(when Credit prohibits part shipment)；

(9)商业发票上的单价和信用证规定不符(Unit price on commercial invoice not as stipulated in Credit)；

(10)货物投保日期晚于装运日期(Goods insured later than the date of shipment)；

(11)投保金额不足(The amount of insurance is insufficient)；

(12)提单上没有显示承运人名称(B/L not indicating the name of the carrier)；

(13)装船批注上无日期(On board notation not dated)；

(14)起运港和信用证不符(Ports of loading not as per Credit)；

(15)运输单据上的修改未经证实(Unauthenticated alteration to transport document)；

(16)提单做成托运人指示抬头,未空白背书(Bill of lading made out to order of shipper and not endorsed in blank)；

(17)保险单上的币种与信用证不符(The currency in which the insurance document is expressed is not that of the Credit)；

(18)检验证书上的措辞与信用证规定不符(The wording of the inspection certificate not as stipulated by the Credit)；

(19)产地证不是由信用证规定的当事人签发(Certificate of origin not issued by party as stipulated in the Credit)；

(20)装箱单上显示与其他单据不符的内容(Packing list contains data inconsistent with other documents)。

第三节　被指定银行对单据的处理

一、审单相符被指定银行的工作

如果单据没有不符点,被指定银行可以根据信用证的要求对受益人提交的单据做出付款、承兑或议付,然后在正本信用证背面将交单金额、日期作记录,即背批(Endorsement),最后向开证行或保兑行寄单索汇。被指定银行从开证行或保兑行获得偿付。根据最新修订的《跟单信用证统一惯例》(UCP600)第2条的规定,议付行可在获得开证行偿付的银行工作日当天或之前,通过对受益人预付款或者表示同意向受益人提前付款的方式购买相符提示的汇票和/或单据。UCP600第12条授权承兑信用证和延期付款信用证下的被指定银行在到期日获得开证行偿付之前对受益人提交的相符单据预付款或购买。

二、被指定银行对于单据不符的处理方法

如果单据存在不符点,被指定银行必须及时通知受益人并协商处理不符点单据,通常有以下几种方法。

1.如果不符点可以修改,由受益人重新提交修改后的正确单据。

2.要求受益人对信用证进行必要的修改。

3.如果不符点无法修改或信用证修改没有涉及该不符点,经受益人同意被指定银行可以将不符点电告开证行,询问开证行是否接受不符点。开证行收到电文后通常会征求开证申请人的意见。在获得开证行接受不符点的授权后,被指定银行可以办理付款、承兑或议付,同时将单据寄给开证行。

4.被指定银行可以在不通知开证行的情况下,凭受益人担保议付。该担保只在受益人和接受担保的银行之间有效。如果到时开证行拒付,被指定银行可以向受益人追索。但有些信用证不允许被指定银行凭受益人担保议付(Negotiation under reserve is not allowed.)。

5.被指定银行可以不对单据进行付款、承兑或议付,而是直接单寄开证行,等收到开证行的款项后再向受益人付款。需要注意的是,即使单据存在不符点,被指定银行的寄单面函上也不可以表明单据以托收方式处理,因为单据仍受 UCP600 条款的约束。

第四节　开证行或保兑行对单据的处理

一、审单相符开证行的责任

如果单据经审核没有不符点,开证行或保兑行必须接受单据,并根据被指定银行的指示做出偿付。保兑行付款后从开证行获得偿付,开证行付款后从申请人处得到偿付。UCP600 第 7 条和第 8 条规定如果规定的单据被提交至开证行或保兑行并构成相符单据,开证行或保兑行必须付款,而且无论被指定银行是否于到期日前对相符单据予以预付或购买,开证行或保兑行对于承兑或延期付款信用证项下相符单据的偿付都应于到期日进行。

二、开证行对于单据不符的处理方法

UCP600 第 16 条规定当开证行或保兑行确定交单不构成相符单据时,可以拒绝付款或议付,并向交单人发出拒付通知。该通知必须:

1.声明银行拒绝付款或议付;

2.注明银行拒绝付款或议付的每一个不符点;

3.说明单据如何处理;

4.以电信方式发出,如果不能以电信方式通知时,使用其他快捷的通信方式;

5.在收到单据后的第五个银行工作日结束之前发出。

如果上述条件没有满足,拒付通知无效,开证行或保兑行无权宣称交单不构成相符单据。关于拒付后单据的处理方式,UCP600 第 16 条提出了四种处理意见:

1.银行保留单据,听候交单人进一步的指示;

2.开证行留存单据,直到它从申请人那里接到放弃不符点的通知并同意接受该放弃,或者它同意接受不符点的放弃之前,从交单人那里收到进一步的指示;

3.银行将会退回单据；

4.银行将按照先前从交单人那里得到的指示处理单据。

和 UCP500 相比,UCP600 新增第二和第四种处理方法。这也反映 UCP 条款的修订更加务实。因为信用证下实际退单的比例并不高,很多信用证下的拒付是开证行为了维护自身的利益,免除付款责任或为了收取不符点费而做出的决定。拒付后受益人可以通过和申请人的友好协商获得付款,为了使申请人在拒付后能付款赎单,又不至于因为拒付时声明持单听候处理而引发争议,很多银行在开证或拒付时声明如果申请人同意放弃不符点,银行将交单付款,尽管在此之前曾声明持单听候交单人的指示。UCP600 关于拒付后单据的处理方法更加灵活,有利于受益人尽快收汇。

拒付以后,开证行或保兑行可在任何时间将单据退还交单人。如果开证行联系开证申请人放弃不符点,这并不能延长 UCP600 第 14 条 b 款规定的 5 个银行工作日处理单据的时间,而且开证行不受开证申请人放弃不符点决定的约束。如果开证申请人同意放弃不符点,开证行仍可自行决定是否同意接受单据。开证行并不因为开证申请人放弃不符点而必须放弃不符点。如果开证行收到了开证申请人放弃不符点的通知,仍决定拒付单据,它必须根据第 16 条规定发出拒付通知。如果开证行同意开证申请人放弃不符点,则必须接受单据并对外付款。接受有不符点的单据并不意味着修改信用证或使开证行必须接受本信用证或其他信用证下存在相同不符点的单据。实务中当被指定银行或保兑行发现提交的单据有不符点时,经常会在寄单前要求开证行授权接受不符点。因为开证行必须在单证相符的情况下才能借记开证申请人的账户,这种情况下开证行必须联系开证申请人决定是否接受不符点。

⇨ 【案例 14.1】　UCP600 中单据处理条款修改的必要性

案情介绍

我国外贸公司 A 与某进口商 B 公司达成一份 CIF 合同,合同规定:A 向 B 公司出口某商品,合同价格为每吨 315 美元,共计 1000 吨,支付方式为不可撤销即期信用证。按照合同的要求,B 公司开来一张不可撤销即期信用证,表明该信用证受 UCP500 的约束。A 公司审核来证确认无误后,开始备货,并且在信用证规定的装运期内完成了装运,备齐信用证要求的全套单据经通知行向开证行交单。由于货物市场行情变化很快,交单后的前两天货物市场价格维持在每吨 300 美元的水平,未来还有降价的趋势。A 公司委托寄单行数次询问单据审核情况,开证行一再以"业务量大"为托辞,声称正在审核单据。直到其接到单据以后的第 5 天开证行才来电拒付:装箱单中对货物数量的描述与发票不符,银行拒付,单据听候处理。A 公司经过查对单据复印件,发现银行所称不符点确实存在,寄单行在寄单前也未发现该不符点。银行拒付当天货物的市场行情降至每吨 290 美元。A 公司在银行拒付后与 B 公司进行协商,B 公司要求降价,否则不接受单据。此时,货物已经到港,经过再三考虑,A 公司同意将货价降至每吨 280 美元。该笔交易 A 公司共计损失 6 万多美元。

案情分析

UCP500 第 13 条、第 14 条规定,银行必须在不超过 7 个工作日的"合理时间"(reasonable time)内审核单据,决定是否接受单据,并"毫不迟延"(without delay)地通知送单一方。如果仅仅从上述关于单据不符情况下的规定来分析,银行的做法无懈可击。

然而必须说明的是本案例所提及的交易并不是很复杂,信用证项下单据也都是寻常单据,份数也不多。然而银行直到第 5 天才发出拒付通知是不正常的,因为 A 公司与 B 公司先前就其他货物进出口已经数次成交,开证行是同一银行,而在以往的交易中类似种类和数量的单据银行往往很快处理完毕。很显然,此次交易中,银行在申请人的授意下故意推迟发出拒付通知,以便观察市场行情。期间受益人对单据的状况一无所知,事实上丧失了对单据的处理权。银行做出了单据不符的判定,其发出的拒付通知也完全符号 UCP500 的规定,但是问题的实质在于银行和申请人拖延时间,等货物行情降到一定程度时再表明拒付态度。

银行之所以这样做的重要原因在于 UCP500 所确定的"合理时间"本身就是一个较为模糊的概念。"合理时间"在 UCP500 中并没有清晰的定义,只不过是一个有上限的时间段。鉴于此,UCP600 将审单期限改为"最多为收单翌日起第 5 个工作日"。"合理时间"这个概念也不复存在。同时关于最长期限的缩短,对受益人也更为有利。

(选自赵静敏、李素侠著的《UCP600 中单据处理条款修改的必要性》,《对外经贸实务》2007 年第 8 期)

▷【案例 14.2】 保险生效纠纷案

案情介绍

我国 A 贸易公司向国外 B 公司出口一批货物。在国外开来的信用证中有关保险条款规定:"根据中国人民保险公司 1981 年 1 月 1 日海洋运输货物保险条款的保险单,投保水渍险和战争险"(Insurance policy covering W. A. and war risks as per ocean marine cargo clause of P. I. C. C. dated 1/1/1981.)。

贸易公司 A 在 3 月 14 日进行了装运,并取得了 3 月 14 日签发的提单和 3 月 15 日签发的注有"保险在货物装船日生效"(This cover is effective at the date of loading on board.)声明的保险单,并于 3 月 16 日交单议付。数天后,开证行提出了如下不符点:

贸易公司 A 在 3 月 14 日装运货物,提单签发的日期亦是 3 月 14 日,但是保险单签发的日期为 3 月 15 日,说明 A 是先装运后办理保险手续,所以保险晚于装运日期,此信用证项下的单据存在单证不符。

试分析,开证行提出的不符点是否成立?为什么?

案情分析

根据 UCP600 第 28 条 e 款的规定,除非保险单据上表明保险责任最迟于货物装船、发运或接受监管之日起生效,否则银行将拒收开立日迟于运输单据注明的装船、发运或接受监管日期的保险单,因此本案中开证行提出的不符点不成立。

(选自石玉川、徐进亮主编的《进出口交易惯例与案例》,中国纺织出版社,2008)

▷【本章小结】

单据的制作和审核是国际结算业务的一项重要内容。单据的审核虽然有一定的原则和方法,但这些原则和方法需要在实践中灵活掌握和运用。

单据制作、审核的质量和效率对进出口商和银行来说都意义重大。当单据中不存在不符点时,出口商就能够在信用证规定的期限内安全收汇。一旦单据出现不符点,开证行或保兑行就可以免除付款责任,出口商能否收汇或能否足额收汇都难以预料。

实务中经常发生开证行无理拒付或扣款不合理的情况,这就要求被指定银行从维护受益人的利益出发,根据国际商会关于单据审核的有关规定进行有力的反驳,确保受益人的收汇安全。

【课后练习】

一、名词解释
严格相符　实质相符　不符点

二、简述题
1.单据审核的基本原则什么?
2.信用证项下单据的审核包括哪几方面的内容?
3.被指定银行对不符点单据的处理有哪几种方法?
4.开证行拒付时应做到哪几点?
5.开证行对不符点单据应如何处理?
6.受益人何时可以取得信用证项下的款项? 被指定银行何时可以获得开证行的偿付?

三、案例分析题
1.美国某银行应当地客户的要求开立了一份不可撤销自由议付信用证,出口地为上海。信用证规定单证相符后,议付行可向开证行寄单索汇。上海某银行议付了该笔单据,并在信用证有效期内将单据寄交开证行。5天后议付行收回款项。第二天开证行来电提出单据有不符点,要求退款。议付行经核实,该不符点成立。请问议付行该如何处理?

2. 我国某进出口公司收到国外信用证一份,规定最后装运日期为2017年6月15日,信用证有效期为2017年6月30日,交单期为提单日期后15天但需在信用证有效期内。后因货源充足,该公司将货物提前出运,开船日期为2017年5月29日。6月18日该公司将准备好的全套单证送银行议付时,遭银行拒绝。请问银行为什么拒绝议付?

四、实务操作题
1. 你是一家外贸企业的单证人员,现有一套制作完成的单据即将交银行议付。请你根据所提供的信用证和单据找出单据中存在的五处不符点。你可以从所提供的不符点清单中选择六个不符点。(The Guide to Documentary Credits 2nd edition)

假定条件:
(1)汇票和受益人证明已提交,且符合信用证条款
(2)单据上的所有签字均为正本
(3)信用证正确开立
(4)运输合同条款出现在提单的背面
(5)今天是星期一,2008.11.24

随附单据:
(1)跟单信用证
(2)寄单行面函
(3)商业发票

（4）装箱单

（5）海运提单

不符点清单：

（1）Transport Documents not signed in accordance with UCP

（2）Late Shipment

（3）Goods description not as per Documentary Credit

（4）Late presentation

（5）Inconsistency between documents

（6）Commercial invoice not signed

（7）Packing List not signed

（8）Transport Document not clean

（9）Packing List issued by third party

（10）INCOTERMS not as per Documentary Credit

（11）Documentary Credit overdrawn

（12）Documentary Credit expired

（13）Transshipment effected

（14）Covering schedule does not list discrepancies

（15）Consignee not as per Documentary Credit

信用证和单据：

MT700　ISSUE OF A DOCUMENTARY CREDIT

SEQUENCE OF TOTAL	27：1/1
FORM OF DOC. CREDIT	40A：IRREVOCABLE
DOC. CREDIT NUMBER	20 ：48FGBK88
DATE OF ISSUE	31C：081001（01OCT08）
APPLICABLE RULES	40E：UCP LATEST VERSION
DATE AND PLACE OF EXPIRY	31D：081130 THAILAND（30NOV08）
APPLICANT	50：EXPENSIVE FASHIONS 100 SILK PLAC NEW YORK，NY 10018
BENEFICIARY	59：QUICK KNITTING CO. LTD. 5/FL，FASHION TOWER BANGKOK10120，THAILAND
CURRENCY CODE，AMOUNT	32B：USD750,000.00
TOLERANCE	39A：10％
AVAILABLE WITH/BY	41D：ANY BANK
BY NEGOTIATION	
DRAFTS AT	42C：SIGHT
DRAWEE	42A：USA BANK
PARTIAL SHIPMENTS	43P：ALLOWED
TRANSSHIPMENT	43T：PROHIBITED

SHIPMENT FROM   44A：BANGKOK，THAILAND
SHIPMENT TO   44B：LOS ANGELES,CA-USA
LATEST DATE OF SHIPMENT   44C：081031 (31OCT08)
DESCRIPTION OF GOODS   45A：100,000 PR. LADIES PANTS,
                                            STYLE 6721 @ USD4.00/PAIR
                                            100,000 PR LADIES PANTS,
                                            STYLE：6720 @ USD3.50/PAIR
                                            FOB BANGKOK，THAILAND

DOCUMENTS REQUIRED   46A：+ SIGNED COMMERCIAL INVOICE
                                               INDICATING L/C NUMBER
                                            +PACKING LIST
                                            + 2/3 SET CLEAN ON BOARD BILL OF
                                               LADING CONSIGNED TO EXPENSIVE
                                               FASHIONS,100 SILK PLACE,NEW YORK,
                                               NY 10018 AND MARKED FREIGHT
                                               COLLECT AND NOTIFY APPLICANT
                                            + BENEFICIARIES SIGNED STATEMENT THAT
                                               ONE SET OF ORIGINAL DOCUMENTS WAS
                                               MAILED TO APPLICANT

ADDITIONAL CONDITIONS   47A：+ THE DRAFT MUST BEAR THE CLAUSE
                                            ' DRAWN UNDER DOCUMENTARY
                                               CREDIT NO. 48FGBK88 DATED 01OCT08,
                                               ISSUED BY USA BANK'.
                                            + ALL DOCUMENTS MUST BEAR THIS
                                               L/C NO.
                                            + ALL DOCUMENTS MUST BE IN THE
                                               ENGLISH LANGUAGE

CHARGES   71B：ALL CHARGES OTHER THAN THOSE
                                            OF THE ISSUING BANK ARE FOR
                                            THE BENEFICIARY'S ACCOUNT.

PERIOD FOR PRESENTATION   48：DOCUMENTS MUST BE PRESENTED
                                            WITHIN 21 DAYS AFTER THE DATE
                                            OF SHIPMENT BUT WITHIN THE L/C
                                            VALIDITY

CONFIRMATION   49 :WITHOUT
                                            INSTRUCTIONS TO PAY/

ACC/NEG/BANK   78 : PLEASE FORWARD DOCUMENTS TO
                                            US IN ONE LOT VIA COURIER UPON
                                            RECEIPT OF THE RELATIVE

DOCUMENTS IN ORDER，WE SHALL REMIT PROCEEDS TO THE NEGOTIATING BANK ACCORDING TO THEIR INSTRUCTIONS.

×××　BANK

BANGKOK

THAILAND

Date: November 24, 2008

To:

USA Bank (Issuing Bank)

Your Letter of Credit No. 48FGBK88

Our Ref: IMP4987

We enclose documents for USD829,000.00 for payment under the above mentioned Letter of Credit.

Kindly credit our Head Office account with your New York under SWIFT advice to us quoting our reference.

Regards,

J.C. Phat,

Authorized Signer

Received

November 28, 2008

Counter of Issuing Bank

QUICK KNITTING CO. LTD.
5/FL, FASHION TOWER
BANGKOK 10120,
Thailand

COMMERCIAL INVOICE

Date: October 25, 2008

Drawn under Documentary Credit No. 48FGBK88 dated 061001 issued by USA Bank.

Shipped on or about October 30, 2008 from Bangkok, Thailand to Los Angeles, CA – USA

For account and risk of: Expensive Fashions
　　　　　　　　　　　　100 Silk Place
　　　　　　　　　　　　New York, NY 10018

Description:

111,000 pr. Pants 6721	@ USD 4.00/pair	USD444,000.00
110,000 pr. Pants 6720	@ USD 3.50/pair	USD385,000.00

　　　　　　　　　　　　　　　　　　TOTAL　USD829,000.00

FOB Bangkok, Thailand

Marks & Nos.

7732074
Seal#: 304059
Expensive Fashions
6721,6720
200 cartons/10 cases

THE ULTIMATE FASHION PACKING COMPANY
5/FL，FASHION TOWER
BANGKOK 10120，
Thailand

Packing List

Date：October 25，2008

Documentary Credit No. 48FGBK88 dated 081001 issued by USA Bank.

Shipped on or about October 25，2008 from Bangkok，Thailand to Los Angeles，CA - USA

Messrs：Expensive Fashions
　　　　100 Silk Place，New York，NY 10018

Quantity	Description	Packing
110,000 pr.	Ladies Clothing，Style：6721	1,110 per carton
Total 100 cartons	111,000 pr. Ladies Clothing，1,100 per carton	Style：6720
	Total 100 cartons	
	Packed 20 cartons per case	
	Total 10 cases	

CIP Los Angeles

Marks & Nos.
7732074
Seal＃：304059
Expensive Fashions
10 cases

TRANSLINK SHIPPING LINES

Bill of Lading

Shipper:

Quick Knitting Co. Ltd.

5/Fl,Fashion Tower

Bangkok 10120,Thailand

B/L Number:

ICSMNL006874   THREE (3)

Number of Original BL's:

For delivery of Goods please apply to:

Translink Shipping Inc.

550 E. Carson Plaza Drive,♯208

Los Angeles CA 90746

Tel: 310.111.2222

Consignee:

Expensive Fashions

100 Silk Place

New York, NY 10018

Notify Party(Name and Address)

Expensive Fashions

100 Silk Place

New York, NY 10018

"Final Destination is for

Consignee's Account"

Pre-Carriage by

HANJUNG V. 207

Place of Receipt

BANGKOK, THAILAND

Vessel Voy

FASHIONBOAT

Port of Loading

BANGKOK, THAILAND

Port of Discharge

LONG BEACH,CA

Place of Delivery

LOS ANGELES, CA

Final Destination

LOS ANGELES, CA

Marks and numbers

7732074

Seal♯: 304059

Expensive Fashions

6721,6720

200 cartons/10 cases

Item No.	Qty	Cartons/Cases		Description	Price	Weight
6721	111,000 pr	100	5	Ladies Pants	444,000	200 KGS
6720	110,000 pr	100	5	Ladies Pants	385,000	185 KGS
TOTAL	221,000 pr	200	10			385 KGS

FOB Bangkok, Thailand

"FREIGHT COLLECT"

Laden on Board the Vessel: October 31,2008

Place and Date of Issue

Bangkok, Nov. 1,2008

ORIGINAL

ICS Translink (Thailand),Inc.

FREIGHT AS ARRANGED

As Agent for the Master, Capt. Lee Young

(Original Signature)

2. 请审核以下信用证是否存在不符合国际惯例的条款、是否存在不能接受的软条款。提出信用证修改意见并用英文表述。

SWIFT Message Type	:MT：700 Issue of Documentary Credit
Correspondents BIC/TID	:IO：OCBCGB2LXXX BIC identified as： OVERSEAS CHINESE BANKING CORP. LTD LONDON，UNITED KINGDOM
Sequence of Total	:27：1/1
Form of Documentary Credit	:40A：IRREVOCABLE TRANSFERABLE
Documentary Credit Number	:20：330-01-789XF
Date of Issue	:31C：2013. 4. 10
Applicable Rules	:40E：UCP LATEST VERSION
Date and Place of Expiry	:31D：2013. 6. 11 CHINA
Applicant	:50：WORLD GARMENTS CO. LTD. STERLING HOUSE, LANGSTON ROAD, UNITED KINGDOM
Beneficiary	:59：HANGZHOU SILK PRODUCTS CO. LTD. 285 JIANGUO ZHONG ROAD, HANGZHOU，CHINA
Currency Code and Amount	:32B：USD50000. 00
Percentage Credit Amount Tolerance	:39A：2/2
Available with…By… BY NEGOTIATION	:41D：ANY BANK
Drafts at…	:42C：60 DAYS AFTER SIGHT
Drawee	:42D：WORLD GARMENTS CO. LTD. STERLING HOUSE, LANGSTON ROAD, UNITED KINGDOM
Partial Shipments	:43P：ALLOWED
Transshipment	:43T：NOT ALLOWED
Port of Loading/Airport of Departure	:44E：NINGBO PORT
Port of Discharge/Airport of… Destination	:44F：FELIXSTOWE PORT
Latest Date of Shipment	:44C：2013. 6. 25
Description of Goods and/or Services	:45A：

WOVEN GARMENTS AS PER SALES CONFIRMATION NO. 13AH87R2 DATED FEBRUARY 20，2013.

ORIGIN：CHINA

QUANTITY   UNIT PRICE   VALUE

10000PCS   USD5. 50   USD55000. 00

SHIPPING TERM: CIF FELIXSTOWE, U. K.

Documents Required   :46A:

+ SIGNED COMMERCIAL INVOICE IN QUADRUPLICATE.

+ FULL SET OF ORIGINAL 3/3 CLEAN ON BOARD MARINE BILLS OF LADING MADE OUT TO THE ORDER OF OVERSEAS CHINESE BANKING COPRORATION LIMITED, LONDON, U. K. AND BLANK ENDORSED, MARKED 'FREIGHT PAYABLE AT DESTINATION', NOTIFY APPLICANT.

+ SIGNED PACKING LIST IN QUADRUPLICATE.

+ G. S. P. CERTIFICATE OF ORIGIN FORM A IN DUPLICATE.

+ INSPECTION CERTIFICATE ISSUED AND SIGNED BY AN AUTHORIZED SIGNATORY OF APPLICANT, WHOSE SIGNATURE MUST BE IN CONFORMITY WITH THE SPECIMEN HELD BY THE ISSUING BANK, STATING THAT THE GOODS COMPLY IN ALL RESPECTS WITH SAMPLES SUBMITTED.

+ ORIGINAL BENEFICIARY'S CERTIFICATE CERTIFYING THAT ONE COMPLETE SET OF COPY DOCUMENTS HAS BEEN SENT TO THE APPLICANT WITHIN FIVE DAYS OF SHIPMENT DATE BY FAX.

Additional Conditions   :47A:

1. 5 PERCENT MORE OR LESS ON TOTAL CREDIT AMOUNT, TOTAL QUANTITY IS ACCEPTABLE.

2. PACKING LIST TO EVIDENCE GOODS PACKED IN SEA WORTHY PACKING.

3. B/L TO EVIDENCE GOODS SHIPPED IN 20 FEET HIGH CUBE CONTAINER.

4. A DISCREPANCY HANDLING FEE USD60. 00 WILL BE DEDUCTED FROM THE PROCEEDS ON EACH SET OF DOCUMENTS PRESENTED WITH DISCREPANCIES.

5. UNLESS OTHERWISE STATED, ALL DOCUMENTS REQUIRED TO BE PRESENTED MUST BE IN ENGLISH.

6. THIS CREDIT IS NON-OPERATIVE UNLESS THE NAME OF CARRYING VESSEL HAS BEEN APPROVED BY APPLICANT AND ADVISED BY L/C ISSUING BANK BY AN AMENDMENT TO BENEFICIARY.

7. THIS L/C IS TRANSFERABLE THROUGH ADVISING BANK ONLY. TRANSFER MADE UNDER THIS CREDIT MUST BE ADVISED TO US BY THE TRANSFER BANK AT THE TIME OF TRANSFER.

Charges   :71B: ALL BANKING CHARGES OUTSIDE UNITED KINGDOM, INCLUDING REIMBURSEMENT CHARGES, IF ANY, ARE FOR ACCOUNT OF BENEFICIARY.

Period for Presentation :48: DOCUMENTS MUST BE PRESENTED WITHIN 14 DAYS AFTER THE DATE OF SHIPMENT, BUT WITHIN THE VALIDITY OF THIS CREDIT.

Confirmation Instructions :49: WITHOUT

Inst/Paying/Accpt/Negotiate :78:

1. THE AMOUNTS DRAWN MUST BE ENDORSED ON THE REVERSE OF THIS LETTER OF CREDIT.

2. THE NEGOTIATING BANK IS TO FORWARD THE DRAFTS NEGOTIATED IN COMPLIANCE WITH THE TERMS ABOVE MENTIONED AND DOCUMENTS DIRECT TO OVERSEA CHINESE BANKING CORPORATION LIMITED, LONDON BRANCH, 1ST FLOOR, ALDERMARY HOUSE, 10-15 QUEEN STREET, LONDON EC4N 1TX, UNITED KINGDOM IN ONE LOT BY COURIER SERVICE.

3. UPON RECEIPT OF COMPLIANT DOCUMENTS, ISSUING BANK SHALL ADVISE THE MATURITY DATE AND REIMBURSE THE NEGOTIATING BANK IN ACCORDANCE WITH THE INSTRUCTION.

3. 请根据以下信用证找出单据中存在的不符点。

SWIFT Message Type :MT:700 Issue of Documentary Credit

Correspondents BIC/TID :IO: BSCHESMMXXX BIC identified as:
BANCO SANTANDER CENTRAL HISPANO
S. A. (ALL SPAIN BRANCHES)
COSO 59, ZARAGOZA
50001 MADRID, SPAIN

Sequence of Total :27: 1/1

Form of Documentary Credit :40A: IRREVOCABLE

Documentary Credit Number :20: 9005BTY116934

Date of Issue :31C: 2007.11.28

Applicable Rules :40E: UCP LATEST VERSION

Date and Place of Expiry :31D: 2008.02.10 CHINA

Applicant :50: GAYNER, S.A.
C/ PALAU DE PLEGAMANS, 15
08213-POLINYA
(BARCELONA-SPAIN)

Beneficiary :59: HANGZHOU BLUE SEA INDUSTRY CO. LTD.
200 HEDONG ROAD, HANGZHOU, CHINA

Currency Code and Amount :32B: EUR12,053.60

Percentage Credit Amount :39A: 15/15
Tolerance

Available with…By… :41D: ANY BANK

BY NEGOTIATION

Drafts at …	:42C:	BENEFICIARY'S DRAFT(S) AT SIGHT FOR FULL INVOICE VALUE SHOWING THIS DOCUMENTARY CREDIT NUMBER

Drawee　　　　　　　　:42D: BSCHESMMXXX BIC identified as:

　　　　　　　　　　　　BANCO SANTANDER CENTRAL HISPANO

　　　　　　　　　　　　S. A. (ALL SPAIN BRANCHES)

　　　　　　　　　　　　COSO 59, ZARAGOZA

　　　　　　　　　　　　50001 MADRID, SPAIN

Partial Shipments　　　:43P: PROHIBITED

Transshipment　　　　　:43T: ALLOWED

Port of Loading/Airport of　:44E: NINGBO PORT, CHINA

Departure

Port of Discharge/Airport of … :44F: BARCELONA PORT, SPAIN

Destination

Latest Date of Shipment　:44C: 2008. 01. 26

Description of Goods and/or :45A:

Services

　　GEAR RACK AS PER PROFORMA INVOICE NO. 07OIC1125 (9889)

　　ORIGIN: CHINA

　　DELIVERY TERM: FOB NINGBO PORT, CHINA

Documents Required　　　:46A:

　　+ SIGNED COMMERCIAL INVOICE ISSUED IN THE NAME OF APPLICANT IN 3 COPIES.

　　+ FULL SET CLEAN ON BOARD MARINE BILLS OF LADING MADE OUT TO ORDER AND BLANK ENDORSED, MARKED 'FREIGHT COLLECT', NOTIFY APPLICANT.

　　+ SIGNED PACKING LIST IN 3 COPIES.

　　+ G. S. P. CERTIFICATE OF ORIGIN FORM A ISSUED BY COMPETENT AUTIIORITY.

Additional Conditions　　:47A:

　　1. ALL DOCUMENTS MUST INDICATE THIS CREDIT NUMBER.

　　2. A DISCREPANCY FEE EUR60 WILL BE DEDUCTED FROM THE PROCEEDS ON EACH SET OF DOCUMENTS PRESENTED WITH DISCREPANCIES.

　　3. 15 PCT TOLERANCE IN QUANTITY IN GOODS.

Charges　　　　　　　:71B: ALL BANKING CHARGES OUTSIDE SPAIN ARE FOR BENEFICIARY'S ACCOUNT.

Period for Presentation　:48: DOCUMENTS MUST BE PRESENTED WITHIN 15 DAYS AFTER THE DATE OF SHIPMENT, BUT

WITHIN THE VALIDITY OF THIS CREDIT.

Confirmation Instructions 　:49: WITHOUT

Inst/Paying/Accpt/Negotiate:78:

KINDLY ACKNOWLEDGE RECEIPT OF THIS MESSAGE QUOTING OUR
REFERENCE.

PLEASE SEND US DOCUMENTS BY COURIER TO:

BANCO SANTANDER, S. A.

C/ SANCHEZ PACHECO NO. 72-74

28002-MADRID

SPAIN

BILL OF EXCHANGE（1）

No ___08OIC08002___   Dated ___February 15，2008___

Exchange for ___USD11,848.60___   ___HANGZHOU___

At ___＊ ＊ ＊ ＊ ＊ ＊___ Sight of this FIRST of Exchange (SECOND of exchange being unpaid)

pay to the order of ___BANK OF CHINA，HANGZHOU BRANCH___

the sum of U. S. DOLLARS ___ELEVEN THOUSAND EIGHT HUNDRED FORTY EIGHT AND CENTS SIXTY ONLY___

Drawn under L/C No. ___9005BHY116934___   Dated ___2007.11.28___

Issued by ___BANCO SANTANDER CENTRAL HISPANO S. A.___

TO ___BANCO SANTANDER___

___CENTRAL HISPANO S. A.___

杭州蓝海实业有限公司

HANGZHOU BLUE SEA INDUSTRY CO. LTD.

___陈　晓___

Authorized Signature

杭州蓝海实业有限公司

HANGZHOU BLUE SEA INDUSTRY CO. LTD.

ADD：200 HEDONG ROAD，HANGZHOU，CHINA

COMMERCIAL INVOICE

Invoice No. 08OIC08002

L/C No. 9005BTY116934

Date JANUARY 9，2008

GAYNER, S. A.

C/ PALAU DE PLEGAMANS, 15

08213-POLINYA

(BARCELONA-SPAIN)

From　SHANGHAI, CHINA　To　BARCELONA , SPAIN

唛头	数量及品名	总价
Marks	Quantity and Descriptions	Amount
N/M	GEAR RACK AS PER PROFORMA	EUR12,053.60
		INVOICE NO. 07OIC1125 (9889)

FOB NINGBO PORT, CHINA

PACKED IN 10 CASES

杭州蓝海实业有限公司

HANGZHOU BLUE SEA INDUSTRY CO. LTD.

陈　晓

杭州蓝海实业有限公司

ZHEJIANG BLUESKY IMPORT AND EXPORT CO. LTD.

ADD：200 HEDONG ROAD，HANGZHOU，CHINA

PACKING LIST

Invoice No. <u>08OIC08002</u>

L/C No. <u>9005BTY116934</u>

Date <u>JANUARY 9，2008</u>

唛头：

Marks

OIC

FOB NINGBO

NO. 1-UP

Commodity：GEAR RACK AS PER PROFORMA INVOICE NO. 07OIC1125（9889）

数量	净重	毛重	尺码
Quantity	Net Weight	Gross Weight	Measurement
10 CASES	12628KGS	12828KGS	4.5CBM

杭州蓝海实业有限公司

HANGZHOU BLUE SEA INDUSTRY CO. LTD.

<u>陈 晓</u>

VINPAC CONTAINER LINE

MOC-NV0050

BILL OF LADIN

SHIPPER	BILL OF LADING NO.	DOCUMENT NO.
HANGZHOU OCEAN INDUSTRY CO, LTD. 1009 RICH BUILDING, 425 NO GANSHAN ROAD, HANGZHOU, CHINA	VPNB/E/F0801153	
	EXPORT REFERENCES	

CONSIGNEE	FORWARDING AGENT-REFERENCES
GAYNER, S. A. C/ PALAU DE PLEGAMANS, 15 08213-POLINYA (BARCELONA - SPAIN)	
	POINT AND COUNTRY OF ORIGIN

NOTIFY PARTY	DOMESTIC ROUTING/EXPORT INSTRUCTIONS
GAYNER, S. A. C/ PALAU DE PLEGAMANS, 15 08213-POLINYA (BARCELONA - SPAIN)	NADAL FORWARDING SL POLIGONO PRATENSE-CALLE 113, 6-8 08820 EL PRAT DE LLOBREGAT, BARCELONA, SPAIN

PRE-CARRIAGE BY	PLACE OF RECEIPT	
OCEAN VESSEL/VOY NO. EVER URSULA V. 0037W	PORT OF LOADING NINGBO PORT, CHINA	ONWARD INLAND ROUTING
PORT OF DISCHARGE BARCELONA PORT, SPAIN	PLACE OF DELIVERY BARCELONA PORT, SPAIN	FINAL DESTINATION (FOR THE MERCHANS REFERENCE ONLY)

CONTAINER NO. / SEAL NO. MARKS AND NUMBERS	NO. OF PKGS. OR CONTAINERS	KIND OF PACKAGES; DESCRIPTION OF GOODS	GROSS WEIGHT (KGS)	MEASUREMENT (CBM)
OIC FOB NINGBO NO. 1-UP HKCU3012345/EMCDNK5427/20GP	10CASES	SAID TO CONTAIN GEAR RACK GEAR RACK AS PER PROFORMA INVOICE NO. 07OIC1125 (9889) FOB NINGBO PORT, CHINA. ORIGINAL 1X20GP FCL CY-CY SHIPPER'S LOAD COUNT & SEAL FREIGHT COLLECT	12828KGS	4.5CBM

Particulars furnished by the Merchant

TOTAL NO. OF PACKAGES OR CONTAINERS (IN WORDS):	SAY TEN CASES ONLY

FREIGHT AND CHARGES	RATED AS	RATE	PER	PREPAID	COLLECT	LADEN ON BOARD THE VESSEL
						DATE JAN 29, 2008
						PLACE OF B(s)/L ISSUE NINGBO
TO OBTAIN DELIVERY CONTACT:			T O T A L			NO. OF ORIGINAL B(s)/L SIGNED THREE
						DATE OF B(s)/L ISSUED JAN 29, 2008

Received the sold in measurement good order and condition and, as far as certained by reasonable means of checking,
as specified above unless otherwise stated. Terms of bill of lading continued on reverse side thereof.
In witness whereof, three (3) original Bills of Lading have been signed all of this tenor and date one of which being
accomplished the others to stand void.
The surrender of the original order bill of lading properly endorsed shall be required before the delivery of the property.
Inspection of property covered by this bill of lading will not be permitted unless provided by law or unless permission

Vinpac Container Line
for and on behalf of
VINPAC MULTITRANS (CHINA) LTD.
NINGBO BRANCH

ORIGINAL

1. Goods consigned from (Exporter's business name, address, country)	Reference No.
HANGZHOU OCEAN INDUSTRY CO.,LTD 1009 RICH BUILDING, 425 MO GANSHAN ROAD, HANGZHOU, CHINA	G083333363411125 **GENERALIZED SYSTEM OF PREFERENCES** **CERTIFICATE OF ORIGIN** (Combined declaration and certificate) **FORM A** Issued in THE PEOPLE'S REPUBLIC OF CHINA (country) See Notes overleaf
2. Goods consigned to (Consignee's name, address, country) GAYNER, S.A. C/ PALAU DE PLEGAMANS, 15 08213-POLINYA (BARCELONA - SPAIN)	
3. Means of transport and route (as far as known) FROM NINGBO PORT, CHINA TO BARCELONA PORT, SPAIN BY SEA	4. For official use

5. Item number	6. Marks and numbers of packages	7. Number and kind of packages; description of goods	8. Origin criterion (see Notes overleaf)	9. Gross weight or other quantity	10. Number and date of invoices
1	OIC FOB NINGBO NO. 1-UP	TEN (10) CASES OF GEAR RACK GEAR RACK AS PER PROFORMA INVOICE NO. 07OIC1125 (9889) FOB NINGBO PORT, CHINA. *** *** *** *** ***	"P"	12828KGS G.W.	08OIC08002-2 JAN. 09, 2008

| 11. Certification
It is hereby certified, on the basis of control carried out, that the declaration by the exporter is correct.

HANGZHOU, CHINA, JAN. 25, 2008
Place and date, signature and stamp of certifying authority | 12. Declaration by the exporter
The undersigned hereby declares that the above details and statements are correct; that all the goods were produced in CHINA
(country)
and that they comply with the origin requirements specified for those goods in the Generalized System of Preferences for goods exported to SPAIN
(importing country)
HANGZHOU, CHINA, JAN. 25, 2008
Place and date, signature of authorized signatory |

4. 请根据以下信用证找出单据中存在的不符点。受益人交单时间为 2009 年 6 月 25 日。

SWIFT Message Type	:MT：700 Issue of Documentary Credit
Correspondents BIC/TID	:IO：HBPEPEPLXXX BIC identified as：
	HSBC BANK PERU SA
	LOS HALCONES 257
	COSO 59，ZARAGOZA
	LIMA，PERU
Sequence of Total	:27：1/1
Form of Documentary Credit	:40A：IRREVOCABLE
Documentary Credit Number	:20：LCI 280326
Date of Issue	:31C：2009.5.17
Applicable Rules	:40E：UCP LATEST VERSION
Date and Place of Expiry	:31D：2009.07.10 CHINA
Applicant	:50：TRADING FASHION LINE S. A.
	JR AZANGARO NO. 227
	LIMA，PERU
Beneficiary	:59：HANGZHOU GARMENT IMPORT AND EXPORT CO. LTD. 10 WENYI ROAD, HANGZHOU, CHINA
Currency Code and Amount	:32B：USD10320.00
Available with…By…	:41D：ANY BANK IN CHINA BY PAYMENT
Partial Shipments	:43P：PROHIBITED
Transshipment	:43T：ALLOWED
Port of Loading/Airport of Departure	:44E：BEIJING，CHINA
Port of Discharge/Airport of… Destination	:44F：LIMA，PERU
Latest Date of Shipment	:44C：2009.06.20
Description of Goods and/or Services	:45A：

CIP LIMA, PERU, INCOTERMS 2000

1200PCS OF BLOUSE（97PCT COTTON, 3PCT SPANDEX）AS PER PROFORMA INVOICE NO. XH03-350 DATED APRIL 20, 2009 AT USD8.6/PC

Documents Required　　　:46A：

　　+SIGNED COMMERCIAL INVOICE IN 3 COPIES.

　　+AIRWAY BILL SHOWING GOODS CONSIGNEE AND NOTIFY PARTY AS APPLICANT GIVING FULL NAME AND ADDRESS, AND MARKED FREIGHT PREPAID.

+ ORIGINAL INSURANCE POLICY OR CERTIFICATE IN DUPLICATE, ENDORSED IN BLANK FOR 110 PERCENT OF INVOICE VALUE COVERING WPA, WAR RISKS AND SRCC, INCLUDING RISK OF THEFT, PILFERAGE AND NON-DELIVERY. INSURANCE CLAIMS PAYABLE AT DESTINALTION IN THE SAME CURRENCY OF THE INVOICE.

+ CERTIFICATE OF ORIGIN IN ONE ORIGINAL AND ONE COPY, ISSUED BY OFFICIAL ENTITY IN CHINA.

Additional Conditions　　　　:47A:

1. UNLESS OTHERWISE EXPRESSLY STATED , ALL DOCUMENTS CALLED FOR UNDER THIS CREDIT MUST BE IN THE LANGUAGE OF THE CREDIT.

2. A DISCREPANCY FEE USD100 WILL BE DEDUCTED FROM THE PROCEEDS ON EACH SET OF DOCUMENTS PRESENTED WITH DISCREPANCIES.

3. TRANSPORT DOCUMENT AND INVOICE TO SHOW APPLICANT'S ID NUMBER 511079352.

Charges　　　　　　　　:71B: ALL BANKING CHARGES OUTSIDE PERU ARE FOR BENEFICIARY'S ACCOUNT.

Period for Presentation　　:48: DOCUMENTS MUST BE PRESENTED WITHIN 12 DAYS FROM B/L DATE, BUT WITHIN THE VALIDITY OF THIS CREDIT.

Confirmation Instructions　:49: WITHOUT

Inst/Paying/Accpt/Negotiate:78:

PLS REMIT THE DOCS IN ONE LOT, VIA COURIER, AS FOLLOWS:

HSBC BANK PERU SA, AMADOR MERINO REYNA 307, FLOOR 10, LIMA 27 PERU

HANGZHOU GARMENT IMPORT AND EXPORT CO. LTD.

10 WENYI ROAD, HANGZHOU, CHINA

TO：

TRADING FASHION S. A.

JR. AZANGARO 227

LIMA，PERU

COMMERCIAL INVOICE

ORIGINAL

NO. 09WKM020201148-2

DATE：JUN. 2，2009

SHIPPING MARKS	DESCRIPTIONS	QUANTITY	UNIT PRICE
COUNTRY：PERU	BLOUSE (97PCT COTTON		
BRAND：MAUI	3PCT SPANDEX) AS PER	1100PCS	USD8. 6
NET WEIGHT：	PROFORMA INVOICE NO		
GROSS WEIGHT：	XH03-350 DATED APRIL 20，		
CARTON NO. ：	2009		

TOTAL AMOUNT：USD9,460. 00

PACKED IN 110 CARONS.

LC NO. ：LCI 280326

SHIPMENT FROM BEIJING TO LIMA BY AIR

HANGZHOU GARMENT IMPORT AND EXPORT CO. LTD.

176-0461 0336　PVG

HAWB: AE08011620

Shipper's Name and Address	Shipper's Account Number	Not negotiable **Air Waybill** Issued by BESTWAY INTERNATIONAL AIR FREIGHT CO.,LTD.
TRADING FASHION LINE S.A. JR. AZANGARO NO. 227 LIMA, PERU		Copies 1, 2 and 3 of this Air Waybill are originals and have the same validity.
Consignee's Name and Address	Consignee's Account Number	It is agreed that the goods described herein are accepted in apparent good order and condition (except as noted) for carriage SUBJECT TO THE CONDITIONS OF CONTRACT ON THE REVERSE HEREOF. THE SHIPPER'S ATTENTION IS DRAWN TO THE NOTICE CONCERNING CARRIERS LIMITATION OF LIABILITY. Shipper may increase such limitation of liability by declaring a higher value for carriage and paying a supplemental charge if required.
YERSE S.A. CTRA. DE TERRASSA,263 08203 SABADELL(BARCELONA)		**FREIGHT COLLECT**
Issuing Carrier's Agent Name and City		Accounting Information
SBW/BESTWAY INTERNATIONAL AIR FREIGHT		
Agent's IATA Code	Account No.	

Airport of Departure (Addr. of first Carrier) and requested Routing
PUDONG AIRPORT,CHINA

to	By first Carrier	Routing and Destination	to	by	to	by	Currency	CHGS Code	WT/VAL PPD COLL	Other PPD COLL	Declared Value for Carriage	Declared Value for Customs
	EK						USD		C	C	N.V.D	N.C.V

Airport of Destination	Flight/Date		Amount of Insurance	INSURANCE - If Carrier offers insurance and such insurance is requested in accordance with conditions on reverse hereof, indicate amount to be insured in figures in box marked "amount of insurance."
LIMA	EK9877	10-JUN-09		

Handling Information

SCI

No. of Pieces RCP	Gross Weight	Kg lb	Rate Class Commodity Item No.	Chargeable Weight	Rate / Charge	Total	Nature and Quantity of Goods (incl. Dimensions or Volume)
100 CT.NS	232.0	K		283.50	AS AGREED	AS AGREED	LADIES'97%COTTON 3%SPANDEX WOVEN BLOUSE MARKS: STYLE#: COLOR: SIZE: QTY: CART OF MADE IN CHINA

Prepaid	Weight Charge	Collect	Other Charges
	AS AGREED		1.699　　CU.M.
	Valuation Charge		
	Tax		
	Total other Charges Due Agent		Shipper certifies that the particulars on the face hereof are correct and that insofar as any part of the consignment contains dangerous goods, such part is properly described by name and is in proper condition for carriage by air according to the applicable Dangerous Goods Regulations.
	Total other Charges Due Carrier AS AGREED		上海佳达货运有限公司　CO.,LTD. SBW/BESTWAY INTERNATIONAL AIR FREIGHT Signature of Shipper or his Agent
Total prepaid	Total collect AS ARRANGED		10-JUN-09　　　SHANGHAI As Carrier
Currency Conversion Rates	cc charges in Dest. Currency		Executed on　(Date)　(at)　(place)　Signature of Issuing Carrier or its Agent
For Carrier's Use only at Destination	Charges at Destination	Total collect Charges	

中国人民财产保险股份有限公司
PICC Property and Casualty Company Limited

总公司设于北京　　一九四九年创立
Head Office Beijing　　Established in 1949

货物运输保险单
CARGO TRANSPORTATION INSURANCE POLICY

发票号(INVOICE NO.): 09WKM020201148-2
合同号(CONTRACT NO.):
信用证号(L/C NO.):

保单号次
POLICY NO.HW38H/　PYIE200533169000010721

被保险人: HANGZHOU GARMENT IMPORT AND EXPORT CO. LTD.
INSURED:

中国人民财产保险股份有限公司(以下简称本公司)根据被保险人的要求,由被保险人向本公司缴付约定的保险费,按照本保险单承保险别和背面所载条款与下列特款承保下述货物运输保险,特立本保险单。
THIS POLICY OF INSURANCE WITNESSES THAT PICC PROPERTY AND CASUALTY COMPANY LIMITED (HEREINAFTER CALLED "THE COMPANY") AT THE REQUEST OF THE INSURED AND IN CONSIDERATION OF THE AGREED PREMIUM PAID TO THE COMPANY BY THE INSURED, UNDERTAKES TO INSURE THE UNDERMENTIONED GOODS IN TRANSPORTATION SUBJECT TO THE CONDITIONS OF THIS POLICY AS PER THE CLAUSES PRINTED OVERLEAF AND OTHER SPECIAL CLAUSES ATTACHED HEREON.

标记 MARKS & NOS.	包装及数量 QUANTITY	保险货物项目 DESCRIPTION OF GOODS	保险金额 AMOUNT INSURED
N/M	110 CTNS	WOODEN TOYS	USD11,352.00

总保险金额:
TOTAL AMOUNT INSURED: US DOLLARS ELEVEN THOUSAND THREE HUNDRED AND FIFTY TWO ONLY

保费　　　　　　启运日期　　　　　　装载运输工具
PREMIUM: AS ARRANGED DATE OF COMMENCEMENT: AS PER AWB PER CONVEYANCE: BY AIR

自 FROM BEIJING　经 VIA　　至 TO LIMA

承保险别:
CONDITIONS: COVERING WPA, WAR RISKS AND SRCC, INCLUDING RISK OF THEFT, PILFERAGE AND NON-DELIVERY

ORIGINAL

所保货物,如发生保险单项下可能引起索赔的损失或损坏,应立即通知本公司下述代理人查勘。如有索赔,应向本公司提交保单正本(本保险单共有____份正本)及有关文件。如一份正本已用于索赔,其余正本自动失效。
IN THE EVENT OF LOSS OR DAMAGE WHICH MAY RESULT IN A CLAIM UNDER THIS POLICY, IMMEDIATE NOTICE MUST BE GIVEN TO THE COMPANY'S AGENT AS MENTIONED HEREUNDER. CLAIMS, IF ANY, ONE OF THE ORIGINAL POLICY WHICH HAS BEEN ISSUED IN ____TWO____ ORIGINAL(S) TOGETHER WITH THE RELEVANT DOCUMENTS SHALL BE SURRENDERED TO THE COMPANY. IF ONE OF THE ORIGINAL POLICY HAS BEEN ACCOMPLISHED, THE OTHERS TO BE VOID.

SURVEY TO BE CARRIED OUT BY A LOCAL COMPETENT SURVEYOR. CLAIM DOCUMEN -TS TO BE MAILED TO THE UNDERWRITER. WE SHALL EFFECT PAYMENT BY REMIT -TANCE TO THE CLAIMANT.

赔款偿付地点
CLAIM PAYABLE AT: PERU

出单日期
ISSUING DATE: JUN. 12, 2009

中国人民财产保险股份有限公司 杭州市分公司
PICC Property and Casualty Company Limited, Hangzhou Branch

第一营业部　Authorized Signature　0571-87022977

地址 中国浙江杭州中山中路400号
ADD 400 ZHONGSHAN ROAD, HANGZHOU, ZHEJIANG, CHINA
邮编(POST CODE):310006

电话(TEL) (0086 571)87060807
传真(FAX) (0086 571)87022339
保单编号: 0156646

ORIGINAL

1. Exporter HANGZHOU PHARMA AND CHEM CO., LTD. 1201 QINGLIAN BLDG., NO. 139 QINGCHUN RD., HANGZHOU CITY, ZHEJIANG CHINA 310003	Certificate No.　**CCPIT　074774774** CERTIFICATE OF ORIGIN OF THE PEOPLE'S REPUBLIC OF CHINA
2. Consignee HANGZHOU GARMENT IMPORT AND EXPORT CO., LTD. 10 WENYI ROAD, HANGZHOU, CHINA	
3. Means of transport and route FROM HANGZHOU AIRPORT, CHINA TO LIMA AIRPORT, PERU BY AIR	5. For certifying authority use only CHINA COUNCIL FOR THE PROMOTION OF INTERNATIONAL TRADE IS CHINA CHAMBER OF INTERNATIONAL COMMERCE
4. Country / region of destination PERU	

6. Marks and numbers	7. Number and kind of packages; description of goods	8. H.S.Code	9. Quantity	10. Number and date of invoices
N/M	BLOUSE TOTAL PACKED IN 110 CARTONS ONLY. GOODS ARE OF CHINA ORIGIN. THIS L/C NUMBER: LCI 280320 ************************************	29381000	110 CTNS	00522937 FEB. 14, 2009

| 11. Declaration by the exporter
The undersigned hereby declares that the above details and statements are correct, that all the goods were produced in China and that they comply with the Rules of Origin of the People's Republic of China.

杭州法玛化学品有限公司
HANGZHOU

HANGZHOU, CHIAN FEB. 20, 2008
Place and date, signature and stamp of authorized signatory | 12. Certification
It is hereby certified that the declaration by the exporter is correct.

中国国际贸易促进委员会
单据证明专用章
(杭州)
CHINA COUNCIL FOR THE PROMOTION OF INTERNATIONAL TRADE
(HANGZHOU)
HANGZHOU, CHINA FEB. 20, 2008
Place and date, signature and stamp of certifying authority |

第十五章

进出口贸易融资 ≫ ≫ ≫ ≫

【学习目标】

1. 理解进出口贸易融资的概念、特点、功能和风险等。
2. 掌握进口贸易融资的各种方式及其应用。
3. 掌握出口贸易融资的各种方式及其应用。

第一节　进出口贸易融资概述

国际结算作为一种国际金融活动,运用特定的支付工具和支付方式,解决交易双方因为政治、经济、文化等原因产生的债权债务关系,实现资金的跨国界转移与清算。融资,是指为买方或卖方在资金安排上提供的某种便利。提供这种便利的除银行之外,也可以是一些专门的机构,甚至可以是交易的一方,如买方或卖方。从广义上讲,融资方式包括各类银行为企业提供的各种形式、各种期限的信贷以及银行或其他机构对企业授予的其他形式的信用。这里所介绍的融资方式不包括贷款,只是涉及和前几章介绍的结算方式有关的融资方式,与金融市场的直接融资也无关。

在实际业务中,结算和融资是相互关联、不可分割的,有的结算方式本身就是融资的一种方法,而有的则是根据结算方式来选择的。在国际贸易中,进口商不可能在任何时候都能凭自己的能力履行付款义务,出口商也很难自付一切生产、装运等费用。这样,银行就可以为买卖双方办理结算的同时也授信,提供融资便利,促进贸易的顺利进行。

随着科学技术的不断进步及贸易的发展,融资方式越来越灵活,新的融资方式不断出现,本教材分别从进口和出口两方面介绍融资方式。

一、进出口贸易融资的概念与特点

(一)进出口贸易融资的概念

进出口贸易融资(Finance of International Trade)是指从事国际贸易结算的银行对进口商或出口商提供的与进出口贸易结算相关的短期融资或信用便利。它是在国际结算的基础上,以国际结算为依托,在国际结算的相关环节上提供的资金融通,为贸易的顺利开展提供资金融通的一系列服务的金融行为。

进出口贸易融资业务集中间业务与资产业务于一身,其目的是通过结算环节的融资,加速企业的资金周转,解决企业应收账款或对外付款所面临的资金困境。它是促进国际贸易的一种金融支持手段,对银行和进出口企业的经济和社会效率均有积极的影响,现已成为许多国际性银行的主要业务之一。有的银行设在国外的分支机构,主要的业务就是开展国际贸易结算与融资。因此,此项业务的发达程度与否,也被视为银行国际化、现代化的重要标志。

我国实行改革开放以来,对外贸易持续上升,国际贸易供应链的形式和电子商务及互联网技术的成熟,市场和技术的力量在共同重塑着进出口贸易融资业务的发展,催生了多种便于进出口资金周转的融资方式。但是每种贸易融资方式都有具体的独特功能,有着不同的使用条件和背景,都有它的优势和局限性。因此,在实际业务中,进出口商可根据各自进出口融资的需要灵活选择。

二、进出口贸易融资的特点

进出口贸易融资以真实的贸易背景为基础,具有期限短、收益高、风险低的特点。具体表现以下几个方面。

(一)融资服务的阶段处于流通环节

大多数情况下,出口商在申请融资时,不仅采购和生产已经结束,而且销售也已基本实现或正在实现。所以,资金并未进入企业的生产过程,只介入流通环节。对出口商来说,此项融资的意义在于提前获得出口外汇,对进口商而言,则解决了其临时性的支付困难。

(二)还款来源较有保障

进出口贸易融资以正常贸易所产生的现金流量作为还款的第一来源。资金的偿还不是依靠出口商盈利能力的增加,出口商生产经营所产生的利润只是还款的第二来源。贸易融资是一种自偿性贷款,与特定的商品销售相联系,只要特定的贸易顺利开展,贷款到期之日,就是销售回收货款之时,跟企业的整体经营所产生的效益无直接联系。在出口贸易中,商品销售收入所产生的现金流量在时间和金额上与贸易项下的融资相吻合,保证了放款的收回。在进口贸易项下,虽然没有与融资本息直接匹配的应收账款,但进口商国内销售产生的现金流也会改善其整体偿债能力。

(三)物权单据作为担保

国际结算中的商业单据、金融单据等权利凭证本身就是融资银行融资的一项履约保证。由于单据在国际贸易和国际结算中,不仅是出口商履约的证明,也是物权凭证。因此,控制了单据,就掌握了货权。在这里,单据被视为银行的质押标的,构成融资银行的一项担保。一旦客户违约,银行就可处理这些单据,或凭单据提货销售、拍卖,或直接出售单据。在与信用证有关的融资中,除物权担保外,还有来自国外银行的付款承诺。所以,在进出口贸易融资中,银行融出资金的安全性相对较高。

(四)融资银行收益高

进出口贸易融资为商业银行带来利息收入的同时,又能带来国际结算业务量的提高,增加中间业务收入。进出口贸易融资除收取正常的存贷利差之外,还可以通过提供结算、处理结算中的单据,赚取各种手续费,如审单费、议付费、承兑费等。不仅如此,由于对外贸易中的支付是以外币进行的,进出口商必须在付汇和收汇时,到银行去申请买汇和卖汇,即我国银行的售汇和结汇,买卖之间的差价构成银行的汇兑收益。有时,进出口商为了避免汇率和利率波动的风险,可能要做一些保值性的外汇交易,如套汇、掉期、远期和期权、期货等。这时,银行又可获得佣金收入。由于贸易融资与国际结算是不可分离,以上各项收入就完全被控制在提供融资的银行中,保证了业务和收益均不会流失。

（五）融资期限以中短期为主

进出口贸易融资是针对流通环节的贷款,由于国际贸易每次周转的时间不长,与其相配套的融资也是针对特定贸易的临时资金融通,期限在1个月左右,有的甚至几天或十几天。故期限短,还款快。如果客户不能偿还,银行可能很快察觉并采取补救措施。同时,由于外贸公司的国际结算按要求是在融资银行办理,银行可确定最近还款来源,一旦货款回笼到账,银行可立即扣账还款,防止企业挪用资金,保证融资款项及时收回。

二、进出口贸易融资的功能和作用

（一）进出口贸易融资的功能

进出口贸易融资具有资金融通和信用融通两大功能。

1.资金融通

资金融通是指银行等金融机构贷出资金,即通过向进出口商提供资金,为国际贸易的发展提供信贷支持。如出口押汇、打包贷款等。

2.信用融通

信用融通是指银行等金融机构贷出信用,即以自己的信用为当事人提供担保,使其得以融通资金。如信托收据、提货担保等。

（二）进出口贸易融资的作用

国际结算下的贸易融资业务风险小而效益高,业务的延展性强,能够有力地带动银行其他业务的综合营销与发展,对维护世界经济的稳定和发展具有以下几个方面的作用。

1.提升发展中国家的信贷能力

发展中国家由于经济落后,信贷能力通常较低。而贸易融资的成功与否,更多的是依靠贸易活动本身或贸易货物信贷价值的情况,较少与国家间贸易双方主体的本身情况挂钩,故贸易融资的门槛较低,因而进出口贸易融资活动的开展有利于提升发展中国家的银行信贷能力。

2.开辟了银行新的利润增长点

通常,商业银行愿意发放以贸易货物为抵押品的贷款,以获得具有充足的风险保障和汇兑结算等中间业务。同时,通过提供贸易融资服务,银行不但可以获得相应的融资服务收益,而且可以维持和客户的良好关系,巩固和扩大银行的金融市场,为银行的经营效益开辟新的增长方式。

3.促进国际贸易的发展

进出口贸易融资扩大了贸易双方的流动性,有利于出口企业生产能力的扩大和进口商购买能力的提高,从而扩大国际贸易规模。特别是贸易货物可作为提供贸易融资活动的商业银行或其他机构的抵押品,使中小企业和发展中国家扩展贸易规模,扩张市场范围,同时也极大地减少贸易双方的交易成本。

4.有利于国际资本向发展中国家的流动

　　通过进出口贸易融资,参与国际贸易活动的企业从国外贸易伙伴或其他机构获得了国外资本,又通过贸易融资或其他手段,将获得的国际资金转移或融资给国内不能获得国际融资服务的企业。这样,非从事国际贸易活动的企业通过国内社会化经济活动的进行,也间接地获得了接触国际资本的机会,使国际资本流入发展中国家和企业的渠道增多,便利了国际资本向发展中国家的流动,提升了发展中国家和企业的信贷能力。

　　总之,国际结算下的贸易融资是国际贸易中的一种重要融资方式,不仅能增加本国的对外贸易,而且还能促进本国银行业务的良性发展。

第二节　进口贸易融资

　　进口贸易融资指从进口商的角度出发,在进口贸易项下从银行获得从国外进口商品时所授予的信用。根据通常业务流程,进口商只有在支付付款后才能拿到货运单据、提货。在进口商缺乏资金而又急于提货时,其对进口贸易融资产品的需求与优势就显现出来。进口贸易融资主要有开证授信额度、进口押汇、信托收据、提货担保等。

一、开证授信额度

(一)开证授信额度的含义

　　开证授信额度(Limits for Issuing Letter of Credit)是开证行对于在本行开户且资信良好的进口商在申请开立信用证时提供的免收保证金或不要求其办理反担保或抵押的最高资金限额。这是开证行根据资信情况对进口商在开立信用证方面给予的信用支持。

　　通常情况下,银行在进口商申请开立信用证时,都要求其提交开证申请书并提供保证金或抵押金,存入银行专用账户,以便单据到后对外付款,或要求进口商提供反担保及抵押品,保证合格单据到后付款赎单。银行这样做的目的是避免进口商破产或无力付款赎单,或不按期付款赎单,以降低自身风险。

　　但对资信良好的长期往来客户,为简化手续,提供优惠服务,增强吸引力和竞争力,银行通常可根据客户的资信、经营状况和业务数量,确定一个限额,即开证额度。银行内部对开证额度按余额进行控制,只要进口商申请开立信用证的金额不超过这一限额,银行就可以免收保证金、抵押品或不要求办理反担保,从而减轻进口商的资金压力。对于超过信用证额度部分的金额仍按正常手续办理。

(二)授信额度的分类

　　根据客户资信和业务性质的不同,授信额度分为两种。

1.普通授信额度

　　普通授信额度(general L/C limit),指开证行在确定进口开证申请人的开证额度后,申请人采用"余额控制"的方法,可循环使用。开证行根据客户的资信状况和业务需求变化随时可对额度做必要的调整。这种授信额度多用于在银行开立账户并与银行长期保持良好业务关系的进口商。

2.一次性使用授信额度

一次性使用授信额度(one time L/C limit),指开证行为开证申请人一个或几个贸易合同核定的一次性开证额度,供该宗贸易合同项下使用。该笔业务结束后,授信额度即失效,它主要用于银行对其资信有一定了解,但业务往来不多的进口商。

(三)授信额度的确定

授信额度的确定是建立在银行对客户的了解和信任基础上的,银行一般从以下几个方面调查、了解客户情况。

1.企业的授信记录及信用水准

银行对于经常业务往来的客户,一般都要对其每笔业务做必要的授信记录,以确定其信用水准,为将来对其提供授信额度做准备。如果一家企业由于内部原因,不能按期偿还银行贷款,或不注重维护与银行的良好信誉关系,其授信额度就会被银行注销。

2.企业的财务状况

财务状况是一家企业能否顺利向前发展,并保证承担对银行履行其债务义务的重要标志之一。财务状况的审查主要是通过对财务报表的分析进行的。

3.企业的管理水平

管理水平的高低是衡量一家企业能否适应激烈的市场竞争,更好地发展,进而能够在与银行交往中确保银行权益的另一标准。

4.企业的发展前景

银行已提供或将提供授信额度的应该是那些有良好发展前景的企业,银行通过支持这些企业不仅可以降低风险,还可以从中受益。

(四)开证授信额度的操作程序

1.进口商提出申请

申请开证授信额度的进口商应按银行规定格式填写授信额度申请书,表明申请授信额度金额、种类、期限等。

2.银行审查

银行根据进口商的申请书,审查其资信情况、经营状况、内部管理、财务状况以及往来的有关业务记录,确定对其的授信额度总额。

3.签订开证授信额度协议书

协议书的主要内容包括:银行开证义务;进口商付款义务;进口商的保证条款;抵押及担保条款;费用条款;生效条款等。

4.建立业务档案

协议签订后,客户可以使用开证授信额度;银行则应对客户建立业务档案,根据协议规定的总额度,对进口商的开证授信额度实行余额控制。当进口商使用授信额度开立信用证或信用证金额增加时,银行的授信额度应做相应递减;当进口商使用授信额度开立的信用证而单到付款或信用证注销,或信用证减额时,授信额度应恢复或相应增加。

要说明的是,并不是有了授信额度,银行就必须为进口商开证。进口商每次开证时,都要向银行提交开证申请书,银行除审查开证额度是否足够外,还要对申请书本身及货物等进行全面的了解,若认为存在较大的风险,银行有权不予开证。

二、信托收据

（一）信托收据的概念

信托收据（Trust Receipt，T/R）是指进口商为提前得到货物，在未付清货款时而出具的文件。在此文件中，进口商将货物抵押给银行，以银行受托人的身份提取货物，并在一定的期限内，对银行履行其付款责任。信托收据的主要功能就是协助进口商从银行获得资金融通，以利于资金周转。

现举例说明如下：假如进口商从国外进口货物，当货物到达目的港时，通常汇票和货运单据已寄到进口地银行，如属即期信用证交易，开证行应立即付款，进口商也应备款向开证行赎回货运单据。这时，进口商可能因资金周转关系而无法付款，不付款就不能提货，在这种情况下，信托收据这种融资方式便可解决这一难题，可要求开证行先行垫款，并将货运单据交给进口商以便提货，在出售或经加工出售后，再归还银行的垫款。

如属远期付款交单的托收业务，货物已到达目的地而付款期限未到时，进口商想提前赎单而资金不足时，可以向代收行开立信托收据，凭此借出货运单据，先行提货销售，待收回货款后再偿还代收行并赎回信托收据。

信托收据这种融资方式最早产生于美国，现已在各国盛行。它的核心是：依据信托收据，进口商与银行便形成一种信托关系，进口商以受托人的身份，根据信托收据上的条款，用信托收据换取货运单据提取货物，并出售这些货物，将出售货物的货款一次或分数次还给银行，以清偿其垫款；而银行则以信托人的身份，保留对货物的所有权，也就是以进口商的货物作为抵押品，直到票款完全得到清偿。进口商如违反信托收据上的条款，银行有权以货物所有人的身份，随时向进口商收回货款，以确保其债权。

（二）当事人的权利和义务

1. 进口商

在信托收据中，进口商被作为受托人，他的义务主要有三项。

（1）将信托收据下的货物和其他货物分开保管。

（2）出售货物的货款应交付银行或暂代银行保管，但在账目上须与自有资金分开入账。

（3）不得将该项货物抵押给他人。为防止进口商擅自将货物抵押或出售给第三方，开证行或代收行在借出单据时，应在提单上加盖"under lien to ×××bank"字样，表明该银行对货物有留置权。

2. 开证行/代收行

开证行/代收行是借出单据的人，即为该信托关系中的信托人。他享有以下三种权利。

（1）可以随时取消信托关系，收回借出的单据或货物。

（2）若货物已被出售，可以随时收回货款。

（3）如进口商借单后倒闭清算，对货物或货款有优先权。

（三）信托收据中应注意的问题

以信用证结算方式为例，信托收据需逐笔申请，进口商在付款或承兑日前向银行提出书面申请，申请书须明确信托收据金额、期限、申请人的责任、还款方式、还款责任及违约处理等，并注明此业务的船名、货名、唛头、金额、信用证号码。银行所核定的信托收据额度通常按一定的比例包含在开证额度内，信托收据额度与开证额度的比例主要是根据客户的经营范围、商品类别、行业习惯、资金周转速度等因素而决定的。如客户主要经营转口贸易、鲜活易腐商品或季节性强的商品,信托收据额度的比例应适当加大,反之则可相应降低。

在使用信托收据的情况下,银行仅凭一纸收据将物权单据释放给客户,并授权客户处理货物。尽管从理论上讲,客户处于受托人地位,货物所有权仍属银行所有,但实际上银行已经很难控制货物。如客户资信欠佳,银行所承担的业务风险是很大的。如客户将物权单据抵押给第三者,或货物经加工后已改变形态或失去标识,或将货物运往第三国进行加工或转卖,在这些情况下,银行收回货物的机会微乎其微。因此,银行对信托收据的审查比开证额度更为严格。

⇨【案例 15.1】 进口商以信托收据借取货运单据案

案情介绍

某贸易公司向国外客商出口货物一批,以远期 D/P 方式付款。合同订立后,出口方及时装运出口,开出以买方为付款人的 60 天远期汇票连同所有单据一起交到银行,委托银行托收货款。单据寄抵代收行后,进口商办理承兑手续时,货物已到达目的港,且行情看好,但付款期限未到,为及时提货销售,进口商向代收行出具信托收据借取货运单据提前提货。不巧,在销售过程中,因保管不善导致货物被火烧毁,进口商又遇其他债务关系倒闭,无力付款,由于进口商以信托收据借取货运单据是代收行向进口商提供的贸易融资,其信用风险应由代收行承担。代收行在付款到期日仍需向出口商付款,并承担由此而来的信贷损失。

案情分析

分析:管理对信托收据融资的信用风险,首先是了解所融资的贸易的具体情况;其次对进口商的总体经营情况也要及时把握,当进口商的财务现金流发生困难,也会影响货款的偿还。同时,银行在提供信托收据融资时,应要求进口商对货物全额投保,保险范围应包括火灾等。一旦货物发生保险范围内的损失,所得赔偿用于偿还银行贷款。

启示:在信托收据融资方式中,银行承担的是进口商的信用风险,即进口商在提货、售货后,将所得款项还给银行以清偿贷款。如进口商倒闭,依据信托收据银行对该笔贸易项下的货物或货款(如果货物已经出售)有优先债权。

(选自贺瑛主编的《国际结算习题与案例》,复旦大学出版社,2008)

三、进口押汇

(一)进口押汇概念

进口押汇(Inward Bill Receivable)是指开证行在收到出口商或其银行寄来的单据后先行付款,待进口商得到单据、凭单提货并销售后收回货款的融资活动。

它是开证行对进口商的一种短期融资方式。进口押汇不另设额度,通常包括在开证额度之内。

(二)进口押汇放单方式

在进口押汇业务中,释放单据的方式大致有三种。

1.开证行凭信托收据放单,因此信托收据也是进口押汇的一种形式。

2. 开证行凭进口押汇协议放单,这种协议通常包括类似于信托收据的内容。

3. 由申请人付清银行垫款后放单,即付款赎单。这种情况下,如申请人暂时无力赎单,银行还必须考虑货物的存仓保险事宜,待客户付清货款后再签发提货单给客户提货。

押汇银行从垫款之日起开始收取押汇利息,利率按市场利率加上一定的升幅。这个升幅可根据每个客户的不同情况、回收期的长短等因素确定。

(三)进口押汇的业务流程

进口信用证项下押汇的业务流程如图 15-1 所示。

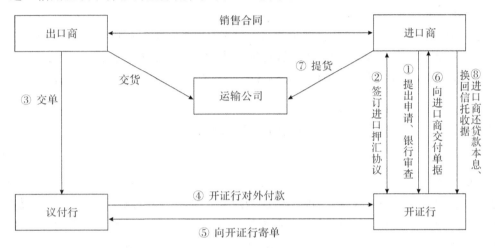

图 15-1 进口信用证押汇的业务流程

注:资料来源于许南等主编的《国际结算》,中国人民大学出版社,2015。

据图 15-1 步骤说明如下。

① 进口商向当地银行申请开立信用证,在向银行交付一定比例或其他担保物并支付一定金额的手续费、银行审核相关文件后即对外开立信用证。

② 签订进口押汇协议。在协议中,开证行与进口商之间签订关于押汇金额、进口商付款义务、押汇期限及利率等条款。

③ 出口商向议付行交单。

④ 议付行向开证行寄单。

⑤ 开证行对外付款,开证行收到指定银行(议付行)寄来的单据,审核后,如符合规定,即先行付款。

⑥ 凭借信托收据向进口商交付单据。

⑦ 进口商凭借单据提货、并销售货物。

⑧ 进口商向开证行还贷款本息,换回信托收据。

四、提货担保

在正常情况下,收货人应凭正本提单向船公司办理提货手续,但有时因航程短,货比单据先到,如收货人急于提货,可采用提货担保(Delivery against Bank Guarantee)方式。

所谓提货担保,即收货人与银行共同或由银行单独向船公司出具书面担保,请其凭以先行放货,保证日后及时补交正本提单,并负责缴付船公司的各项应收费用及赔偿由此而可能遭受的损失。银行应收货人要求签发担保书之前,必须查明该批货物确属银行所开立信用证项下货物,并确定收货人申报的货值无误。此外,还要落实收货人对银行的原担保。在一般情况下,银行收取全额保证金,或对有信托收据额度者,在额度内凭信托收据签发提货担保书,由收货人向船公司凭以提货。待收到单据后,用正本提单换回提货担保,银行的担保责任即告解除。

银行出具或加签提货担保后,对随后收到的对应信用证项下的单据,无论单证是否相符,均必须立即偿付议付行或交单行。因此,在受理提货担保申请时,必须要求收货人放弃拒付的权利。

提货担保一般仅适用于信用证项下货物。如客户要求对跟单托收项下的货物出具提货担保,则必须提供有关的交易单据,以便银行审查货物的归属和真实价值,否则银行不予受理。在托收项下,银行通常仅对资信良好的客户提供跟单托收项下的提货担保服务。

⇨【案例 15.2】 银行出具提货担保的风险承担案

案情介绍

2003 年 11 月 1 日,中国香港某银行根据其客户 A 公司的指示开立一张金额为 2 万美元的信用证,货物允许分批装运。2003 年 11 月 20 日,申请人向开证行说明货物由受益人分两批装船,第一批货物已经抵达香港,要求开证行出具提取这第一批货物的提货担保,并附上相应的金额为 1 万美元的赔款保证。由于申请人在开证行有 4 万美元的信用额度,所以该行签发了一张给船公司的提货担保,允许申请人提货。一星期后,第一批货物的单据尚未收到、申请人又要求提取第二批货物的提货担保。由于申请人的信用额度并未突破,因此开证行开出了第二份提货担保。几天后,开证行获悉它的客户 A 公司倒闭了,董事们不知去向。之后开证行收到了国外寄来的单据,但金额是 2 万美元。显然信用证下只有这一批货物,根本没有第二批。一个月以后,凭开证行担保而被提走第二批货物的船公司,声称开证行侵占了价值为 2 万美元的货物。原来 A 公司少报了第一批货物的金额,再冒领了不是它的第二批货物。

案情分析

分析:在国际贸易中银行出具提货担保给客户提货是常有的事,尤其是在近洋贸易中更为常见,因为货物常常先于提单抵达目的地。银行通常要对船公司保证赔偿因没有提单而提货所产生的一切损失及费用。如果客户骗取提货担保,冒领货物,提供担保的银行很可能遭受很大的损失。

启示:防范这类诈骗的有效措施有以下几种。

1. 开证行在开证时就在信用证中明确规定货物的唛头,在提货担保上打出货物唛头,并加注信用证号码。这样开证申请人就只能提取信用证中所规定的货物,而不能冒领别人的货物了。

2. 开证行可以通过议付行获得货物的详情资料,了解单据是否已被议付,是否真的有这批货物,以避免受骗。

3. 开证行应该要求开证申请人提供绝对付款的书面保证和保证金,以防届时开证申请人以单证不符为由达到提取货物后不付款的目的。

4.开证行可以要求进口商在他赔偿担保或信托收据中说明承担无限责任,而不是像上述案例中只有1万美元。

(选自贺瑛主编的《国际结算习题与案例》,复旦大学出版社,2008)

第三节　出口贸易融资

对于出口商来说,并不是任何时候都有足够的流动资金来经营其出口业务,或者承受赊销或远期付款交易,特别在货物数量大、交易金额大的情况下,出口商迫切需要一定的贸易融资支持。出口贸易融资是指出口方银行对出口商的资金融通。出口贸易融资方式主要有:信用证打包贷款、出口押汇、卖方远期信用证融资等。

一、打包贷款

(一)打包贷款的定义和特点

打包贷款(Packing Loan)是银行为支持出口商按期履行合同义务而向出口商提供的以正本信用证为抵押的贷款,旨在提供货物出运前的周转资金,从而缓解出口商的资金紧缺。因为最初这种贷款是专向出口商提供货物的包装费用,所以称作打包贷款。

打包贷款是银行在信用证项下对出口商提供的短期融资,它具有以下特点。

1.发放时间是出口商接受信用证之后,发货和交单之前。目的是向出口商提供备货、发货的周转资金。

2.贷款金额只是信用证金额的一部分。具体金额由贷款银行根据出口商资信、存款数目、抵押品以及在本行的业务来确定。

3.专款专用。打包贷款的资金只能用于所抵押信用证项下货物的生产或商品收购开支,要求专款专用,不能用于固定资产投资或其他货物的生产与购买。

4.贷款期限不超过贷款银行向开证行寄单收款之日。

银行提供打包贷款是以抵押正本信用证为前提的,因此,贷款银行承担了议付义务。议付行收到出口商交来的单据后应马上寄开证行,收到开证行支付的货款后即可扣除贷款本息,然后将余额付给出口商。因此,打包贷款的期限一般自信用证抵押之日至收到开证行支付货款之日。

(二)打包贷款的受理条件

银行同意受理打包贷款,一般要求申请人符合以下条件。

1.在本行开立人民币账户或外汇账户。

2.资信良好,有足够的偿还能力,且与本行保持稳定的业务往来。

3.须提交正本信用证(如有信用证修改,须同时提交全部修改),出口商须是本信用证的受益人,且该信用证不属于限制他行议付信用证、附带软条款信用证、90天以上远期信用证、要求提交非所有权运输单据的信用证。

4.凭正本信用证、贷款证、工商营业执照副本、批准证书及财务报表办理打包贷款手续。

5.须向贷款行提出相关信用证项下的贷款申请,并与贷款行签订中/短期流动资金借款合同,同时配有保证、抵押或质押形式的担保。以保证形式的担保,银行须对保证人的保证资格和代偿能力进行审查。以抵押质押形式的担保,银行须对抵押物、质押物的权属和价值以及实现抵押权、质押权的可行性进行审查。

6.贷款期限通常根据所抵押的信用证付款期限的长短而定:即期信用证一般为信用证效期后3个星期;远期信用证为3至6个月。贷款到期不得展期,如逾期,将加收逾期利息。

贷款发放后,为保证安全及时地收回贷放资金,在贷款期间,贷款银行应与客户保持密切联系,了解业务的进展和有关合同的执行情况,督促客户及时发货交单,用所得款项归还银行贷款。如信用证过期后仍未能提交单据,银行应根据贷款协议的有关规定,要求客户立即归还全部贷款本息。

⮕【案例 15.3】　打包贷款业务中的风险案

案情介绍

出口商 A 是银行 B 的客户。A 收到了以其为受益人的信用证,在备货过程中资金不足,向 B 申请信用证下的打包贷款。B 同意发放打包贷款,贷款金额为信用证金额的 80%,贷款期 30 天。双方约定,当 A 发运货物后,即以全套单据向 B 议付,B 从 A 应得的议付款中扣除打包贷款本息。在贷款期内,A 因经营不善倒闭,不再发运货物,因而无法提交单据。A 也无力以另外途径向 B 偿还打包贷款。在打包贷款业务中,银行承担的信用风险与银行在出口押汇业务中承担的信用风险有什么区别? 哪个风险的程度更大,为什么?

案情分析

分析:银行在发放打包贷款时,依据的仅是出口商收到的信用证。如果出口商在提取打包贷款后发生情况变化,无法继续备货出运,那么贷款银行手上没有任何单据。也就是说,贷款银行既没有凭据去向开证行要求付款,也没有物权可以作价变卖。在托收出口押汇和信用证议付中,银行都承担出口商的信用风险,但风险的程度比打包贷款大为降低,因为银行在融资时,掌握了货运单据和物权。

启示:管理对出口商贸易融资的信贷风险,核心是了解出口商的经营情况,以及所融资的贸易的具体情况。基于对特定贸易的了解,银行可以尽量缩短融资期限,使得进出口商经营情况在融资期内发生变数的可能性降低。另外,在信用证议付中,银行还需了解开证行的信誉,以确保开证行在单证严格一致的情况下付款。

(选自贺瑛主编的《国际结算习题与案例》,复旦大学出版社,2008)

二、出口押汇

出口押汇(Outward Bill)是银行向出口商融通资金的又一种方式,旨在加速企业的资金周转,扩大出口贸易。出口押汇是出口方银行对出口商有追索权的购买货权单据的融资行为,属于出口商发货后对其提供的短期融资。

出口押汇包括信用证项下出口押汇和托收项下出口押汇,两者的区别在于前者押汇行的索汇对象为相关信用证的开证行,只要开证银行资信良好、单证相符,收汇安全性还是有一定保障的;后者押汇行的索汇对象为进口商,是否收汇则完全依赖于该进口商的资信程度,因此收汇风险显然要比前者大得多。

鉴于托收项下收汇的风险性考虑,出口地银行一般只对少数进口国外汇情况稳定、进出口商资信均佳的托收单据叙做押汇。下面主要介绍信用证项下出口押汇。

（一）定义

信用证项下出口押汇是指信用证受益人(出口商)向被授权议付银行提交该出口信用证项下的汇票及全套单据,并将其中的提单质押给议付行,经议付行审核通过后,向出口商提供短期融资并保留对出口商追索权的银行融资行为。

银行在办理出口押汇时,一般要求出口商出具质押书(Letter of Hypothecation)。质押书是出口商提供给银行的书面保证,它表明了出口商应承担的义务:银行做出口押汇时,如因非银行原因,招致开证行或进口商拒付、迟付、少付,银行有权根据不同情况向出口商追索垫款、迟付利息及一切损失。

（二）受理企业申请出口押汇(信用证项下)的条件

银行受理企业申请出口押汇的具体条件有以下几种。

1. 在本行开立人民币或外汇账户,且与本行保持稳定的业务往来。

2. 政治局势不稳定、外汇管制甚严或对外付汇困难的国家和地区的开证以及资信较差的开证行开来的信用证,银行一般不叙做出口押汇。

3. 出口商须提交正本信用证(如该信用证有修改,须同时提交全部修改),且该信用证不属于限制他行议付信用证、附带软条款信用证、90天以上远期信用证、要求提交非所有权运输单据的信用证。

4. 出口商须提交本信用证项下的全套单据且原则上要求单证一致,单单一致。对一些有不符点的单据,议付行可以用电报或电传征询开证行的意见,也就是通常所说的"电提"。由于单证不符的事实自动解除了开证行的第一性付款责任,付款与否完全取决于开证申请人(即进口商),开证行会立即联系申请人以取得认可或授权,然后以加押电的形式通知议付行联系结果。如同意接受不符点,那么开证行的电报通知或授权实质上表明开证行重新承担第一性的付款责任。在这种情况下,议付行可视同相符单据立即叙做押汇。除电提外,银行还可以考虑凭受益人出具的担保书(Letter of Indemnity),对不符点单据进行担保议付。受益人向议付银行出具书面担保要求银行对不符点单据叙做押汇,日后如开证行因同样不符点拒付单据时,保证立即退还银行垫款、利息及从属费用。由于银行通常仅对资信良好或能提供相当抵押品的受益人的信用证叙做担保议付,所以一般均核定有相应的额度来受理这类业务,以控制业务风险。

5. 出口商须提出相关信用证及单据项下的押汇申请并与押汇银行签订出口押汇合同。

（三）出口押汇(信用证项下)业务的操作流程

信用证项下出口押汇业务的具体操作流程如图15-2所示。

据图15-2步骤说明如下。

① 签署押汇协议。出口商按贸易合同发货,并缮制单据后,填制押汇申请书向当地银行申请押汇。银行同意即签订押汇协议。

② 提交信用证与单据。出口商将信用证项下的全套单据交出口地银行。银行需严格审单。

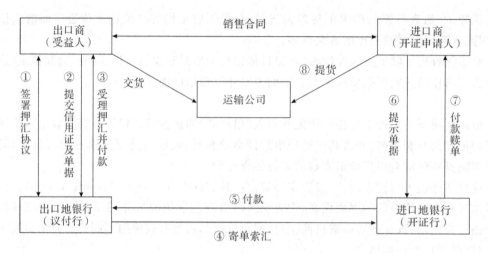

图 15-2　信用证出口押汇的业务流程

注:改编自许南等主编的《国际结算》,中国人民大学出版社,2015。

③ 议付行向出口商(受益人)付款。议付行在确认单证相符,单单一致时,买入全套单据,即押汇成立。银行在扣除押汇利息及一切手续费后把剩余款项全部打入出口商账户。

④ 议付行向开证行寄单索汇。

⑤ 开证行付款,开证行收到指定银行(议付行)寄来的单据,同样严格审核后,如符合规定,及时向议付行付款。

⑥ 开证行向进口商提示单据并要求付款赎单。

⑦ 进口商付款赎单。

⑧ 进口商凭提货单向船公司提取货物。

(四)押汇利息的计算

押汇期限,即期信用证我国港澳地区一般为 8 天,日本、韩国为 10 天,其他国家和地区为 12 天;远期信用证,在上述相应即期天数加上信用证所示具体远期付款期限。

押汇利率,港币按香港银行同业拆放利率,其他货币均参照伦敦银行同业拆放利率加 0.75%~1.25% 计息。

若实际收汇天数超过预期押汇天数,押汇银行有权向出口商加收押汇利息。

⇨【案例 15.4】　出口押汇款追索纠纷案

案情介绍

某年 5 月 14 日,N 银行收到 I 银行开出的受益人为 B 公司、金额为 3 万美元的一份信用证,并在审查信用证的表面真实性无误后通知了 B 公司。

7 月 30 日,N 银行应 B 公司申请,在审核其交来单据无误后,同意为其叙做出口押汇。B 公司与 N 银行签订《出口押汇总质权书》,约定:"……3.全套单据及货权均转让你行(N 银行),你行(N 银行)有权根据情况自行处理单据和货物,并可向我单位(B 公司)补收不足之差额。4.如属于你行(N 银行)直接过失(单据中的差错未能审出,寄往国外者除外),造成对方拒付、迟付、扣付者,应由你行(N 银行)承担责任。"

7月31日,按照B公司指示,N银行将押汇款扣除费用及利息后结汇入B公司账户,押汇到期日为8月20日。同时,N银行向I银行寄单索汇。

8月8日,开证行以单证有不符点(样品与质量确认书中申请人的签字不恰当)为由拒付,N银行就此通知B公司。

8月21日,开证行通知N银行,开证申请人不接受不符点。11月8日,开证行将全套单据退回N银行,N银行即通知B公司还款赎单,但B公司未能返还押汇款。此时,B公司的出口货物已因滞期而被国外港口强制拍卖处理完毕。

在此期间,9月14日,N银行诉至法院,要求B公司返还押汇款及利息。B公司辩称:N银行未尽合理谨慎的审单义务,致使单证不符被拒付,依据《出口押汇总质权书》第4条约定及国际惯例,此属N银行的直接过失,应由其自行承担责任;此外,拒付发生后,N银行未能及时有效地处理货物,导致货物被强制拍卖,依照《出口押汇总质权书》第3条的约定,N银行亦应承担处理不当的责任。

案例分析

本案争议焦点如下。

第一,单证不符被拒付的责任由谁承担。

作为通知行,N银行接到开证行寄出的信用证,经审查印押无误后方通知受益人(B公司),从而保证了信用证的表面真实性,尽了通知行的合理谨慎审核的义务。作为议付行,N银行履行合理谨慎审单的义务系针对开证行而非受益人,其过失行为的法律后果是其议付款不能从开证行或保兑行处得到偿付,受益人不能以议付行的业务过失要求其承担责任;况且,单据是受益人(B公司)出具的,即使议付行(N银行)由于疏忽没有发现不符点而遭拒付,其后果仍应由受益人承担。因此,正如法院判决,本案无论N银行在议付审单时是否有失误,B公司不能要求N银行承担责任。

第二,出口押汇的法律性质及当事各方权利义务。

实践中,人们对出口押汇的法律性质认识不一。从本案判决看,法院认为,出口押汇首先是一种议付行为,押汇行享有议付行的一切权利;其次,出口押汇是一种有担保的议付行为,押汇银行在取得出口商提供的单据后,即已取得对出口货物的质押权,即对押汇款本息设定的一种担保。因此,当遭到开证行拒付时,押汇行亦即议付行,享有多种救济手段,即:行使票据上的追索权,或根据押汇协议主张合同上的债权,及/或当上述权利无法行使时,自行处理货物。

(选自张建国主编的《国际业务案例分析》,中国金融出版社,2002)

三、卖方远期信用证融资

(一)卖方远期信用证融资的含义

卖方远期信用证(Seller's Usance L/C)又称真远期信用证,它是付款期限与贸易合同规定一致的远期信用证。采用卖方远期信用证融资主要是指通过远期汇票的承兑与贴现来融资。

银行承兑(Bank's Acceptance)是指银行在远期汇票上签署"承兑"字样,使持票人能够凭此在公开市场转让及贴现其票据的行为。银行承兑的主要是有贸易背景的汇票,承兑汇票的持有人通常是出口商。银行承兑汇票时,不必立即垫付本行资金,而只是将自己的信用借出,增强汇票的流通性和可接受性,使持票人能在二级市场上取得短期融资的便利。由于银行对汇票予以承兑后便成为汇票的主债务人,到期应承担付款责任,因此,承兑银行在承兑前应对进口商的资信等进行审查,并采取相应的措施,以降低自身风险。

票据贴现(Discount)是指票据持有人在票据到期前为获取现款而向银行贴付一定利息所做的票据转让。贴现票据必须是已承兑的远期汇票,承兑人通常是开证行或其他付款行,票据持有人通常是出口商。适合做贴现的票据(汇票)有信用证项下汇票、托收项下汇票。出口商要求叙做贴现时,应向银行提出书面申请。银行审查同意后,与出口商签订质权书,确定双方的责任和义务,并按现行贴现率和融资期限对已承兑远期票据叙做贴现,将扣除贴现息后的票款付给出口商。银行待汇票到期时,用收回的货款冲销垫款。如发生付款人迟付现象,贴现银行有权向出口商追收迟付利息;如发生拒付,贴现银行有权向出口商追索垫款及迟付利息。此外,银行还应对贴现票据的付款人、承兑人资信情况进行审查,只有在确认符合条件后才予以贴现。

(二)远期信用证融资的风险

远期信用证融资方式由于付款周期较长,合同金额较大,因而存在较大隐蔽风险。

1.进口商要付出较高的代价,且要承担进口货物与贸易合同及单证不符的风险。

2.开证行承兑汇票后,面临进口商拒付的风险。

3.寄单行面临贴入承兑汇票后开证行倒闭的风险。

4.出口商面临着汇票承兑前开证行或进口商无理拒付的风险。

因此,各个当事人必须对交易双方及融资对方的资信要做详细调查、了解,并采取适当相应措施,以此降低或规避自身风险。

四、出口信用保险项下的贸易融资

(一)出口信用保险和出口信用保险项下贸易融资的概念

出口信用保险(Export Credit Insurance),也叫出口信贷保险,是各国政府为提高本国产品、服务的国际竞争力,推动本国的出口贸易,保障出口商的收汇安全和银行的信贷安全,以国家财政为后盾,为企业在出口贸易、对外投资和对外工程承包等经济活动中提供风险保障的一项政策性支持措施,属于非营利性保险业务。它是政府对市场经济的一种间接调控手段和补充,也是世界贸易组织(WTO)补贴和反补贴协议原则上允许的支持出口的政策手段。

出口信用保险项下贸易融资系指外贸公司在出口货物或提供服务并办理了出口信用保险后,将保险权益转让银行,银行向出口商提供的短期贸易融资业务。

出口商对采用付款交单(D/P)、承兑交单(D/A)、赊账(O/A)等商业信用付款条件,信用期不超过180天的出口均可投保出口信用保险。它是银行和中国出口信用保险公司合作推出的集保险和融资于一体的贸易融资新产品。出口商将出口信用保险单有关权益转让给银行,由出口商、保险公司和银行签订三方《赔款转让协议》。根据其信用等级和授信额度,出口商在提供足额、有效担保后获得融资。出口商应为适保范围内的每一个进口商申请信用限额,对每一笔出口按时投保并按规定缴纳保费。保险公司承保的风险范围限于政治风险和商业风险,当发生保险公司承保范围内的损失时,出口商应在保单规定的索赔时限内向保险公司索赔,银行也可根据索赔权转让协议,代理企业行使索赔权。

（二）出口信用保险项下的贸易融资的特点

1.适用于托收或赊账结算方式,可以解决非信用证结算方式融资难的问题,使出口商增加出口贸易额,获得更多的贸易机会。

2.出口商向出口信用保险公司投保出口信用险,并将向出口信用保险公司索赔的权利转让给融资银行。

3.以出口货物项下的款项或保险公司的赔款作为还款来源。

4.融资金额一般不超过保险公司赔偿比例的80％,期限不超过180天。

（三）出口信用保险项下的贸易融资的作用

1.提高市场竞争能力,扩大贸易规模

出口信用保险使投保企业能够采用灵活的结算方式,接受银行信用方式之外的商业信用方式,使企业给予其买家更低的交易成本,从而在竞争中最大限度地抓住贸易机会,提高企业销售的竞争能力,扩大贸易规模。

2.提升债权信用等级,获得融资便利

出口信用保险承保企业的应收账款来自国外进口商的风险,从而变应收账款为安全性和流动性都比较高的资产,成为出口企业融资时对银行的一项有价值的"抵押品",因此银行可以在有效控制风险的基础上降低企业融资门槛。

3.建立风险防范机制,规避应收账款风险

借助专业的信用保险机构防范风险,可以获得单个企业无法实现的风险识别及能力,并获得改进内部风险管理流程的协助。另外,交易双方均无法控制的政治风险也可通过出口信用保险加以规避。

4.通过损失补偿,确保经营安全

通过投保出口信用保险,信用保险机构将按合同规定在风险发生时对投保企业进行赔付,有效弥补投保企业的财务损失,保障企业经营安全。同时,专业的信用保险机构能够通过其追偿能力实现企业无法实现的追偿效果。

（四）出口信用保险项下的贸易融资种类

出口信用保险项下的贸易融资可分为出口信用保险项下押汇和出口信用保险项下应收账款买断。

1.出口信用保险项下押汇

出口信用保险项下押汇系指境内外贸公司在出口货物或提供服务并办理了出口信用保险后,将保险权益转让给银行,银行按发票面值的一定比例向外贸公司提供的资金融通。

2.出口信用保险项下应收账款买断

出口信用保险项下应收账款买断系指外贸公司在出口货物或提供服务并办理了出口信用保险后,将出口合同项下应收账款债权和保险权益一并转让给银行,银行在保单承保范围内,按发票面值的一定比例买断出口商应收账款,并对保单承保范围以外的风险保留追索权。

（五）办理出口信用保险项下的融资业务应注意的问题

1.对于出口商

（1）尽可能了解进口商的资信情况,不能依托有出口信用保险作"后盾"而不顾一切。

（2）对出口信用保险的"除外责任"有足够的了解。如在国际贸易实务中，常见的进口商拒付理由为"货物质量不符合合同的规定"，由此而引起的损失保险不予赔偿，因为"被保险人或代表他的任何人违反合同或不遵守法律引起的损失"为保险公司的除外责任。

（3）赔付的时间较长、手续较为烦琐。保险单范围内的损失产生后，赔付的时间一般为应付款日后3个月，被保险人向保险公司填报《可能损失通知书》后，尚有4个月的"赔付等待期"。因此，在实务中，从出口商产生损失到保险公司的赔款入账，至少半年以上，而且往往还必须提交多种有关证明文件。

（4）出口信用保险项下的融资有追索权。出口地银行尽管将保险单作为一种抵押品办理了融资，但当出口商不能按时还款时，仍然有追索权，可以依据法律、法令等采取"依法收贷"的措施。

（5）成本、费用负担较高。一般进出口项下的融资，不收取就融资本身产生的手续费，额外的手续费为零（无追索权的买断业务除外），收取的仅仅是融资产生的利息，如进出口押汇等。但在出口信用保险项下的融资成本较高，除了承担利息，还需承担高额的保险费。

2. 对于出口地银行（融资银行）

（1）了解出口商的资信情况。一般来说，出口地银行对业务往来不是十分频繁、年出口量较小的出口商（如年出口量在500万美元以下），不轻易仅凭出口信用保险就能办理融资。

（2）尽可能了解进口商资信情况。若进口商为世界知名大型企业，可适当放宽融资条件，反之，则应从严。

⇨【本章小结】

国际结算作为一种国际金融活动，它在实践中已经不是一种单纯的债权债务关系结算与清偿的商业银行中间业务，已经与当代国际贸易融资紧密结合在一起。主要的贸易融资包括打包贷款、出口押汇、卖方远期信用证融资、开证授信额度、进口押汇、信托收据、提货担保等。在融资渠道和便利程度方面，不同的结算方式表现出很大的不同。在信用证项下，进出口商取得资金融通比较方便。在跟单托收下，银行对进出口商的融资控制较为严格。

⇨【课后练习】

一、名词解释

国际贸易融资　出口押汇　打包贷款　提货担保　进口押汇　信托收据　开证授信额度　票据贴现

二、选择题

1. 基于信用证结算并在发货前的进口类贸易融资产品有（　　）。

A. 开证授信额度　　B. 提货担保　　　C. 信托收据　　　　D. 进口押汇

2. 打包贷款是（　　）。

A. 对出口商装运后的融资　　　　　　B. 对出口商装运前的融资

C. 对进口商的融资　　　　　　　　　D. 对船公司的融资

3. 提货担保是指在信用证项下货物早于提单到达港口，由银行出具的，进口商凭此向

（　　）提货的书面担保。

    A. 船公司　　　　　　　B. 开证行　　　　　　C. 议付行　　　　　　D. 出口商

4. 在贸易融资产品中，适用于出口商交单前融资的是（　　　）。

    A. 出口议付　　　　　　　　　　B. 打包贷款

    C. 出口押汇　　　　　　　　　　D. 卖方远期信用证融资

5. 在凭信托收据借单提货的融资方式中，委托人（信托人）是（　　　）

    A. 进口商的银行　　　B. 进口商　　　　C. 出口商的银行　　　D. 出口商

6. 在凭信托收据借单提货的融资方式中，受托人是（　　　）

    A. 进口商的银行　　　B. 进口商　　　　C. 出口商的银行　　　D. 出口商

7. 托收出口押汇是（　　　）。

    A. 出口地银行对出口商的资金融通　　　B. 出口地银行对进口商的资金融通

    C. 进口地银行对出口商的资金融通　　　D. 进口地银行对进口商的资金融通

8. 出口信用保险项下融资是出口商在（　　　）投保出口信用保险，并将保单项下赔款权益转让给银行，在货物出运后获得银行按货物价值一定比例给予的资金融资。

    A. 保兑行　　　　　　　　　　　B. 代理行

    C. 中国出口信用保险公司　　　　D. 国外保理商

三、判断题

1. 根据客户资信等不同，授信额度可分为循环使用授信额度和一次性使用授信额度。

                        （　　）

2. 有了授信额度，银行就必须为进口商开证。　　　　　　　　　　　　（　　）

3. 进口押汇是银行对进口商的一种长期融资方式。　　　　　　　　　　（　　）

4. 提货担保风险较大，一般仅适用于信用证项下货物。　　　　　　　　（　　）

5. 打包贷款是装运后的一种融资方式。　　　　　　　　　　　　　　　（　　）

6. 装运前融资比装运后融资的风险小。　　　　　　　　　　　　　　　（　　）

7. 出口信用保险是银行和中国出口信用保险公司合作推出的集保险和融资于一体的贸易融资新产品。　　　　　　　　　　　　　　　　　　　　　　　　　　　（　　）

8. 出口信用保险项下融资，不仅适用于托收或赊账结算方式，还适用于信用证结算方式。　　　　　　　　　　　　　　　　　　　　　　　　　　　　　　　（　　）

9. 出口信用保险项下的融资是没有追索权的。　　　　　　　　　　　　（　　）

四、简述题

1. 简述进出口贸易融资具有哪些特点？

2. 简述进出口贸易融资有哪些？

3. 什么是打包贷款？银行在审批打包贷款时应注意哪些问题？

4. 什么是出口押汇，它与打包贷款的异同？

5. 银行如何对客户进行开证授信？

6. 信托收据与提货担保的含义及区别是什么？

五、案例分析

1. 宁波某外贸公司与美国 A 商达成一项出口合同，付款条件为付款交单见票后 45 天付款。当汇票及所附单据通过托收行寄抵进口地代收行后，A 商及时在汇票上履行了承兑手续。货物抵达目的港时,由于用货心切,A商出具信托收据向代收行借得单据,先行提货转售。汇票到期时,A商因经营不善,失去偿付能力。代收行以汇票付款人拒付为由通知托收行,并建议由宁波外贸公司自己向A商索取货款。

对此,你认为该宁波外贸公司应如何应对?

2.上海某纺织品进出口企业A公司年营业额超过5亿元,常年向欧美出口毛纺织产品。金融危机后,纺织业受到冲击,从前通常采用的赊销交易方式风险加大,且进口商的资金亦不宽松,其国内融资成本过高。经商议,双方达成以开立远期信用证的方式进行付款。该做法虽在某种程度上避免了A公司收不到货款的风险,但从组织货物出口到拿到货款仍需较长一段时间,这让A公司的流动资金出现了短缺。另外,A公司担心较长的付款时间会承担一定的汇率风险。请结合国际贸易融资的各种方式,你认为A公司如何做,既可推动公司产品出口,又可降低自身风险?

第十六章

国际非贸易结算 ≫ ≫ ≫　≫

【学习目标】

1.了解国际非贸易结算主要业务的基本概念、基本特点。

2.了解外币兑换业务、旅行支票、旅行信用证、国际信用卡、光票托收等业务的具体业务流程。

3.熟悉国际非贸易结算的规则、规定及行业操作规则。

第一节　国际非贸易结算概述

一、国际非贸易结算的含义

国际非贸易结算(International Non-trade Settlement)是指由无形贸易(Invisible Trade)引起的国际货币收支和国际债权债务的结算,又称无形贸易结算。

一国的国际结算通常包括国际贸易结算和国际非贸易结算两大类别。国际贸易结算是指一国对外进出口商品所发生的国际结算。国际非贸易结算包括国际贸易往来中的各项从属费用(如运输、保险、银行手续费等)和与贸易无关的收支项目(如国外旅游费用、侨民汇款、外币兑换、国外投资和贷款的利润、利息收益、驻外使领馆和其他机构的经费、专利权收入、馈赠等)的国际结算。

起初的非贸易结算是采取现金结算方式,后来发展成市场票据,开始以光票的收据进行非贸易结算。现在国际非贸易收支是采取非现金结算方式,主要通过银行对票据进行清算。小量非贸易外汇,也可采取携带自由兑换的货币,到国外兑成当地货币的办法。国际非贸易结算在两国或多国以双边或多边方式进行。不论使用何国的货币,支付时一般均折付当地货币,或将资金存入有关货币的中心地点的账户,例如汇至伦敦的美元存入收款人在美国开立的银行账户。

国际非贸易结算中的外汇收入主要来自提供劳务及其他各种服务,不需要出口商品,因此大多数国家都越来越重视无形贸易,努力提高服务质量,争取多收汇。中国在争取华侨汇款、旅游外汇和调回私人存在国外资金等非贸易结算方面也订有各种优待办法。随着我国经济国际化程度不断加深,各种无形贸易发展迅速,国际非贸易结算在国际结算中的地位将会愈来愈重要。

二、国际非贸易结算的特点

相对于国际贸易结算而言,国际非贸易结算具有如下特点。

1.相对于贸易外汇收支而言,非贸易外汇收支的范围广泛,内容庞杂,项目繁多,金额较低。

2.结算方式多样灵活,主要是通过非贸易汇款、外币兑换、旅行支票、旅游信用证、国际信用卡等方式进行结算。

3.国际非贸易结算不需要组织商品出口,主要以相互提供服务换取外汇。

三、国际非贸易结算的主要内容

国际非贸易结算的处理对象是非贸易外汇收支,而非贸易外汇收支是指贸易外汇收支以外的各项外汇收支。其特点主要是国际交往的各方面相互提供劳务和服务,不涉及商品进出口,一般是以无形贸易形式出现和存在的,内容和项目繁多,方式灵活。

根据我国传统的分类方法,国际非贸易结算的范围包括以下各个项目。

(一)国际私人汇款

国际私人汇款是指不同国家和地区间的人们互相汇寄或转寄私人外汇款项。主要包括私人汇入汇款和汇出汇款。

1.汇入汇款

汇入汇款是指侨居国外的华侨、港澳台同胞、具有中国血统的外籍人士、外国居民汇入、携带或邮寄入境的外币与外币票据。包括以电汇、信汇、票汇等形式汇寄给中国居民和外国侨民的赡家费等私人项目的汇款。

2.汇出汇款

汇出汇款是指国家外汇管理局批给我国公民及外国侨民的旅杂费、退休金、赡家费、移居出境汇款;外商或侨商企业纯利及资产汇出;各国驻华的领事馆在我国收入的签证费、认证费的汇出及其他一切私人外汇的支出。

(二)金融行业的外汇收支

金融行业的外汇收支是指国家及民间商业银行、保险公司等金融机构在从事涉外保险和国际外汇收支及兑换外币的过程中所产生的收入和支出,主要包括银行外汇收支、保险外汇收支和外汇收兑等内容。

1.银行外汇收支

银行外汇收支是指我国银行经营外汇业务的收支,包括手续费、邮电费、利息、驻港澳地区及国外的分支机构上缴的利润和经费等外汇收入;我国银行委托国外业务支付的手续费、邮电费和向国外贷款应支付的利息等外汇支出。

2.保险外汇收支

保险外汇收支是指我国保险公司进行国际保险业务经营所取得的外汇收支,包括保险外汇收入和保险外汇支出,前者是指国际保险业务中取得的保费、分保费、佣金、驻外及驻我国港澳地区保险分支机构上缴的利润和经费等外汇收入;而保险支出是指保险公司经营各项业务的外汇支出,如我国向国外支付分保费、应付保险佣金和保险赔款等外汇支出。

3.外汇收兑

外汇收兑按不同的兑换对象还可以分为兑换国外居民外汇和兑换国内居民外汇。其中兑换国外居民外汇是指我国边境和内地银行收兑入境旅客,包括外宾、华侨、港澳台同胞、外籍华人、在华外国人等的外币、现钞、旅行支票、旅游信用证及汇票等汇兑收入。兑换国内居民外汇则是指兑换国内居民,包括归侨、侨眷、港澳同胞家属委托银行在海外收取遗产、出售房地产、股票、收取股息、红利、调回国外存款、利息等外汇收入。

（三）运输行业的外汇收支

运输行业的外汇收支是指我国铁路、海运和航空等运输部门在从事国际运输服务业务过程中产生的外汇收入和支出。主要包括铁路外汇收支、海运外汇收支和航空运输外汇收支。

1.铁路外汇收支

铁路外汇收支是指我国铁路运输部门从事的国际运输业务（货运与客运）取得营业收入以及我国列车在境外的开支。

2.海运外汇收支

海运外汇收入是指我国自有船只,包括远洋轮船公司经营对外运输业务所收入的客货运费及出售物料等的外汇收入;海运支出是指我国自有租赁的船只（不包括外运公司租轮）所支付的租金、修理费用,船只在外国港口的使用费,在我国港澳地区所支出的外汇费用,以及在国外向外轮供应公司和船舶燃料供应公司购买食品、物料、燃料所支出的外汇,还包括与船舶有关的奖罚金、保证金、押金等所支出的外汇。

3.航空运输外汇收支

航空运输外汇收入是指我国民航公司从事国际航空运输所取得的营业收入（包括运费、杂费）,以及国内航空公司向国外航空公司结算的业务收入（包括运费、外国飞机在我国机场使用各项地面服务取得的外汇收入及手续费收入）。航空运输支出是指国内航空公司向国外航空公司、企业结算的业务与服务费用支出,以及对旅客和托运人的外汇赔款等支出。

（四）邮电及通信行业结算收支

邮电及通信行业结算收支是指邮电部门的外汇收支,即我国邮电及通信行业部门和外国邮电及通信部门之间结算彼此邮电及网络通信费用,包括国际邮政、电信业务结算收支、国际通信卫星组织的红利收入、国内邮电业务的外汇收入等项目。

（五）旅游行业的外汇收支

旅游行业外汇收支是指我国依法从事国际旅游服务的各类旅行社、旅游公司和其他旅游经营服务部门服务业务的外汇收入和支出。

（六）文化交流活动的外汇收支

文化交流活动的外汇收支是指我国图书进出口公司、影片公司、唱片公司及集邮公司等机构从事进出口图书、影片、唱片和邮票等文化服务所取得的外汇收支。外汇收入是指出口图书、影片、邮票等的外汇收入。外汇支出是指进口图书、期刊及科技文献、资料以及进口国外影片、电视片等的外汇支出。

（七）外轮代理与服务收入

外轮代理与服务收支是指外国轮船在我国港口所支付的一切外汇费用收入,包括外轮停泊、分水、装卸、港监、海事处理等方面取得的外汇收入,我国外轮供应公司对远洋货轮、外国轮船及其海员供应物资和提供服务的外汇收入以及国外海员在港口银行兑换的外币现钞收入。

（八）其他外汇收入与支出

其他外汇收入与支出是指除上述行业外汇收支项目以外的外汇收支。如驻外企业汇回款项收入、外资企业汇入经费收入、外国领事馆团体费用收入等。外汇支出是指机关、企业、团体经费外汇支出、个人用汇支出（国内公民个人因私用汇的外汇支出）等其他外汇收支。

第二节　非贸易汇款与外币兑换业务

一、非贸易汇款

非贸易汇款是国际汇款业务的一部分，是与贸易项下汇款相对而言的，也是债务人或付款人委托银行将款项汇交给境外债权人或收款人的一种委托银行付款结算方式，主要用于资本借贷、清偿债务、划拨资金、无偿赠送和私人汇款等。

非贸易汇款也有信汇、电汇、票汇三种汇款方式，各种汇款方式的汇出、汇入与贸易汇款的业务做法基本相同。这里以私人汇款为例，分别从汇出与汇入角度来阐述。

（一）私人外币汇出汇款

私人外币汇出汇款（Outward Remittance）是指境内银行汇往国外及中国港澳台地区的私人汇出款项。

1.汇出汇款的申请与审查

汇款人申请汇出国外的汇款必须提交支付协议或合同和按审批权限经外汇管理部门批示等证明文件即汇款申请书，经办行审查后，方可办理。

客户汇款申请书是汇款人给银行的书面委托书，是银行办理汇出汇款的基本依据，也是汇款人与汇出行之间的合同性文件。客户在办理时，须填写一式三联的汇款申请书。汇款申请书填写时力求详细、明确，最好用英文填写，注明：汇款日期、汇款方式、货币金额及货币符号、收款人名称及地址或收款人开户银行名称、地址及账号，汇款人名称、地址、汇款附言、汇款人签章等。此外还应注明有关国外费用由谁负担。汇出行要仔细认真审查客户汇款申请书，只有条件全部符合才能批准并办理汇款。

2.汇出汇款的处理程序

汇出汇款也有电汇（T/T）、信汇（M/T）和票汇（D/D）三种方式。汇出方式的选择应根据汇款人的要求办理。汇出行可以帮助汇款人选择最佳汇款方式，做到方便、安全、快捷。主要程序有以下几步。

（1）银行收到汇款人交来的申请书后，经审查无误且资金落实，即做编号、登记、付款的准备。

（2）电汇（T/T）下，以 SWIFT 方式电汇是银行目前最常用的汇款方式。客户汇款采用MT-100（Customer Transfer）格式发出指示，电信设备自动加押，不需再发电报证实书。信汇的处理与电汇基本相同。票汇则需要使用银行即期汇票，处理上与电汇、信汇不同，具体做法是汇款人将银行即期汇票邮寄给收款人,或者自己携带至付款行所在地提示付款。汇款人汇出汇款时,可以从银行开立的现汇账户中支取原币,也可从外汇现钞账户中支取款项,或向银行交付足额的外币现钞,但必须按现钞买入价折成人民币再按外汇卖出价折成现汇办理汇款。

(3)汇款人须向汇出行支付汇款手续费,如若为电汇,加收电报费,信汇加收邮费。

3.汇款人的退汇与挂失

(1)汇出汇款的退汇。对于电汇、信汇的退汇,如汇款人主动提出退汇,汇出行据其要求,核对汇款回执无误后,在汇款回执及留底卡片账上注明退汇原因及日期,将回执退交申请人,并向解付行致电或函联系退汇。对于票汇的退汇,退汇时,汇款人应将原汇票交回汇出行,并在汇票上加以背书,加盖"注销"戳记,凭以退还汇款。对开票时头寸已贷记解付行或付款行账户的,须待汇款头寸退回后才能办理退汇手续。

(2)汇出汇票挂失。汇款人遗失汇票,向银行申请挂失止付时,应填写申请书。汇出行核对后,以电或函的方式通知解付行,说明丢失情况,要求挂失止付,待汇入行同意后,才能办理退汇或重汇手续。

(二)私人外币汇入汇款

1.私人外币汇入汇款的审单

按汇款形式的不同,汇入汇款可分为电汇、信汇和票汇三种方式。

(1)电汇。电汇汇入是指境外款项以电传或 SWIFT 等电信方式发送汇款指令,并将款项汇入境内银行的汇款方式,多属急用款项。境内银行应首先核对电文指令的密押,再审核电文指令的基本内容,如金额、币别、起息日、受益人或收款人名称、汇款人名称等。

(2)信汇。信汇汇入是指国外或中国港澳银行制妥一整套包括信汇汇总清单、信汇委托书、正副收条、汇款证明书及信汇通知等套写格式。邮寄给境内解付行的汇款,解付行要逐一核对总清单的内容,逐笔抽出信汇委托书,办理解付或转汇手续。

(3)票汇。票汇汇入是指外国人、海外华侨和中国港澳同胞在国外或中国港澳同胞在国外或中国港澳地区的银行自行购买汇票,自带或邮寄给他们的国内亲友,由其持汇票到指定的解付行兑付的汇款。境内银行在收到客户提示的汇票后,首先要鉴别票据的真伪,如汇票是否已挂失、有权签字人的签名与签字样本是否相符、有无涂改痕迹、金额是否一致、汇票是否过期等。其次要检查收款人名称及其提供的证件。如果提示人不是汇票上的收款人,应注意背书的连续和有效性。

如果上述汇款方式中存在有问题的票据和单据,银行可拒绝受理或电洽出票行后再解付。对已挂失的汇票和伪造汇票则可予以没收。

2.私人外币汇入汇款头寸的确认和解付原则

(1)汇入汇款头寸的确认。解付汇入款时,一般应等到国外汇款银行将头寸划付到境内银行账户之后,才可以向收款人解付款项。对于国外和海外银行直接发来的电、信付款指令,先检查其偿付方式,看其是否已将头寸拨入境内银行在国外银行或国内同业的账户。如果电信文中指明偿付银行,境内银行应等到头寸收妥再贷记有关账户。如果没有划来头寸而解付汇款,等于是汇入行买入汇款,自行垫款,这在实际业务中要严格控制。解付不仅要有本部门主管人员的签字认可,还要有收款人的担保。在常见的三种汇款方式中,票汇的头寸要根据出票行和汇票号码核查是否已收到出票拨付头寸的贷记报单。

（2）汇入汇款解付的原则。汇款的有关当事人必须在汇款过程中坚持一定的程序和原则，使私人外币汇入汇款能够及时、安全和迅速地汇达客户手中。

①汇款解付时应坚持"收妥解付"的原则，一切汇款均应在落实头寸后，即收到国外账户贷记通知书或汇款通知书后才可办理解付手续。未落实头寸的或印押不符的汇入款，汇入行应速向汇出行查询。而且汇款解付必须坚持随到随解，不得积压，尽快解付。

②必须坚持"谁款谁收"的原则。对收款人名称地址、账户不符的汇入款应及时查询，防止错解付。

③收款人提取，可按当天外汇牌价兑换成人民币，也可以按其要求，直接转存其外汇账户。

3.汇入汇款的解付处理程序

汇入汇款的解付工作程序一般必须严格经历通知、解付和转存等三大步骤。

（1）汇款的通知。境外银行收到国外汇入款后，先在汇入登记簿上进行登记编号，再核对印鉴和密押，无误后根据不同的汇入方式进行账务处理，填制"汇款通知书"，待头寸划到再通知收款人。

（2）解付手续。解付汇入汇款时，无论是采用哪一种汇款方式（包括信汇、电汇、票汇和约期汇款），都必须经办银行先验明收款人的身份证件，再填制汇款证据。汇款业务中使用的货币主要包括原币汇款和人民币汇款两种。原币汇款是以原来的外币汇入，解付时可付原币，也可按外币买入价折成人民币付款给收款人，也可由收款人自愿以外汇转存；人民币汇款则以人民币支付或自愿转存。

（3）转汇业务。收到国外汇入款的经办行，对处于异地的收款人，应根据汇款的电报或信汇委托书所列地址办理转存，其原则是电来电转、信来信转。汇款第二联收条是汇款需转他行解付时，由解付行作传票或传票附件。

4.汇入汇款的查询、退汇和挂失

（1）汇入汇款的查询。汇款业务中如遇到手续不全之类的问题，汇入行与汇出行应及时通电通函以便进行相互查询核对。相关银行进行查询的情形主要包括以下几种。

①存在收款人姓名有误、地址不详等原因导致解付行无法解付汇款的情况时，应及时向汇出行查询；非直接通汇行，应通过转汇行向国外汇出行查询。

②存在密押不符、签章有误或报单有误时，应该及时向汇出行或转汇行查询，查复后解付。

③在汇入行委托其他银行或金融机构代解付汇款的情况下，如在一定期限内未得到回复，应向解付行发出查询催解通知。在其后的一段时间内仍无回复，则应继续催解，直到解讫为止。

④信汇业务的汇款总清单与附件（信汇委托书等）笔数、金额不符，但总清单及附件上的签章无误，应立即以函或电报方式向国外查询。总清单及附件均应寄送其他通汇行而误寄本行的，应迅速转寄有关行。

（2）汇入汇款的退汇。汇款一旦汇入，一般不予退汇，即使办理退汇手续，也必须慎重处理。

①汇入汇款指令的撤销。对于已汇入的国外私人汇款，若汇出行应汇款人的要求办理退汇时，汇出行应来函、来电或以"退汇通知书"通知汇入行办理退汇，汇入行接到通知后，查

明该笔汇款尚未解付，即可办理退汇。退汇时，汇入行应填制特种转账传票一式两联，一联连同加盖"退汇"戳记的正本收条证明书、通知书及汇出行的退汇申请书，与联行划收报单一起寄清算行；一联代传票或与汇出行寄来的"退汇查复书"一起作传票附件。

②退回未解付款项。如果收款人名称地址不详，经多方调查也无法解付者；或报单中的受益人与实际收款人名称不符，查询后也得不到解决；或收款人名称与账户不符，甚至查不到收款人；或通知收款人，但长期未来取款；或收款人拒收汇款要求退汇，汇入行清查拒收原因，与汇出行联系，征得汇款人同意退汇后，方可由解付行办理退汇。

③退回重复付款。如果由于汇出行的错误，造成同笔业务的多次付款，汇入行发现后，应主动将头寸退给汇出行，若无法确认是否重复汇款，应及时向汇出行查询以便证实。

④票汇的退汇。国内持票人申请退汇时，须经国家外汇管理部门审核批准，发给"邮寄外汇票据出国证明书"后，才能办理票据邮寄国外的手续，以便由汇款人持汇票向汇出行办理退汇。

(3)汇入汇票的挂失。汇入行收到汇出行的汇票挂失止付通知后，应立即查明是否解付，如未解付，应进行登记；如已解付，应即回复告知汇出行"票款已付"的事实。

二、侨汇

(一)侨汇的概念

侨汇(Overseas Chinese Remittance)是华侨汇款的简称，指我国在国外的华侨、外籍华人及港澳台同胞汇入国内(境内)居民的款项。侨汇按其用途，可分为赡养侨汇、建筑侨汇、捐赠侨汇和投资侨汇。

(二)侨汇的分类

根据汇款使用货币的不同，可以把侨汇分为原币汇款和人民币汇款。原币汇款是指汇款人以原来的外币汇入境内的汇款，解付时按原来外币支付。人民币汇款是指汇款人以人民币汇入境内的汇款，国内解付行解付相应的人民币后，按牌价折算成某种可自由兑换的外币向汇出行算收。

根据汇款时间的不同，可以把侨汇分为不定期汇款和约期汇款。不定期汇款是指汇款人不定期地汇入国内的汇款。约期汇款是指汇款人为赡养在国内的亲属，与汇出行约定，在一定时期内(如每月一次或几次)汇给国内亲属一定金额的汇款。

(三)侨汇的解付程序

1.侨汇的方式

侨汇主要的方式有信汇、电汇、票汇和约期汇款等。

(1)信汇。信汇是指我国港澳地区或国外联行制妥一整套包括信汇委托书、正收条、副收条、汇款证明书及信汇通知书等的规范格式，邮寄给通汇行的侨汇。

(2)电汇。电汇指我国港澳地区或国外联行以电报方法汇入的侨汇。这种侨汇多数是急需款，应从速解付。

(3)票汇。票汇指海外华侨、港澳台地区的同胞向国外或中国港澳联行购买汇票，自带或邮寄给他们国内(内地)指定的解付行兑付的汇款。

(4)约期汇款。约期汇款指华侨和港澳台地区的同胞与汇出行约定，在一定时期(如每月一次或每两月一次)汇给国内(内地)侨眷一定金额的汇款。

2.侨汇收条的处理

信汇、电汇全套汇款收条包括正收条、副收条、汇款证明书和汇款通知书一式四联。

(1)正收条。正收条(Original Receipt)应在解付侨汇后,及时寄还汇出行交给汇款人,以清手续。

(2)副收条。副收条(Duplicate Receipt)是解付侨汇后银行留存的主要凭证。

(3)汇款证明书。汇款证明书是在解付侨汇时,交给收款人持有,凭以查对收款金额。

(4)汇款通知书。汇款通知书有收款人的详细地址,以便通知,它是解付侨汇的依据。

3.侨汇的转汇及解付的处理手续

(1)侨汇的转汇。侨汇的转汇是指当汇入行收到侨汇后,收款人在外地需要办理转汇,可委托收款人所在地银行办理解付。

(2)解付时的处理手续。解付行收到转汇行寄来的侨汇转汇委托书及附件,应先核对印鉴、密押,再根据转汇委托书逐笔与附件核对,按照规定手续办理解付。

(3)转汇行收到解付行报单处理手续。转汇行收到解付行的联行报单及所附的解讫侨汇正收条及通知书,经核对无误后,逐笔抽销信汇委托书办理转账。

4.侨汇的查询

解付行在收到汇出行或转汇行寄来的侨汇总清单、侨汇转汇委托书及附件后,发现收款人姓名有误、地址不详、密押或报单签章不符时,应及时向汇出行或转汇行查询,查复后才能解付。

5.侨汇的退出

汇入的侨汇,一般不应随便退回,但在下列情况发生时,可以办理退汇。

(1)收款人姓名有误、地址不详,查询后仍无法解付的,可以退汇。

(2)收款人死亡且无合法继承人,经联系汇出行,在收到其"退汇通知书"时,可以退汇。

(3)收款人拒收侨汇,要求退汇,解付行应与汇出行联系,在征得汇款人的同意后,再办理退汇。

(4)汇款人主动要求退汇,汇出行应来电或寄来"退汇通知书",通知解付行办理退汇。解付行查明该笔汇款确未解付,可予以退汇。

三、外币兑换业务

(一)外币兑换含义

外币是外国货币的简称。一个国家除本国货币外,将所有其他国家的货币统称为外币。外币兑换是指外币兑换成人民币或外币兑换成另一种外币。一般来说,依据外币兑换的实体,可把其分为广义和狭义的两种概念。其中,狭义的外币兑换是指外币现钞的兑换业务;而广义的外币兑换概念则是指不仅包括外币现钞的兑换,还包括旅行支票、旅行信用证以及外币票据买入等多项业务。

一国确定外币能否收兑,主要考虑两个因素:一是货币发行国对本国货币出入境是否有限制;二是这种货币在国际金融市场上能否自由兑换。目前我国银行可兑换的币种有:英镑(GBP)、港币(HKD)、美元(USD)、瑞士法郎(CHF)、新加坡元(SGD)、瑞典克朗(SEK)、挪威克朗(NOK)、日元(JPY)、丹麦克朗(DKK)、加拿大元(CAD)、澳大利亚元(AUD)、欧元(EUR)、菲律宾比索(PHP)、泰国铢(THB)、韩国元(KRW)、澳门元(MOP)、新台币

（NTD)等。

（二）我国外币兑换的基本程序

1. 鉴别外钞

每一种货币都有纸币与铸币,每一种货币都有多种面额和版式。有些货币伪钞较多,收兑时必须鉴别真伪。由于铸币解钞出运不便,各外汇银行基本不再受理铸币。而对多种面额和版式的纸币,在兑换时,不仅要对各种货币进行全面深入的了解,而且还应熟悉各种外币的流通情况,把握外币现钞的推出流通时间等。此外,还要掌握鉴别真假钞的常识,以防止把假钞或停止流通的废币收兑进来。

鉴别外币钞票的方法。①鉴别各国钞票的主要内容。通常钞票上包括发行机构名称、面值、币别、金额、印刷年份、连续编号、发行机构的标记和负责人签字、法律有效词句、票面上各种人文景物的装饰图案和花纹等。②从各国钞票的纸张特征、印刷方法和油墨质量等方面鉴别真伪。由于世界各国或地区印刷钞票的要求很高,都力求使用最新、最好和最可靠的印刷技术,如纸钞上加红蓝纤维丝、安全线、水印、荧光等来防止伪钞。因此,在查钞时,要特别注意这些方面的标准,以眼看和手摸来鉴别真伪。③可利用现代化设备和仪器来鉴别伪钞。

2. 外币兑换的操作步骤

(1)兑入外币。凡属于国家外汇管理局"外币收兑牌价表"上所列的各种外币均可办理收兑。兑入外币,必须坚持"先收后付"的原则。当顾客交来外币要求兑换时,首先是鉴别外币的真伪和是否现行有效的货币,避免把已经停止使用的废币或伪造的假钞收进来。若经过验证确属伪币,应予以没收,并将有关情况向上级报告,以通报全行注意。经过鉴别,确为合格的外币,即可按当日现钞买入牌价填制水单和内部传票,经复核无误后交出纳员,点收外币和支付人民币。

外币兑换水单一式四联。第一联为兑入外币水单,由兑入行加盖业务公章交给持兑人收执。第二联为外汇买卖科目外币贷方传票。第三联为外汇买卖科目借方传票。第四联为外汇买卖统计卡。

(2)兑出外币。一般对已签证出境的外国人和批准出国的中国人办理。兑出外币时,必须根据外汇管理部门在"非贸易外汇申请书"上批准的金额办理。兑换外币使用当日现钞卖出价。兑换后应收回原兑换水单,作为兑出外币的原始凭证存档备查。最后还应在顾客的海关申报单的银行外币登记栏中写明已兑换的外币,以便出境时海关检验放行。

兑出外币要填制兑出外币水单一式四联。第一联为兑出外币水单,由兑出行盖章后交申请人收执。第二联为外汇买卖科目人民币贷方传票。第三联为外汇买卖科目借方传票。第四联为外汇买卖统计卡,留存备查之用。

对境外人员离境前,要求将入境时兑换的剩余人民币兑换原币携带出境,可凭本人护照和其本人自外币兑入日起 6 个月有效期内的原外币兑换水单,在外汇指定银行的兑换机构办理,其兑换余额不能超过兑换水单金额的 50%。经办行兑出外币后应收回原兑换水单,加盖"已退回"戳记,作为外汇买卖传票的附件。

第三节　旅行支票与旅行信用证

一、旅行支票

（一）旅行支票的概念和特点

1. 旅行支票的概念

旅行支票（Traveller's Cheque）是银行或旅行社为便于旅游者安全携带和使用而发行的一种定额支付工具。它是一种银行汇款凭证，没有指定的付款地点，一般也不受日期限制，其发行机构与付款机构为同一当事人，即出票人与付款人是同一人。

旅行支票起源于18世纪末期的英国，伴随着19世纪后期国际旅游事业的兴旺而不断发展。1891年，美国运通公司发明了一种购票人自己证明身份的美元旅行支票，以后又逐渐发行了英镑、加拿大元、瑞士法郎、法国法郎、日元等五种货币的旅行支票。第二次世界大战后，随着旅游事业的发展，旅行支票逐渐被其他银行采用推广，并成为国际旅游者常用的支付凭证之一。

2. 旅行支票的特点

（1）使用便利。旅行支票有各种固定的面额，能方便旅行者零星支取使用。同时，发行机构为了扩大其流通范围，发挥旅行支票的支付手段职能，在世界各大城市和旅游地设立许多特约代兑机构，大大方便了旅行者的兑付。持票人携旅行支票出游，不仅可在发行机构的代兑行兑取票款，而且可以在旅行社、旅店、机场、车站等地随时兑付。

（2）携带安全。旅行者购买旅行支票时，须在签发银行柜台当面初签，作为预留签字。取款时，须在兑付行的柜台前当面复签，核对后才能兑付。因此，若旅行支票遗失或被盗，也不易被冒领，比携带现金安全。

（3）汇兑风险低。兑现旅行支票的汇率，通常比兑现现金的汇率优惠。在汇率出现明显波动时，旅行者可以减少汇兑风险，不过使用旅行支票时，购买者在购买时需付手续费，兑付时需扣除贴现息。

（4）流通期限长。旅行支票多数不规定流通期限，可以长期使用，并具有"见票即付"的特点，即持票人可以在发行机构的国外代兑机构凭票立即取款。如果旅行支票上金额用不完，可留待下次出境使用，或视为现金保存以备不时之需，或支付一定费用换回现钞。

（5）可挂失补偿。发行机构规定，旅行支票不慎遗失或被盗，可凭护照和购买合约去指定机构办理挂失手续，即可得到新的旅行支票，这是现金使用所无法比拟的优越性所在。

（二）旅行支票的关系人

旅行支票的主要关系人包括以下几类。

1. 出票人。是指旅行支票的发行机构，在旅行支票的正面印有发行机构的名称和地址及负责人的签名。旅行支票是以出票人为付款人的支票凭证，因此出票人又是付款人。

2. 代售人。是指发行旅行支票的银行或旅行社的代理机构，代替发售旅行支票，但并不承担付款责任，付款责任仍由发行人承担。如出票人自己售出旅行支票，则无代售人。

3.兑付人。是指根据和发行人签订的代付协议初签和复签相符的旅行支票向持票人兑付现金的人。

4.受让人。接待旅行者的商店等服务部门接受旅行支票时,旅行者要在抬头栏写上服务部门的名称,被记名的单位便成为受让人。受让人背书后送交兑付行兑现。

（三）旅行支票和支票的区别

旅行支票是一种用于特殊目的的定额支票,和支票均是见票即付的支付工具。但从旅行支票的付款人就是该票的签发人来看,它又带有本票性质。除此之外,旅行支票和支票之间还有几个主要不同点(见表 16-1)。

表 16-1　旅行支票和支票不同点

项目	旅行支票	支票
付款条件	初签和复签一致	出票人签字和预留样本一致
签发人	由银行和旅行社开立	由银行、商号、个人开立
金额	金额固定	金额不是固定的
付款地	不列明付款地和付款行名称	列有付款地和付款行名称
期限	期限长(有时不注明期限)	期限短
是否扣息	兑付时要扣息	兑付时不扣息

（四）旅行支票的业务程序

1.旅行支票的出售业务程序

（1）发行与代售

旅行者外出(在本国或外国都可)旅游之前,可到发行旅行支票的银行或旅行社申请购买。基本手续包括:出示护照,填写申请书,注明要买哪一家银行发行的旅行支票,需要货币种类及面额和张数即可。若旅行支票的币种是外币,按银行当天卖出汇率折合成本币另加手续费向客户收取或借记其账户。

按旅行支票的基本规定,购买者在银行的柜台上要当经办人的面在支票"初签栏"签名,这叫初签,以便在兑付时与复签栏的签名相核对。在我国可以购买旅行支票的人有:外国驻华机构、境外居民、在本行存有外币现汇的境内居民。境内居民经外管局同意则可用外币或现汇购买,类似三资企业的单位购买,须向外管局申请,并提供用汇证明和相应的人民币,方可办理购买手续。

代售是指在总行与发行机构有业务协议的条件下,各行、支行如需开办旅行支票代收业务,须向总行申请,审批后由总行与发行机构联系,要求发行机构直接通知批准的各代办行,将订购旅行支票的申请表、宣传品等送往各代办行,以后就由代办行直接向发行机构订购旅行支票,并代理出售。

（2）订购与签收

发行机构收到订购旅行支票的申请后,把所订购的旅行支票连同一份旅行支票信托凭证或收据寄送各代办行。各代办行收到后,要认真审核凭证或收据上所记录的货币、面额、张数、号码是否与实物相符,无误后由有权签字人在凭证上签字确认,或加盖银行图章,再将信托凭证或收据原件寄回发行机构,副本由代办行留底。

（3）保管

旅行支票和有关凭证应视同现金入库保管，并设置"未发行各种面额证券"登记簿登记实物明细记账，记录每次收入、付出的旅行支票的币种、面值、号码、金额，并结算扣减利息，支付净款。

2. 旅行支票的兑付程序

收兑旅行支票的机构很多，除银行外，一些大的旅馆、商店、机场也都可以兑付，其使用像钞票一样非常方便。当旅行者在异地需要用钱时，可到兑付点兑付。旅行支票的兑付程序如下。

（1）识别旅行支票的真伪。兑付旅行支票时，应熟悉票样，如发行机构名称、货币、面额、版面、纸张等，若有问题应查对样本，发现假票，应予没收。

（2）查验持票人的护照并要求持票人在旅行支票上的"复签栏"内当面复签。作为银行应仔细核对初签与复签是否一致。若有疑问，可以让其在背面再签一次，并将证件的号码抄在支票的背面，以便查询和追索。核对无误，并扣收一定比例数额的贴息后，予以兑付。

（3）兑付旅行支票。由于兑付时，兑付行要垫付资金，直到从发行机构收回支票款项，因此兑付时要扣除贴息。若持票人要求提取与所持旅行支票币别相同的外币现金，则扣除贴息后的剩余金额为所付外币现金。若持票人要求提取与所持旅行支票币别不同的外币现金时，在扣除票面金额一定比例的贴息后，要按当时外汇买入现汇价与卖出外汇现钞价的比率折算，所得数额才是所付外币现金数额。若持票人要求兑付当地货币，则用兑付地货币与支票上货币的当日买入价计算应付旅行者的金额数，并要扣除一定贴息。

3. 旅行支票的结算

兑付后，和国外发行人结算头寸，收回垫付的资金，一般是填制买入票据托收委托书进行托收。填写购买外钞申请书一式两份，注明旅行支票的行名、号码和面额。兑付时，兑付行自行垫付资金，使用当日人民币对该货币的买入价折算，扣收一定比例的外币贴息对外支付。

4. 旅行支票的索偿

兑付后的旅行支票应在票面上加盖兑付行名的特别划线章，并在背面做成兑付行的背书，迅速寄往国外发行机构索偿票款以补回垫款。

5. 旅行支票的挂失与补偿

假如客户在旅行时其旅行支票遗失或被盗窃，可向出售银行（发行机构或其代办行）申请挂失和补偿，说明丢失的时间、地点、支票面额、数量、初签和复签等有关情况，各行可按协议要求办理挂失和补偿手续。客户按要求提供原购买合约及身份证，并填写补偿申请书。代办行等要按照发行机构的要求逐项审核补偿申请书所填写的内容、客户旅行支票的内容。客户的旅行支票无初签和已复签，均不能办理挂失和补偿。对已初签而没有复签已丢失的旅行支票，应审核申请人原购买合约上的签字与补偿申请书的签字是否一致，无误后将客户护照号码抄录在申请书上，并由有权签字人在申请表上签字，受理挂失和补偿。只要持票人挂失的理由可信而又急需用款，用电报、电传与发行银行联系，并获得其同意后，即可补发新的旅行支票。一般都不再收手续费，而由发行银行承担，这是银行争揽业务的一种优惠办法。

补偿时，应重新填写购买合约，并在合约上注明"补偿"（Refund），将最后一联购买合约连同当面初签的支票交给客户,同时将新的购买合同,连同收回的客户原购买合约及补偿申请书一并寄发行机构。办理补偿是不收客户手续费,而由发行机构按协议规定付给补偿手续费。客户要求补领现金或补偿的金额超过发行机构规定的限额,应电询发行机构获得授权后方可办理。

二、旅行信用证

(一)旅行信用证的概念与特点

1.旅行信用证的概念

旅行信用证(Traveller's Letter of Credit)是银行为了便利旅客到境外支付旅行用款而开出的一种光票信用证。它准许持证人(受益人)在规定金额和有效期内向该证开证行指定的分支机构或代理行支取款项。开立旅行信用证时一般要求开证申请人预留印鉴,以便取款时核对。

2.旅行信用证的特点

(1)隶属于银行信用。与其他信用证一样,旅行信用证也是基于银行信用。旅行者申请开证,开证行受托开证,但开证行一经开出此信用证,就确切地承担了付款责任,该信用证就成为一种具有法律效力的支付凭证。因此,旅行信用证容易被国际旅行者依赖和接受。

(2)属于自由议付信用证。旅行信用证是一种流通性的信用证,不限定由某一指定银行议付,以适应旅行者的需要。银行开证后会向客户提供一份旅行信用证可兑现的往来银行名册,议付就限于名册内的银行。受益人按不超过旅行信用证总金额的限额,可以一次或多次向指定的议付行支款,每次取款后都须在信用证上做记录。

(3)申请人和受益人是同一个。在旅行信用证的关系人中,申请人为旅行者,并随身携带正本旅行信用证。当他在国外旅行中前往当地银行一次或分次支取款项时,每次支取金额由旅行者自定,故而又是受益人。该业务的支领款方式类似于汇款方式。

(4)具有非贸易性特征。旅行信用证只供旅行者使用,不附带任何单据,不能用于贸易结算,只能用于旅游业务等非贸易活动。故旅行信用证是一种光票信用证。

(二)旅行信用证的业务程序

1.旅行信用证的开立

旅行信用证是一种没有物资保证的光票信用证,故银行一般须在申请人开立信用证时收足押金。国际旅行者需将款项交付银行,并在信用证或单独的印签卡上当面签字,预留印鉴。当申请人已确定好国外旅游目的地时,开证行据此开证后,将旅行信用证的副本及申请人的签名样本寄旅游目的地的联行或代理行,以供支款时核对之用。当申请人事先没有确定目的地时,银行开证后,持证人凭其后附的世界各主要地区兑付点的地点名称,可到其中任何地点兑付。

2.旅行信用证的兑付

旅行信用证的受益人持证到该证指定的兑付地点进行兑付时,兑付行应按如下具体步骤进行处理。

(1)审核。应审查旅行信用证的各项内容,如指定的兑付行是否为本行、有无涂改、信用证上的签字是否与签字样本相符、信用证的有效期与兑付足够的金额。

(2)填单。经审核确认可以兑付时,由受益人在柜台当面填写取款收据一式两联。第一联是正收条,随报单寄开证行,第二联是副收条,由兑付行作借方传票文件备查。

(3)兑付。随后,兑付行将支款日期、金额及本次支付后的金额、行名在信用证上背书并加盖兑付行行章,收取贴息后,将信用证及应付外汇折算成等值人民币一并交还持证人。同时将收据或汇票寄开证行索偿,由开证行偿还垫款。旅行信用证的支取金额一般不得超过信用证金额。如超过,作为透支加收罚息。

(4)注销。如果信用证金额已全部用完,则要在信用证上加盖"用完"或"注销"戳记,不再退回持证人,而是将其连同取款收据或汇票一并注销原证。

3.索赔

每日营业终了,按开证行、币种,将金额填报单正本同取款正收条一起寄开证行。凭报单副本借记开证行在付款行的账户。如果没有账户,可通过有账户的银行划账。

4.挂失

持证人若将旅行信用证丢失,可直接向开证行挂失或通过当地的兑付行转通知,由开证行告知所有的兑付行止付。

(三)旅行信用证与汇款、现钞、旅行支票的比较

1.汇款是汇出行将一定金额汇到另外一个地点的汇入行,一次性地解付给收款人。旅行信用证则是开证行保证支付一定金额,可在多处指定的兑付行一次或分次支取,其未用完的余额自动退还给开证行。旅行支票可以取现金,也可在国际酒店、餐厅及其他消费场所直接付账,一次购买后未使用完毕,还可留待下次出境使用。

2.现钞遗失、被盗即告损失。旅行信用证只有受益人本人才可领取,他人拾得很难冒领。旅行支票不慎丢失或被盗,可办理挂失、理赔和紧急补偿。

3.旅行支票可以转让他人,也可支付旅游费用。旅行信用证只有受益人本人使用,不能转让。汇款票汇业务中汇票可以转让他人,电汇和信汇只能是收款人自己领取。

4.旅行支票是定额面值,一次支完。旅行信用证零整支取皆可。汇款金额必须一次全部领取。

5.若从安全角度看,汇款第一,旅行信用证第二,旅行支票第三,现钞第四。

6.若从使用方便灵活角度分析,现钞第一,旅行支票第二,旅行信用证第三,汇款第四。

综上所述,旅行信用证使用起来不如旅行支票和信用卡方便,它只能在规定的银行兑付,还要在背面批注。一旦忘记,就有可能超支,而且旅行信用证常被伪造。由于有这样的缺点,许多银行拒绝议付旅行信用证,所以这种结算方式的使用越来越少。

第四节　国际信用卡

一、国际信用卡的含义、关系人及其功能

(一)国际信用卡的含义

国际信用卡(International Credit Card)是银行或信用卡公司等发卡机构向资信良好的个人和机构(国内外消费者)签发提供跨国短期消费信贷的一种信用凭证。持卡人可在指定

的特约商户购物或享受服务,或者向约定银行支取一定现金。国际信用卡是货币基本职能(流通手段)的延伸与发展,是国际消费信用的一种形式。在经济比较发达的国家,具有跨国消费功能的信用卡已成为日益盛行的一种消费信贷方式和支付手段。

信用卡起源于美国。早在1915年,美国的一些饭店和百货公司,为推销商品和服务,扩大业务,就开始发行信用卡。到了20世纪60年代,信用卡得到了更加广泛的使用,不仅在其发源地美国得到广泛发展,而且在英国、日本、加拿大以及西欧各国盛行起来,成为一种普遍采用的支付方式。大到买房置地、旅游购物,小到公用电话、公共汽车,都普遍采用信用卡结算,备受广大商户和消费者的欢迎。

中国银行于1981年首次将信用卡这一新型结算方式引进我国,此后国内其他银行也纷纷发行自己的信用卡,从而使信用卡业务在我国获得了极大的发展。

(二)国际信用卡的内容与关系人

国际上通用的标准信用卡是一种特殊塑料制成的卡片,又称塑料货币。信用卡的正面印有信用卡名称或标记、发卡机构、卡号、发行日期、有效期、持卡人姓名,背面有持卡人的预留签字、磁条、银行简单声明等。

国际信用卡业务一般涉及四个关系人:①发卡机构,即发行信用卡的银行或机构;②持卡人,是指向发卡银行申领信用卡的当事人,是发卡银行的服务对象,有权凭卡享受发卡银行提供的约定范围内的各项服务;③特约商户,即特约单位,与发卡机构签订协议,受理持卡人使用指定信用卡进行购物或支付费用的具有服务性质的商业经营单位;④代办行,即受发卡行委托,负责某一国家或地区内特约商品的结算工作。

(三)国际信用卡的功能

1.基本功能是可在异国直接购物或获取服务

国际信用卡的发行机构为方便持卡人的异国使用,与众多的特约商户,如一些国际知名的宾馆、商店、旅游场所及其他服务机构等建立联系。这样,持卡人到国外特约商号消费时就可凭卡购物或支付服务费用,以代替现金结算,从而实现"一卡在身,通行世界"。由于消费者或旅游者不需携带大量现金,既方便又安全,而且信用卡又具有先消费后付款的特点,因此深受各国广大消费者的欢迎和喜爱。

2.辅助功能是支取现金

虽然发卡机构的特约商号遍布世界各地,但有些结算仍需现金。因而,在需要时,国际旅行者可凭卡在发卡银行的国外分支机构支取现金。不过为了保障客户的资金安全,该项服务受到严格限制和一定约束。

二、国际信用卡的特点

作为一种新型的金融产品,国际信用卡具有以下四方面的特点。

(一)资金安全性

由于国际信用卡可以代替现金执行货币的主要职能,这就避免了客户在参与国际活动中要携带大量不同货币现金的潜在风险及资金闲置。此外,信用卡本身被设计了多处防伪标志,持卡人取现时必须出示其身份证和相应的密码。若信用卡遗失,即可向发卡银行申请挂失。因此,可使客户的资金获得安全保证。

（二）服务快捷性

国际信用卡的使用手续简便、清算及时，能用计算机直接辨认真伪，比传统的结算方式更能节约客户的时间，提高国际私人结算服务的效率。

（三）使用便利性

持卡人可利用国际信用卡进行国际储蓄、提现、转账结算及异地异国直接消费等。尤其是信用卡的先消费、后付款的特点，很受广大消费者的欢迎，为他们的生活和工作提供了更多便利。

（四）广泛适用性

国际金融机构和我国商业机构发售的各类国际信用卡，其持卡人均可在我国和世界各地具有兑付授权的分支机构存取相关国家货币的款项。如中国银行发行的外汇长城万事达卡可在国外进行兑付。

三、国际信用卡的分类

依据不同标准，信用卡可分为多种类型。

（一）按照发行主体的不同，国际信用卡可分为金融卡和非金融卡

1.金融卡

金融卡是指由银行和其他金融机构发行的信用卡，即银行信用卡。此类信用卡的发行量非常大，大部分国际信用卡都属于此类信用卡。

2.非金融卡

非金融卡是指由专营公司发行的非金融卡，如零售信用卡和旅游娱乐卡。其中零售信用卡是由零售百货公司、石油公司等单位发行，持卡人可在指定的商店购物或加油站加油等，实行定期结算。此类信用卡发行量也较大，但由于用途较单一，流通区域受到限制。而旅游娱乐卡是由航空公司、旅游公司等服务行业发行的，用于购买飞机票、车船票及用餐、住宿娱乐等。如美国的运通卡和大莱卡就属此类。

（二）按照发行对象的不同，国际信用卡可分为公司卡和个人卡

1.公司卡

公司卡是面向各国具有跨国业务的公司、企事业单位、机关团体等组织或单位发行的，其适用对象为单位指定者，又称商务卡，一般分为主卡和附属卡，是由公司账户付账的信用卡。

2.个人卡

个人卡是面向个人，包括各国各种职业的个人以及其他成年的、有稳定收入的居民发行的信用卡，是持卡人个人付账的信用卡。

（三）根据清偿方式的不同，国际信用卡可分为贷记卡和借记卡

1.贷记卡

贷记卡是发行机构根据客户的资信情况向其提供的一种消费信贷，是具有透支功能的信用卡，其清偿方式是"先消费，后还款"。

2.借记卡

借记卡不具有透支功能，持卡人使用时只能以存款金额为依据，其清偿方式是"先存款，后消费"。

（四）根据发卡技术的不同，国际信用卡可分为磁卡和 IC 卡

1. 磁卡

目前的银行卡大多数仍为磁卡，在塑料卡片上有磁条和凸印字。磁条中记录账号和密码等基本信息，而实际款项存储在由网络连接的银行计算机硬盘上。用户提取或存入的款项在不同的银行账户之间进行资金往来。用户消费的款项由银行和商户之间进行结转和清算。这种磁卡在使用时需要访问主机账户，因此只能在联机处理时间内使用，其速度和稳定性取决于通信线路的质量，在网络达不到要求的场所则无法使用。

2. IC 卡

IC 卡是继磁卡之后出现的又一种新型信息工具。IC 卡在有些国家和地区也称智能卡（Smart Card）、智慧卡（Intelligent Card）、微电路卡（Microcircuit Card）或微芯片卡等。它将一个微电子芯片嵌入符合 ISO7816 标准的卡基中，做成卡片形式。目前，它已经十分广泛地应用于金融、交通、社保等许多领域。

IC 卡既可以由银行独自发行，又可以与各企事业单位合作发行。这种联名卡形成银行 IC 卡的专用钱包账户。例如，医疗保险专用钱包账户只能在指定医院等场所使用，不得用于消费，不得提取现金。当前，联名卡主要有保险卡、财税卡、交通卡、校园卡等。

由于 IC 卡既方便又快捷，所以在发达国家和一些发展中国家相当流行。我国发展信用卡的方针是"两卡并用，磁卡过渡，发展 IC 卡为主"。未来的发展趋势必将是 IC 卡逐步取代磁卡。

此外，还可以根据持卡人的信用等级不同，分为 VIP 卡、白金卡、金卡和普通卡；根据持卡人的清偿责任不同，分为主卡和附属卡。

四、国际信用卡的业务处理程序

（一）发卡机构的业务程序

1. 国际信用卡的发行

国际信用卡是商业银行对消费者发放的小额消费信贷。由于申领人一般不需要在银行开立存款账户或预交保证金，或提供抵押品，因此发卡行必须对申领人进行资信调查。申领人申请领卡时，首先填写申请书，详细说明本人的姓名、地址、职业、家庭、教育、经济收入、个人财产、资金往来和担保人姓名、地址、经济收入等。经银行对其财产、收入、职业等核实，客户具备银行要求的条件时，发卡银行就批准立卡，并决定卡种、有效期及消费信贷额度等，同时收取一定的年费和手续费。领卡时，申领人应当着银行工作人员的面在信用卡背后预留签字，以便特约商户或代办行办理业务时核对。双方由此建立金融关系。

2. 发展异国特约商户与代办行（收单行）

发展特约商户是为了扩展信用卡业务。发卡机构需要在世界各地联系愿意受理其信用卡业务的单位，并进行协商，签订有关协议，规定授权限额、操作、清算办法，使之成为特约商户，以方便持卡人购物或支取现金。对特约单位来说，虽然要付给发卡机构一定的回佣，但信用卡能扩大销售额，刺激持卡人消费，因而他们也乐意受理信用卡购物和消费业务

发展异国代办行（收单行）是为了便利结算。发卡机构需在特约商户所在国家和地区找一家银行作为其代办行，并且签订协议，明确双方的权利和义务。代办行可以从特约单位付给的回佣及持卡人取现手续费中与发卡机构分成，还可以无息运用发卡机构提供的备用金。

所以,代办行也乐意承办该项业务。

3. 授权

授权是发卡行对持卡人超额交易的审批过程,是信用卡在使用过程中银行对持卡人进行信用控制并及时掌握和了解持卡人消费状况的重要手段。由于信用卡提供的服务范围广、时间长,持卡人可凭卡取现、消费、参加保险、咨询和邮购等。为减少发卡行的风险,通常都确定一个限额。在与特约商户签约时规定,在限额以下的交易由代办行和特约商户直接办理,超限额的,必须经发卡银行同意才可办理。为此,各发卡机构均设立授权中心,并提供24小时服务。在商户或代办行索要授权时,需提供卡号、有效期、持卡人姓名、证件号码、交易类型及金额等。如发卡机构同意交易,便告知授权密码。

(二)代办行的业务运作程序

代办行国际信用卡的结算业务有以下几个方面的步骤。

1. 发卡机构拨入周转金

与代办行订立业务委托协议后,通常发卡机构需要对代办行拨付一定金额的信用卡兑付备用金,如使用运通卡需要支付3万美元,签证卡需要支付5万元人民币,以开立备用金账户。

2. 兑付现金业务

持卡人在代办行出示信用卡要求取现时,首先填写取现单(Cash Advance Slip)一式三联,连同信用卡交代办行。代办行首先要进行信用卡的审查。审查内容包括:信用卡是否属于已委托代办受理范围、是否在信用卡的有效期内、有无区域限制、卡号有无被委托行或发卡行列入取消的“黑名单”、持卡人的有效护照或身份证是否与信用卡姓名一致、是否转借他人。其次,核对持卡人在取现单上的当面签字是否与信用卡的预留签字相符合,并查看取现金额有无透支。最后,银行审查符合要求后,即将信用卡放在压印机上,以正面凸出的内容将卡号、有效期、姓名等压印在取现单上,由经办人员根据持卡人所取金额(在该卡规定的最高限额内),加上按协议规定的附加手续费,分别填写在取现单的有关栏目内,交由持卡人签字确认,经核对其签字与信用卡预留印鉴相符,即付其所需的资金。

3. 购物与消费的结算

持卡人在异国或异地的特约商户购物或消费时,特约商户依上述程序,处理后缮制总计单,并根据总计单上的余额缮制银行送款单或转账进账单,并附总计单和购货人的签购单送交代办行。代办行应审核各项单据的金额及有关内容是否完整、正确。确认无误后,根据持卡购货金额内扣下一定比例的手续费。具体的扣费及分成情况视代办行与委托行的协议而定,并非是固定不变。

4. 信用卡的资金偿付

每日营业终了后,代办行应把当日兑付的信用卡,分门别类加计总额,并计算出代办手续费,在委托行“信用卡备用金”账户扣付。另根据取现支票及签购单加计总额填制一式两份“总计单”,一份同借记报单、取现单及签购单寄委托行信用卡中心,另一份总计单及取现单、购单复印件作传票附件。

当委托行收到上述支票和有关单证后,即将已支付款项记入上述信用卡备用金账户。如果信用卡备用金账户发生透支,代办行应用电传通知委托行在其规定的工作日以电汇补足,否则,委托行必须负担透支利息,并从透支日开始计算。

（三）信用卡的挂失与止付

当持卡人对其信用卡提出挂失或止付要求时,应直接与发卡机构联系。若代办行受理信用卡挂失申请,应立即将持卡人的姓名、卡号等以电传或电报通知发卡机构办理挂失,并将申请书寄往发卡机构。在办理业务过程中,若发现有被注销或止付的信用卡要求兑付,应立即予以扣留收回,并寄往发卡银行或机构。

五、国际信用卡组织

目前国际上的信用卡组织主要有五个,分别是维萨国际组织、万事达国际组织、美国运通公司、大莱信用卡公司、日本 JCB。

（一）维萨国际组织

维萨国际组织（Visa International Service Association）是目前世界上最大的信用卡和旅行支票组织,也是一个由全球 2.1 万多家金融机构会员所组成的非股份、非营利性国际银行卡组织。

维萨国际组织的前身是 1900 年成立的美洲银行信用卡公司。1959 年,美洲银行发行了第一张银行信用卡,1966 年,Bank of America Service Corp.（BSC）成立。1970 年 BSC 改名为 National Bank Americard INC(NBI),为美国各地银行提供信用卡服务。1974 年,美洲银行信用卡公司与西方国家的一些商业银行合作,成立了国际信用卡服务公司,并于 1977 年正式改为维萨国际组织,成为全球性的信用卡联合组织。

维萨国际组织本身并不直接发卡,而是由 Visa 国际组织的会员银行发行。其中,摩根大通银行是全球最大的 Visa 卡发行银行。Visa 卡也被称为签证卡。

维萨国际组织的总部设在美国的洛杉矶市,总处理中心在洛杉矶的卫星城——圣曼托（St. Manto）。为便于各地区制定适合本地区情况的市场发展战略,维萨国际组织将全球划分为五大业务区,即美国区、加拿大区、亚太区、拉美区、欧洲中东和非洲区。Visa 国际组织的亚太地区业务以新加坡为总部,旗下有 700 多家金融机构。

维萨国际组织经过几十年的发展,已成为世界上最大的信用卡集团,无论是信用卡的数量还是交易额,都居世界首位。该组织现代化的授权系统（BASE I）和清算系统（BASE II）有力地支持了维萨卡的全球发展。VISA 是全球最负盛名的支付品牌之一,VISA 全球电子支付网络"VISANet"是世界上覆盖面最广、功能最强和最先进的消费支付处理系统。

VISA 于 1993 年和 1996 年分别在北京和上海成立代表处。目前,中国几乎所有的商业银行都发行 Visa 卡。

（二）万事达国际组织

万事达国际组织（Master Card Internationall）是服务于金融机构（商业银行、储蓄银行、储蓄和放款协会、存款互助会）的非营利性全球会员协会,公司的宗旨是为会员提供全球最佳支付系统和金融服务。

1966 年,美国加州的一些银行成立了银行卡协会,并于 1970 年启用 Master Charge 的名称及标志,统一了各会员银行发行的信用卡名称和设计,1978 年再次更名为现在的 MasterCard。

万事达卡国际组织拥有 MasterCard,Maestro,Mondex,Cirrus 等品牌商标。万事达卡国际组织本身并不直接发卡,MasterCard 品牌的信用卡是由参加万事达卡国际组织的金融机构会员发行的。目前其会员约 2 万个,拥有 2100 万家商店及 ATM。

万事达国际组织目前已发展成为仅次于维萨国际组织的世界第二大信用卡国际组织。万事达国际组织的管理总部设在美国纽约市,总处理中心设在圣路易斯市。万事达国际组织将全球分为与维萨国际组织大致相同的五个区开展全球业务。

万事达卡国际组织于 1988 年进入中国,目前国内主要商业银行都是其会员。目前大多数中国会员银行的信用卡都使用万事达卡的品牌。万事达卡也是最先在中国实现全球联网业务的国际组织,为此给国家创造了大量的外汇收入,为会员银行和广大商户创造了各种商业机构和丰厚的利润。

(三)美国运通公司

美国运通公司(American Express Card)是美国目前最大的跨国财务公司,该公司的业务主要包括旅游服务、国际银行服务、投资服务、信托财务咨询服务及保险服务五个部分。美国运通公司的信用卡业务开始于 20 世纪 50 年代。从 1958 年起,美国运通公司先后向客户发行了普通卡、运通卡、公司信用卡、运通白金卡等。

美国运通卡(Amerivan Express Card)持卡人通常是社会上地位和收入较高的中上层人士,该卡分绿卡、金卡和白金卡三种。运通卡与维萨卡、万事达卡性质不同,维萨卡和万事达属于银行卡,运通卡属于旅游娱乐卡(Travel and Entertainment Card),适合消费者外出旅游之用。美国运通公司在全球的持卡人数量虽然远远少于维萨卡与万事达卡,但其在全球信用卡的交易额中却占有很大比例,运通卡持卡的人均年用卡消费额高于维萨卡或万事达持卡人的人均年用卡消费额。

美国运通公司经过多年的发展,已经成为全球最大的一家独立经营信用卡业务的公司,其总部设在美国纽约市,总处理中心设在盐湖城。美国运通公司已在世界大多数国家成立了环球网络服务(GNS)联盟,其伙伴银行为客户发行可在美国运通商户网络使用的信用卡。GNS 联盟已推出超过 350 种信用卡产品。

(四)大莱信用卡公司

1950 年春,美国纽约商人麦克纳马拉与施奈德投资 1 万美元,成立了大莱俱乐部(Diners Club),即大莱信用卡公司的前身,以后很多人开始使用俱乐部发行的信用卡。随着公司的经营范围扩大到全球,公司也更名为大莱国际信用卡公司(Diners Club International)。1982 年,美国花旗银行收购了大莱信用卡公司的大部分股权,大莱公司成为花旗银行的附属公司。大莱信用证卡公司总部设在美国芝加哥市。

大莱信用卡公司的主要优势在于它致力于在尚未被开发的地区增加销售额,并且巩固该公司在信用卡市场中保持的强有力位置。该公司通过大莱现金兑换网络与 ATM 网络之间形成互惠协议,从而集中加强了其在国际市场上的地位。

大莱信用卡公司目前是世界上最大的信用卡公司之一。大莱卡(Diners Club Card)分地区卡和国际卡两种,国际卡上印有"International"的字样。

(五)JCB 信用卡公司

1961 年,JCB(Japan Credit Bureau)作为日本第一个专门的信用卡公司宣告成立。该公司由日本几十家商业银行筹资,并以日本著名的三和银行为主要后盾。

JCB 一直以最大公司的姿态发展至今,是代表日本的名副其实的信用卡公司。在亚洲地区,其商标是独一无二的。其业务范围遍及世界各地 100 多个国家和地区。JCB 信用卡的种类是世界之最,达5000多种。JCB的国际战略主要瞄准了工作、生活在国外的日本实业家和女性。为确立国际地位,JCB也对日本、美国和欧洲等商户实行优先服务计划,使其包括在JCB持卡人的特殊旅游指南中。空前的优质服务是JCB成功的奥秘。

【本章小结】

本章主要阐述国际非贸易结算的基本知识及基本原理。非贸易结算是国际结算的重要组成部分,主要采取非现金结算方式,并通过银行对票据进行清算。本章分别阐述了非贸易汇款、外币兑换、旅行支票、旅行信用证、国际信用卡等业务的基本概念、特点、业务流程及注意事项等,介绍了国际信用卡的五个国际组织。

【课后练习】

一、名词解释

国际非贸易结算　非贸易汇款　侨汇　外币兑换　旅行支票　初签　复签　旅行信用证　国际信用卡

二、选择题

1.我国非贸易收支的项目有(　　　)。

A.国际私人汇款　　　　　　　　B.外轮代理与服务收入

C.保险收支　　　　　　　　　　D.兑换国内居民外汇

E.外资企业汇入经费收入

2.兑入外币时,外汇银行填制的外币兑换水单一式四联,其中第二联为(　　　)。

A.兑入外币水单　　　　　　　　B.外汇买卖科目借方传票

C.外汇买卖科目外币贷方传票　　D.外汇买卖统计卡

3.以下不属于旅行支票特点的是(　　　)。

A.面额固定　　　B.不能挂失　　　C.兑取方便　　　D.携带安全

4.以下关于旅行信用证说法错误的是(　　　)。

A.开证申请人和受益人同为一人　B.不能转让

C.是跟单信用证　　　　　　　　D.业务已日益萎缩

5.具有透支功能,其清偿方式是"先消费、后还款"的信用卡是(　　　)。

A.借记卡　　　B.贷记卡　　　C.公司卡　　　D.金融卡

6.信用卡的主要关系人有(　　　)。

A.发卡人　　　B.持卡人　　　C.特约商户　　　D.代办行

E.代付行

7.以下不属于信用卡基本当事人的是(　　　)。

A.发卡行　　　B.持卡人　　　C.特约商户　　　D.中央银行

三、判断题

1.私人汇款、旅游开支、服务偿付等属于有形贸易结算。　　　　　　　(　　)

2.信汇是银行以电报、电传或SWIFT方式汇入和汇出的款项。　　　　(　　)

3.根据发卡主体不同,国际信用卡可分为金融卡和非金融卡。　　　　　(　　)

4.借记卡的持卡人无须事先在发卡机构存款就可以享有一定的信贷额度使用权,即"先消费,后还款"。　　　　　　　　　　　　　　　　　　　　　　　　　　　(　　)

5.万事达卡国际组织是全球第一大信用卡国际组织。　　　　　　　　　　(　　)

6.信用卡可以指定一个储蓄账户作为约定还款账户,银行会在到期还款日之前自动从约定还款账户内扣款来归还信用卡的欠款。　　　　　　　　　　　　　　(　　)

7.旅行支票一旦遗失或被窃,购买者都可以通过相应机构进行挂失和获得补偿。

　　　　　　　　　　　　　　　　　　　　　　　　　　　　　　　　(　　)

四、简述题

1.简述非贸易结算的特点和范围。

2.如何进行外币的兑入和兑出?

3.旅行支票的兑付程序包括哪些内容?

4.旅行信用证有什么特点?

5.国际信用卡的主要特点是什么?

6.国际信用卡的业务程序是什么?

7.全球主要的国际信用卡机构有哪些,其信用卡品牌分别是什么?

五、案例分析

1.某年某月,上海 A 银行某支行有一笔美元汇出汇款通过其分行办理汇款,分行经办人员在审查时发现汇款申请书中收款银行一栏只填写了"Hongkong and Shanghai Banking Corp. Ltd.(汇丰银行)",而没有具体的城市名和国家名。由于汇丰在世界各地有众多的分支机构,汇出行的海外账户行收到这个汇款指令时肯定无法执行。为此,经办人员即以电话查询该支行的经办人员,后者答称当然是中国香港汇丰银行,城市名称应该是香港。本行经办人员即以汇丰银行中国香港分行作为收款人向海外账户行发出了付款指令。

事隔多日,上海汇款人到支行查询称收款人告知迄今尚未收到该笔款项,请查阅于何日汇出。分行当即再一次电海外账户行告知收款人称尚未收到汇款,请复电告知划付日期。账户行回电称,该笔汇款已由收款银行退回,理由是无法解付。这时,汇出行再仔细查询了汇款申请书,看到收款人的地址是新加坡,那么收款银行理应是新加坡的汇丰银行而不是中国香港的汇丰银行,在征得汇款人的同意后,重新通知其海外账户行将该笔汇款的收款银行更改为"Hongkong and Shanghai Banking Corp. Ltd.,Singapore",才最终完成了这笔汇款业务。从中可以得到哪些启示?

2.某年 12 月,A 市甲公司财务人员到乙银行 A 分行营业部要求兑付 9 张每张价值1000 美元的由美国丙公司发行的旅行支票。该银行业务人员审核后发现,这些旅行支票与运通公司的票样相比,支票的印刷粗糙,估计是彩色复印机所制;票面金额、徽标等没有凹凸感;复签底线也非由小字母组成,而是一条直线,估计是复印机无法分辨原票样的细微字母;票面在紫光灯光下泛白色,没有水印。经仔细查询审核,该行确认这些旅行支票为伪造票据,予以没收。请对此进行评论。

参考文献

▷▷▷▷　▷

1. 刘铁敏. 国际结算[M]. 北京:清华大学出版社,2010.

2. 赵明霄. 国际结算[M]. 北京:中国金融出版社,2010.

3. 周萧. 国际结算[M]. 北京:科学出版社,2010.

4. 徐立平. 国际结算学新编[M]. 北京:电子工业出版社,2012.

5. 王学惠,王可畏. 国际结算(第 3 版)[M]. 北京:北京交通大学出版社,2016.

6. 张东祥. 国际结算(第四版)[M]. 武汉:武汉大学出版社,2011.

7. 朱莹,魏玉. 国际结算[M]. 北京:电子工业出版社,2009.

8. 徐莉芳,李月娥. 国际结算与贸易融资[M]. 上海:立信会计出版社,2018.

9. 刘卫红,尹晓波. 国际结算(第三版)[M]. 大连:东北财经大学出版社,2018.

10. 陈琳,徐桂华,李顺萍. 国际结算与贸易融资[M]. 北京:清华大学出版社,2018.

11. 李贺. 国际结算理论. 实务. 案例. 实训[M]. 上海:上海财经大学出版社,2016.

12. 韩晶玉等. 国际结算习题册[M]. 北京:对外经济贸易大学出版社,2018.

13. 高露华,顾颖茵. 国际结算[M]. 北京:清华大学出版社,2014.

14. 石玉川,徐进亮. 进出口交易惯例与案例[M]. 北京:中国纺织出版社,2008.

15. 黄海涛. 信用证 6 小时教程实例与操作指南[M]. 北京:中国海关出版社,2007.

16. 对外贸易协会. 进出口单证实务(修订本)[M]. 北京:对外经济贸易大学出版社,2003.

17. 赵静敏,李素侠. UCP600 中单据处理条款修改的必要性[J]. 对外经贸实务,2007(8): 78-79.

18. 蒋先玲,武翠芳. 国际贸易结算实务与案例[M]. 北京:对外经济贸易大学出版社,2005.

19. 张建国. 国际业务案例分析[M]. 北京:中国金融出版社,2002.

20. 肖玲凤. 国际结算[M]. 北京:对外经济贸易人学出版社,2012.

21. 林建煌. 品读信用证融资原理[M]. 北京:中国民主法制出版社,2011.

22. 陈岩,刘玲,刘超. 信用证典型案例评析[M]. 北京:中国商务出版社,2005.

23. Lakshman Wickremeratne and Michael Rowe. The Guide to Documentary Credits 2nd edition[M]. England:Institute of Financial Services,2007.

24. 许俊铭,韩英彤. CPEC 国际结算篇:知己知彼[J]. 中国外汇,2018(10):55-57.

25. 阎之大,韩英彤. 信用证:焕发生机[J]. 中国外汇,2018(2):48-50.

26. 刘阳. 国际结算实务案例精析(2016)[M]. 上海:上海远东出版社,2016.

27. 潘天芹,杨加琤,潘冬青. 国际结算[M]. 杭州:浙江大学出版社,2014.

28. 王瑛. 国际结算[M]. 北京:清华大学出版社,2016.

29. 韩宝庆. 国际结算[M]. 北京:清华大学出版社,2016.

30. 王利华. 国际结算[M]. 上海:上海财经大学出版社,2016.

31. 徐进亮,李俊. 国际结算[M]. 北京:机械工业出版社,2016.

32. 李秀茹. 国际结算[M]. 北京:清华大学出版社,2015.

33. 陈国武. Understanding UCP600[M]. 天津:天津大学出版社,2007.

34. 陈哲. 进出口业务案例解析[M]. 北京:对外经济贸易大学出版社,2004.

35. 项义军,吕佳. 国际结算[M]. 北京:清华大学出版社,2007.

36. 蒋琴儿,秦定. 国际结算理论实务案例[M]. 北京:清华大学出版社,2007.

37. 高洁. 国际结算案例[M]. 北京:对外经济贸易大学出版社,2006.

38. 姜学军. 国际结算[M]. 大连:东北财经大学出版社,2006.

39. 贺瑛. 国际结算[M]. 上海:复旦大学出版社,2006.

40. 何伟星. 国际结算方式的选择及应用[J]. 中小企业管理与科技,2013(33).

41. 黄霞. 关于国际结算方式选择研究[J]. 企业研究,2013(8).

42. 吴雪影. 国际结算方式的运用及风险管理研究[D]. 北京:对外经济贸易大学出版社,2016.

43. 庞红,尹继红. 国际结算[M]. 北京:中国人民大学出版社,2012.

44. 贺瑛. 国际结算习题与案例[M]. 上海:复旦大学出版社,2008.

45. 许南. 国际结算[M]. 北京:中国人民大学出版社,2015.

46. 王丽娅,罗逸之. 保付代理业务和福费廷业务的比较及在我国发展的对策建议[J]. 河北金融,2006(7).

47. 胡欣,孙朦. 福费廷业务创新尝试[J]. 中国外汇,2016(4).

48. 黄艳. 福费廷理论与实务分析[J]. 会计实务,2010(10).

49. 夏霖. 福费廷业务的产品创新[J]. 中国外汇,2017(11).

50. 韩笑. 国际结算中常用支付方式的比较与选择[J]. 企业改革与管理,2016(3).

附　录

> > > >

附录一

Uniform Rules for Collections—1995 Revision

(ICC Publication No. 522)

托收统一规则 1995 年修改本

(国际商会第 522 号出版物)

a. General Provisions and Definitions

a. 总则与定义

Article 1 Application of URC 522

第一条　《托收统一规则》第 522 号的适用范围

a. The Uniform Rules for Collections，1995 Revision，ICC Publication No. 522，shall apply to all collections as defined in Article 2 where such rules are incorporated into the text of the "collection instruction" referred to in Article 4 and are binding on all parties thereto unless otherwise expressly agreed or contrary to the provisions of a national，state or local law and/or regulation which cannot be departed from.

a. 国际商会第 522 号出版物《托收统一规则》1995 年修订本将适用于第 2 条所限定的、并在第 4 条托收指示中列明适用该项规则的所有托收项目。除非另有明确的约定，或与某一国家、某一州或与当地法律和尚在生效的条例有所抵触，本规则对所有的当事人均具有约束力。

b. Banks shall have no obligation to handle either a collection or any collection instruction or subsequent related instructions.

b. 银行没有义务必须办理某一托收或任何托收指示或以后的相关指示。

c. If a bank elects，for any reason，not to handle a collection or any related instructions received by it，it must advise the party from whom it received the collection or the instructions by telecommunication or，if that is not possible，by other expeditious means, without delay.

c. 如果银行无论出于何种理由选择了不办理它所收到的托收或任何相关的托收指示，它必须毫不延误地采用电信，或者如果电信不可能时采用其他快捷的工具向他收到该项指示的当事人发出通知。

Article 2 Definition of Collection

第二条　托收的定义

For the purposes of these Articles:

就本条款而言：

a. "Collection" means the handling by banks of documents as defined in sub-Article 2 (b), in accordance with instructions received, in order to

Ⅰ. obtain payment and/or acceptance, or

Ⅱ. deliver documents against payment and/or against acceptance, or

Ⅲ. deliver documents on other terms and conditions.

a. 托收是指银行依据所收到的指示处理第二条(2)款所限定的单据，以求

1)取得付款和/或承兑；或

2)凭以付款或承兑交单；或

3)按照其他条款和条件交单。

b. "Documents"means financial documents and/or commercial documents:

Ⅰ. "Financial documents"means bills of exchange, promissory notes, cheques, or other similar instruments used for obtaining the payment of money;

Ⅱ. "Commercial documents" means invoice, transport documents, documents of title or other similar documents, or any other documents whatsoever, not being financial documents.

b. 单据是指金融单据和/或商业单据。

1)金融单据是指汇票、本票、支票或其他类似的可用于取得款项支付的凭证；

2)商业单据是指发票、运输单据、所有权单据或其他类似单据，或者不属于金融单据的任何其他单据。

c. "Clean collection" means collection of financial documents not accompanied by commercial documents.

c. 光票托收是指不附有商业单据的金融单据项下的托收。

d. "Documentary collection"means collection of:

Ⅰ. financial documents accompanied by commercial documents;

Ⅱ. Commercial documents not accompanied by financial documents.

d. 跟单托收是指：

1)附有商业单据的金融单据项下的托收；

2)不附有金融单据的商业单据项下的托收。

Article 3 Parties to a Collection

第三条　托收当事人

a. For the purposes of these Articles the "parties thereto" are:

Ⅰ. the"principal" who is the party entrusting the handling of a collection to a bank;

Ⅱ. the"remitting bank" which is the bank to which the principal has entrusted the handling of a collection;

Ⅲ. "collecting bank" which is any bank, other than the remitting bank, involved in processing the collection;

Ⅳ. the "presenting bank" which is the collecting bank making presentation to the drawee.

a. 就本条款而言,托收当事人有:

1)委托人,即委托银行办理托收的一方;

2)托收行,即委托人委托其办理托收的银行;

3)代收行,即除托收行以外的任何参与处理托收业务的任何银行;

4)提示行,即向付款人办理提示的代收行。

b. The "drawee" is the one to whom presentation is to be made in accordance with the collection instruction.

b. 付款人,即根据托收指示向其提示单据的人。

b. Form and Structure of Collections

b. 托收的形式和结构

Article 4 Collection Instruction

第四条　托收指示

a.

ⅰ. All documents sent for collection must be accompanied by a collection instruction indicating that the collection is subject to URC522 and giving complete and precise instructions. Banks are only permitted to act upon the instructions given in such collection instruction, and in accordance with these Rules.

ⅱ. Banks will not examine documents in order to obtain instructions.

ⅲ. Unless otherwise authorized in the collection instruction, banks will disregard any instructions from any party/bank other than the party/bank from whom they received the collections.

a.

1)所有送往托收的单据必须附有一项托收指示,注明该项托收将遵循《托收统一规则》第522号文件并且列出完整和明确的指示。银行只被允许根据该托收指示中的指示和本规则办理;

2)银行将不会为了取得指示而审核单据;

3)除非托收指示中另有授权,银行将不理会来自除了他所收到托收的一方/银行以外的任何一方/银行的任何指令。

b. A collection instruction should contain the following items of information, as appropriate.

ⅰ. Details of the bank from which the collection was received including full name, postal and SWIFT addresses, telex, telephone, facsimile numbers and reference.

ⅱ. Details of the principal including full name, postal address, and if applicable telex, telephone and facsimile numbers.

ⅲ. Details of the drawee including full name, postal address, or the domicile at which presentation is to be made and if applicable telex, telephone and facsimile numbers.

ⅳ. Details of the presenting bank, if any, including full name, postal address, and if applicable telex, telephone and facsimile numbers.

ⅴ. Amount(s) and currency (ies) to be collected.

ⅵ. List of documents enclosed and the numerical count of each document.

ⅶ. a) Terms and conditions upon which payment and/or acceptance is to be obtained.

b) Terms of delivery of documents against：

1) payment and/or acceptance

2) other terms and conditions

It is the responsibility of the party preparing the collection instruction to ensure that the terms for the delivery of documents are clearly and unambiguously stated, otherwise banks will not be responsible for any consequences arising therefrom.

ⅷ. Charges to be collected, indicating whether they may be waived or not.

ⅸ. Interest to be collected, if applicable, indicating whether it may be waived or not, including：

a) rate of interest

b) interest period

c) basis of calculation (for example 360 or 365 days in a year) as applicable.

ⅹ. Method of payment and form of payment advice.

ⅺ. Instrucitons in case of non-payment, non-acceptance and/or non-compliance with other instructions.

b. 托收指示书应当包括下述适宜的各项内容：

1)收到该项托收的银行详情,包括全称、邮政地址和 SWIFT 地址、电传、电话、传真号码和编号;

2)委托人的详情,包括全称、邮政地址,如果有的话,以及电传、电话和传真号码;

3)付款人的详情,包括全称、邮政地址或者办理提示的地点,如果有的话,以及电传、电话和传真号码;

4)提示行(如有的话)的详情,包括全称、邮政地址,如果有的话,以及电传、电话和传真号码;

5)待托收的金额和货币;

6)所附单据清单和每种单据的份数;

7)

a)凭以取得付款和/或承兑的条件;

b)凭以交付单据的条件,即

①付款和/或承兑

②其他条件和条款

缮制托收指示的有关方应有责任清楚无误地说明,确保单据交付的条件,否则的话,银行对此所产生的任何后果将不承担责任;

8)待收取的手续费指明是否可以放弃;

9)待收取的利息,如有的话,指明是否可以放弃,包括利率、计息期、适用的计算期基数(如一年按 360 天还是 365 天);

10)付款方法和付款通知的方式;

11)发生不付款、不承兑和/或与其他指示不相符时的指示。

c.

ⅰ. Collection instructions should bear the complete address of the drawee or of the domicile at which the presentation is to be made. If the address is incomplete or incorrect, the collecting bank may, without any liability and responsibility on its part, endeavour to ascertain the proper address.

ⅱ. The collecting bank will not be liable or responsible for any ensuing delay as a result of an incomplete or incorrect address being provided.

c.

1)托收指示书应载明付款人或将要办理提示场所的完整地址。如果地址不全或有错误,代收银行可尽力去查明恰当的地址,但其本身并无义务和责任。

2)代收行对因所提供地址不全或有误所造成的任何延误将不承担责任。

c. Form of Presentation

c. 提示的形式

Article 5 Presentation

第五条 提示

a. For the purposes of these Articles, presentation is the procedure whereby the presenting bank makes the documents available to the drawee as instructed.

a. 就本条款而言,提示是表示银行按照指示将单据交予付款人的程序。

b. The collection instruction should state the exact period of time within which any action is to be taken by the drawee.

Expressions such as "first", "prompt", "immediate", and the like should not be used in connection with presentation or with reference to any period of time within which documents have to be taken up or for any other action that is to be taken by the drawee. If such terms are used banks will disregard them.

b. 托收指示书应列明付款人必须履行责任的确切期限。

诸如首先、迅速、立即和类似的表述不应用于提示或接受单据或付款人履行责任的期限。如果采用了该类术语,银行将不予理会。

c. Documents are to be presented to the drawee in the form in which they are received, except that banks are authorized to affix any necessary stamps, at the expense of the party from whom they received the collection unless otherwise instructed, and to make any necessary endorsements or place any rubber stamps or other identifying marks or symbols customary to or required for the collection operation.

　　c. 单据必须以银行收到时的形态向付款人提示，除非被授权贴附任何必需的印花（除非另有指示，费用由向其发出托收的有关方支付）、被授权采取任何必要的背书或加盖橡皮戳记，或其他托收业务惯用的和必要的辨认记号或符号。

　　d. For the purpose of giving effect to the instructions of the principal, the remitting bank will utilize the bank nominated by the principal as the collecting bank. In the absence of such nomination, the remitting bank will utilize any bank of its own, or another bank's choice in the country of payment or acceptance or in the country where other terms and conditions have to be complied with.

　　d. 为了使委托人的指示得以实现，托收行将以委托人所指定的银行作为代收行。在未指定代收行时，托收行将使用他自身的任何银行或者在付款或承兑的国家中或在必须遵守其他条件的国家中选择另外的银行。

　　e. The documents and collection instruction may be sent directly by the remitting bank to the collecting bank or through another bank as intermediary.

　　e. 单据和托收指示可以由托收行直接或者通过另一银行作为中间银行寄送给代收行。

　　f. If the remitting bank does not nominate a specific presenting bank, the collecting bank may utilize a presenting bank of its choice.

　　f. 如果托收行未指定某一特定的提示行，代办行可自行选择提示行。

Article 6 Sight/Acceptance

第六条　即期/承兑

In the case of documents payable at sight the presenting bank must make presentation for payment without delay.

In the case of documents payable at a tenor other than sight the presenting bank must, where acceptance is called for, make presentation for acceptance without delay, and where payment is called for, make presentation for payment not later than the appropriate maturity date.

　　如果是见单即付的单据，提示行必须立即提示要求付款；如果不是即期而是远期付款单据，提示行必须立即提示要求承兑，当需要付款时，提示行必须不迟于到期日提示要求付款。

Article 7 Release of Commercial Documents

第七条　商业单据的交单

Documents Against Acceptance (D/A) vs. Documents Against Payment (D/P)

承兑交单(D/A)和付款交单(D/P)

　　a. Collection should not contain bills of exchange payable at a future date with instruction that commercial documents are to be delivered against payment.

　　a. 托收不应该包含远期汇票又同时指示凭付款交出商业单据。

　　b. If a collection contains a bill of exchange payable at a future date, the collection instruction should state whether the commercial documents are to be released to the drawee against acceptance (D/A) or against payment (D/P). In the absence of such statement commercial documents will be released only against payment and the collecting bank will not be responsible for any consequences arising out of any delay in the delivery of documents.

b. 如果托收包含有远期付款的汇票,托收指示应列明商业单据是凭承兑还是凭付款交给付款人。如果未有说明,商业单据只能是付款交单,而代收行对由于交付单据的任何延误所产生的任何后果将不承担责任。

c. If a collection contains a bill of exchange payable at a future date and the collection instruction indicates that commercial documents are to be released against payment, documents will be released only against such payment and the collecting bank will not be responsible for any consequences arising out of any delay in the delivery of documents.

c. 如果托收包含有远期付款的汇票,而且托收指示列明应凭付款交出商业单据时,则单据只能凭该项付款才能交付,而代收行对由于交单的任何延误所产生的任何结果将不承担责任。

Article 8 Creation of Documents

第八条　代制单据

Where the remitting bank instructs that either the collecting bank or the drawee is to create documents (bills of exchange , promissory notes, trust receipts, letters of undertaking or other documents) that were not included in the collection, the form and wording of such documents shall be provided by the remitting bank, otherwise the collecting bank shall not be liable or responsible for the form and wording of any such document provided by the collecting bank and/or the drawee.

在托收行指示代收行或者付款人代制托收中未曾包括的单据(汇票、本票、信托收据、保证书或其他单据)时,这些单据的格式和词句应由托收行提供,否则的话,代收行对由代收行和/或付款人所提供任何该种单据的格式和词句将不承担责任或对其负责。

d. Liabilities and Responsibilities

d. 义务和责任

Article 9 Good faith and Reasonable Care

第九条　诚信和合理的谨慎

Banks will act in good faith and exercise reasonable care.

银行将以诚信和合理的谨慎办理业务。

Article 10 Documents vs. Goods/Services/Performances

第十条　单据与货物/服务/行为

a. Goods should not be dispatched directly to the address of a bank or consigned to or to the order of a bank without prior agreement on the part of that bank.

Nevertheless, in the event that goods are dispatched directly to the address of a bank or consigned to or to the order of a bank for release to a drawee against payment or acceptance or upon other terms and conditions without prior agreement on the part of that bank, such bank shall have no obligation to take delivery of the goods, which remain at the risk and responsibility of the party dispatching the goods.

a. 未经银行事先同意,货物不得以银行的地址直接发送给该银行,或者以该行作为收货人或者以该行为抬头人。然而,如果未经银行事先同意而将货物以银行的地址直接发送给了该银行,或以该行做了收货人或抬头人,并请该行凭付款或承兑或凭其他条款将货物交付给付款人,该行将没有提取货物的义务,其风险和责任仍由发货方承担。

b. Banks have no obligation to take any action in respect of the goods to which a documentary collection relates, including storage and insurance of the goods even when specific instructions are given to do so. Banks will only take such action if, when, and to the extent that they agree to do so in each case, notwithstanding the provisions of sub-article 1 (c), this rule applies even in the absence of any specific advice to this effect by the collecting bank.

b. 银行对与跟单托收有关的货物,即使接到特别指示,也没有义务采取任何行动包括对货物的仓储和保险,银行只有在个案中如果同意这样做时才会采取该类行动。撇开前述第一款(3)的规定,即使对此没有任何特别的通知,代收行也适用本条款。

c. Nevertheless, in the case that banks take action for the protection of the goods, whether instructed or not, they assume no liability or responsibility with regard to the fate and/or condition of the goods and/or for any acts and/or omissions on the part of any third parties entrusted with the custody and/or protection of the goods. However, the collecting bank must advise without delay the bank from which the collection instruction was received of any such action taken.

c. 然而,无论银行是否收到指示,它们为保护货物而采取措施时,银行对有关货物的结局和/或状况和/或对受托保管和/或保护的任何第三方的行为和/或疏漏概不承担责任。但是,代收行必须毫不延误地将其所采取的措施通知对其发出托收指示的银行。

d. Any charges and/or expensed incurred by banks in connection with any action taken to protect the goods will be for the account of the party from whom they received the collection.

d. 银行对货物采取任何保护措施所发生的任何费用和/或花销将由向其发出托收的一方承担。

e.

ⅰ. Notwithstanding the provisions of sub-article 10 (a), where the goods are consigned to or to the order of the collecting bank and the drawee has honoured the collection by payment, acceptance or other terms and conditions, and the collecting bank arranges for the release of the goods, the remitting bank shall be deemed to have authorized the collecting bank to do so.

ⅱ. Where a collecting bank on the instructions of the remitting bank or in terms of sub-article 10 (e) i, arranges for the release of the goods, the remitting bank shall indemnify such collecting bank for all damages and expenses incurred.

e.

1)撇开第10条第1款的规定,如果货物是以代收行作为收货人或抬头人,而且付款人已对该项托收办理了付款、承兑或承诺了其他条件和条款,代收行因此对货物的交付作了安排时,应认为托收行已授权代收行如此办理。

2) 若代收行按照托收行的指示按上述第十条(1)款的规定安排交付货物,托收行应对该代收行所发生的全部损失和花销给予赔偿。

Article 11 Disclaimer For Acts of an Instructed Party
第十一条　被指示行为的免责

a. Banks utilizing the services of another bank or other banks for the purposes of giving effect to the instructions of the principal, do so for the account and at the risk of such principal.

a. 为使委托人的指示得以实现,银行使用另一银行或其他银行的服务是代该委托人办理的,因此,其风险由委托人承担;

b. Banks assume no liability or responsibility should the instructions they transmit not be carried out, even if they have themselves taken the initiative in the choice of such other bank(s).

b. 即使银行主动地选择了其他银行办理业务,如该行所转递的指示未被执行,该行不承担责任;

c. A party instructing another party to perform services shall be bound by and liable to indemnify the instructed party against all obligations and responsibilities imposed by foreign laws and usages.

c. 一方指示另一方去履行服务,指示方应受到被指示方的法律和惯例所加于的一切义务和责任的制约,并承担赔偿的责任。

Article 12 Disclaimer on Documents Received
第十二条　对收到单据的免责

a. Bank must determine that the documents received appear to be as listed in the collection instruction and must advise by telecommunication or, if that is not possible, by other expeditious means, without delay, the party from whom the collection instruction was received of any documents missing, or found to be other than listed.

Banks have no further obligation in this respect.

a. 银行必须确定它所收到的单据应与托收指示中所列表面相符,如果发现任何单据有短缺或非托收指示所列,银行必须以电信方式,如电信不可能时,以其他快捷的方式通知从其收到指示的一方,不得延误;

银行对此没有更多的责任。

b. If the documents do not appear to be listed, the remitting bank shall be precluded from disputing the type and number of documents received by the collecting bank.

b. 如果单据与所列表面不相符,托收行对代收行收到的单据种类和数量应不得有争议;

c. Subject to sub-article 5 (c) and sub-article 12 (a) and 12 (b) above, banks will present documents as received without further examination.

c. 根据第五条(3)和第十二条(1)、第十二条(2),银行将按所收到的单据办理提示而无须做更多的审核。

Article 13 Disclaimer on Effectiveness of Documents

第十三条　对单据有效性的免责

Banks assume no liability or responsibility for the form, sufficiency, accuracy, genuineness, falsification or legal effect of any document (s), or for the general and/or particular conditions stipulated in the document(s) or superimposed thereon; nor do they assume any liability or reponsibility for the description, quantity, weight, quality, condition, packing, delivery, value of existence of the goods represented by any document (s), or for the good faith or acts and/or omission, solvency, performance or standing of the consignors, the carriers, the forwarders, the consignees or the insurers of the goods, or any other person whomsoever.

银行对任何单据的格式、完整性、准确性、真实性、虚假性或其法律效力,或对在单据中载明或在其上附加的一般性和/或特殊性的条款不承担责任或对其负责;银行也不对任何单据所表示的货物的描述、数量、重量、质量、状况、包装、交货、价值或存在,或对货物的发运人、承运人、运输行、收货人和保险人或其他任何人的诚信或行为和/或疏忽、清偿力、业绩或信誉承担责任或对其负责。

Article 14 Disclaimer on Delays, Loss in Transit and Translation
第十四条　对单据在传送中的延误、遗失以及对翻译的免责

a. Banks assume no liability or responsibility for the consequences arising out of delay and/or loss in transit of any message (s), letter(s) or document (s), or for delay, mutilation or other error(s) arising in transmission of any telecommunication or for error (s) in translation and/or interpretation of technical terms.

a. 银行对任何信息、信件或单据在传送中所发生的延误和/或遗失,或对任何电信在传递中所发生的延误、残损或其他错误,或对技术条款的翻译和/或解释的错误不承担责任或对其负责;

b. Banks will not be liable or responsible for any delays resulting from the need to obtain clarification of any instructions received.

b. 银行对由于收到的任何指示需要澄清而引起的延误将不承担责任或对其负责。

Article 15 Force Majeure
第十五条　不可抗力

Banks assume no liability or responsibility for consequence arising out of the interruption of their business by Acts of God, riots, civil commotions, insurrections, wars, or any other causes beyond their control or by strikes or lockouts.

银行对由于天灾、骚动、内乱、暴动、战争或银行本身不能控制的任何其他原因,或者任何罢工或停工而使银行营业中断所产生的后果不承担责任或对其负责。

e. Payment

e. 付款

Article 16 Payment Without Delay
第十六条　立即付款

a. Amounts collected (less charges and/or disbursements and/or expenses where applicable) must be made available without delay to the party from whom the collection instruction was received in accordance with the terms and conditions of the collection instruction.

a. 收妥的款项(扣除手续费和/或支出和/或可能的花销)必须按照托收指示中规定的条件和条款不延误地付给从其收到托收指示的一方,不得延误;

b. Notwithstanding the provisions of sub-article 1 (c) and unless otherwise agreed, the collecting bank will effect payment of the amounts collected in favour of the remitting bank only.

b. 撇开第一条 3 款的规定,除非另有指示,代收行仅向托收行汇付收妥的款项。

Article 17 Payment in Local Currency

第十七条　以当地货币支付

In the case of documents payable in the currency of the country of payment (local currency), the presenting bank must, unless otherwise instructed in the collection instruction, release the documents to the drawee against payment in local currency only if such currency is immediately available for disposal in the manner specified in the collection instruction.

如果单据是以付款地国家的货币(当地货币)付款,除托收指示另有规定外,提示行必须凭当地货币的付款,交单给付款人,只要该种货币按托收指示规定的方式能够随时处理。

Article 18 Payment in Foreign Currency

第十八条　用外汇付款

In the case of documents payable in a currency other than of the country of payment (foreign currency), the presenting bank must, unless otherwise instructed in the collection instruction, release the documents to the drawee against payment in the designated foreign currency only if such foreign currency can immediately remitted in accordance with the instructions given in the collection instruction.

如果单据是以付款地国家以外的货币(外汇)付款,除托收指示中另用规定外,提示行必须凭指定的外汇付款,交单给付款人,只要该外汇是按托收指示规定能够立即汇出。

Article 19 Partial Payments

第十九条　分期付款

a. In respect of clean collections, partial payments may be accepted if and to the extent to which and on the conditions on which partial payments are authorized by the law in force in the place of payment. The financial document(s) will be released to the drawee only when full payment thereof has been received.

a. 在光票托收中可以接受分期付款,前提是分批的金额和条件是付款当地的现行法律所允许。只有在全部货款已收妥的情况下,才能将金融单据交付给付款人。

b. In respect of documentary collection, partial payments will only be accepted if specifically authorized in the collection instruction. However, unless otherwise instructed, the presenting bank will release the documents to the drawee only after full payment has been received, and the presenting bank will not be responsible for any consequence arising out of any delay in the delivery of documents.

b. 在跟单托收中,只有在托收指示有特别授权的情况下,才能接受分期付款。然而,除非另有指示,提示行只能在全部货款已收妥后才能将单据交付给付款人。提示行对交单延误引起的任何后果不负责任。

c. In all cases partial payments will be accepted only subject to compliance with the provisions of either Article 17 or Article 18 as appropriate. Partial payment, if accepted, will be dealt with in accordance with the provisions of Article 16.

c. 在任何情况下,分期付款只有在符合第十七条或第十八条中的相应规定时才能接受。

如果接受分期付款将按照第十六条的规定办理。

f. Interest, Charges and Expenses

f. 利息、手续费和费用

Article 20 Interest

第二十条　利息

a. If the collection instruction specifies that interest is to be collected and the drawee refuses to pay such interest, the presenting bank may deliver the document（s）against payment or acceptance or on other terms and conditions as the case may be, without collecting such interest, unless sub-article 20（c）applies.

a. 如果托收指示中规定要收取利息,但付款人拒付该项利息时,提示行可根据具体情况在不收取利息的情况下凭付款或承兑或其他条款和条件交单,除非适用第 20 条 3 款。

b. Where such interest is to be collected, the collection instruction must specify the rate of interest, interest period and basis of calculation.

b. 如果要求收取利息,托收指示中应明确规定利率、计息期和计息方法。

c. Where the collection instruction expressly states that interest may not be waived and the drawee refuses to pay such interest the presenting bank will not deliver documents and will not be responsible for any consequences arising out of any delay in the delivery of document（s）. When payment of interest has been refused, the presenting bank must inform by telecommunication or, if that is not possible, by other expeditious means without delay the bank from which the collection instruction was received.

c. 如托收指示中明确指明利息不得放弃而付款人拒付该利息,提示行将不交单,并对由此所引起的延迟交单所产生的后果将不承担责任。当利息已被拒付时,提示行必须以电信,当不可能时可用其他便捷的方式通知曾向其发出托收指示的银行,不得延误。

Article 21 Charges and Expenses

第二十一条　手续费和费用

a. If the collection instruction specifies that collection charges and/or expenses are to be for account of the drawee and the drawee refuses to pay them, the presenting bank may deliver the document(s) against payment or acceptance or on other terms and conditions as the case may be, without collecting charges and/or expenses, unless sub-article 21（b）applies.

Whenever collection charges and/or expenses are so waived they will be for the account of the party from whom the collection was received and may be deducted from the proceeds.

a. 如果托收指示中规定手续费和(或)费用须由付款人承担,而后者拒付时,提示行可以不收手续费和(或)费用的情况下凭付款或承兑或其他条款和条件交单,除非适用第二十一条(2)款。

当托收手续费和(或)费用被这样放弃时,该项费用应由发出托收的一方承担,并可从货款中扣减。

b. Where the collection instruction expressly states that charges and/or expenses may not be waived and the drawee refuses to pay such charges and/or expenses, the presenting bank will not deliver documents and will not be responsible for any consequence arising out of any delay in the delivery of the document(s). When payment of collection charges and/or expenses has been refused the presenting bank must inform by telecommunication or, if that is not possible, by other expeditious means without delay the bank from which the collection instruction was received.

b. 如果托收指示中明确指明手续费和(或)费用不得放弃而付款人又拒付该项费用时,提示行将不交单,并对由此所引起的延误所产生的后果将不承担责任。当该项费用已被拒付时,提示行必须以电信,当不可能时可用其他便捷的方式通知曾向其发出托收指示的银行,不得延误。

c. In all cases where in the express terms of a collection instruction or under these Rules, disbursements and/or expenses and/or collection charges are to be borne by the principal, the collecting bank(s) shall be entitled to recover promptly outlays in respect of disbursements, expenses and charges from the bank form which the collection instruction was received, and the remitting bank shall be entitled to recover promptly from the principal any amount so paid out by it, together with its own disbursements, expenses and charges, regardless of the fate of the collection.

c. 在任何情况下,若托收指示中清楚地规定或根据本〈规则〉,支付款项和(或)费用和(或)托收手续费应由委托人承担,代收行应有权从向其发出托收指示的银行立即收回所支出的有关支付款、费用和手续费,而托收行不管该托收结果如何应有权向委托人立即收回它所付出的任何金额连同它自己的支付款、费用和手续费。

d. Banks reserve the right to demand payment of charges and/or expenses in advance from the party from whom the collection instruction was received, to cover costs in attempting to carry out any instructions, and pending receipt of such payment also reserve the right not to carry out such instructions.

d. 银行对向其发出托收指示的一方保留要求事先支付手续费和(或)费用用以补偿其拟执行任何指示的费用支出的权利,在未收到该项款项期间有保留不执行该项指示的权利。

g. Other Provisions

g. 其他规定

Article 22 Acceptance

第二十二条　承兑

The presenting bank is responsible for seeing that the form of the acceptance of a bill of exchange appears to be complete and correct, but is not responsible for the genuineness of any signature or for the authority of any signatory to sign the acceptance.

提示行有责任注意汇票承兑形式看来是完整和正确的，但是，对任何签字的真实性或签署承兑的任何签字人的权限不负责任。

Article 23 Promissory Notes and Other Instructions
本票和其他支付工具

The presenting bank is not responsible for the genuineness of any signature or for the authority of any signature to sign a promissory note, receipt, or other instruments.

提示行对在本票、收据或其他支付工具上的任何签字的真实性或签字人的权限不负责任。

Article 24 Protest
第二十四条　拒绝证书

The collection instruction should give specific instructions regarding protest (or other legal process in lieu thereof), in the event of non-payment or non-acceptance.

In the absence of such specific instructions, the banks concerned with the collection have no obligation to have the document(s) protested (or subjected to other legal process in lieu thereof) for non-payment or non-acceptance.

Any charges and/or expenses incurred by banks in connection with such protest, or other legal process, will be for the account of the party from whom the collection instruction was received.

托收指示对当发生不付款或不承兑时的有关拒绝证书应有具体的指示（或代之以其他法律程序）。

如果没有这样的具体指示，与托收有关的银行，对于拒绝付款或拒绝承兑的金融单据，应予做成拒绝证书一事（或代之以其他法律程序）不承担义务。

银行由于办理拒绝证书或其他法律程序所发生的手续费和（或）费用将由向其发出托收指示的一方承担。

Article 25 Case-of-Need
第二十五条　需要时的代理

If the principal nominates a representative to act as case-of-need in the event of non-payment and/or non-acceptance the collection instruction should clearly and fully indicate the powers of such case-of-need. In the absence of such indication banks will not accept any instructions from the case-of-need.

如果委托人指定一名代表作为在发生不付款和（或）不承兑时的需要时的代理，托收指示中应清楚地、详尽地指明该代理的权限。在无该项指示时，银行将不接受来自该代理的任何指示。

Article 26 Advices
第二十六条　通知

Collecting banks are to advise fate in accordance with the following rules:

代收行应按下列规则通知托收状况：

a. Form of Advise

a. 通知格式

All advices of information from the collecting bank to the bank from which the collection instruction was received，must bear appropriate details including，in all cases，the latter bank's reference as stated in the collection instruction.

代收行对向其发出托收指示的银行给予所有通知和信息必须要有相应的详情，在任何情况下都应包括后者在托收指示中列明的银行业务编号。

b. Method of Advice

b. 通知的方法

It shall be the responsibility of the remitting bank to instruct the collecting bank regarding the method by which the advices detailed in (c) i，(c) ii and (c) iii are to be given. In the absence of such instructions，the collecting bank will send the relative advices by the method of its choice at the expense of the bank from which the collection instruction was received.

托收行有责任就通知的方法向代收行给予指示，详见本条(3)a,(3)b 和(3)c 的内容。在无该项指示时，代收行将自行选择通知方法寄送有关的通知，而其费用应由向其发出托收指示的银行承担。

c.

i . Advice of Payment

付款通知

The collecting bank must send without delay advice of payment to the bank from which the collection instruction was received，detailing the amount or amounts collected，charges and/or disbursements and/or expenses deducted，where appropriate，and method of disposal of the funds.

代收行必须无延误地对向其发出托收指示的银行寄送付款通知，列明金额或收妥金额、扣减的手续费和(或)支付款和(或)费用额以及资金的处理方式。

ii . Advice of Acceptance

承兑通知

The collecting bank must send without delay advice of acceptance to the bank from which the collection instruction was received.

代收行必须无延误地对向其发出托收指示的银行寄送承兑通知；

iii . Advice of Non-payment and/or Non-acceptance

不付款或不承兑的通知

The presenting bank should endeavour to ascertain the reasons for non-payment and/or non-acceptance and advise accordingly，without delay，the bank from which it received the collection instruction.

The presenting bank must send without delay advice of non-payment and/or advice of non-acceptance to the bank from which it received the collection instruction.

On receipt of such advice the remitting bank must give appropriate instructions as to the further handling of the documents. If such instructions are not received by the presenting bank within 60 days after its advice of non-payment and/or non-acceptance, the documents may be returned to the bank from which the collection instruction was received without any further responsibility on the part of the presenting bank.

提示行应尽力查明不付款或不承兑的原因,并据以向对其发出托收指示的银行无延误地寄送通知。

提示行应无延误地对向其发出托收指示的银行寄送不付款通知和(或)不承兑通知。

托收行收到这样的通知书后,必须就如何进一步处理单据发出适当的指示。如果提示行在拒绝付款和(或)拒绝承兑通知后 60 天内未收到该项指示,则可将单据退回给向其发出指示的银行,而提示行方面不承担更多的责任。

附录二

Uniform Customs and Practice for Documentary Credits—2007 Revision
(ICC Publication No. 600)
跟单信用证统一惯例 2007 年修订本
(国际商会第 600 号)

Article 1 Application of UCP
第一条　统一惯例的适用范围

The Uniform Customs and Practice for Documentary Credits，2007 Revision，ICC Publication no. 600 ("UCP") are rules that apply to any documentary credit ("credit") (including，to the extent to which they may be applicable，any standby letter of credit) when the text of the credit expressly indicates that it is subject to these rules. They are binding on all parties thereto unless expressly modified or excluded by the credit.

跟单信用证统一惯例，2007 年修订本，国际商会第 600 号出版物(简称 UCP)，适用于所有在正文中标明按本惯例办理的跟单信用证(简称信用证)(包括本惯例适用范围内的备用信用证)。除非信用证中另有规定，本惯例对一切有关当事人均具有约束力。

Article 2 Definitions
第二条　定义

For the purpose of these rules：

就本惯例而言：

Advising bank means the bank that advises the credit at the request of the issuing bank.

通知行意指应开证行要求通知信用证的银行。

Applicant means the party on whose request the credit is issued.

申请人意指发出开立信用证申请的一方。

Banking day means a day on which a bank is regularly open at the place at which an act subject to these rules is to be performed.

银行日意指银行在其营业地正常营业，按照本惯例行事的行为得以在银行履行的日子。

Beneficiary means the party in whose favour a credit is issued.

受益人意指信用证中受益的一方。

Complying presentation means a presentation that is in accordance with the terms and conditions of the credit，the applicable provisions of these rules and international standard banking practice.

相符提示意指与信用证中的条款及条件、本惯例中所适用的规定及国际标准银行实务相一致的提示。

Confirmation means a definite undertaking of the confirming bank, in addition to that of the issuing bank, to honour or negotiate a complying presentation.

保兑意指保兑行在开证行之外对于相符提示做出兑付或议付的确定承诺。

Confirming bank means the bank that adds its confirmation to a credit upon the issuing bank's authorization or request.

保兑行意指应开证行的授权或请求对信用证加具保兑的银行。

Credit means any arrangement, however named or described, that is irrevocable and thereby constitutes a definite undertaking of the issuing bank to honour a complying presentation.

信用证意指一项约定,无论其如何命名或描述,该约定不可撤销并因此构成开证行对于相符提示予以兑付的确定承诺。

Honour means:

a. to pay at sight if the credit is available by sight payment.

b. to incur a deferred payment undertaking and pay at maturity if the credit is available by deferred payment.

c. to accept a bill of exchange ("draft") drawn by the beneficiary and pay at maturity if the credit is available by acceptance.

兑付意指:

a. 对于即期付款信用证即期付款。

b. 对于延期付款信用证发出延期付款承诺并到期付款。

c. 对于承兑信用证承兑由受益人出具的汇票并到期付款。

Issuing bank means the bank that issues a credit at the request of an applicant or on its own behalf.

开证行意指应申请人要求或代表其自身开立信用证的银行。

Negotiation means the purchase by the nominated bank of drafts (drawn on a bank other than the nominated bank) and/or documents under a complying presentation, by advancing or agreeing to advance funds to the beneficiary on or before the banking day on which reimbursement is due to the nominated bank.

议付意指被指定银行在其应获得偿付的银行日或在此之前,通过向受益人预付或者同意向受益人预付款项的方式购买相符提示项下的汇票(汇票付款人为被指定银行以外的银行)及/或单据。

Nominated bank means the bank with which the credit is available or any bank in the case of a credit available with any bank.

被指定银行意指有权使用信用证的银行,对于可供任何银行使用的信用证而言,任何银行均为被指定银行。

Presentation means either the delivery of documents under a credit to the issuing bank or nominated bank or the documents so delivered.

提示意指信用证项下单据被提交至开证行或被指定银行,抑或按此方式提交的单据。

Presenter means a beneficiary, bank or other party that makes a presentation.

提示人意指做出提示的受益人、银行或其他一方。

Article 3 Interpretations

第三条　释义

For the purpose of these rules：

就本惯例而言：

Where applicable, words in the singular include the plural and in the plural include the singular.

在适用的条款中,词汇的单复数同义。

A credit is irrevocable even if there is no indication to that effect.

信用证是不可撤销的,即使信用证中对此未作指示也是如此。

A document may be signed by handwriting, facsimile signature, perforated signature, stamp, symbol or any other mechanical or electronic method of authentication.

单据可以通过手签、签样印制、穿孔签字、盖章、符号表示的方式签署,也可以通过其他任何机械或电子证实的方法签署。

A requirement for a document to be legalized, visaed, certified or similar will be satisfied by any signature, mark, stamp or label on the document which appears to satisfy that requirement.

当信用证含有要求使单据合法、签证、证实或对单据有类似要求的条件时,这些条件可由在单据上签字、标注、盖章或标签来满足,只要单据表面已满足上述条件即可。

Branches of a bank in different countries are considered to be separate banks.

一家银行在不同国家设立的分支机构均视为另一家银行。

Terms such as "first class", "well known", "qualified", "independent", "official", "competent" or "local" used to describe the issuer of a document allow any issuer except the beneficiary to issue that document.

诸如"第一流""著名""合格""独立""正式""有资格""当地"等用语用于描述单据出单人的身份时,单据的出单人可以是除受益人以外的任何人 。

Unless required to be used in a document, words such as "prompt", "immediately" or "as soon as possible" will be disregarded.

除非确需在单据中使用,银行对诸如"迅速""立即""尽快"之类词语将不予置理。

The expression "on or about" or similar will be interpreted as a stipulation that an event is to occur during a period of five calendar days before until five calendar days after the specified date, both start and end dates included.

"于或约于"或类似措辞将被理解为一项约定,按此约定,某项事件将在所述日期前后各五天内发生,起讫日均包括在内。

The words "to", "until", "till", "from" and "between" when used to determine a period of shipment include the date or dates mentioned, and the words "before" and "after" exclude the date mentioned.

词语"×月×日止"(to)、"至×月×日"(until)、"直至×月×日"(till) 、"从×月×日"(from)及"在×月×日至×月×日之间"(between)用于确定装运期限时,包括所述日期。

词语"×月×日之前"(before) 及"×月×日之后"(after) 不包括所述日期。

The words "from" and "after" when used to determine a maturity date exclude the date mentioned.

词语"从×月×日"(from)以及"×月×日之后"(after) 用于确定到期日时不包括所述日期。

The terms "first half" and "second half" of a month shall be construed respectively as the 1st to the 15th and the 16th to the last day of the month, all dates inclusive.

术语"上半月"和"下半月"应分别理解为自每月"1 日至 15 日"和"16 日至月末最后一天",包括起讫日期。

The terms "beginning", "middle" and "end" of a month shall be construed respectively as the 1st to the 10th, the 11th to the 20th and the 21st to the last day of the month, all dates inclusive.

术语"月初"、"月中"和"月末"应分别理解为每月 1 日至 10 日、11 日至 20 日和 21 日至月末最后一天,包括起讫日期。

Article 4 Credits v. Contracts
第四条　信用证与合同

a. A credit by its nature is a separate transaction from the sale or other contract on which it may be based. Banks are in no way concerned with or bound by such contract, even if any reference whatsoever to it is included in the credit. Consequently, the undertaking of a bank to honour, to negotiate or to fulfil any other obligation under the credit is not subject to claims or defences by the applicant resulting from its relationships with the issuing bank or the beneficiary.

A beneficiary can in no case avail itself of the contractual relationships existing between banks or between the applicant and the issuing bank.

a. 就性质而言,信用证与可能作为其依据的销售合同或其他合同,是相互独立的交易。即使信用证中提及该合同,银行亦与该合同完全无关,且不受其约束。因此,一家银行做出兑付、议付或履行信用证项下其他义务的承诺,并不受申请人与开证行之间或与受益人之间在已有关系下产生的索偿或抗辩的制约。

受益人在任何情况下,不得利用银行之间或申请人与开证行之间的契约关系。

b. An issuing bank should discourage any attempt by the applicant to include, as an integral part of the credit, copies of the underlying contract, proform invoice and the like.

b. 开证行应劝阻申请人将基础合同、形式发票或其他类似文件的副本作为信用证整体组成部分的做法。

Article 5 Documents v. Goods, Services or Performance
第五条　单据与货物/服务/行为

Banks deal with documents and not with goods, services or performance to which the documents may relate .

银行处理的是单据,而不是单据所涉及的货物、服务或其他行为。

Article 6 Availability, Expiry Date and Place for Presentation

第六条 有效性、有效期限及提示地点

a. A credit must state the bank with which it is available or whether it is available with any bank. A credit available with a nominated bank is also available with the issuing bank.

a. 信用证必须规定可以有效使用信用证的银行，或者信用证是否对任何银行均为有效。对于被指定银行有效的信用证同样也对开证行有效。

b. A credit must state whether it is available by sight payment, deferred payment, acceptance or negotiation.

b. 信用证必须规定它是否适用于即期付款、延期付款、承兑抑或议付。

c. A credit must not be issued available by a draft drawn on the applicant.

c. 不得开立包含有以申请人为汇票付款人条款的信用证。

d. i. A credit must state an expiry date for presentation. An expiry date stated for honour or negotiation will be deemed to be an expiry date for presentation.

d. i 信用证必须规定提示单据的有效期限。规定的用于兑付或者议付的有效期限将被认为是提示单据的有效期限。

ii. The place of the bank with which the credit is available is the place for presentation. The place for presentation under a credit available with any bank is that of any bank. A place for presentation other than that of the issuing bank is in addition to the place of the issuing bank.

ii. 可以有效使用信用证的银行所在的地点是提示单据的地点。对任何银行均为有效的信用证项下单据提示的地点是任何银行所在的地点。不同于开证行地点的提示单据的地点是开证行地点之外提交单据的地点。

e. Except as provided in sub-article 29 (a), a presentation by or on behalf of the beneficiary must be made on or before the expiry date.

e. 除非如 29(a) 中规定，由受益人或代表受益人提示的单据必须在到期日当日或在此之前提交。

Article 7 Issuing Bank Undertaking
第七条 开证行的承诺

a. Provided that the stipulated documents are presented to the nominated bank or to the issuing bank and that they constitute a complying presentation, the issuing bank must honour if the credit is available by:

倘若规定的单据被提交至被指定银行或开证行并构成相符提示，开证行必须按下述信用证所适用的情形予以兑付：

i. sight payment, deferred payment or acceptance with the issuing bank;

i. 由开证行即期付款、延期付款或者承兑；

ii. sight payment with a nominated bank and that nominated bank does not pay;

ii. 由被指定银行即期付款而该被指定银行未予付款；

iii. deferred payment with a nominated bank and that nominated bank does not incur its deferred payment undertaking or, having incurred its deferred payment undertaking, does not pay at maturity;

ⅲ. 由被指定银行延期付款而该被指定银行未承担其延期付款承诺,或者虽已承担延期付款承诺但到期未予付款;

ⅳ. acceptance with a nominated bank and that nominated bank does not accept a draft drawn on it or, having accepted a draft drawn on it, does not pay at maturity;

ⅳ. 由被指定银行承兑而该被指定银行未予承兑以其为付款人的汇票,或者虽已承兑以其为付款人的汇票但到期未予付款;

ⅴ. negotiation with a nominated bank and that nominated bank does not negotiate.

ⅴ. 由被指定银行议付而该被指定银行未予议付。

b. An issuing bank is irrevocably bound to honour as of the time it issues the credit.

b. 自信用证开立之时起,开证行即不可撤销地受到兑付责任的约束。

c. An issuing bank undertakes to reimburse a nominated bank that has honoured or negotiated a complying presentation and forwarded the documents to the issuing bank. Reimbursement for the amount of a complying presentation under a credit available by acceptance or deferred payment is due at maturity, whether or not the nominated bank prepaid or purchased before maturity. An issuing bank's undertaking to reimburse a nominated bank is independent of the issuing bank's undertaking to the beneficiary.

c. 开证行保证向对于相符提示已经予以兑付或者议付并将单据寄往开证行的被指定银行进行偿付。无论被指定银行是否于到期日前已经对相符提示予以预付或者购买,对于承兑或延期付款信用证项下相符提示的金额的偿付于到期日进行。开证行偿付被指定银行的承诺独立于开证行对于受益人的承诺。

Article 8 Confirming Bank Undertaking

第八条　保兑行的承诺

a. Provided that the stipulated documents are presented to the confirming bank or to any other nominated bank and that they constitute a complying presentation, the confirming bank must:

a. 倘若规定的单据被提交至保兑行或者任何其他被指定银行并构成相符提示,保兑行必须:

ⅰ. honour, if the credit is available by:

ⅰ. 兑付,如果信用证适用于:

a. sight payment, deferred payment or acceptance with the confirming bank;

a. 由保兑行即期付款、延期付款或者承兑;

b. sight payment with another nominated bank and that nominated bank does not pay;

b. 由另一家被指定银行即期付款而该被指定银行未予付款;

c. deferred payment with another nominated bank and that nominated bank does not incur its deferred payment undertaking or, having incurred its deferred payment undertaking, does not pay at maturity;

c. 由另一家被指定银行延期付款而该被指定银行未承担其延期付款承诺,或者虽已承担延期付款承诺但到期未予付款；

d. acceptance with another nominated bank and that nominated bank does not accept a draft drawn on it or, having accepted a draft drawn on it, does not pay at maturity;

d. 由另一家被指定银行承兑而该被指定银行未予承兑以其为付款人的汇票,或者虽已承兑以其为付款人的汇票但到期未予付款；

e. negotiation with another nominated bank and that nominated bank does not negotiate.

e. 由另一家被指定银行议付而该被指定银行未予议付。

ⅱ. negotiate, without recourse, if the credit is available by negotiation with the confirming bank.

ⅱ. 若信用证由保兑行议付,无追索权地议付。

b. A confirming bank is irrevocably bound to honour or negotiate as of the time it adds its confirmation to the credit.

b. 自为信用证加具保兑之时起,保兑行即不可撤销地受到兑付或者议付责任的约束。

c. A confirming bank undertakes to reimburse another nominated bank that has honoured or negotiated a complying presentation and forwarded the documents to the confirming bank. Reimbursement for the amount of a complying presentation under a credit available by acceptance or deferred payment is due at maturity, whether or not another nominated bank prepaid or purchased before maturity. A confirming bank's undertaking to reimburse another nominated bank is independent of the confirming bank's undertaking to the beneficiary.

c. 保兑行保证向对于相符提示已经予以兑付或者议付并将单据寄往开证行的另一家被指定银行进行偿付。无论另一家被指定银行是否于到期日前已经对相符提示予以预付或者购买,对于承兑或延期付款信用证项下相符提示的金额的偿付于到期日进行。保兑行偿付另一家被指定银行的承诺独立于保兑行对于受益人的承诺。

d. If a bank is authorized or requested by the issuing bank to confirm a credit but is not prepared to do so, it must inform the issuing bank without delay and may advise the credit without confirmation.

d. 如开证行授权或要求另一家银行对信用证加具保兑,而该银行不准备照办时,它必须不延误地告知开证行并仍可通知此份未经加具保兑的信用证。

Article 9 Advising of Credits and Amendments
第九条　信用证及修改的通知

a. A credit and any amendment may be advised to a beneficiary through an advising bank. An advising bank that is not a confirming bank advises the credit and any amendment without any undertaking to honour or negotiate.

a. 信用证及其修改可以通过通知行通知受益人。除非已对信用证加具保兑,通知行通知信用证不构成兑付或议付的承诺。

b. By advising the credit or amendment, the advising bank signifies that it has satisfied itself as to the apparent authenticity of the credit or amendment and that the advice accurately reflects the terms and conditions of the credit or amendment received.

b. 通过通知信用证或修改,通知行即表明其认为信用证或修改的表面真实性得到满足,且通知准确地反映了所收到的信用证或修改的条款及条件。

c. An advising bank may utilize the services of another bank ("second advising bank") to advise the credit and any amendment to the beneficiary. By advising the credit or amendment, the second advising bank signifies that it has satisfied itself as to the apparent authenticity of the advice it has received and that the advice accurately reflects the terms and conditions of the credit or amendment received.

c. 通知行可以利用另一家银行的服务("第二通知行")向受益人通知信用证及其修改。通过通知信用证或修改,第二通知行即表明其认为所收到的通知的表面真实性得到满足,且通知准确地反映了所收到的信用证或修改的条款及条件。

d. A bank utilizing the services of an advising bank or second advising bank to advise a credit must use the same bank to advise any amendment thereto.

d. 如一家银行利用另一家通知行或第二通知行的服务将信用证通知给受益人,它也必须利用同一家银行的服务通知修改书。

e. If a bank is requested to advise a credit or amendment but elects not to do so, it must so inform, without delay, the bank from which the credit, amendment or advice has been received.

e. 如果一家银行被要求通知信用证或修改但决定不予通知,它必须不延误通知向其发送信用证、修改或通知的银行。

f. If a bank is requested to advise a credit or amendment but cannot satisfy itself as to the apparent authenticity of the credit, the amendment or the advice, it must so inform, without delay, the bank from which the instructions appear to have been received. If the advising bank or second advising bank elects nonetheless to advise the credit or amendment, it must inform the beneficiary or second advising bank that it has not been able to satisfy itself as to the apparent authenticity of the credit, the amendment or the advice.

f. 如果一家银行被要求通知信用证或修改,但不能确定信用证、修改或通知的表面真实性,就必须不延误地告知向其发出该指示的银行。如果通知行或第二通知行仍决定通知信用证或修改,则必须告知受益人或第二通知行其未能核实信用证、修改或通知的表面真实性。

Article 10 Amendments
第十条　修改

a. Except as otherwise provided by article 38, a credit can neither be amended nor cancelled without the agreement of the issuing bank, the confirming bank, if any, and the beneficiary.

a. 除本惯例第38条另有规定外,凡未经开证行、保兑行(如有)以及受益人同意,信用证既不能修改也不能撤销。

b. An issuing bank is irrevocably bound by an amendment as of the time it issues the amendment. A confirming bank may extend its confirmation to an amendment and will be irrevocably bound as of the time it advises the amendment. A confirming bank may, however, choose to advise an amendment without extending its confirmation and, if so, it must inform the issuing bank without delay and inform the beneficiary in its advice.

b. 自发出信用证修改书之时起,开证行就不可撤销地受其发出修改的约束。保兑行可将其保兑承诺扩展至修改内容,且自其通知该修改之时起,即不可撤销地受到该修改的约束。然而,保兑行可选择仅将修改通知受益人而不对其加具保兑,但必须不延误地将此情况通知开证行和受益人。

c. The terms and conditions of the original credit (or a credit incorporating previously accepted amendments) will remain in force for the beneficiary until the beneficiary communicates its acceptance of the amendment to the bank that advised such amendment. The beneficiary should give notification of acceptance or rejection of an amendment. If the beneficiary fails to give such notification, a presentation that complies with the credit and to any not yet accepted amendment will be deemed to be notification of acceptance by the beneficiary of such amendment. As of that moment the credit will be amended.

c. 在受益人向通知修改的银行表示接受该修改内容之前,原信用证(或包含先前已被接受修改的信用证)的条款和条件对受益人仍然有效。受益人应发出接受或拒绝接受修改的通知。如受益人未提供上述通知,当其提交至被指定银行或开证行的单据与信用证以及尚未表示接受的修改的要求一致时,则该事实即视为受益人已做出接受修改的通知,并从此时起,该信用证已被修改。

d. A bank that advises an amendment should inform the bank from which it received the amendment of any notification of acceptance or rejection.

d. 通知修改的银行应当通知向其发出修改书的银行任何有关接受或拒绝接受修改的通知。

e. Partial acceptance of an amendment is not allowed and will be deemed to be notification of rejection of the amendment.

e. 不允许部分接受修改,部分接受修改将被视为拒绝接受修改的通知。

f. A provision in an amendment to the effect that the amendment shall enter into force unless rejected by the beneficiary within a certain time shall be disregarded.

f. 修改书中做出的除非受益人在某一时间内拒绝接受修改,否则修改将开始生效的条款将被不予置理。

Article 11 Teletransmitted and Pre-Advised Credits and Amendments

第十一条 电信传递与预先通知的信用证和修改

a. An authenticated teletransmission of a credit or amendment will be deemed to be the operative credit or amendment, and any subsequent mail confirmation shall be disregarded.

If a teletransmission states "full details to follow" (or words of similar effect), or states that the mail confirmation is to be the operative credit or amendment, then the teletransmission will not be deemed to be the operative credit or amendment. The issuing bank must then issue the operative credit or amendment without delay in terms not inconsistent with the teletransmission.

a. 经证实的信用证或修改的电信文件将被视为有效的信用证或修改,任何随后的邮寄证实书将被不予置理。

若该电信文件声明"详情后告"(或类似词语)或声明随后寄出的邮寄证实书将是有效的信用证或修改,则该电信文件将被视为无效的信用证或修改。开证行必须随即不延误地开出有效的信用证或修改,且条款不能与电信文件相矛盾。

b. A preliminary advice of the issuance of a credit or amendment ("pre-advice") shall only be sent if the issuing bank is prepared to issue the operative credit or amendment. An issuing bank that sends a pre-advice is irrevocably committed to issue the operative credit or amendment, without delay, in terms not inconsistent with the pre-advice.

b. 只有准备开立有效信用证或修改的开证行,才可以发出开立信用证或修改预先通知书。发出预先通知的开证行应不可撤销地承诺将不延误地开出有效的信用证或修改,且条款不能与预先通知书相矛盾。

Article 12 Nomination

第十二条　指定

a. Unless a nominated bank is the confirming bank, an authorization to honour or negotiate does not impose any obligation on that nominated bank to honour or negotiate, except when expressly agreed to by that nominated bank and so communicated to the beneficiary.

a. 除非一家被指定银行是保兑行,对被指定银行进行兑付或议付的授权并不构成其必须兑付或议付的义务,被指定银行明确同意并照此通知受益人的情形除外。

b. By nominating a bank to accept a draft or incur a deferred payment undertaking, an issuing bank authorizes that nominated bank to prepay or purchase a draft accepted or a deferred payment undertaking incurred by that nominated bank.

b. 通过指定一家银行承兑汇票或承担延期付款承诺,开证行即授权该被指定银行预付或购买经其承兑的汇票或由其承担延期付款的承诺。

c. Receipt or examination and forwarding of documents by a nominated bank that is not a confirming bank does not make that nominated bank liable to honour or negotiate, nor does it constitute honour or negotiation.

c. 非保兑行身份的被指定银行接受、审核并寄送单据的行为既不使得该被指定银行具有兑付或议付的义务,也不构成兑付或议付。

Article 13 Bank-to-Bank Reimbursement Arrangements

第十三条　银行间偿付约定

a. If a credit states that reimbursement is to be obtained by a nominated bank ("claiming bank") claiming on another party ("reimbursing bank"), the credit must state if the reimbursement is subject to the ICC rules for bank-to-bank reimbursements in effect on the date of issuance of the credit.

a. 如果信用证规定被指定银行("索偿行")须通过向另一方银行("偿付行")索偿获得

偿付,则信用证中必须声明是否按照信用证开立日正在生效的国际商会《银行间偿付规则》办理。

b. If a credit does not state that reimbursement is subject to the ICC rules for bank-to-bank reimbursements, the following apply:

b. 如果信用证中未声明是否按照国际商会《银行间偿付规则》办理,则适用于下列条款:

ⅰ. An issuing bank must provide a reimbursing bank with a reimbursement authorization that conforms with the availability stated in the credit. The reimbursement authorization should not be subject to an expiry date.

ⅰ. 开证行必须向偿付行提供偿付授权书,该授权书须与信用证中声明的有效性一致。偿付授权书不应规定有效日期。

ⅱ. A claiming bank shall not be required to supply a reimbursing bank with a certificate of compliance with the terms and conditions of the credit.

ⅱ. 不应要求索偿行向偿付行提供证实单据与信用证条款及条件相符的证明。

ⅲ. An issuing bank will be responsible for any loss of interest, together with any expenses incurred, if reimbursement is not provided on first demand by a reimbursing bank in accordance with the terms and conditions of the credit.

ⅲ. 如果偿付行未能按照信用证的条款及条件在首次索偿时即行偿付,则开证行应对索偿行的利息损失以及产生的费用负责。

ⅳ. A reimbursing bank's charges are for the account of the issuing bank. However, if the charges are for the account of the beneficiary, it is the responsibility of an issuing bank to so indicate in the credit and in the reimbursement authorization. If a reimbursing bank's charges are for the account of the beneficiary, they shall be deducted from the amount due to a claiming bank when reimbursement is made. If no reimbursement is made, the reimbursing bank's charges remain the obligation of the issuing bank.

ⅳ. 偿付行的费用应由开证行承担。然而,如果费用系由受益人承担,则开证行有责任在信用证和偿付授权书中予以注明。如偿付行的费用系由受益人承担,则该费用应在偿付时从支付索偿行的金额中扣除。如果未发生偿付,开证行仍有义务承担偿付行的费用。

c. An issuing bank is not relieved of any of its obligations to provide reimbursement if reimbursement is not made by a reimbursing bank on first demand.

c. 如果偿付行未能于首次索偿时即行偿付,则开证行不能解除其自身的偿付责任。

Article 14 Standard for Examination of Documents
第十四条　审核单据的标准

a. A nominated bank acting on its nomination, a confirming bank, if any, and the issuing bank must examine a presentation to determine, on the basis of the documents alone, whether or not the documents appear on their face to constitute a complying presentation.

a. 按照指定行事的被指定银行、保兑行(如有)以及开证行必须对提示的单据进行审核,并仅以单据为基础,以决定单据在表面上看来是否构成相符提示。

b. A nominated bank acting on its nomination, a confirming bank, if any, and the issuing bank shall each have a maximum of five banking days following the day of presentation to determine if a presentation is complying. This period is not curtailed or otherwise affected by the occurrence on or after the date of presentation of any expiry date or last day for presentation.

b. 按照指定行事的被指定银行、保兑行(如有)以及开证行,自其收到提示单据的翌日起算,应各自拥有最多不超过五个银行工作日的时间以决定提示是否相符。该期限不因单据提示日适逢信用证有效期或最迟提示期或在其之后而被缩减或受到其他影响。

c. A presentation including one or more original transport documents subject to articles 19, 20, 21, 22, 23, 24 or 25 must be made by or on behalf of the beneficiary not later than 21 calendar days after the date of shipment as described in these rules, but in any event not later than the expiry date of the credit.

c. 提示若包含一份或多份按照本惯例第 19 条、20 条、21 条、22 条、23 条、24 条或 25 条出具的正本运输单据,则必须由受益人或其代表按照相关条款在不迟于装运日后的 21 个公历日内提交,但无论如何不得迟于信用证的到期日。

d. Data in a document, when read in context with the credit, the document itself and international standard banking practice, need not be identical to, but must not conflict with, data in that document, any other stipulated document or the credit.

d. 单据中内容的描述不必与信用证、信用证对该项单据的描述以及国际标准银行实务完全一致,但不得与该项单据中的内容、其他规定的单据或信用证相冲突。

e. In documents other than the commercial invoice, the description of the goods, services or performance, if stated, may be in general terms not conflicting with their description in the credit.

e. 除商业发票外,其他单据中的货物、服务或行为描述若须规定,可使用统称,但不得与信用证规定的描述相矛盾。

f. If a credit requires presentation of a document other than a transport document, insurance document or commercial invoice, without stipulating by whom the document is to be issued or its data content, banks will accept the document as presented if its content appears to fulfil the function of the required document and otherwise complies with sub-article 14 (d).

f. 如果信用证要求提示运输单据、保险单据和商业发票以外的单据,但未规定该单据由何人出具或单据的内容。如信用证对此未做规定,只要所提交单据的内容看来满足其功能需要且其他方面与十四条(d)款相符,银行将对提示的单据予以接受。

g. A document presented but not required by the credit will be disregarded and may be returned to the presenter.

g. 提示信用证中未要求提交的单据,银行将不予置理。如果收到此类单据,可以退还提示人。

h. If a credit contains a condition without stipulating the document to indicate compliance with the condition, banks will deem such condition as not stated and will disregard it.

h. 如果信用证中包含某项条件而未规定需提交与之相符的单据,银行将认为未列明此条件,并对此不予置理。

i. A document may be dated prior to the issuance date of the credit, but must not be dated later than its date of presentation.

i. 单据的出单日期可以早于信用证开立日期,但不得迟于信用证规定的提示日期。

j. When the addresses of the beneficiary and the applicant appear in any stipulated document, they need not be the same as those stated in the credit or in any other stipulated document, but must be within the same country as the respective addresses mentioned in the credit. Contact details (telefax, telephone, email and the like) stated as part of the beneficiary's and the applicant's address will be disregarded. However, when the address and contact details of the applicant appear as part of the consignee or notify party details on a transport document subject to articles 19, 20, 21, 22, 23, 24 or 25, they must be as stated in the credit.

j. 当受益人和申请人的地址显示在任何规定的单据上时,不必与信用证或其他规定单据中显示的地址相同,但必须与信用证中述及的各自地址处于同一国家内。用于联系的资料(电传、电话、电子邮箱及类似方式)如作为受益人和申请人地址的组成部分,银行将不予置理。然而,当申请人的地址及联系信息作为按照 19 条、20 条、21 条、22 条、23 条、24 条或 25 条出具的运输单据中收货人或通知方详址的组成部分时,则必须按照信用证规定予以显示。

k. The shipper or consignor of the goods indicated on any document need not be the beneficiary of the credit.

k. 显示在任何单据中的货物的托运人或发货人不必是信用证的受益人。

l. A transport document may be issued by any party other than a carrier, owner, master or charterer provided that the transport document meets the requirements of articles 19, 20, 21, 22, 23 or 24 of these rules.

假如运输单据能够满足本惯例第 19 条、20 条、21 条、22 条、23 条或 24 条的要求,则运输单据可以由承运人、船东、船长或租船人以外的任何一方出具。

Article 15 Complying Presentation
第十五条　相符提示

a. When an issuing bank determines that a presentation is complying, it must honour.

a. 当开证行确定提示相符时,就必须予以兑付。

b. When a confirming bank determines that a presentation is complying, it must honour or negotiate and forward the documents to the issuing bank.

b. 当保兑行确定提示相符时,就必须予以兑付或议付并将单据寄往开证行。

c. When a nominated bank determines that a presentation is complying and honours or negotiates, it must forward the documents to the confirming bank or issuing bank.

c. 当被指定银行确定提示相符并予以兑付或议付时,必须将单据寄往保兑行或开证行。

Article 16 Discrepant Documents，Waiver and Notice
第十六条　不符单据及不符点的放弃与通知

a. When a nominated bank acting on its nomination，a confirming bank，if any，or the issuing bank determines that a presentation does not comply，it may refuse to honour or negotiate.

a. 当按照指定行事的被指定银行、保兑行(如有)或开证行确定提示不符时,可以拒绝兑付或议付。

b. When an issuing bank determines that a presentation does not comply，it may in its sole judgement approach the applicant for a waiver of the discrepancies. This does not，however，extend the period mentioned in sub-article 14（b）.

b. 当开证行确定提示不符时,可以依据其独立的判断联系申请人放弃有关不符点。然而,这并不因此延长 14 条(b)款中述及的期限。

c. When a nominated bank acting on its nomination，a confirming bank，if any，or the issuing bank decides to refuse to honour or negotiate，it must give a single notice to that effect to the presenter.

c. 当按照指定行事的被指定银行、保兑行(如有)或开证行决定拒绝兑付或议付时,必须一次性通知提示人。

The notice must state：

通知必须声明：

ⅰ. that the bank is refusing to honour or negotiate；and

ⅰ. 银行拒绝兑付或议付;及

ⅱ. each discrepancy in respect of which the bank refuses to honour or negotiate；and

ⅱ. 银行凭以拒绝兑付或议付的各个不符点;及

ⅲ. a) that the bank is holding the documents pending further instructions from the presenter；or

ⅲ. a)银行持有单据等候提示人进一步指示;或

b) that the issuing bank is holding the documents until it receives a waiver from the applicant and agrees to accept it，or receives further instructions from the presenter prior to agreeing to accept a waiver；or

b)开证行持有单据直至收到申请人通知弃权并同意接受该弃权,或在同意接受弃权前从提示人处收到进一步指示;或

c) that the bank is returning the documents；or

c)银行退回单据;或

d) that the bank is acting in accordance with instructions previously received from the presenter.

d)银行按照先前从提示人处收到的指示行事。

d. The notice required in sub-article 16（c）must be given by telecommunication or，if that is not possible，by other expeditious means no later than the close of the fifth banking day following the day of presentation.

d. 第十六条(c)款中要求的通知必须以电信方式发出,或者,如果不可能以电信方式通知时,则以其他快捷方式通知,但不得迟于提示单据日期翌日起第五个银行工作日终了。

e. A nominated bank acting on its nomination, a confirming bank, if any, or the issuing bank may, after providing notice required by sub-article 16 (c) (iii) (a) or (b), return the documents to the presenter at any time.

e. 按照指定行事的被指定银行、保兑行(如有)或开证行可以在提供第十六条(c)款(iii)、(a)款或(b)款要求提供的通知后,于任何时间将单据退还提示人。

f. If an issuing bank or a confirming bank fails to act in accordance with the provisions of this article, it shall be precluded from claiming that the documents do not constitute a complying presentation.

f. 如果开证行或保兑行未能按照本条款的规定行事,将无权宣称单据未能构成相符提示。

g. When an issuing bank refuses to honour or a confirming bank refuses to honour or negotiate and has given notice to that effect in accordance with this article, it shall then be entitled to claim a refund, with interest, of any reimbursement made.

g. 当开证行拒绝兑付或保兑行拒绝兑付或议付,并已经按照本条款发出通知时,该银行将有权就已经履行的偿付索取退款及其利息。

Article 17 Original Documents and Copies
第十七条　正本单据和副本单据

a. At least one original of each document stipulated in the credit must be presented.

a. 信用证中规定的各种单据必须至少提供一份正本。

b. A bank shall treat as an original any document bearing an apparently original signature, mark, stamp, or label of the issuer of the document, unless the document itself indicates that it is not an original.

b. 除非单据本身表明其不是正本,银行将视任何单据表面上具有单据出具人正本签字、标志、图章或标签的单据为正本单据。

c. Unless a document indicates otherwise, a bank will also accept a document as original if it:

c. 除非单据另有显示,银行将接受单据作为正本单据如果该单据:

ⅰ. appears to be written, typed, perforated or stamped by the document issuer's hand; or

ⅰ. 表面看来由单据出具人手工书写、打字、穿孔签字或盖章;或

ⅱ. appears to be on the document issuer's original stationery; or

ⅱ. 表面看来使用单据出具人的正本信笺;或

ⅲ. states that it is original, unless the statement appears not to apply to the document presented.

ⅲ. 声明单据为正本,除非该项声明表面看来与所提示的单据不符。

d. If a credit requires presentation of copies of documents, presentation of either originals or copies is permitted.

d. 如果信用证要求提交副本单据,则提交正本单据或副本单据均可。

e. If a credit requires presentation of multiple documents by using terms such as "in duplicate", "in two fold" or "in two copies", this will be satisfied by the presentation of at least one original and the remaining number in copies, except when the document itself indicates otherwise.

e. 如果信用证使用诸如"一式两份""两张""两份"等术语要求提交多份单据,则可以提交至少一份正本,其余份数以副本来满足。但单据本身另有相反指示者除外。

Article 18 Commercial Invoice
第十八条 商业发票

a. A commercial invoice:

a. 商业发票:

ⅰ. must appear to have been issued by the beneficiary (except as provided in article 38);

ⅰ. 必须在表面上看来系由受益人出具(第 38 条另有规定者除外);

ⅱ. must be made out in the name of the applicant (except as provided in sub-article 38g);

ⅱ. 必须做成以申请人的名称为抬头(第 38 条 g 款另有规定者除外)

ⅲ. must be made out in the same currency as the credit; and

ⅲ. 必须将发票币别作成与信用证相同币种。

ⅳ. need not be signed.

ⅳ. 无须签字。

b. A nominated bank acting on its nomination, a confirming bank, if any, or the issuing bank may accept a commercial invoice issued for an amount in excess of the amount permitted by the credit, and its decision will be binding upon all parties, provided the bank in question has not honoured or negotiated for an amount in excess of that permitted by the credit.

b. 按照指定行事的被指定银行、保兑行(如有)或开证行可以接受金额超过信用证所允许金额的商业发票。倘若有关银行已兑付或已议付的金额没有超过信用证所允许的金额,则该银行的决定对各有关方均具有约束力。

c. The description of the goods, services or performance in a commercial invoice must correspond with that appearing in the credit.

c. 商业发票中货物、服务或行为的描述必须与信用证中显示的内容相符。

Article 19 Transport Document Covering at Least Two Different Modes of Transport
第十九条 至少包括两种不同运输方式的运输单据

a. A transport document covering at least two different modes of transport (multimodal or combined transport document), however named, must appear to:

a. 至少包括两种不同运输方式的运输单据(即多式运输单据或联合运输单据),不论其称谓如何,必须在表明上看来:

ⅰ. indicate the name of the carrier and be signed by:

ⅰ. 显示承运人名称并由下列人员签署:

- the carrier or a named agent for or on behalf of the carrier, or

  承运人或承运人的具名代理或代表,或

- the master or a named agent for or on behalf of the master.

  船长或船长的具名代理或代表。

Any signature by the carrier, master or agent must be identified as that of the carrier, master or agent.

承运人、船长或代理的任何签字必须分别表明承运人、船长或代理的身份。

Any signature by an agent must indicate whether the agent has signed for or on behalf of the carrier or for or on behalf of the master.

代理的签字必须显示其是作为承运人的代理或代表还是船长的代理或代表签署提单。

ⅱ. indicate that the goods have been dispatched, taken in charge or shipped on board at the place stated in the credit, by:

ⅱ. 通过下述方式表明货物已在信用证规定的地点发运、接受监管或装船

- pre-printed wording, or

  预先印就的措辞,或

- a stamp or notation indicating the date on which the goods have been dispatched, taken in charge or shipped on board.

  注明货物已发运、接受监管或装船日期的图章或批注。

The date of issuance of the transport document will be deemed to be the date of dispatch, taking in charge or shipped on board, and the date of shipment. However, if the transport document indicates, by stamp or notation, a date of dispatch, taking in charge or shipped on board, this date will be deemed to be the date of shipment.

运输单据的出具日期将被视为发运、接受监管或装船以及装运日期。然而,如果运输单据以盖章或批注方式标明发运、接受监管或装船日期,则此日期将被视为装运日期。

ⅲ. indicate the place of dispatch, taking in charge or shipment and the place of final destination stated in the credit, even if:

ⅲ. 显示信用证中规定的发运、接受监管或装载地点以及最终目的地的地点,即使:

a. the transport document states, in addition, a different place of dispatch, taking in charge or shipment or place of final destination, or

a. 运输单据另外显示了不同的发运、接受监管或装载地点或最终目的地的地点,或

b. the transport document contains the indication "intended" or similar qualification in relation to the vessel, port of loading or port of discharge.

b. 运输单据包含"预期"或类似限定有关船只、装货港或卸货港的指示。

ⅳ. be the sole original transport document or, if issued in more than one original, be the full set as indicated on the transport document.

ⅳ. 系仅有的一份正本运输单据,或者,如果出具了多份正本运输单据,应是运输单据中显示的全套正本份数。

ⅴ. contain terms and conditions of carriage or make reference to another source containing the terms and conditions of carriage (short form or blank back transport document). Contents of terms and conditions of carriage will not be examined.

ⅴ. 包含承运条件须参阅包含承运条件条款及条件的某一出处(简式或背面空白的运输单据)者,银行对此类承运条件的条款及条件内容不予审核。

ⅵ. contain no indication that it is subject to a charter party.

ⅵ. 未注明运输单据受租船合约约束。

b. For the purpose of this article, transhipment means unloading from one means of conveyance and reloading to another means of conveyance (whether or not in different modes of transport) during the carriage from the place of dispatch, taking in charge or shipment to the place of final destination stated in the credit.

b. 就本条款而言,转运意指货物在信用证中规定的发运、接受监管或装载地点到最终目的地的运输过程中,从一个运输工具卸下并重新装载到另一个运输工具上(无论是否为不同运输方式)的运输。

c. ⅰ. A transport document may indicate that the goods will or may be transhipped provided that the entire carriage is covered by one and the same transport document.

c. ⅰ. 只要同一运输单据包括运输全程,则运输单据可以注明货物将被转运或可被转运。

ⅱ. A transport document indicating that transhipment will or may take place is acceptable, even if the credit prohibits transhipment.

ⅱ. 即使信用证禁止转运,银行也将接受注明转运将发生或可能发生的运输单据。

Article 20 Bill of Lading

第二十条　提单

a. A bill of lading, however named, must appear to:

a. 无论其称谓如何,提单必须表面上看来:

ⅰ. indicate the name of the carrier and be signed by:

ⅰ. 显示承运人名称并由下列人员签署:

• the carrier or a named agent for or on behalf of the carrier, or

　承运人或承运人的具名代理或代表,或

• the master or a named agent for or on behalf of the master.

　船长或船长的具名代理或代表。

Any signature by the carrier, master or agent must be identified as that of the carrier, master or agent.

承运人、船长或代理的任何签字必须分别表明其承运人、船长或代理的身份。

Any signature by an agent must indicate whether the agent has signed for or on behalf of the carrier or for or on behalf of the master.

代理的签字必须显示其是作为承运人还是作为船长的代理或代表签署提单。

ⅱ. indicate that the goods have been shipped on board a named vessel at the port of loading stated in the credit by:

ⅱ. 通过下述方式表明货物已在信用证规定的装运港装载上具名船只:

- pre-printed wording, or
  预先印就的措辞,或
- an on board notation indicating the date on which the goods have been shipped on board.
  注明货物已装船日期的装船批注。

The date of issuance of the bill of lading will be deemed to be the date of shipment unless the bill of lading contains an on board notation indicating the date of shipment, in which case the date stated in the on board notation will be deemed to be the date of shipment.

提单的出具日期将被视为装运日期,除非提单包含注明装运日期的装船批注,在此情况下,装船批注中显示的日期将被视为装运日期。

If the bill of lading contains the indication "intended vessel" or similar qualification in relation to the name of the vessel, an on board notation indicating the date of shipment and the name of the actual vessel is required.

如果提单包含"预期船"字样或类似有关限定船只的词语时,装上具名船只必须由注明装运日期以及实际装运船只名称的装船批注来证实。

ⅲ. indicate shipment from the port of loading to the port of discharge stated in the credit.

ⅲ. 注明装运从信用证中规定的装货港至卸货港。

If the bill of lading does not indicate the port of loading stated in the credit as the port of loading, or if it contains the indication "intended" or similar qualification in relation to the port of loading, an on board notation indicating the port of loading as stated in the credit, the date of shipment and the name of the vessel is required. This provision applies even when loading on board or shipment on a named vessel is indicated by pre-printed wording on the bill of lading.

如果提单未注明以信用证中规定的装货港作为装货港,或包含"预期"或类似有关限定装货港的标注者,则需要提供注明信用证中规定的装货港、装运日期以及船名的装船批注。即使提单上已注明印就的"已装船"或"已装具名船只"措辞,本规定仍然适用。

ⅳ. be the sole original bill of lading or, if issued in more than one original, be the full set as indicated on the bill of lading.

ⅳ. 系仅有的一份正本提单,或者,如果出具了多份正本,应是提单中显示的全套正本份数。

ⅴ. contain terms and conditions of carriage or make reference to another source containing the terms and conditions of carriage (short form or blank back bill of lading). Contents of terms and conditions of carriage will not be examined.

ⅴ. 包含承运条件须参阅包含承运条件条款及条件的某一出处(简式或背面空白的提单)者,银行对此类承运条件的条款及条件内容不予审核。

ⅵ. contain no indication that it is subject to a charter party.

ⅵ．未注明提单受租船合约约束。

b. For the purpose of this article，transhipment means unloading from one vessel and reloading to another vessel during the carriage from the port of loading to the port of discharge stated in the credit.

b. 就本条款而言，转运意指在信用证规定的装货港到卸货港之间的海运过程中，将货物由一艘船卸下再装上另一艘船的运输。

c. ⅰ. A bill of lading may indicate that the goods will or may be transhipped provided that the entire carriage is covered by one and the same bill of lading.

c. ⅰ. 只要同一提单包括运输全程，则提单可以注明货物将被转运或可被转运。

ⅱ. A bill of lading indicating that transhipment will or may take place is acceptable，even if the credit prohibits transhipment，if the goods have been shipped in a container，trailer or LASH barge as evidenced by the bill of lading.

ⅱ. 银行可以接受注明将要发生或可能发生转运的提单。即使信用证禁止转运，只要提单上证实有关货物已由集装箱、拖车或子母船运输，银行仍可接受注明将要发生或可能发生转运的提单。

d. Clauses in a bill of lading stating that the carrier reserves the right to tranship will be disregarded.

d. 对于提单中包含的声明承运人保留转运权利的条款，银行将不予置理。

Article 21 Non-Negotiable Sea Waybill

第二十一条 非转让海运单

a. A non-negotiable sea waybill，however named，must appear to：

a. 无论其称谓如何，非转让海运单必须表面上看来：

ⅰ. indicate the name of the carrier and be signed by：

ⅰ. 显示承运人名称并由下列人员签署：

• the carrier or a named agent for or on behalf of the carrier，or
  承运人或承运人的具名代理或代表，或

• the master or a named agent for or on behalf of the master.
  船长或船长的具名代理或代表。

Any signature by the carrier，master or agent must be identified as that of the carrier，master or agent.

承运人、船长或代理的任何签字必须分别表明其承运人、船长或代理的身份。

Any signature by an agent must indicate whether the agent has signed for or on behalf of the carrier or for or on behalf of the master.

代理的签字必须显示其是否作为承运人还是作为船长的代理或代表签署提单。

ⅱ. indicate that the goods have been shipped on board a named vessel at the port of loading stated in the credit by：

ⅱ. 通过下述方式表明货物已在信用证规定的装运港装载上具名船只：

• pre-printed wording，or
  预先印就的措辞，或

- an on board notation indicating the date on which the goods have been shipped on board.

注明货物已装船日期的装船批注。

The date of issuance of the non-negotiable sea waybill will be deemed to be the date of shipment unless the non-negotiable sea waybill contains an on board notation indicating the date of shipment, in which case the date stated in the on board notation will be deemed to be the date of shipment.

非转让海运单的出具日期将被视为装运日期,除非非转让海运单包含注明装运日期的装船批注,在此情况下,装船批注中显示的日期将被视为装运日期。

If the non-negotiable sea waybill contains the indication "intended vessel" or similar qualification in relation to the name of the vessel, an on board notation indicating the date of shipment and the name of the actual vessel is required.

如果非转让海运单包含"预期船"字样或类似有关限定船只的词语时,装上具名船只必须由注明装运日期以及实际装运船只名称的装船批注来证实。

ⅲ. indicate shipment from the port of loading to the port of discharge stated in the credit.

ⅲ. 注明装运从信用证中规定的装货港至卸货港。

If the non-negotiable sea waybill does not indicate the port of loading stated in the credit as the port of loading, or if it contains the indication "intended" or similar qualification in relation to the port of loading, an on board notation indicating the port of loading as stated in the credit, the date of shipment and the name of the vessel is required. This provision applies even when loading on board or shipment on a named vessel is indicated by pre-printed wording on the non-negotiable sea waybill.

如果非转让海运单未注明以信用证中规定的装货港作为装货港,或包含"预期"或类似有关限定装货港的标注者,则需要提供注明信用证中规定的装货港、装运日期以及船名的装船批注。即使非转让海运单上已注明印就的"已装船"或"已装具名船只"措辞,本规定仍然适用。

ⅳ. be the sole original non-negotiable sea waybill or, if issued in more than one original, be the full set as indicated on the non-negotiable sea waybill.

ⅳ. 系仅有的一份正本非转让海运单,或者,如果出具了多份正本,应是非转让海运单中显示的全套正本份数。

ⅴ. contain terms and conditions of carriage or make reference to another source containing the terms and conditions of carriage (short form or blank back non-negotiable sea waybill). Contents of terms and conditions of carriage will not be examined.

ⅴ. 包含承运条件须参阅包含承运条件条款及条件的某一出处(简式或背面空白的非转让海运单)者,银行对此类承运条件的条款及条件内容不予审核。

ⅵ. contain no indication that it is subject to a charter party.

ⅵ. 未注明运输单据受租船合约约束。

b. For the purpose of this article, transhipment means unloading from one vessel and reloading to another vessel during the carriage from the port of loading to the port of discharge stated in the credit.

b. 就本条款而言,转运意指在信用证规定的装货港到卸货港之间的海运过程中,将货物由一艘船卸下再装上另一艘船的运输。

c. ⅰ. A non-negotiable sea waybill may indicate that the goods will or may be transhipped provided that the entire carriage is covered by one and the same non-negotiable sea waybill.

c. ⅰ. 只要同一非转让海运单包括运输全程,则非转让海运单可以注明货物将被转运或可被转运。

ⅱ. A non-negotiable sea waybill indicating that transhipment will or may take place is acceptable, even if the credit prohibits transhipment, if the goods have been shipped in a container, trailer or LASH barge as evidenced by the non-negotiable sea waybill.

ⅱ. 银行可以接受注明将要发生或可能发生转运的非转让海运单。即使信用证禁止转运,只要非转让海运单上证实有关货物已由集装箱、拖车或子母船运输,银行仍可接受注明将要发生或可能发生转运的非转让海运单。

d. Clauses in a non-negotiable sea waybill stating that the carrier reserves the right to tranship will be disregarded.

d. 对于非转让海运单中包含的声明承运人保留转运权利的条款,银行将不予置理。

Article 22 Charter Party Bill of Lading

第二十二条   租船合约提单

a. A bill of lading, however named, containing an indication that it is subject to a charter party (charter party bill of lading), must appear to:

a. 无论其称谓如何,倘若提单包含有提单受租船合约约束的指示(即租船合约提单),则必须在表面上看来:

ⅰ. be signed by:

ⅰ. 由下列当事方签署:

- the master or a named agent for or on behalf of the master, or
  船长或船长的具名代理或代表,或
- the owner or a named agent for or on behalf of the owner, or
  船东或船东的具名代理或代表,或
- the charterer or a named agent for or on behalf of the charterer.
  租船人或租船人的具名代理或代表。

Any signature by the master, owner, charterer or agent must be identified as that of the master, owner, charterer or agent.

船长、船东、租船人或代理的任何签字必须分别表明其船长、船东、租船人或代理的身份。

Any signature by an agent must indicate whether the agent has signed for or on behalf of the master, owner or charterer.

代理的签字必须显示其是否作为船长还是作为船东或是作为租船人的代理或代表签署

提单。

An agent signing for or on behalf of the owner or charterer must indicate the name of the owner or charterer.

代理人代理或代表船东或租船人签署提单时必须注明船东或租船人的名称。

ⅱ. indicate that the goods have been shipped on board a named vessel at the port of loading stated in the credit by：

ⅱ. 通过下述方式表明货物已在信用证规定的装运港装载上具名船只：

- pre-printed wording, or
  预先印就的措辞，或
- an on board notation indicating the date on which the goods have been shipped on board.
  注明货物已装船日期的装船批注。

The date of issuance of the charter party bill of lading will be deemed to be the date of shipment unless the charter party bill of lading contains an on board notation indicating the date of shipment，in which case the date stated in the on board notation will be deemed to be the date of shipment.

租船合约提单的出具日期将被视为装运日期，除非租船合约提单包含注明装运日期的装船批注，在此情况下，装船批注中显示的日期将被视为装运日期。

ⅲ. indicate shipment from the port of loading to the port of discharge stated in the credit. The port of discharge may also be shown as a range of ports or a geographical area，as stated in the credit.

ⅲ. 注明货物由信用证中规定的装货港运输至卸货港。卸货港可以按信用证中的规定显示为一组港口或某个地理区域。

ⅳ. be the sole original charter party bill of lading or，if issued in more than one original，be the full set as indicated on the charter party bill of lading.

ⅳ. 系仅有的一份正本租船合约提单，或者，如果出具了多份正本，应是租船合约提单中显示的全套正本份数。

b. A bank will not examine charter party contracts, even if they are required to be presented by the terms of the credit.

b. 即使信用证中的条款要求提交租船合约，银行也将对该租船合约不予审核。

Article 23　Air Transport Document

第二十三条　空运单据

a. An air transport document，however named，must appear to：

a. 无论其称谓如何，空运单据必须在表面上看来：

ⅰ. indicate the name of the carrier and be signed by：

ⅰ. 注明承运人名称并由下列当事方签署：

- the carrier, or
  承运人，或
- a named agent for or on behalf of the carrier.

承运人的具名代理或代表。

Any signature by the carrier or agent must be identified as that of the carrier or agent.

承运人或代理的任何签字必须分别表明其承运人或代理的身份。

Any signature by an agent must indicate that the agent has signed for or on behalf of the carrier.

代理的签字必须显示其是否作为承运人的代理或代表签署空运单据。

ⅱ. indicate that the goods have been accepted for carriage.

ⅱ. 注明货物已收妥待运。

ⅲ. indicate the date of issuance. This date will be deemed to be the date of shipment unless the air transport document contains a specific notation of the actual date of shipment, in which case the date stated in the notation will be deemed to be the date of shipment.

ⅲ. 注明出具日期。这一日期将被视为装运日期,除非空运单据包含注有实际装运日期的专项批注,在此种情况下,批注中显示的日期将被视为装运日期。

Any other information appearing on the air transport document relative to the flight number and date will not be considered in determining the date of shipment.

空运单据显示的其他任何与航班号和起飞日期有关的信息不能被视为装运日期。

ⅳ. indicate the airport of departure and the airport of destination stated in the credit.

ⅳ. 表明信用证规定的起飞机场和目的地机场

ⅴ. be the original for consignor or shipper, even if the credit stipulates a full set of originals.

ⅴ. 为开给发货人或托运人的正本之一即可,即使信用证规定提交全套正本。

ⅵ. contain terms and conditions of carriage or make reference to another source containing the terms and conditions of carriage. Contents of terms and conditions of carriage will not be examined.

ⅵ. 载有承运条款和条件,或提示条款和条件参见别处。银行将不审核承运条款和条件的内容。

b. For the purpose of this article, transhipment means unloading from one aircraft and reloading to another aircraft during the carriage from the airport of departure to the airport of destination stated in the credit.

b. 就本条而言,转运是指在信用证规定的起飞机场到目的地机场的运输过程中,将货物从一飞机卸下再装上另一飞机的行为。

c. ⅰ. An air transport document may indicate that the goods will or may be transhipped, provided that the entire carriage is covered by one and the same air transport document.

c. ⅰ. 空运单据可以注明货物将要或可能转运,只要全程运输由同一空运单据涵盖。

ⅱ. An air transport document indicating that transhipment will or may take place is acceptable, even if the credit prohibits transhipment.

ⅱ. 即使信用证禁止转运,注明将要或可能发生转运的空运单据仍可接受。

Article 24 Road，Rail or Inland Waterway Transport Documents

第二十四条 公路、铁路或内陆水运单据

a. A road，rail or inland waterway transport document，however named，must appear to：

a. 公路、铁路或内陆水运单据，无论名称如何，必须看似：

ⅰ. indicate the name of the carrier and：

ⅰ. 表明承运人名称，并且

* be signed by the carrier or a named agent for or on behalf of the carrier，or

  由承运人或其具名代理人或代表签署，或者

* indicate receipt of the goods by signature，stamp or notation by the carrier or a named agent for or on behalf of the carrier.

  由承运人或其具名代理人或代表以签字、印戳或批注表明货物收讫。

Any signature，stamp or notation of receipt of the goods by the carrier or agent must be identified as that of the carrier or agent.

承运人或其具名代理人表示货物收妥签字、印戳或批注必须标明其承运人或代理人的身份。

Any signature，stamp or notation of receipt of the goods by the agent must indicate that the agent has signed or acted for or on behalf of the carrier.

代理人的货物收妥签字、印戳或批注必须标明代理人系代表承运人签字或行事。

If a rail transport document does not identify the carrier，any signature or stamp of the railway company will be accepted as evidence of the document being signed by the carrier.

如果铁路运输单据没有指明承运人，可以接受铁路运输公司的任何签字或印戳作为承运人签署单据的证据。

ⅱ. indicate the date of shipment or the date the goods have been received for shipment，dispatch or carriage at the place stated in the credit. Unless the transport document contains a dated reception stamp，an indication of the date of receipt or a date of shipment，the date of issuance of the transport document will be deemed to be the date of shipment.

ⅱ. 表明货物在信用证规定地点的装运日期，或者收妥待运、发运或承运的日期。运输单据的出具日期将被视为发运日期，除非运输单据上盖有带日期的收货印戳，或注明了收货日期或发运日期。

ⅲ. indicate the place of shipment and the place of destination stated in the credit.

ⅲ. 表明信用证规定的发运地及目的地。

b. ⅰ. A road transport document must appear to be the original for consignor or shipper or bear no marking indicating for whom the document has been prepared.

b. ⅰ. 公路运输单据必须看似为开给发货人或托运人的正本，或没有认可标记表明单据开给何人。

ⅱ. A rail transport document marked "duplicate" will be accepted as an original.

ⅱ. 注明"第二联"的铁路运输单据将被作为正本接受。

ⅲ. A rail or inland waterway transport document will be accepted as an original whether marked as an original or not.

ⅲ. 无论是否注明正本字样,铁路或内陆水运单据都被作为正本接受。

c. In the absence of an indication on the transport document as to the number of originals issued, the number presented will be deemed to constitute a full set.

c. 如运输单据上未注明出具的正本数量,提交的份数即视为全套正本。

d. For the purpose of this article, transhipment means unloading from one means of conveyance and reloading to another means of conveyance, within the same mode of transport, during the carriage from the place of shipment, dispatch or carriage to the place of destination stated in the credit.

d. 就本条而言,转运是指在信用证规定的装运、发运或承运的地点到目的地之间的运输过程中,在同一运输方式中从一运输工具卸下再装上另一运输工具的行为。

e. ⅰ. A road, rail or inland waterway transport document may indicate that the goods will or may be transhipped provided that the entire carriage is covered by one and the same transport document.

e. ⅰ. 只要全程运输由同一运输单据涵盖,公路、铁路或内陆水运单据可以注明货物将要或可能被转运。

ⅱ. A road, rail or inland waterway transport document indicating that transhipment will or may take place is acceptable, even if the credit prohibits transhipment.

ⅱ. 即使信用证禁止转运,注明将要或可能发生转运的公路、铁路或内陆水运单据仍可接受。

Article 25 Courier Receipt, Post Receipt or Certificate of Posting
第二十五条　快递收据、邮政收据或投邮证明

a. A courier receipt, however named, evidencing receipt of goods for transport, must appear to:

a. 证明货物收讫待运的快递收据,无论名称如何,必须看似:

ⅰ. indicate the name of the courier service and be stamped or signed by the named courier service at the place from which the credit states the goods are to be shipped; and

ⅰ. 表明快递机构的名称,并在信用证规定的货物发运地点由该具名快递机构盖章或签字;并且

ⅱ. indicate a date of pick-up or of receipt or wording to this effect. This date will be deemed to be the date of shipment.

ⅱ. 表明取件或收件的日期或类似词语。该日期将被视为发运日期。

b. A requirement that courier charges are to be paid or prepaid may be satisfied by a transport document issued by a courier service evidencing that courier charges are for the account of a party other than the consignee.

b. 如果要求显示快递费用付讫或预付,快递机构出具的表明快递费由收货人以外的一方支付的运输单据可以满足该项要求。

c. A post receipt or certificate of posting, however named, evidencing receipt of goods for transport, must appear to be stamped or signed and dated at the place from which the credit states the goods are to be shipped. This date will be deemed to be the date of shipment.

c. 证明货物收讫待运的邮政收据或投邮证明,无论名称如何,必须看似在信用证规定的货物发运地点盖章或签署并注明日期。该日期将被视为发运日期。

Article 26 "On Deck", "Shipper's Load and Count", "Said by Shipper to Contain" and Charges Additional to Freight

第二十六条 "货装舱面""托运人装载和计数""内容据托运人报称"及运费之外的附加费用

a. A transport document must not indicate that the goods are or will be loaded on deck. A clause on a transport document stating that the goods may be loaded on deck is acceptable.

a. 运输单据不得表明货物装于或者将装于舱面。声明货物可能被装于舱面的运输单据条款可以接受。

b. A transport document bearing a clause such as "shipper's load and count" and "said by shipper to contain" is acceptable.

b. 载有诸如"托运人装载和计数"或"内容据托运人报称"条款的运输单据可以接受。

c. A transport document may bear a reference, by stamp or otherwise, to charges additional to the freight.

c. 运输单据上可以以印戳或其他方式提及运费之外的附加费用。

Article 27 Clean Transport Document

第二十七条 清洁运输单据

A bank will only accept a clean transport document. A clean transport document is one bearing no clause or notation expressly declaring a defective condition of the goods or their packaging. The word "clean" need not appear on a transport document, even if a credit has a requirement for that transport document to be "clean on board".

银行只接受清洁运输单据。清洁运输单据指未载有明确宣称货物或包装有缺陷的条款或批注的运输单据。"清洁"一词并不需要在运输单据上出现,即使信用证要求运输单据为"清洁已装船"的。

Article 28 Insurance Document and Coverage

第二十八条 保险单据及保险范围

a. An insurance document, such as an insurance policy, an insurance certificate or a declaration under an open cover, must appear to be issued and signed by an insurance company, an underwriter or their agents or their proxies.

a. 保险单据,例如保险单或预约保险项下的保险证明书或者声明书,必须看似由保险公司或承保人或其代理人或代表出具并签署。

Any signature by an agent or proxy must indicate whether the agent or proxy has signed for or on behalf of the insurance company or underwriter.

代理人或代表的签字必须标明其系代表保险公司或承保人签字。

b. When the insurance document indicates that it has been issued in more than one original, all originals must be presented.

b. 如果保险单据表明其以多份正本出具,所有正本均须提交。

c. Cover notes will not be accepted.

c. 暂保单将不被接受。

d. An insurance policy is acceptable in lieu of an insurance certificate or a declaration under an open cover.

d. 可以接受保险单代替预约保险项下的保险证明书或声明书。

e. The date of the insurance document must be no later than the date of shipment, unless it appears from the insurance document that the cover is effective from a date not later than the date of shipment.

e. 保险单据日期不得晚于发运日期,除非保险单据表明保险责任不迟于发运日生效。

f. ⅰ. The insurance document must indicate the amount of insurance coverage and be in the same currency as the credit.

f. ⅰ. 保险单据必须表明投保金额并以与信用证相同的货币表示。

ⅱ. A requirement in the credit for insurance coverage to be for a percentage of the value of the goods, of the invoice value or similar is deemed to be the minimum amount of coverage required.

ⅱ. 信用证对于投保金额为货物价值、发票金额或类似金额的某一比例的要求,将被视为对最低保额的要求。

If there is no indication in the credit of the insurance coverage required, the amount of insurance coverage must be at least 110% of the CIF or CIP value of the goods.

如果信用证对投保金额未作规定,投保金额须至少为货物的 CIF 或 CIP 价格的110%。

When the CIF or CIP value cannot be determined from the documents, the amount of insurance coverage must be calculated on the basis of the amount for which honour or negotiation is requested or the gross value of the goods as shown on the invoice, whichever is greater.

如果从单据中不能确定 CIF 或者 CIP 价格,投保金额必须基于要求承付或议付的金额,或者基于发票上显示的货物总值来计算,两者之中取金额较高者。

ⅲ. The insurance document must indicate that risks are covered at least between the place of taking in charge or shipment and the place of discharge or final destination as stated in the credit.

ⅲ. 保险单据须标明承包的风险区间至少涵盖从信用证规定的货物监管地或发运地开始到卸货地或最终目的地为止。

g. A credit should state the type of insurance required and, if any, the additional risks to be covered. An insurance document will be accepted without regard to any risks that are not covered if the credit uses imprecise terms such as "usual risks" or "customary risks".

g. 信用证应规定所需投保的险别及附加险(如有的话)。如果信用证使用诸如"通常风险"或"惯常风险"等含义不确切的用语,则无论是否有漏保之风险,保险单据将被照样接受。

h. When a credit requires insurance against "all risks" and an insurance document is presented containing any "all risks" notation or clause, whether or not bearing the heading "all risks", the insurance document will be accepted without regard to any risks stated to be excluded.

h. 当信用证规定投保"一切险"时,如保险单据载有任何"一切险"批注或条款,无论是否有"一切险"标题,均将被接受,即使其声明某些风险除外。

ⅰ. An insurance document may contain reference to any exclusion clause.

ⅰ. 保险单据可以援引任何除外责任条款 。

ⅱ. An insurance document may indicate that the cover is subject to a franchise or excess (deductible).

ⅱ. 保险单据可以注明受免赔率或免赔额(减除额)约束。

Article 29 Extension of Expiry Date or Last Day for Presentation
第二十九条　到期日或最迟交单日的顺延

a. If the expiry date of a credit or the last day for presentation falls on a day when the bank to which presentation is to be made is closed for reasons other than those referred to in article 36, the expiry date or the last day for presentation, as the case may be, will be extended to the first following banking day.

a. 如果信用证的到期日或最迟交单日适逢接受交单的银行非因第三十六条所述原因而歇业,则到期日或最迟交单日,将根据具体情况顺延至该银行开业的第一个银行工作日。

b. If presentation is made on the first following banking day, a nominated bank must provide the issuing bank or confirming bank with a statement on its covering schedule that the presentation was made within the time limits extended in accordance with sub-article 29 (a).

b. 如果在顺延后的第一个银行工作日交单,指定银行必须在其致开证行或保兑行的面函中声明交单是根据第二十九条 a 款顺延的期限内提交的。

c. The latest date for shipment will not be extended as a result of sub-article 29 (a).

c. 最迟发运日不因第二十九条 a 款规定的原因而顺延。

Article 30 Tolerance in Credit Amount, Quantity and Unit Prices
第三十条　信用证金额、数量与单价的增减幅度

a. The words "about" or "approximately" used in connection with the amount of the credit or the quantity or the unit price stated in the credit are to be construed as allowing a tolerance not to exceed 10% more or 10% less than the amount, the quantity or the unit price to which they refer.

a. "约"或"大约"用于信用证金额或信用证规定的数量或单价时,应解释为允许有关金额或数量或单价有不超过 10% 的增减幅度。

b. A tolerance not to exceed 5% more or 5% less than the quantity of the goods is allowed, provided the credit does not state the quantity in terms of a stipulated number of packing units or individual items and the total amount of the drawings does not exceed the amount of the credit.

b. 在信用证未以包装单位件数或货物自身件数的方式规定货物数量时,货物数量允许有 5% 的增减幅度,只要总支取金额不超过信用证金额。

c. Even when partial shipments are not allowed, a tolerance not to exceed 5% less than the amount of the credit is allowed, provided that the quantity of the goods, if stated in the credit, is shipped in full and a unit price, if stated in the credit, is not reduced or that sub-article 30 (b) is not applicable. This tolerance does not apply when the credit stipulates a specific tolerance or uses the expressions referred to in sub-article 30 (a).

c. 如果信用证规定了货物数量,而该数量已全部发运,及如果信用证规定了单价,而该单价又未降低,或当第三十条 b 款不适用时,则即使不允许部分装运,也允许支取的金额有 5% 的减幅。若信用证规定有特定的增减幅度或使用第三十条 a 款提到的用语限定数量,则该减幅不适用。

Article 31 Partial Drawings or Shipments
第三十一条　分批支款或分批装运

a. Partial drawings or shipments are allowed.

a. 允许分批支款或分批装运

b. A presentation consisting of more than one set of transport documents evidencing shipment commencing on the same means of conveyance and for the same journey, provided they indicate the same destination, will not be regarded as covering a partial shipment, even if they indicate different dates of shipment or different ports of loading, places of taking in charge or dispatch. If the presentation consists of more than one set of transport documents, the latest date of shipment as evidenced on any of the sets of transport documents will be regarded as the date of shipment.

b. 表明使用同一运输工具并经由同次航程运输的数套运输单据在同一次提交时,只要显示相同目的地,将不视为部分发运,即使运输单据上标明的发运日期不同或装卸港、接管地或发送地点不同。如果交单由数套运输单据构成,其中最晚的一个发运日将被视为发运日。

A presentation consisting of one or more sets of transport documents evidencing shipment on more than one means of conveyance within the same mode of transport will be regarded as covering a partial shipment, even if the means of conveyance leave on the same day for the same destination.

含有一套或数套运输单据的交单,如果表明在同一种运输方式下经由数件运输工具运输,即使运输工具在同一天出发运往同一目的地,仍将被视为部分发运。

c. A presentation consisting of more than one courier receipt, post receipt or certificate of posting will not be regarded as a partial shipment if the courier receipts, post receipts or certificates of posting appear to have been stamped or signed by the same courier or postal service at the same place and date and for the same destination.

c. 含有一份以上快递收据、邮政收据或投邮证明的交单,如果单据看似由同一快递或邮政机构在同一地点和日期加盖印戳或签字并且表明同一目的地,将不视为部分发运。

Article 32 Instalment Drawings or Shipments

第三十二条　分期支款或分期装运

If a drawing or shipment by instalments within given periods is stipulated in the credit and any instalment is not drawn or shipped within the period allowed for that instalment, the credit ceases to be available for that and any subsequent instalment.

如信用证规定在指定的时间段内分期支款或分期发运,任何一期未按信用证规定期限支取或发运时,信用证对该期及以后各期均告失效。

Article 33 Hours of Presentation

第三十三条　交单时间

A bank has no obligation to accept a presentation outside of its banking hours.

银行在其营业时间外无接受交单的义务。

Article 34 Disclaimer on Effectiveness of Documents

第三十四条　关于单据有效性的免责

A bank assumes no liability or responsibility for the form, sufficiency, accuracy, genuineness, falsification or legal effect of any document, or for the general or particular conditions stipulated in a document or superimposed thereon; nor does it assume any liability or responsibility for the description, quantity, weight, quality, condition, packing, delivery, value or existence of the goods, services or other performance represented by any document, or for the good faith or acts or omissions, solvency, performance or standing of the consignor, the carrier, the forwarder, the consignee or the insurer of the goods or any other person.

银行对任何单据的形式、充分性、准确性、内容真实性、虚假性或法律效力,或对单据中规定或添加的一般或特殊条件,概不负责;银行对任何单据所代表的货物、服务或其他履约行为的描述、数量、重量、品质、状况、包装、交付、价值或其存在与否,或对发货人、承运人、货运代理人、收货人、货物的保险人或其他任何人的诚信、行为、疏忽、清偿能力、履约能力或资信状况,也概不负责。

Article 35 Disclaimer on Transmission and Translation

第三十五条　关于信息传递和翻译的免责

A bank assumes no liability or responsibility for the consequences arising out of delay, loss in transit, mutilation or other errors arising in the transmission of any messages or delivery of letters or documents, when such messages, letters or documents are transmitted or sent according to the requirements stated in the credit, or when the bank may have taken the initiative in the choice of the delivery service in the absence of such instructions in the credit.

当报文、信件或单据按照信用证的要求传输或发送时,或当信用证未作指示,银行自行选择传送服务时,银行对报文传输或信件或单据的递送过程中发生的延误、中途遗失、残缺或其他错误产生的后果,概不负责。

If a nominated bank determines that a presentation is complying and forwards the documents to the issuing bank or confirming bank, whether or not the nominated bank has honoured or negotiated, an issuing bank or confirming bank must honour or negotiate, or reimburse that nominated bank, even when the documents have been lost in transit between the nominated bank and the issuing bank or confirming bank, or between the confirming bank and the issuing bank.

如果指定银行确定交单相符并将单据发往开证行或保兑行,无论指定的银行是否已经承付或议付,即使单据在指定银行送往开证行或保兑行的途中,或保兑行送往开证行的途中丢失,开证行或保兑行必须承付或议付,或偿付指定银行,

A bank assumes no liability or responsibility for errors in translation or interpretation of technical terms and may transmit credit terms without translating them.

银行对技术术语的翻译或解释上的错误,不负责任,并可不加翻译地传送信用证原文。

Article 36 Force Majeure

第三十六条　不可抗力

A bank assumes no liability or responsibility for the consequences arising out of the interruption of its business by Acts of God, riots, civil commotions, insurrections, wars, acts of terrorism, or by any strikes or lookouts or any other causes beyond its control.

银行对由于天灾、暴动、骚乱、叛乱、战争、恐怖主义行为或任何罢工、停工或其无法控制的任何其他原因导致的营业中断的后果,概不负责。

A bank will not, upon resumption of its business, honour or negotiate under a credit that expired during such interruption of its business.

银行恢复营业时,对于在营业中断期间已逾期的信用证,不再进行承付或议付。

Article 37 Disclaimer for Acts of an Instructed Party

第三十七条　关于被指示方行为的免责

a. A bank utilizing the services of another bank for the purpose of giving effect to the instructions of the applicant does so for the account and at the risk of the applicant.

a. 为了执行申请人的指示,银行利用其他银行的服务,其费用和风险由申请人承担。

b. An issuing bank or advising bank assumes no liability or responsibility should the instructions it transmits to another bank not be carried out, even if it has taken the initiative in the choice of that other bank.

b. 即使银行自行选择了其他银行,如果发出指示未被执行,开证行或通知行对此亦不负责。

c. A bank instructing another bank to perform services is liable for any commissions, fees, costs or expenses ("charges") incurred by that bank in connection with its instructions.

c. 指示另一银行提供服务的银行有责任负担被指示银行因执行指示而发生的任何佣金、手续费、成本或开支("费用")。

If a credit states that charges are for the account of the beneficiary and charges cannot be collected or deducted from proceeds, the issuing bank remains liable for payment of charges.

如果信用证规定费用由受益人负担,而该费用未能收取或从信用证款项中扣除,开证行依然承担支付此费用的责任。

A credit or amendment should not stipulate that the advising to a beneficiary is conditional upon the receipt by the advising bank or second advising bank of its charges.

信用证或其修改不应规定向受益人的通知以通知行或第二通知行收到其费用为条件。

d. The applicant shall be bound by and liable to indemnify a bank against all obligations and responsibilities imposed by foreign laws and usages.

d. 外国法律和惯例加诸银行的一切义务和责任，申请人应受其约束，并就此对银行负补偿之责。

Article 38 Transferable Credits
第三十八条 可转让信用证

a. A bank is under no obligation to transfer a credit except to the extent and in the manner expressly consented to by that bank.

a. 银行无办理转让信用证的义务，除非该银行明确同意其转让范围和转让方式。

b. For the purpose of this article：

b. 就本条款而言：

Transferable credit means a credit that specifically states it is "transferable". A transferable credit may be made available in whole or in part to another beneficiary ("second beneficiary") at the request of the beneficiary ("first beneficiary").

转让信用证意指明确表明其"可以转让"的信用证。根据受益人（"第一受益人"）的请求，转让信用证可以被全部或部分地转让给其他受益人（"第二受益人"）。

Transferring bank means a nominated bank that transfers the credit or，in a credit available with any bank，a bank that is specifically authorized by the issuing bank to transfer and that transfers the credit. An issuing bank may be a transferring bank.

转让银行意指办理信用证转让的被指定银行，或者，在适用于任何银行的信用证中，转让银行是由开证行特别授权并办理转让信用证的银行。开证行也可担任转让银行。

Transferred credit means a credit that has been made available by the transferring bank to a second beneficiary.

转让信用证意指经转让银行办理转让后可供第二受益人使用的信用证。

c. Unless otherwise agreed at the time of transfer，all charges (such as commissions，fees，costs or expenses) incurred in respect of a transfer must be paid by the first heneficiary.

c. 除非转让时另有约定，所有因办理转让而产生的费用（诸如佣金、手续费、成本或开支）必须由第一受益人支付。

d. A credit may be transferred in part to more than one second beneficiary provided partial drawings or shipments are allowed.

d. 倘若信用证允许分批支款或分批装运，信用证可以被部分地转让给一个以上的第二受益人。

A transferred credit cannot be transferred at the request of a second beneficiary to any subsequent beneficiary. The first beneficiary is not considered to be a subsequent beneficiary.

第二受益人不得要求将信用证转让给任何次序位居其后的其他受益人。第一受益人不属于此类其他受益人之列。

e. Any request for transfer must indicate if and under what conditions amendments may be advised to the second beneficiary. The transferred credit must clearly indicate those conditions.

e. 任何有关转让的申请必须指明是否以及在何种条件下可以将修改通知第二受益人。转让信用证必须明确指明这些条件。

f. If a credit is transferred to more than one second beneficiary, rejection of an amendment by one or more second beneficiary does not invalidate the acceptance by any other second beneficiary, with respect to which the transferred credit will be amended accordingly. For any second beneficiary that rejected the amendment, the transferred credit will remain unamended.

f. 如果信用证被转让给一个以上的第二受益人,其中一个或多个第二受益人拒绝接受某个信用证修改并不影响其他第二受益人接受修改。对于接受修改的第二受益人而言,信用证已做相应的修改;对于拒绝接受修改的第二受益人而言,该转让信用证仍未被修改。

g. The transferred credit must accurately reflect the terms and conditions of the credit, including confirmation, if any, with the exception of：

g. 转让信用证必须准确转载原证的条款及条件,包括保兑(如有),但下列项目除外：

—the amount of the credit,

—信用证金额,

—any unit price stated therein,

—信用证规定的任何单价,

—the expiry date,

—到期日,

—the period for presentation, or

—单据提示期限

—the latest shipment date or given period for shipment,

—最迟装运日期或规定的装运期间。

any or all of which may be reduced or curtailed.

以上任何一项或全部均可减少或缩短。

The percentage for which insurance cover must be effected may be increased to provide the amount of cover stipulated in the credit or these articles.

必须投保的保险金额的投保比例可以增加,以满足原信用证或本惯例规定的投保金额。

The name of the first beneficiary may be substituted for that of the applicant in the credit.

可以用第一受益人的名称替换原信用证中申请人的名称。

If the name of the applicant is specifically required by the credit to appear in any document other than the invoice, such requirement must be reflected in the transferred credit.

如果原信用证特别要求开证申请人名称应在除发票以外的任何单据中出现时，则转让信用证必须反映出该项要求。

h. The first beneficiary has the right to substitute its own invoice and draft, if any, for those of a second beneficiary for an amount not in excess of that stipulated in the credit, and upon such substitution the first beneficiary can draw under the credit for the difference, if any, between its invoice and the invoice of a second beneficiary.

h. 第一受益人有权以自己的发票和汇票（如有），替换第二受益人的发票和汇票（如有），其金额不得超过原信用证的金额。在如此办理单据替换时，第一受益人可在原信用证项下支取自己发票与第二受益人发票之间产生的差额（如有）。

ⅰ. If the first beneficiary is to present its own invoice and draft, if any, but fails to do so on first demand, or if the invoices presented by the first beneficiary create discrepancies that did not exist in the presentation made by the second beneficiary and the first beneficiary fails to correct them on first demand, the transferring bank has the right to present the documents as received from the second beneficiary to the issuing bank, without further responsibility to the first beneficiary.

ⅰ. 如果第一受益人应当提交其自己的发票和汇票（如有），但却未能在收到第一次要求时照办；或第一受益人提交的发票导致了第二受益人提示的单据中本不存在的不符点，而其未能在收到第一次要求时予以修正，则转让银行有权将其从第二受益人处收到的单据向开证行提示，并不再对第一受益人负责。

ⅱ. The first beneficiary may, in its request for transfer, indicate that honour or negotiation is to be effected to a second beneficiary at the place to which the credit has been transferred, up to and including the expiry date of the credit. This is without prejudice to the right of the first beneficiary in accordance with sub-article 38 (h).

ⅱ. 第一受益人可以在其提出转让申请时，表明可在信用证被转让的地点，在原信用证的到期日之前（包括到期日）向第二受益人予以兑付或议付。本条款并不损害第一受益人在第三十八条（h）款下的权利。

ⅲ. Presentation of documents by or on behalf of a second beneficiary must be made to the transferring bank.

ⅲ. 由第二受益人或代表第二受益人提交的单据必须向转让银行提示。

Article 39 Assignment of Proceeds

第三十九条　款项让渡

The fact that a credit is not stated to be transferable shall not affect the right of the beneficiary to assign any proceeds to which it may be or may become entitled under the credit, in accordance with the provisions of applicable law. This article relates only to the assignment of proceeds and not to the assignment of the right to perform under the credit.

信用证未表明可转让，并不影响受益人根据所适用的法律规定，将其在该信用证项下有权获得的款项让渡与他人的权利。本条款所涉及的仅是款项的让渡，而不是信用证项下执行权力的让渡。

图书在版编目（CIP）数据

国际结算 / 潘天芹等主编. —杭州:浙江大学出版社,
2019.1(2024.7 重印)

ISBN 978-7-308-18931-6

Ⅰ.①国… Ⅱ.①潘… Ⅲ.①国际结算 Ⅳ.①F830.73

中国版本图书馆 CIP 数据核字（2019）第 005924 号

国际结算

潘天芹　等主编

责任编辑	周卫群
责任校对	董雯兰
封面设计	周　灵
出版发行	浙江大学出版社
	（杭州天目山路 148 号　邮政编码 310007）
	（网址:http://www.zjupress.com）
排　　版	杭州青翙图文设计有限公司
印　　刷	广东虎彩云印刷有限公司绍兴分公司
开　　本	787mm×1092mm　1/16
印　　张	25.25
字　　数	614 千
版印次	2019 年 1 月第 1 版　2024 年 7 月第 4 次印刷
书　　号	ISBN 978-7-308-18931-6
定　　价	48.00 元